精益管理与过程控制实战系列

物业精益管理与过程控制

构建智慧物业一体化服务

圆方物业项目策划中心 —— 组织编写
邵小云 —— 主编

化学工业出版社
·北京·

内容简介

《物业精益管理与过程控制——构建智慧物业一体化服务》一书，从智慧物业实践、图解物业公司之精益管理、图解物业公司之过程控制三个部分进行了详细的描述和讲解。智慧物业实践部分包括：智慧物业概述、智慧物业方案的要求、物业管理智慧化的实现。图解物业公司之精益管理部分包括：物业公司的精益管理、图解精益管理之目标管理、图解精益管理之品质控制、图解精益管理之服务标准化、图解精益管理之岗位说明书、图解精益管理之规范的行为礼仪、图解精益管理之5S管理、图解精益管理之标志管理。图解物业公司之过程控制部分包括：过程控制解析、市场营销管控流程、物业管理处运作流程、物业项目接管验收流程、物业项目入伙流程、客服中心业务流程、二次装修管理流程、工程维保服务管理流程、保洁绿化服务流程、安全护卫服务流程、突发（应急）事件处理流程、外包服务控制流程、物业服务质量控制流程、人力资源管理流程、行政事务管理流程、财务管理流程。

本书进行模块化设置，以图解的方式解说精益管理和过程控制，内容实用性强，着重突出可操作性。本书既可以作为物业管理人员进行管理的参照范本和工具书，也可供管理咨询顾问和高校教师做实务类参考指南。

图书在版编目（CIP）数据

物业精益管理与过程控制：构建智慧物业一体化服务/圆方物业项目策划中心组织编写；邵小云主编. —北京：化学工业出版社，2021.6
（精益管理与过程控制实战系列）
ISBN 978-7-122-38737-0

Ⅰ.①物… Ⅱ.①圆…②邵… Ⅲ.①物业管理企业-企业管理-图解 Ⅳ.①F293.347-64

中国版本图书馆CIP数据核字（2021）第046739号

责任编辑：陈 蕾　　　　　　　　　　　　　装帧设计：溢思视觉设计
责任校对：边 涛

出版发行：化学工业出版社（北京市东城区青年湖南街13号　邮政编码100011）
印　　装：三河市延风印装有限公司
787mm×1092mm　1/16　印张32¼　字数643千字　2021年6月北京第1版第1次印刷

购书咨询：010-64518888　　　　　　　　　　售后服务：010-64518899
网　　址：http://www.cip.com.cn
凡购买本书，如有缺损质量问题，本社销售中心负责调换。

定　　价：128.00元　　　　　　　　　　　　　　　版权所有　违者必究

  智慧物业其实就是利用大数据、物联网等先进信息技术手段，通过统一的大数据云平台将物业各个单位紧密连接起来，实现物业单位数据的融合，并且对融合数据进行深度的分析和挖掘，用数据说话，发现在物业管理中方方面面的问题，同时打通部门之间的沟通壁垒，建立起高效的联动机制，从而有效、快速地解决物业管理中的问题。

  要想有效处理新时期物业管理工作中的问题，一方面要通过完善政策法规，不断提高物业管理的法治化、标准化水平；另一方面要踊跃使用新技术新理念，推行"互联网+物业"管理新模式。在移动互联时代，线上和线下服务日益融合，发展智慧物业是物业服务企业的发展方向和趋势，既可以提高物业管理水平，也能提升业主满意度。智慧物业的建设为推动智慧社区和智慧城市建造提供强有力的支持。

  精益管理是在日本丰田公司精益生产的基础上，总结提炼并加以升华的一种高效管理工具。精益管理的"精"指减少投入、少花时间、少耗资源；"益"指增加效益、提高效率、提升质量。精益管理通过流程再造、降低成本、提升质量、提升效率来提升企业的竞争力。

  物业公司推行精益管理，首先要从流程和制度的建设抓起，系统地从物业公司的各个方面进行梳理，包括各项业务流程力求简化，识别现有运营流程与精益管理要求的差距，找出所有的问题，删减不必要的非增值环节，不断提高物业公司的创效能力。物业公司要推行精益管理，必须做好一些基础工作，如确立量化管理的目标、加强内部控制、建立并维护好物业公司管理信息系统等。

过程是指通过使用资源和管理，将输入转化为输出的活动。一个过程的输入通常是其他过程的输出，企业中的过程只有在受控条件下策划和执行，才具有价值。物业企业的管理运作活动，也是一个"投入—变换—产出"的过程。

基于精益管理与过程控制的理念，我们策划编写了《物业精益管理与过程控制——构建智慧物业一体化服务》一书，本书从智慧物业实践、图解物业公司之精益管理、图解物业公司之过程控制三个部分进行了详细的描述和讲解。

本书进行模块化设置，以图解的方式解说精益管理和过程控制，内容实用性强，着重突出可操作性。本书既可以作为物业管理人员进行管理的参照范本和工具书，也可供管理咨询顾问和高校教师做实务类参考指南。

本书由深圳圆方物业管理服务有限公司组织策划，邵小云主编，同时，黄秋宝、钱远平也参与了本书的编写和审稿工作。

由于编者水平有限，书中难免出现疏漏，敬请读者批评指正。

编者

CONTENTS

第1部分 智慧物业实践

第1章 智慧物业概述 002
1.1 智慧物业的定义 002
1.2 智慧物业的优势 002
1.3 智慧物业管理的商业价值 003

第2章 智慧物业方案的要求 005
2.1 创新的管理体制 005
2.2 科学的分析与优化 005
2.3 有效的服务前所未有 006
2.4 详尽地了解问题所在 006
2.5 对于未知也要尽在掌握 006

第3章 物业管理智慧化的实现 007
3.1 建立物业信息化系统 007
3.2 建立智慧安防系统 012
3.3 开发物业APP 025
3.4 建立物业微信公众平台 034
【他山之石】某小区物业微信公众号功能方案 039

第2部分
图解物业公司之精益管理

第4章 物业公司的精益管理 ········· 046
4.1 精益管理的发展与演变 ········· 046
4.2 精益管理的核心 ········· 047
4.3 推行精益管理关注的焦点 ········· 048
4.4 物业公司推行精益管理的基础工作 ········· 049

第5章 图解精益管理之目标管理 ········· 050
5.1 引入目标管理的重要性 ········· 050
5.2 什么是目标管理 ········· 050
5.3 目标管理的基本程序 ········· 050
5.4 目标管理的推行范围和推行方式 ········· 051
5.5 目标的制定 ········· 052
5.6 目标卡的填制与管理 ········· 054
5.7 目标管理的具体内容 ········· 058

【他山之石01】××物业公司目标管理办法 ········· 061
【他山之石02】××物业管理有限公司常用的控制性指标 ········· 063
【他山之石03】_____年度××物业管理有限公司总经理目标管理责任书 ········· 066
【他山之石04】_____年度××物业管理处经理目标管理责任书 ········· 069
【他山之石05】××物业有限公司_____年度安全保卫部经理目标管理责任书 ········· 073
【他山之石06】××物业管理处保洁部经理目标管理责任书 ········· 077
【他山之石07】××物业有限公司_____年度客服部目标管理责任书 ········· 080
【他山之石08】××物业有限公司_____年度工程部目标管理责任书 ········· 083

第6章 图解精益管理之品质控制 ································· 087

6.1 有明确的质量目标 ································· 087
【他山之石01】××物业服务有限公司质量目标 ················ 088
【他山之石02】××物业服务有限公司质量目标管理方案 ········ 089
6.2 建立质量监督体系 ································· 097
6.3 做好质量记录 ····································· 102
6.4 建立和健全物业管理质量责任制度 ··················· 103
6.5 要开展服务质量意识培训 ··························· 103
6.6 定期开展业主（用户）满意度调查 ··················· 104
【他山之石03】物业公司基础管理品质标准与评分细则 ·········· 106
【他山之石04】物业服务业务基础品质标准与评分细则 ·········· 118
【他山之石05】房屋管理与维修养护品质标准与评分细则 ········ 124
【他山之石06】共用设施设备管理品质标准与评分细则 ·········· 126
【他山之石07】秩序维护管理品质标准与评分细则 ·············· 135
【他山之石08】保洁卫生管理品质标准与评分细则 ·············· 144
【他山之石09】绿化管理品质标准与评分细则 ·················· 153
【他山之石10】项目物业服务品质标准与评分细则 ·············· 156
【他山之石11】管理处效益管理品质标准与评分细则 ············ 162

第7章 图解精益管理之服务标准化 ································· 165

7.1 物业服务标准化的益处 ····························· 165
7.2 物业服务标准体系的组成 ··························· 166
7.3 服务标准化的对象 ································· 166
7.4 实施标准化运作的关键环节 ························· 167
7.5 物业服务标准化实施策略 ··························· 167
【他山之石01】物业客户服务管理标准 ························ 168
【他山之石02】物业安全管理标准 ···························· 174
【他山之石03】物业环境管理标准 ···························· 181
【他山之石04】物业设备管理标准 ···························· 191

第8章 图解精益管理之岗位说明书 ·········· 200

- 8.1 岗位说明书的六大作用 ·········· 200
- 8.2 岗位说明书编制的前期工作——岗位工作分析 ·········· 203
- 8.3 岗位说明书的内容与形式 ·········· 204
- 8.4 岗位说明书的填写 ·········· 205
  - 【他山之石01】管理处经理岗位说明书 ·········· 210
  - 【他山之石02】管理处客户主任岗位说明书 ·········· 213
  - 【他山之石03】客户助理岗位说明书 ·········· 216
  - 【他山之石04】收款员岗位说明书 ·········· 218
  - 【他山之石05】管理处行政主管岗位说明书 ·········· 220
  - 【他山之石06】管理处文员岗位说明书 ·········· 222
  - 【他山之石07】管理处环境主管岗位说明书 ·········· 224
  - 【他山之石08】物业管理员岗位说明书 ·········· 227
  - 【他山之石09】工程主管岗位说明书 ·········· 229
  - 【他山之石10】维修班长岗位说明书 ·········· 232
  - 【他山之石11】维修技工岗位说明书 ·········· 234
  - 【他山之石12】运行班长岗位说明书 ·········· 236
  - 【他山之石13】运行技工岗位说明书 ·········· 238
  - 【他山之石14】护卫主管岗位说明书 ·········· 239
  - 【他山之石15】护卫班长岗位说明书 ·········· 242
  - 【他山之石16】车场岗护卫员岗位说明书 ·········· 243
  - 【他山之石17】大堂岗护卫员岗位说明书 ·········· 245
  - 【他山之石18】巡逻岗护卫员岗位说明书 ·········· 246

第9章 图解精益管理之规范的行为礼仪 ·········· 248

- 9.1 仪容仪表 ·········· 248
- 9.2 举止仪态 ·········· 250
- 9.3 表情 ·········· 251
- 9.4 言谈及常用语言 ·········· 253
- 9.5 电话接听礼仪 ·········· 256

9.6 业主或客人来访接待礼仪 258
9.7 引见时的礼仪 258
【他山之石01】某物业公司员工行为规范（适用于全体员工） 259
【他山之石02】前台接待人员行为规范 266
【他山之石03】客户服务人员行为规范 267
【他山之石04】会所服务人员行为规范 269
【他山之石05】上门维修人员行为规范 270
【他山之石06】安全管理岗位礼仪规范 272
【他山之石07】其他服务岗位礼仪规范 275

第10章 图解精益管理之5S管理 279

10.1 什么是5S 279
10.2 5S的作用 280
10.3 5S在物业管理中的适用范围 281
10.4 5S的推进要点 281
10.5 5S推行的四个阶段 282
【他山之石01】5S管理手册（办公区域） 285
【他山之石02】5S管理手册（物业秩序维护部） 293
【他山之石03】办公区域5S管理检查细则 299
【他山之石04】机房区域5S管理检查细则 301
【他山之石05】仓库区域5S管理检查细则 303
【他山之石06】值班室区域5S管理检查表 305

第11章 图解精益管理之标志管理 307

11.1 标志要求风格统一 307
11.2 标志的分类 307
11.3 标志的设置 312
11.4 标志的管理要求及注意事项 314
【他山之石】物业项目标志应用管理规程 314

第3部分
图解物业公司之过程控制

第12章 过程控制解析 ····································· 320
12.1 什么是过程 ····································· 320
12.2 过程的分类 ····································· 320
12.3 过程分析的工具——龟形图 ····································· 322
12.4 过程识别的结果——流程图 ····································· 324
12.5 过程控制的方法——PDCA循环 ····································· 324

第13章 市场营销管控流程 ····································· 326
13.1 市场拓展业务运作流程 ····································· 326
13.2 市场调研流程 ····································· 326
13.3 项目调研、考察流程 ····································· 327
13.4 物业管理方案编制流程 ····································· 327
13.5 合同会议评审流程 ····································· 328
13.6 合同传阅评审流程 ····································· 328
13.7 品牌危机、纠纷处理与维权流程 ····································· 329
13.8 大型活动策划流程 ····································· 330
13.9 非市场部开拓人员奖励流程 ····································· 330

第14章 物业管理处运作流程 ····································· 331
14.1 管理处外部运作流程 ····································· 331
14.2 管理处内部运作流程 ····································· 332
14.3 管理处日常工作监督检查流程 ····································· 333
14.4 管理处客户信息反馈流程 ····································· 333
14.5 硬件采购、配置流程 ····································· 334
14.6 印鉴证照办理流程 ····································· 335

第15章 物业项目接管验收流程 ·········· 336

- 15.1 原有房屋接管验收流程 ·········· 336
- 15.2 新建房屋接管验收流程 ·········· 337
- 15.3 物业项目接管验收准备流程 ·········· 338
- 15.4 项目管理处与开发商工程实体移交工作流程 ·········· 338
- 15.5 物业细部质量检查工作流程 ·········· 339
- 15.6 实物部分验收流程 ·········· 340
- 15.7 资料部分移交工作流程 ·········· 341

第16章 物业项目入伙流程 ·········· 342

- 16.1 新接楼宇入伙管理流程 ·········· 342
- 16.2 前期收楼工作流程 ·········· 344
- 16.3 业主看房收楼流程 ·········· 344
- 16.4 业主入伙手续办理流程 ·········· 345
- 16.5 入伙现场业主办理入住流程 ·········· 346

第17章 客服中心业务流程 ·········· 347

- 17.1 客服中心的整体运作流程 ·········· 347
- 17.2 客服中心每日工作流程 ·········· 348
- 17.3 办理入住手续流程 ·········· 349
- 17.4 钥匙管理流程 ·········· 350
- 17.5 业主办理住户证工作流程 ·········· 350
- 17.6 装修手续办理流程 ·········· 351
- 17.7 办理通电工作流程 ·········· 352
- 17.8 燃气改管手续办理流程 ·········· 353
- 17.9 装修单位办理加班工作流程 ·········· 353
- 17.10 装修单位办理临时动火工作流程 ·········· 354
- 17.11 装修人员办理物品放行工作流程 ·········· 354
- 17.12 施工人员出入证办理工作流程 ·········· 355

17.13 租户办理迁入工作流程……355
17.14 住户办理物品放行工作流程……356
17.15 租户办理迁出小区工作流程……356
17.16 客户咨询工作流程……357
17.17 征询、求助服务流程……357
17.18 客户请修接待工作流程……358
17.19 预算外项目服务处理流程……359
17.20 物业巡查工作流程……359
17.21 巡楼与装修巡查操作流程……360
17.22 公共场地使用申请流程……360
17.23 急、特、难任务处理流程……361
17.24 紧急事件处理流程……361
17.25 客户关系维护管理流程……362
17.26 客户调研流程……363
17.27 客户接待管理流程……364
17.28 客户拜访流程……365
17.29 VIP客户回访管理流程……366
17.30 客户满意管理流程……366
17.31 客户满意度测评流程……367
17.32 客户投诉处理流程……367
17.33 关于小区设计、建设、设施投诉的处理流程……368
17.34 关于小区机电设备投诉的处理流程……368
17.35 关于业主（用户）室内水、电、气、电器等设施维修服务引起的投诉处理流程……369
17.36 关于小区公共卫生清洁投诉的处理流程……369
17.37 关于业主（用户）室内清洁服务引起投诉的处理流程……370
17.38 关于小区公共区域绿化投诉的处理流程……370
17.39 关于业主（用户）室内绿化服务投诉的处理流程……371
17.40 关于员工服务质量投诉的处理流程……371
17.41 关于小区安全、消防设备投诉的处理流程……372

17.42 关于装修单元投诉的处理流程……372

第18章 二次装修管理流程……373

18.1 二次装修施工管理流程……373
18.2 业主办理装修手续流程……374
18.3 租户装修审批流程……375
18.4 装修（修缮）工程竣工验收流程……376

第19章 工程维保服务管理流程……377

19.1 维修保养指令执行流程……377
19.2 工作单流转流程……377
19.3 业主专有物业维保流程……378
19.4 共用设备设施维保流程……379
19.5 业主装修报批流程……380
19.6 基础设施和工作环境管理流程……381
19.7 设备正常检修流程……382
19.8 设备紧急抢修流程……382
19.9 机电设备管理流程……383
19.10 消防报警信号处理流程……384
19.11 电梯故障处理流程……384
19.12 恒压变频生活供水系统操作流程……385
19.13 低压变配电设备维修保养流程……386
19.14 业主房屋自用部位及设施设备报修（保修期内）流程……387
19.15 业主房屋自用部位及设施设备报修（保修期外）流程……388
19.16 房屋共用部位及公共区域设施设备报修（保修期外）流程……389
19.17 房屋共用部位及公共区域设施设备报修（保修期内）流程……390
19.18 房屋主体设施修缮流程……391

19.19 工程报修处理流程……392
19.20 日常维修工作流程……393
19.21 维修接待语言流程……394
19.22 上门维修语言流程……394
19.23 水管爆裂或突发跑水事件工程应急处理流程……395
19.24 小区停水工程应急处理流程……396
19.25 小区停电工程应急处理流程……397
19.26 给排水系统应急处理流程（排水系统故障）……397
19.27 给排水设备应急处理流程（生活水泵故障处理）……398
19.28 中央空调系统应急处理流程（冷水机组）……399
19.29 中央空调系统应急处理流程（水泵）……399
19.30 中央空调系统应急处理流程（电机故障）……400
19.31 中央空调系统应急处理流程（水塔穿底漏水）……400
19.32 中央空调系统应急处理流程（水塔溢漏）……401
19.33 中央空调系统应急处理流程（空调机房内管网漏水）……401
19.34 中央空调系统应急处理流程（空调机房内伸缩节破裂）……402
19.35 中央空调系统应急处理流程（400毫米管道漏水）……402
19.36 中央空调系统应急处理流程（水平管道漏水）……403
19.37 公共区域分体空调运行管理流程……403
19.38 燃气泄漏排险预案流程……404

第20章 保洁绿化服务流程……405

20.1 清洁管理流程……405
20.2 绿化管理流程……406
20.3 保洁、绿化、消杀外包控制流程……407
20.4 消杀工作管理流程……407
20.5 绿化管理流程……408
20.6 清洁不合格服务处理流程……409
20.7 绿化不合格服务处理流程……410
20.8 清洁绿化主管检查流程……411

第21章 安全护卫服务流程 ... 412

- 21.1 安保管理整体流程 ... 412
- 21.2 保安主管工作流程 ... 413
- 21.3 班长日检查工作流程 ... 414
- 21.4 保安工作督导流程 ... 415
- 21.5 门岗保安员工作流程 ... 415
- 21.6 巡逻岗保安员操作流程 ... 416
- 21.7 车库（场）岗位工作流程 ... 417
- 21.8 业主（用户）搬迁物品操作流程 ... 418
- 21.9 外来人员出入管理流程 ... 419
- 21.10 业主（用户）临时存放物品管理流程 ... 419
- 21.11 停车库（场）收缴费管理流程 ... 420
- 21.12 车库（场）车辆异常情况处置流程 ... 421
- 21.13 车辆冲卡处置流程 ... 422
- 21.14 发现可疑人员开车出停车场处置流程 ... 423

第22章 突发（应急）事件处理流程 ... 424

- 22.1 突发事件处理流程 ... 424
- 22.2 应急响应流程 ... 425
- 22.3 人员坠楼事件应急预案流程 ... 426
- 22.4 高空抛物应急处理流程 ... 427
- 22.5 高空坠物伤人事件应急预案流程 ... 428
- 22.6 触电事故应急预案流程 ... 429
- 22.7 有通知的停电应急预案流程 ... 430
- 22.8 突发停电事故应急预案 ... 431
- 22.9 煤气泄漏事故应急预案 ... 432
- 22.10 水浸事故应急预案流程 ... 433
- 22.11 水管爆裂事故应急预案流程 ... 434
- 22.12 电梯困人事故应急预案流程 ... 435

22.13	火警处置应急预案流程	436
22.14	二级火警处理流程（商业物业）	437
22.15	一级火警处理流程（商业物业）	438
22.16	盗窃事件处置应急预案流程	439
22.17	打架斗殴事件处理应急预案流程	440
22.18	跑水处理流程（商业物业）	441
22.19	小范围停电处置流程（商业物业）	442
22.20	大范围停电处置流程（商业物业）	443
22.21	通信中断处理流程（商业物业）	444
22.22	电梯困人处理流程（商业物业）	445
22.23	燃气泄漏处理流程	446
22.24	幕墙玻璃坠落处理流程（已发生）	447
22.25	幕墙玻璃坠落处理流程（有危险尚未发生）	448
22.26	炸弹恐吓处理流程	449
22.27	可疑物品处置应急预案流程	450
22.28	发现可疑物品/邮包处理流程	451
22.29	灾害性天气处置应急预案流程	452
22.30	台风、暴雨、大风、沙尘暴天气处理流程	453
22.31	暴雪、冰冻天气处理流程	454
22.32	地震灾害处理流程	455
22.33	传染性疾病处理流程（SARS、禽流感等）	456
22.34	失窃案件处理流程	457
22.35	抢劫案件处理流程	458
22.36	绑架劫持案件处理流程	459
22.37	顾客受伤处理流程（商业物业）	460
22.38	顾客突发疾病处理流程（商业物业）	461
22.39	防范跳楼事件处理流程	462
22.40	打架斗殴事件处理流程	463
22.41	醉酒/精神失常者处理流程	464
22.42	流浪者非法滞留处理流程	465

22.43　儿童迷失事件处理流程（商业物业）············466
22.44　拾获财物处理流程············466
22.45　非法集会事件处理流程············467

第23章　外包服务控制流程············468

23.1　外包服务招标作业流程············468
23.2　物业服务外包控制流程············469
23.3　服务外包合同签订流程············470

第24章　物业服务质量控制流程············471

24.1　质量目标控制流程············471
24.2　物业服务质量检查流程············471
24.3　客户走访/回访工作流程············472
24.4　业主满意度调查流程············473
24.5　物管部工作检查流程············474
24.6　不合格品（服务）管理流程············475

第25章　人力资源管理流程············476

25.1　招聘申请工作流程············476
25.2　招聘工作流程············476
25.3　新员工入职管理流程············477
25.4　员工转正管理流程············478
25.5　人事变动工作流程············478
25.6　员工离职办理流程············479
25.7　员工奖惩管理流程············480
25.8　员工请假办理流程············480
25.9　培训管理流程············481
25.10　绩效评估管理流程············481
25.11　员工月度绩效评估流程············482

25.12　员工（半）年度绩效评估流程 483

25.13　试用期员工评估流程 484

25.14　考勤并工资结算工作流程 485

25.15　员工请（休）假流程 485

第26章　行政事务管理流程 486

26.1　会议管理流程 486

26.2　档案管理流程 486

26.3　档案借阅管理流程 487

26.4　行政公文编制流程 488

26.5　印章刻制流程 488

26.6　印章使用流程 489

26.7　印章回收流程 489

26.8　车辆管理流程 490

26.9　就餐管理流程 490

26.10　接待管理流程 491

第27章　财务管理流程 492

27.1　会计档案管理流程 492

27.2　资产管理流程 492

27.3　负债核算流程 493

27.4　资产所有权核算流程 493

27.5　收入核算流程 493

27.6　成本费用报销流程 494

27.7　管理处财务预算控制流程 494

27.8　物业管理服务费日常收取工作流程 495

27.9　物业管理费清欠流程 497

27.10　维修基金提取流程 498

第1部分
智慧物业实践

阅读索引：
➯ 智慧物业概述
➯ 智慧物业方案的要求
➯ 物业管理智慧化的实现

第1章 智慧物业概述

1.1 智慧物业的定义

智慧物业其实就是利用大数据、物联网等先进信息技术手段,通过统一的大数据云平台将物业各个单位紧密连接起来,实现物业单位数据的融合,并且对融合数据进行深度的分析和挖掘,用数据说话,发现在物业管理中方方面面的问题,同时打通部门之间的沟通壁垒,建立起高效的联动机制,从而有效、快速地解决物业管理中方方面面的问题。

要想有效处理新时期物业管理工作中的问题,一方面要通过完善政策法规,不断提高物业管理的法治化、标准化水平;另一方面要踊跃使用新技术新理念,推行"互联网+物业"管理新模式。

在移动互联时代,线上和线下服务日益融合,发展智慧物业是物业服务企业的发展方向和趋势,既可以提高物业管理水平,也能提升业主满意度。智慧物业的建设为推动智慧社区和智慧城市建造提供强有力的支持。

1.2 智慧物业的优势

智慧物业可以帮助物业公司提高管理效率,降低成本,助力传统物业企业的快速转型,从长远来看也是大势所趋。

智慧物业较之传统的物业管理模式有着非常显著的优势,如图1-1所示。

有效提高了物业管理效率和质量

通过物业管理基础信息的数字化集成、共享和使用,可以使行政主管部门清晰直观地了解物业服务公司运转状况,对标准行业规则、推动物业服务行业诚信体系建造、优化公司内部管理具有非常积极有效的作用

有力推动了业主与物业服务企业沟通平台的建立

互联网技术的使用为业主发表意见提供了便捷高效的途径,过程愈加公开透明,同时业主也可以通过极致社区APP对物业提供改进意见,对物业服务做出评价,物业服务企业可以在线及时处理业主需求,提升物业公司形象和客户满意度

拉动了社区商圈的经济发展

可以加强小区周边商业资源信息的整合、共享和使用,准确进行广告宣传,更好地对接居民需求和商家供应,推动社区O2O消费和快递服务等新业态展开

有力推动智慧城市建造

智慧社区是智慧城市建设的主要基础和关键环节,通过数字化、信息化平台对物业管理进行全面升级改造,使社区更方便地接入将来智慧城市的大平台中

图 1-1 智慧物业的优势

1.3 智慧物业管理的商业价值

随着移动互联网的进一步发展,传统服务被重新定义的趋势将越来越明显。从互联网的角度出发,物业公司作为"用户资源隐形掌控者",其核心价值主要包括三个方面:第一,物业公司掌握整个小区的刚需服务、水电暖等;第二,物业公司有整个社区的用户资料;第三,物业公司有社区周边的商业管理权。互联网公司的"最后一公里""社区O2O"等项目是无法越过物业公司的。

在过去很长一段时间,收入来源单一、服务不透明、员工素质较低成为物业公司带给人们的总体印象。面对行业严峻形势,物管行业形成了一种共识——传统物业管理服务只能作为基础,必须将对物业的服务拓展到对人的服务,为社区业主提供增值服务。利用互联网技术、物联网技术、现代信息技术对业务结构进行调整,实现节流、开源,而不是缩编减员、降低服务标准,用"智慧物业"的方式应对行业利润的下降。

1.3.1 节流——降低人力成本

以彩生活和万科物业为代表的物业巨头率先对传统物业管理进行技术升级,降低了用工数量,提升了传统物业服务的盈利空间。

彩生活通过互联网、自动化、智能化技术大幅降低了用工数量。据了解,整个物业管理行业的平均百万平方米的劳动用户数大概是200人,彩生活只有109人。万科物业研发的"睿服务"系统,实现了所有项目、设备、员工、业主的互联互通。从无人值守的大门,到对所有物业设备的实时监控、报警、自动派单,再到对业主问题的O2O快速处理,万科物业已经构建了一套高效的基础物业服务系统。

另外,物业公司还可将现有的监控系统进行升级,与APP进行互联互通,如使用设施设备管理系统替代人工巡检,利用物联网技术监视配电、给排水、消防、电梯、能源

计量等系统的运行状态，发生故障后能把报警迅速传送到员工APP，及时预警。业主通过手机APP，也能随时上报和了解小区各项设施的运行情况，节省人力，提升效率。

1.3.2 开源——拓宽收入来源

节流的同时，物业管理行业也应拓展服务界限，进行开源。

传统的物业管理定位于物业的日常维护与管理，收入来源单一。物业公司可以通过深入挖掘社区住户的需求，以APP为入口，在信息公告、电器修理、家政卫生、养老托幼、房屋租售、汽车售后服务、社区厨房、缴费理财等诸多方面发力，让业主不仅可以随时报修、提建议、投诉，随时购买桶装水和粮油米面等生活品，获得上门配送服务，还可以找到家政、洗衣、外卖、购物、旅游、小孩托管等其他日常服务内容，甚至在小区车库享受汽车售后、洗车、保险、维修、保养等服务，并能实现线上下单甚至支付，在方便业主的同时，物业公司也可以新增收入来源。

在实现路径上，物业管理企业不应走"全能选手"的老路，而是应该利用现代信息技术搭建社区服务平台，集成多家服务供应商，通过流量变现分成获取稳定收益，不仅可集中力量做好主业，也能缓解经营压力，改善行业气质。

物业公司可以建立以社区为中心的辐射半径为一公里的微商圈，集成包含衣、食、住、行、娱、购、游在内的各领域商户服务资源，推送更新活动信息，柴米油盐等日常用品都可以从社区平台上买，买东西送积分，积分就可以抵物管费，在这个平台上消费到一定额度，物业就免费。以APP为抓手，以网络为基础的社区网络服务项目，不仅可以快速复制，还可以与其他商业业态互补，增加客户黏性和满意度，提升物业服务合同续签的概率。

若能打造一个零成本的未来社区，让每个人的日常消费和生老病死都在社区里进行，家里需要什么商品，通过移动APP或互联网登录社区服务系统都可以实现在线支付，社区商店负责配送和服务，那么物业服务将会更有价值。

第 2 章 智慧物业方案的要求

一套智慧物业方案应该可以更好地改善用户体验,可以更迅速快捷地缩短物业公司与业主之间的沟通距离,可以更明显直观地节省物业的成本,可以更准确灵活地应对突发事件与紧急情况的挑战,一切均是为了效率与节约成本。

2.1 创新的管理体制

利用室内位置定位的技术,实现与业主远距离的交互,从而更全面地掌握业主及流动人员的全部信息,并针对业主所遇到的问题进行安排部署,最大化地节省重复所浪费的时间,并通过APP或其他载体缩短与业主的物理距离,实现科技信息化、高标准的管理体系。

(1)缩短与业主的物理距离。
(2)实时掌握区域内人员的位置信息。
(3)实时了解区域内车流的位置信息。
(4)可视化的界面展示区域内物业工作所需信息。

2.2 科学的分析与优化

通过收集到的详细实时信息,对物业管理的既定流程、计划安排、设施的使用情况进行实时的数据展示,并根据所展示出的信息对流程、计划安排、设施的使用情况做出科学的调整。同时,利用信息收集分析所得到的结果,对物业管理整体的情况进行把控,及时做出相应调整,利用科学有效的数据进行管理及分析工作。

(1)掌握区域内整体人流热点情况。
(2)监控区域内可疑人员路径和停留时长。
(3)掌握工作人员的位置及停留时长。
(4)收集分析业主位置信息和偏好。
(5)通过对收集数据的分析增加安全系数。

2.3　有效的服务前所未有

与提升服务相关的各种策略方法都使用过，行之有效的微乎其微，主要的难点不是在于服务理念的不完善，更多的问题往往在于对信息的把控是否及时，服务的对象需求点是否明确，以及服务的内容是否贴切被服务者当前的需求，而这往往都是滞后的。

（1）根据收集到的信息独立化提供服务。

（2）完善服务反馈机制，了解真实需求。

（3）每一次服务都进行记录，从数据中建立模式。

（4）用服务创造价值，衍生各种附加收益。

2.4　详尽地了解问题所在

早在智慧物业管理概念创立当初，体系的建立就是为了解决物业管理行业所面对的各种问题，随着技术的不断完善，旧的问题不断被解决，新的问题也逐渐出现，前进的脚步从未停止，只需不断前行，让问题通过数据表达，再返回通过数据去分析解决。

（1）成本为何总是控制不下来。

（2）效率究竟如何进行有效提升。

（3）业主满意度曲线摇摆不定。

（4）物业行业的智能化能到什么程度。

2.5　对于未知也要尽在掌握

一个良好的智慧体系不仅仅要体现出对于现状的分析与把握，针对未来的发展趋势也一定要做出科学的判断与预测，在面对未知时要有根据以往数据得出趋势预判的能力。

（1）通过APP推送天气预警。

（2）特定场所推送差异化信息到适宜人群。

（3）对区域内未来停水停电计划进行推送。

（4）对突发事件及区域内群体事件进行预警。

第3章

物业管理智慧化的实现

3.1 建立物业信息化系统

随着互联网技术的不断发展，智慧物业以此为背景，以打造一个智慧物业系统为目的，提出了智慧物业信息化系统，建立社区物业统一管理智能平台，对物业各个业务以及一些其他的生活服务进行合理整合，提供统一的物业管理平台，实现居民和物业管理者的双赢。

3.1.1 物业管理信息化的必要性

由于物业管理涉及的管理范围较为广泛，管理内容繁杂，加上政策性的变动因素，日常工作需要耗费大量人力和物力，而采取现代化电脑管理手段是一种行之有效的解决方法，电脑化管理在物业管理中的作用主要体现在以下方面。

3.1.1.1 全方位的快速查询减少重复劳动

物业管理中房产资料、业主资料、交费情况以及文件档案的数量宏大，手工整理、统计汇总工作量非常大而且烦琐，查询某房产资料或业主交费情况往往需要较长时间。通过计算机辅助管理，可以随时按房间号、业主姓名等多种信息进行任意查询，更可按综合组合条件查询，减少了大量重复工作，工作效率也大大提高。

3.1.1.2 完整的工程及服务档案提高管理水平

物业管理除了涉及房产、业主和客户管理之外，更要提供工程设施维护、维修、装修服务与管理。计算机完整的工程档案与客服档案可以使管理人员随时了解最新的情况，更可以规范维护、服务标准，帮助管理人员合理安排工作时间。

各项费用自动计算减少工作差错与负担：物业管理中一项重要的工作是各项费用的计算、统计、汇总，然而由于费用项目较多，计算方法烦琐，手工处理操作差错率较高，而且工作负担繁重，而计算机管理利用了计算机运算速度快、准确率高的特点，使得各项费用的计算统计汇总工作既简单、方便又能轻松自如。

3.1.1.3 自动控制各项管理费用收缴保证公司利益

管理费用的收缴是物业公司能够正常经营的保证，也是物业公司利益实现的重要环节。通过客户自觉交费和人工催收，往往效率较低，难以应付自如。计算机管理可以随时监控客户交费和欠费情况，自动打印缴费通知书和催款通知书，提高收费效率，有效加强资金的回收速度。

3.1.1.4 灵活、准确的收费提高财务工作效率

管理面积越大、户数越多，财务收费工作越繁重，大量的水电气费、物业管理费等其他费用收费不但繁杂，而且容易产生差错。计算机管理收费，灵活性、准确性大大提高，客户不但可以分项付款，还可以预付各项费用，财务收费人员劳动强度和工作量都大大降低，工作效率得到提高。

3.1.1.5 全面的统计分析及时提供决策依据

在物业管理的市场竞争中，计算机快速、自动、强大的统计汇总功能和丰富的报表打印功能，使各项数据的统计汇总、分析表格一应俱全，物业公司领导可以随时查阅到最新的详情，并依此做出快速、准确的决策，提高物业公司的管理水平与市场竞争力。

总之，计算机管理在物业管理工作中的应用，不仅可以简化、规范物业公司的日常操作，更可以促进物业管理全盘管理向现代化的企业管理迈进。

3.1.2 物业管理信息化建设的目标

以信息技术为支撑，以贯彻先进的物业管理模式、规范物业服务、整体优化公司资源为中心，集成房产管理、客户管理、人事管理、仓库管理、设备管理、收费管理、保安管理、绿化保洁管理的统一运行和集中监控。其特点如下。

（1）服务规范性　信息化系统严格贯彻目前先进管理模式，在实际工作中规范物业服务业务的流程，各部门协同工作，保证服务高效、优质。

（2）服务及时性　物业行业其本身为服务型行业，对住户提供服务的实效性在很大程度上决定了公司的发展和效益，实现物业服务的信息化，为服务的及时性提供保障。

（3）节约目标　物业管理业务烦琐、复杂，具有各部门之间协同工作的特点，单纯依靠人力来完成，不但不可能而且成本昂贵，实现信息化可节省大量人力资源，同时各部门信息共享，协同工作，可从整体上降低成本。

（4）规模化目标　随着物业管理发展，破产与兼并将是今后物管市场的主旋律。目前各类物业管理企业的发展水平差异较大，随着市场的逐步规范，会导致两种情况的产生：一是经营规模小、服务水平差、信誉低的物业管理公司因不能适应市场变化，最终破产倒闭；二是这些公司被实力较强、具有专业服务水平的物业管理企业兼并。

同时物业公司是微利行业，必须追求规模效益才能获得利润，谋取以后的发展。

（5）集成化　系统使用中心数据库，保证了数据的统一性。因此，几乎所有的数据均可集成到中心数据库内，各职能系统模块根据相应的需求提取所需的数据，从而实现高度的数据集成，消除信息孤岛。

3.1.3　物业管理信息系统建设的原则

3.1.3.1　实用性

真正为物业公司准备的管理平台，一切从物业公司的实际需要出发，充分考虑了物业公司在管理上、服务上等多方面的不足和复杂需求。

3.1.3.2　易用性

本系统的开发始终围绕"科技服务社会""以人为本"的核心，在功能和流程的设计上充分考虑到用户实际操作过程中可能遇到的各类问题。即使您是一位对计算机不熟悉的工作人员，也可轻松地完成以前很久才能完成的工作。

3.1.3.3　安全性

本系统充分考虑到物业公司资料的保密性和安全性，特为此设置了权限功能、数据备份和修复等功能。

系统权限设置功能可根据用户的部门及工作职责来自定义不同的操作权限，以保证每一系统权限设置功能可根据用户的部门及工作职责来自定义不同的操作权限，以保证每一用户的合法性，保障公司数据的安全性、保密性。如收费管理功能的权限应该是由财务部门的相关的工作人员来使用，其他人员是不能进入的。

3.1.3.4　及时性

本系统将实时地、动态地反映小区的情况。如在工程管理模块中系统能够实时地、动态地显示从各智能化系统采集过来的数据，以便及时地保养和维修设备。

3.1.3.5　可延续性

本系统的扩展性极强，客户可在已购买的基础系统以外，根据自己的需求购买或升级特定的模块，从而拥有更大的灵活性。

3.1.4　物业信息系统的功能模块

3.1.4.1　房产资源

物业公司在接管物业项目时对小区、楼盘、住户单元的位置、物业类型、小区设施分布、房屋结构、房号、户型等信息进行详细描述记录。房产资源的基本结构如图3-1所示。

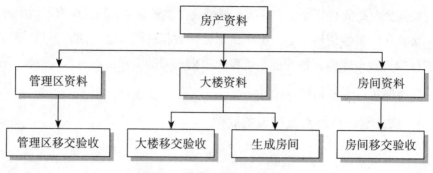

图 3-1 房产资源的基本结构

房产资源模块说明如下。

管理区资料：管理区资料记录管理区的相关资料如管理名称、地理位置等。

大楼资料：大楼资料记载大楼相关资料如大楼名称、入伙套数等。生成房间也是在这里能通过下级表单实现。

房间资料：房间资料记录了房间类型、建筑面积等。为了方便用户的录入，在这个页面加了一个批量录入的功能。该页面可以录入的值都可通过这种方式来录入，可以大大减少用户的工作量。

3.1.4.2 客户管理

帮助物业管理公司建立起完整的客户档案，是对物业公司所管房间的业主进行管理的功能模块，面向物业管理处所有工作人员。可详细记录住户的姓名、身份证号、住户类型等信息，并且还可记录和反映"同住人"的相关信息。

客户管理模块说明如下。

模块采用房产资源的树导航，实现树和页面的联动。主页面分为入住登记、客户管理。在入住登记、管户管理下面分别有三个页面，这三个页面随着树点击而联动，树结点在管理区时显示第一个页面，树结点在大楼时显示第二个页面，树的结点在房间时显示第三个页面。

3.1.4.3 收费管理

对物业公司向住户收取各种费用进行管理，所有收费项目、客户价格类型、各类报表均可采用客户自定义方式，可随时增减修改，满足物业管理公司灵活多变的收费管理模块。

此模块面向物业管理处的费用征收员。收费子系统功能模块有：项目及标准设定、收费参数设定、选取收费标准、收费数据录入、收费数据计算、费用收取登记、收费凭证管理、杂费收费管理、收费统计汇总、收费情况总览、收费数据月结、报表打印功能。

3.1.4.4 客服管理

这是对小区内和面向住户的服务相关的各种情况进行管理的功能模块,此模块面向物业管理公司所辖小区内的所有住户,客户投诉的信息可来自电话投诉以及客户上门投诉等多种投诉方式。这样将更有效地提高物业公司的服务品质,使物业公司不断地完善自身的管理。

客户管理模块说明如下。

整个模块采用时间树的导航,三个主页面分别是二次装修、有偿服务、客户投诉。它们要用点击页头的方式来进行切换。资料的新增、编辑、保存、删除都可以通过点击相应的按钮来操作。每个客房间都可能有多次的二次装修、有偿服务、客户投诉,每个页面都有相应的列表框来记录。三个页面的功能如下。

二次装修:二次装修记录相应房间二次装修的公司、装修验收情况、装修中是否有违章行为。

有偿服务:有偿服务记录管理处对客户提出服务要求进行的服务派工安排、派工的时间、派工的人和处理的事情以及服务收费情况登记。

客户投诉:对客户投诉的资料进行分类登记,根据投诉的内容进行分类派工到各个相关部门进行处理。

3.1.4.5 工程设备

工程管理的目的是通过对物业设备的管理,使所有设备在使用中保证完好状态,满足服务的要求。其主要的工作有:接管设备的验收,设备的标识、建账和资料管理,设备的故障维修以及设备的图纸资料。

3.1.4.6 保安消防

保安消防的管理工作主要表现为保安管理、器材管理、停车场管理。

3.1.4.7 仓库管理

完成物业管理公司物品进出库管理、库存物品统计查询等工作,此模块面向仓库管理人员。功能模块包括基础设置、入库出库管理、统计报表等。

3.1.4.8 绿化保洁

对物业管理处所管辖区域的绿化、消杀、清运等工作进行记录、检查和管理,此模块是面向管理处的相关工作人员。功能模块包括保洁管理、绿化管理。

3.1.4.9 人事管理

主要是登记部门以及相关人员基本信息、简历、培训情况、社会关系、奖励记录、岗位变动、待遇变更和考核记录的相关资料。

3.2 建立智慧安防系统

一个优秀的智能化系统必然包括一个安全、可靠、高效、符合人性化的综合保安系统。考察物业区域周边环境及内部情况，我们建议在物业区域室外干道等公共区域，采用摄像监控为主，保安人员巡查为辅，以便监控中心能及时了解情况，进行必要控制，确保区域安全。各楼内部区域，采用报警探测和摄像监控相配合，辅助以门禁控制和巡更；在各楼外墙布设主动红外预警系统，通过人防和技防的结合，实现区域安全。

根据上述分析及要求，物业区域安全防范系统应包括以下几个子系统，具体如图3-2所示。

图 3-2　物业区域安全防范系统的组成

3.2.1 视频监控系统

视频监控系统简而言之是通过图像监控的方式对物业区域的主要出入口和重要区域作一个实时、远程视频监控的安防系统。系统通过前端视频采集设备即摄像机将现场画面转换成电子信号传输至中心，然后通过显示单元实时显示、存储设备录像存储等，实现工作人员对各区域的远程监控及事后事件检索功能。

视频监控系统应满足表3-1所示功能。

表3-1　物业区域视频监控系统应满足的功能

序号	功能	说明
1	全天候监控功能	通过安装的全天候监控设备，全天候24小时成像，实时监控物业区域室内、电梯轿厢、电梯厅、安全通道、室外路口、周界、出入口、地下室、屋顶等区域的安全状况
2	昼夜成像功能	半球摄像机和固定枪式摄像机部分采用红外模式的摄像机，可见光成像系统的彩色模式非常适合天气晴朗、能见度良好的状况下对监视范围内的观察监视识别；红外模式则具有优良的夜视性能和较高的视频分辨率，对于照度很低甚至0勒克斯照度的情况下具有良好的成像性能
3	高清成像功能	物业区域主要出入口部署高清摄像机，物业区域室外的主要路口、开阔区域部署高清快速球形摄像机，利用高清成像技术对区域内实施监控，有利于记录物业区域车辆、人员面部等细部特征

续表

序号	功能	说明
4	自动跟踪功能	物业区域周界和主要路口、室外开阔区域采用高清智能快速球机，当发现运动物体后，系统会停止继续执行摄像机的巡逻程序，而对目标图像变焦放大，并跟踪目标，以便将运动录像，并发出报警。这些动作都不需要操作人员的帮助，使操作人员能处理报警或采取其他行动
5	前端设备控制功能	可手动控制镜头的变倍、聚焦等操作，实现对目标细致观察和抓拍的需要；对于室外前端设备，还可远程启动雨刷、灯光等辅助功能
6	智能视频分析功能	在物业区域的周界、地面及地下停车场等位置采用智能球机，配合中心管理软件，具有视频分析识别报警功能，能够对物业区域周界、地面及地下停车场进行警戒线、警戒区域检测，对于满足条件的非法活动目标进行区分自动报警，为及时处警提供依据
7	分级管理功能	记录配置客户端、操作客户端的信息，包括用户名、密码和用户权限（系统资源），在客户端访问监控系统前执行登录验证功能。在物业区安防控制中心建设以C/S为架构的管理平台，对于远程访问和控制的人员，可以通过授权登录WEB客户端，实现对摄像机云台、镜头的控制和预览实时图像、查看录像资料等功能
8	报警功能	系统对各监控点进行有效布防，避免人为破坏；当发生断电、视频遮挡、视频丢失等情况时，现场发出告警信号，同时将报警信息传输到监控中心，使管理人员第一时间了解现场情况
9	联动功能	物业区安全防范系统是以综合安防管理平台为基础，通过视频监控、入侵报警、门禁、巡更等既可独立运行，又可统一协调管理的多功能、全方位、立体化安防自动化管理系统，从而建立起一套完善的、功能强大的技术防范体系，以满足对物业区安全和管理的需要，配合人员管理，实现人防与安防的统一与协调
10	集中管理指挥功能	在指挥中心采用综合管理软件，实现对各监控点多画面实时监控、录像、控制、报警处理和权限分配
11	回放查询功能	有突发事件可以及时调看现场画面并进行实时录像，记录事件发生时间、地点，及时报警联动相关部门和人员进行处理，事后可对事件发生视频资料进行查询分析
12	电子地图功能	系统软件多级电子地图，可以将区域的平面电子地图以可视化方式呈现每一个监控点的安装位置、报警点位置、设备状态等，利于操作员方便快捷地调用视频图像
13	设备状态监测功能	对于系统前端节点为网络摄像机，它们与软件平台之间保持IP通信和心跳保活，软件平台能实时监测它们的运行状态，对工作异常的设备可发出报警信号

视频监控系统物理架构如图3-3所示。

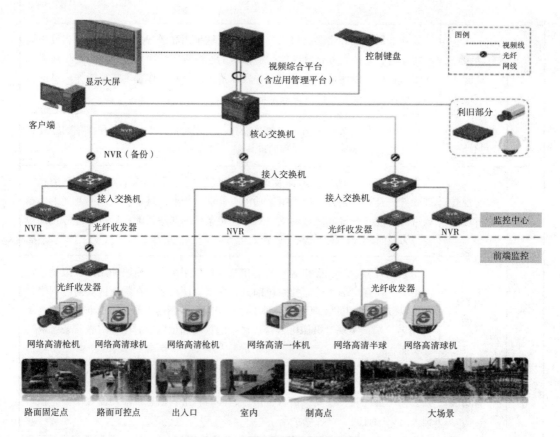

图3-3 视频监控系统物理架构

3.2.2 入侵报警系统

入侵报警系统是对非法入侵向安保人员提供报警信号的安防系统。系统通过前端布置的探测器对物业区域周界及重要区域进行布防，实现对重要区域的非法入侵探测，一旦监视区域内发生非法入侵，前端探测器立即发出报警信号到中心，中心通过声光报警的方式提示安保人员。

智慧化的入侵报警系统应达到表3-2所示功能。

表3-2 智慧化的入侵报警系统功能

序号	功能	说明
1	设备管理	设备统一编码：按照统一的编码规则对设备进行统一编码。远程设置和批量配置：能够对前端DVR设备、快球摄像机、电子抓拍控制器等前端设备的参数进行远程配置，对同一型号和同样参数的设备进行批量设置，大大提高了系统的维护效率

续表

序号	功能	说明
2	用户信息分类显示	实时接收报警信息,并自动分类显示报告信息,操作应简单直观
3	视频复核	报警系统收到前端用户的报警信息,视频系统按照预先的联动关系设置,自动弹出报警发生所在区域的现场图像,方便中心值班人员处理报警,并通过现场图像来进行核实。视频复核最迫切的目的并不是通过高像素摄像机来确认入侵者的身份,而是在最短的时间内确认是否有入侵者的存在,从而实现响应时间的最小化
4	实时预览	在管理平台可以对任意一路图像进行预览,并可对该路图像进行抓图、及时录像等操作,并可远程方便、快捷地对前端监控点进行云台控制、镜头参数调节。客户端拥有1、4、9、16、25等多种画面分割模式,即使在预览图像的时候,各种模式之间也可以进行自由切换。通过监控客户端可对前端监控点按类进行分组,自动轮巡预览显示。如按辖区、管理范围等进行图像分组,满足重要单位、重点部门监控的需要
5	录像回放/下载	(1)对于录像回放,根据不同的存储方式采用了不同的录像回放模式,分别有:前端回放模式、NVR回放模式和本地回放模式 (2)录像回放可进行速度调节、开始、暂停、停止、抓图、打开/关闭声音、回放音量调节等操作。对于录像下载,平台提供多通道的前端录像或者是集中存储录像按时间同时下载功能
6	多媒体人性化操作	多媒体操作,用户界面友好,且有语音报警和光电报警提示,使接警直观方便
7	用户资料管理	用户资料管理功能要足够强大,可对用户所有信息进行详细的备案,对用户记录进行关键字段逻辑组合查询
8	单据管理	对业务流程中产生的各类单据进行管理,包括处警单、维修单、客户回访单,实现查询、分析、统计、导向等功能
9	操作员权限管理	权限管理要严格、灵活,安全性要高,每个操作员可以按照功能权限自定义分级,并实时记录操作员动作,方便中心进行统一管理和责任调查
10	强大的报表统计功能	可根据信息记录进行报表统计,进行数据分析综合条件查询和打印需要的数据报表,如用户资料、事件报告、系统日志、处警单等
11	事件查询功能	可对用户布/撤防报告和状态报告、主机测试、故障信息等事件进行查询
12	资料导出功能	用户资料、报警事件记录等能转换为文本、WORD、EXCEL文件,利于资料的多样化存档
13	来电显示功能	可以记录上报信息的电话号码,有利于查询电话线路问题,处理用户故障,查获恶意阻塞中心线路的行为
14	防区地图功能	可针对每个用户绘制平面防区图,报警后地图上所标热点会闪烁,操作人员可打开地图,将该用户具体报警位置通知出警人员,便于出警人员现场处理

续表

序号	功能	说明
15	短信功能	可将用户上报的各种事件信息，通过运营商，使用短信载体自动、手动、群发等方式发送到指定的手机上
16	录音功能	主要对电话进行录音、放音、远程查询、与相关事件关联查询，可以自动拨号给相关人员电话
17	计划任务	对用户布/撤防的状态进行监控，如果没有在指定的时间内上报信息，平台会自动产生提示信息
18	远程控制	配合报警主机，可对主机进行布撤防、旁路等操作，实现回控功能
19	录像存储	为了满足用户高度集中的录像存储要求，平台提供对前端视频图像进行NVR集中存储录像的功能，录像的方式有：按规定计划进行定时录像；接收网络命令触发报警录像
20	双向语音对讲	值班人员可通过管理平台和前端DVR进行现场双向语音对讲
21	日志管理	提供完善的日志记录和查询机制，可以对配置日志、操作日志、报警日志、系统日志、事件日志进行管理
22	公共接口	应能提供开放的TCP/IP数据接口协议，支持服务器或客户端模式，可将报警信息向第三方平台转发，如门禁、消防、110等公共系统实现报警集成联动

入侵报警系统通常由前端设备（包括探测器和紧急报警装置）、传输设备、中心控制设备部分构成。报警系统结构如图3-4所示。

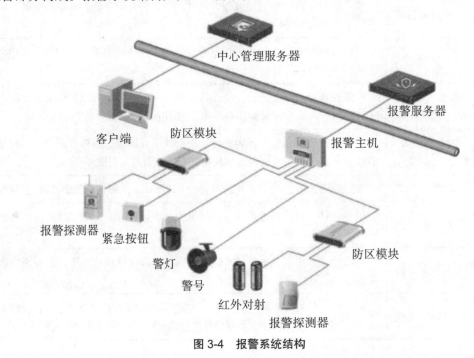

图3-4　报警系统结构

3.2.3 门禁管理系统

门禁管理系统主要设计在办公区、生产区、库房等重要场所的出入口处设置门禁读卡器，工作人员通过中心统一发放的门禁卡进出权限范围内的区域，同时能结合物业区域停车管理系统、考勤系统及消费系统等实现物业区域一卡通功能。

3.2.3.1 门禁系统的主要功能

门禁系统的主要功能如表3-3所示。

表3-3 门禁系统的主要功能

序号	功能	说明
1	发卡授权管理	系统采用集中统一发卡、分散授权模式。由发卡中心统一制发个人门禁卡和管理卡，再由门禁系统独立授予门禁卡在本系统的权限。系统可对每张卡片进行分级别、分区域、分时段管理，持卡人可进出授权的活动区域
2	设备管理	该子系统能实时监控门禁系统各级设备的通信状态、运行状态及故障情况，当设备发生状态变化时自动接收、保存状态数据；开启多个监视界面对不同设备进行分类监管；实现各类设备的数据下载、信息存储查询及设备升级等操作
3	实时监控	系统管理人员可以通过客户端实时查看每个门人员的进出情况（客户端可以显出当前开启的门号、通过人员的卡号及姓名、读卡和通行是否成功等信息）、每个门区的状态（包括门的开关、各种非正常状态报警等）；也可以在紧急状态远程打开或关闭所有的门区
4	权限管理	（1）系统应针对不同的受控人员，设置不同的区域活动权限，将人员的活动范围限制在与权限相对应的区域内；对人员出入情况进行实时记录管理。实现对指定区域分级、分时段的通行权限管理，限制外来人员随意进入受控区域，并根据管理人员的职位或工作性质确定其通行级别和允许通行的时段，有效防止内盗外盗 （2）系统充分考虑安全性，可设置一定数量的操作员并设置不同的密码，根据各受控区域的不同分配操作员的权限
5	动态电子地图	门禁子系统以图形的形式显示门禁的状态，比如当前门是开门还是关门状态，或者是门长时间打开而产生的报警状态。此时管理人员可以通过这种直观的图示来监视当前各门的状态，或者对长时间没有关闭而产生的报警门进行现场查看。同时，拥有权限的管理人员，在电子地图上可对各门点进行直接的开/闭控制
6	出入记录查询	系统可实时显示、记录所有事件数据；读卡器读卡数据实时传送给管理平台，可在管理中心客户端立即显示持卡人（姓名、照片等）、事件时间、门点地址、事件类型（进门刷卡记录、出门刷卡记录、按钮开门、无效卡读卡、开门超时、强行开门）等，如实记录且记录不可更改。报警事件发生时，计算机屏幕上会弹出醒目的报警提示框。系统可储存所有的进出记录、状态记录，可按不同的查询条件查询，并生成相应的报表

续表

序号	功能	说明
7	刷卡加密码开门	在重要房间的读卡器（需采用带键盘的读卡器）可设置为刷卡加密码方式，确保内部安全，禁止无关人员随意出入，以提高整个受控区域的安全及管理级别
8	逻辑开门（双重卡）	某些重要管理通道需同一个门二人同时刷卡才能打开电控门锁。例如金库等，只有两人同时读卡才能开门
9	胁迫码	防胁迫密码输入功能（需采用带键盘式读卡器）。当管理人员被劫持入门时，可读卡后输入约定胁迫码进门，在入侵者不知情的情况下，中心将能及时接收此胁迫信息并启动应急处理机制，确实保障该人员及受控区域的安全
10	防尾随	持卡人必须关上刚进入的门才能打开下一个门。这一功能是防止持卡人尾随别人进入。在某些特定场合，持卡者从某个门刷卡进来就必须从另一个门刷卡出去，刷卡记录必须一进一出严格对应。该功能可为落实具体某人何时处于某个区域提供有效证据，同时有效地防止尾随
11	反潜回	持卡人必须依照预先设定好的路线进出，否则下一通道刷卡无效。本功能与防尾随实现的功能类似，只是方式不同。配合双向读卡门点设计，系统可将某些门禁点设置为反潜回，限定能在该区域进、出的人员必须按照"进门→出门→进门→出门"的循环方式进出，否则该持卡人会被锁定在该区域以内或以外
12	双门互锁	许多重要区域，通行需经过两道门，要求两道门予以互锁，以方便有效地控制尾随或者秩序进入。可以有效地控制入侵的难度和速度，为保安人员处理突发事件赢得时间。互锁的双门可实现相互制约，提高系统安全性。当第一道门以合法方式被打开后，若此门没关上，则第二道门不会被打开；只有当第一道门关闭之后，第二道门才能够被打开。同理，如果第二道门没有关好前，第一道也不予以刷卡打开
13	强制关门	如管理员发现某个入侵者在某个区域活动，管理员可以通过软件，强行关闭该区域的所有门，使得入侵者无法通过偷来的卡刷卡或者按开门按钮来逃离该区域，通知保安人员赶到该区域予以拦截
14	异常报警	系统具有图形化电子地图，可实时反映门的开关状态。在异常情况下可以实现系统报警或报警器报警，如非法侵入、超时未关等
15	图像比对	系统可以在刷卡时自动弹出持卡人的照片信息，供管理员进行比对

3.2.3.2 门禁系统的组成

门禁系统由感应IC卡、感应读卡器、人员通道闸机、通道闸控制器、出入口管理软件及系统工作站等组成。根据出入口通道管理需要，设计选用网络型通道控制主机，通道控制器采用TCP/IP通信方式与上层管理层进行通信,支持联机或脱机独立运行,并可联动附近视频监控设备进行抓拍存储,人员通道控制系统接入综合管理平台可实现设备资源、人员权限与配置的统一管理。

3.2.4 电子巡查管理系统

电子巡查管理系统通过在物业区域的主要干道、楼梯间、重要机房、仓库等场所设置巡更点,安保人员在特定时间内按设计好的线路进行巡更,实现物业区域安防的人防和技防相结合。该系统分离线式巡查及在线式巡查两种,离线式无需布线至中心,施工方便,系统伸缩性高,但实时安全性不高;在线式通过巡更点与中心直接连接,能实时显示巡查人员的身份信息、地理位置等,很大程度上提高了电子巡查的安全性,在工程建设时能整合物业区域的门禁管理系统以达到节省造价成本。

该系统主要由信息钮、巡查棒、通信座、系统管理软件四部分组成。系统结构框图如图3-5所示。

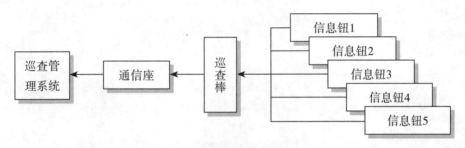

图 3-5 电子巡查管理系统结构框图

其工作原理是在每个巡查点设一信息钮(它是一种无源的只有纽扣大小不锈钢外壳封装的存储设备),信息钮中储存了巡查点的地理信息;巡查员手持不锈钢巡查棒,到达巡查点时只需用巡查棒轻轻一碰嵌在墙上(树上或其他支撑物上)的信息纽扣,即把到达该巡查点的时间、地理位置等数据自动记录在巡查棒上。巡查员完成巡查后,把巡查棒插入通信座,将巡查员的所有巡查记录传送到计算机,系统管理软件立即显示出该巡查员巡查的路线、到达每个巡查点的时间和名称及漏查的巡查点,并按照要求生成巡检报告。

3.2.5 物业区域车辆出入口子系统

物业区域车辆出入口子系统主要对进出物业区域的车辆进行有序高效的管理,包括对物业区域内部的固定车辆管理、外来访客的临时车辆管理。通过系统实现对进出车辆的记录、控制、计时及收费等功能,免除了工作人员手工登记的烦琐手续,减少劳动力,节约成本。

3.2.5.1 物业区域智慧车辆出入口子系统的功能

物业区域智慧车辆出入口子系统应实现表3-4所示功能。

表3-4 车辆出入口子系统的功能

序号	功能	说明
1	车辆管控	（1）固定车辆　车牌识别、远距离卡识别且比对正确，即可进场，无需任何操作 （2）贵宾车辆　车牌识别或远距离卡片识别任一通过，即可进场，无需任何操作，体现尊贵身份 （3）临时车辆　停车取卡，抓拍车牌并识别，放行 （4）布控车辆　嫌疑车辆则系统自动在前端和中心产生报警，同时人工参与处理
2	电动挡车器软件控制	客户端或中心管理平台能够远程控制电动挡车器启闭，方便操作人员管理和特殊需要
3	图片/视频预览	过车图片和信息实时显示，视频实时预览，进出车辆自动匹配，图片预览按车道轮询
4	LED屏显示	控制主机包含语音提示系统、信息显示屏，车辆驶入、驶出可以根据客户需要提示语音、显示欢迎信息等
5	车牌自动识别功能	系统可自动对车辆牌照进行识别，包括车牌号码、车牌颜色的识别
6	车辆信息记录	（1）车辆信息包括车辆通信信息和车辆图像信息两类 （2）在车辆通过出入口时，系统能准确记录车辆通行信息，如时间、地点、方向等 （3）在车辆通过出入口时，牌照识别系统能准确拍摄包含车辆前端、车牌的图像，并将图像和车辆通行信息传输给出入口控制终端，并可选择在图像中叠加车辆通行信息（如时间、地点等） （4）可提供车头图像（可包含车辆全貌），在双立柱方案下，闪光灯补光时拍摄的图像可全天候清晰辨别驾驶室内司乘人员面部特征。单立柱方案时抓拍摄像机与闪光灯安装在同一根杆子上 系统采用的抓拍摄像机，具备智能成像和控制补光功能，能够在各种复杂环境（如雨雾、强逆光、弱光照、强光照等）下和夜间拍摄出清晰的图片

3.2.5.2 出入口控制系统的组成

系统主要由前端信息采集软硬件、数据处理及传输部分、数据管理中心几部分组成。如图3-6所示。

3.2.6 访客管理系统

访客管理系统通过在门卫或前台设置访客机，访客出示一二代证或其他证件，访客机扫描或阅读一二代身份证等相关证件，读取相关个人信息，并打印访客单或发放可循

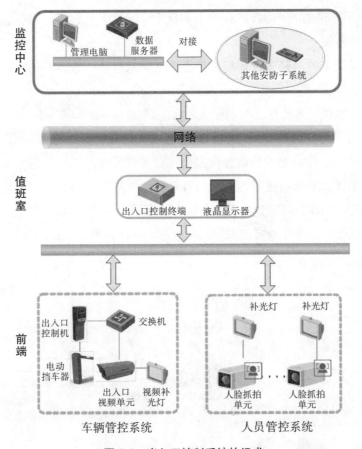

图 3-6 出入口控制系统的组成

环使用的临时ID/IC卡（可根据需要对访客拍照），对来访人员进行管理。在登记信息时，指定被访人员，自动授权相关区域的门禁系统，并对访客的进、出信息，配合视频监控图像进行实时记录。

3.2.6.1 访客管理子系统的功能

访客管理子系统主要实现以下功能。

（1）当访客提前预约来访时，系统可替代保安人员完成入门登记工作，高效准确地记录、存储来访人的相关信息，做到人员、证件二者统一，便于异常情况发生后查询。

（2）通过证件扫描仪扫描来访者身份证、护照、驾驶证等证件，实现证件自动识别，自动录入来访者资料。

（3）可选择增加二/三代身份证的验证机进行身份证信息读取。

（4）可发放授权访客卡，访客卡采用一卡通统一的IC卡，可以自由设定访问权限有效时间和最长实效时间。

（5）可以为访客管理系统的用户分配权限，权限信息包括：预约权限、发卡权限、回收卡权限、修改访客资料权限、访客信息查询权限等。

（6）可以提供详细的来访者信息记录和报表，记录信息包括：来访者资料、被访者姓名、进出时间等。

（7）能记录发生的报警事件信息，报警事件信息包括：访客卡到期未回收、卡片过期、访客黑名单等。

（8）支持访客在访客机登记时拍照发卡功能。

来访人员进入物业区域必须办理临时访客卡，访客管理系统可实现人工登记发卡，也可通过访客机进行自动发卡，访客机主要针对预约访客，加快访客办卡流程。访客通过网络或电话形式，对来访进行预约，访客管理系统对预约访客通过手机短信、电子邮件等方式远程发送访客密码，在访客机上输入访密码可直接获取访问卡。

访客机一般设置在物业区域出入口的保安室，具体位置可随实际管理情况灵活调整。

3.2.6.2 访客管理系统流程

访客管理系统流程如图3-7所示。

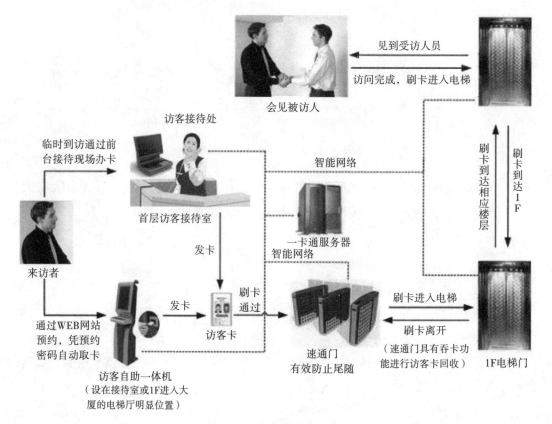

图3-7 访客管理系统流程

3.2.7 综合安防管理平台

安全防范综合管理系统是一个全数字化的、开放式的集成平台，是安全防范系统的核心，能够实现物业区域内各安防子系统间互相集成、报警联动信息集成，以及控制信息的统一发布和管理。该系统可以联动视频监控系统、入侵报警系统、出入口控制系统、电子巡查管理系统、停车管理系统、无线对讲系统以及火灾报警系统信息集成监控平台（SMS）。将物业区域安全防范综合管理系统与上述各安防子系统联网，实现由物业区域安全防范综合管理系统对物业区域内部安全防范进行全方位监视、控制，以及各安防子系统间的报警联动响应。

综合安防管理系统平台应实现表3-5所示功能。

表3-5 综合安防管理系统平台的功能

序号	功能	说明
1	实时图像调阅	有权限的终端用户可选择前端的任意一台摄像机的实时画面进行监控
2	录像数据查询及调阅	（1）权限许可范围内的用户可通过该平台对系统中的录像数据进行查询及调阅 （2）提供录像回放控制功能，可实现快进播放等功能 （3）提供多画面同时回放及多文件循环播放功能
3	报警接收及处理	有权限的用户可以设置报警时的联动方式，可以根据需要手动或自动进行布防。系统实现对操作员信息及操作时间、报警设备信息及报警时间等信息自动存档；实现与其他报警子系统等警用系统联动。监控前端能自动打开声光等报警联动设备，并发送相关的报警信息至服务器；报警时，授权遥控监视点能自动弹出报警信息窗口和发出声音提示，并显示报警点的具体位置、报警类型及现场图像，并存储相关摄像机的图像及联动录像等。系统提供报警时拨打电话及发送手机短信的功能
4	门禁管理	（1）提供远程门禁控制功能，可实现各种人员组合的出入权限授权 （2）支持授权用户在授权时限内通过系统的身份认证后自动出入 （3）支持授权用户通过中心干预的方式通过系统身份认证后由中心控制出入 （4）支持授权用户在非授权时间内通过预授权方式通过身份认证后出入
5	电子地图功能	（1）支持平面位图格式电子地图 （2）支持GIS地图 （3）用户通过简单的点击可直接查看地图上某个位置的图像。现场地图可以是图片、区域地图、建筑物布置图、楼层平面图；多个地图按分层顺序进行组织；在地图上可放置摄像机图标，用户通过点击图标，可快速选择所要观察的监视点
6	用户及权限管理功能	（1）网络客户端采用集中管理模式，统一管理设置参数、权限等 （2）系统管理员具有最高权限，能对相关人员的权限和初始口令进行设置，能设置操作人员的连接权限、控制权限、管理登记等使用权限 （3）终端用户对监控软件和设备的操作记录将自动存档，并且不能删除修改

续表

序号	功能	说明
7	中心录像功能	监控联网系统实施后,除了原有每个网点的本地录像外,在监控指挥中心还可以对一些重点画面进行网络实时录像,比如主要路口和重要场所的图像。在日常监控工作中,如果发现某个画面可疑,也可以在监控指挥中心立即启动网络录像,第一时间把作案现场的图像保存到监控中心
8	流量监控功能	多个监控终端同时观看同一个监控点的实时图像时,可以设置访问并发上限,以满足实际网络环境的要求
9	日志管理功能	系统支持详细的事件日志管理记录,系统可以对用户、对系统、对设备的参数设置、硬盘录像机登录、报警信息、故障处理信息等项目和操作做详细的记录管理,并可实时打印报表,为查证操作记录等提供保证
10	语音对讲功能	通过系统中心可以对日常的工作内容实现相互的沟通、引导。可以对前端监控点正在发生的违法事件进行告警
11	自动校时功能	监控中心的时间同步服务模块可以向辖内网点的硬盘录像机发出时间同步命令,保证硬盘录像机时间和主控机时间同步
12	远程设备管理功能	(1)报警系统远程管理 ①报警主机远程开关机。可通过系统对状态异常的报警主机实现远程开关机操作 ②报警主机远程布防及撤防。可通过系统对报警主机进行远程布防及撤防 ③报警主机布防及撤防状态远程监视。可实时查看报警主机各个防区的布防及撤防等工作状态情况 ④防区失效提醒。对失效防区进行及时提示 (2)视频系统远程管理 视频设备参数变更远程监视,可实时监视视频设备的参数配置变化情况,对未经授权的视频设备关键参数变更提供提示功能。远程开关机,系统可自动或手动对远程出现异常的视频设备进行开机或关机等非常规操作 (3)设备联网状态远程诊断 系统自动实时地巡查各个设备的联网状态,对网络异常的设备进行提示
13	电视墙显示及控制功能	提供万能解码设备,对不同厂家的硬件视频编码设备的编码格式的视频编码数据进行统一解码,统一模拟输出显示
14	安防系统设备日常管理功能	系统提供安防系统设备日常管理功能,建立设备采购、安装、使用及维护台账系统,对安防系统中使用的设备进行严格管理

3.3 开发物业APP

物业APP是一个手机平台,以物业企业为中心将业主、物业服务、社区商户整合在一起,通过物业企业的组织协调,最终完成生活消费"最后一公里"服务。如图3-8所示。

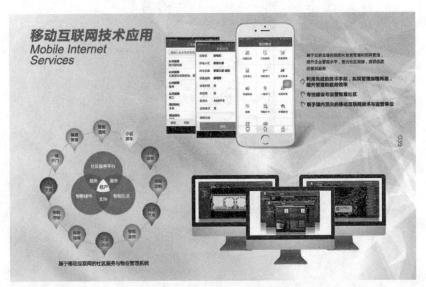

图 3-8 物业 APP 手机平台示例

3.3.1 建立物业APP平台的益处

因为缺乏有效沟通,业主与物业始终存在着各种矛盾。为化解沟通不畅等问题,有必要借助现代化信息手段和移动互联网技术解决沟通难题,利用线上线下相结合的物业APP沟通平台,实现对物业小区、居民、业主和员工进行标准化管理和服务。

3.3.1.1 为社区住户带来便捷与实惠

物业服务管理的APP平台,是基于智能手机平台开发的创新物业服务模式。将物业服务、信息通知、物业缴费、周边商铺、社区活动、社区养老、社区圈子等诸多生活帮助信息及服务整合在一部小小的手机里,为社区住户带来便捷与实惠。

【案例】

某物业公司的APP平台

1. 小区资讯

展示小区最新的资讯和动态,让小区居民对小区的活动有全盘的了解。小区资讯详情,将对活动的具体情况,有一个更详尽的描述。

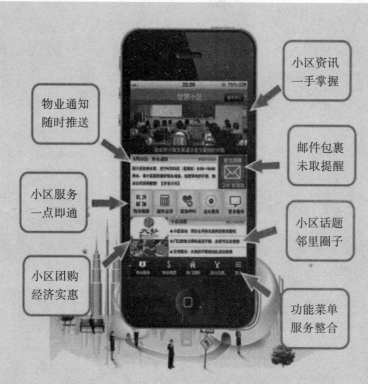

2.物业通知

由物业公司通过管理后台发布，能将最新的物业通知推送到用户手机桌面，实现物管信息的即时推送，点击即可查看详情。

3.邮包提醒

将以数字的方式，提醒住户有多少邮包在传达室尚未领取，领取完成后，该数字将自动归零。

4.小区服务

整合小区所有服务项目，如物业维修、超市送货、电脑维修等，点击图标，即可直接呼叫服务提供商，获取小区周边的商业、生活、维修等方面的服务。

5.小区团购

是为小区居民特别推出的团购项目，小区居民只要展示手机客户端，证明您是某小区的住户，在商家即可享受相应的团购优惠。无需出示任何其他手续。

6.小区话题

小区论坛，业主可以浏览小区邻居所发表的帖子，业主自己也可以发表新帖，回复其他人帖子，是小区沟通交流的平台。

7.周边优惠

APP将自动定位到住户居住的小区附近，以地图的方式，展示住户小区周边的优惠商家、团购活动等信息。地图上以不同颜色的标签标注了不同类型的商家，其中褐色标签为周边餐饮，蓝色标签为超市购物，绿色标签为休闲娱乐，紫色标签为生活服务。户主可以凭客户端，点击地图上的商家图标，便捷地查找商家位置，并在指定商家，享受专为"智慧小区"住户提供的专项优惠活动，获得更多超值优惠。

8. 物业缴费

用户可以通过APP实现物业管理费、停车费的查询和缴纳。

3.3.1.2 搭建业主与物业间即时沟通的桥梁

物业APP系统将移动互联网技术运用于传统物业管理服务，搭建业主与物业间即时沟通的桥梁，以服务网站、手机APP客户端、官方微信和客服呼叫中心四个平台为载体，最大限度地方便业主用户使用，业主只要动动手指就可以随时随地找到物业，报修求助、查看维修进程、反馈是否满意等意见，可以随时查看小区的通知公告及周边信息。物业服务实现过程如图3-9所示。

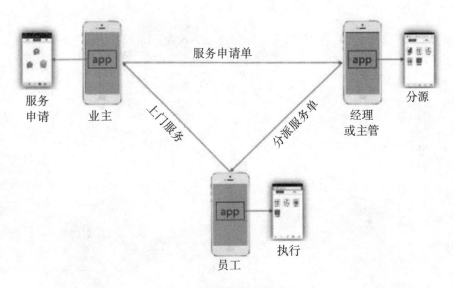

图3-9 物业服务实现过程

3.3.1.3 降低物业管理成本

APP带给物业企业的是降低成本，APP平台可完全代替常规的物业收费软件，在功能上更加完善，使用起来也更加的方便。同时，APP使用移动终端为载体，可以实现所有派工无纸化，降低办公耗材的使用。工作人员不用再奔波于业主家中与客服中心之间，大大地缩短了工作人员在途时间。

3.3.1.4 增加了新的利润点

APP搭建的平台为物业管理带来了新的利润增长点。

它集成了社区服务、周边商家、业主基本生活需求等内容，在周边一公里微商圈内搭建供需交流平台。业主可以享受安心快捷的生活服务，增进邻里交流；商家可以进行品牌推广，互动营销；物业可以借此向多元化管理的盈利模式转型。

在这个平台上物业公司已经不再单纯是一家物业公司，而是一家综合性的服务公司。将物业公司具备的资源（人力资源、商业资源、业主资源）深度挖掘，物业公司要做的就是组织协调。

图3-10 ~图3-12为APP上物业公司、商户、业主的业务流程示例。

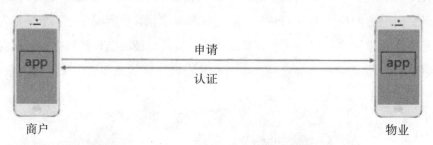

申请
app
app
认证
商户
物业
物业负责对商户进行认证，并对提出的投诉进行核实，定期
清理评价过低、投诉较多的商户，保证平台的商户质量

图3-10 商户认证流程

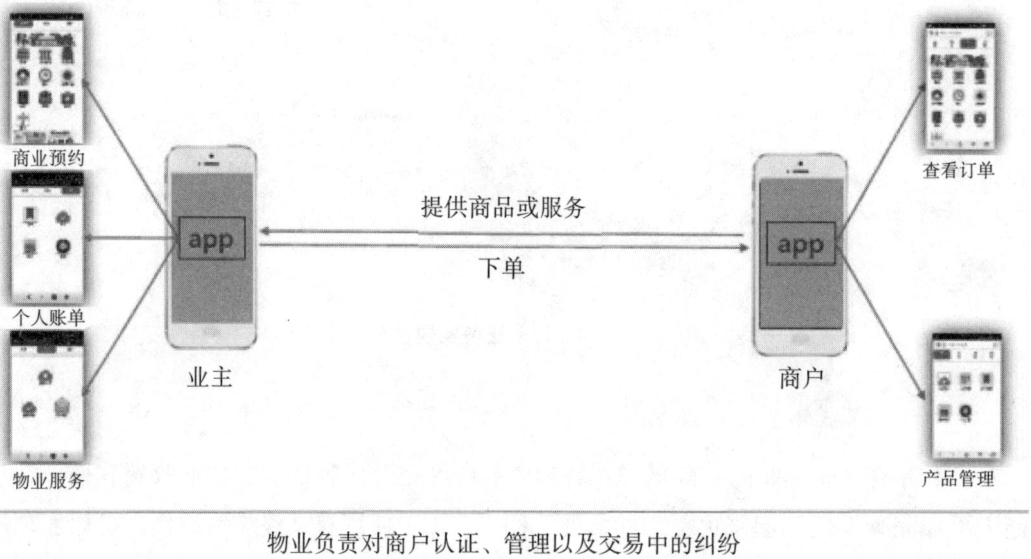
商业预约
个人账单
物业服务
app
业主
提供商品或服务
下单
app
商户
查看订单
产品管理
物业负责对商户认证、管理以及交易中的纠纷

图3-11 商业服务过程

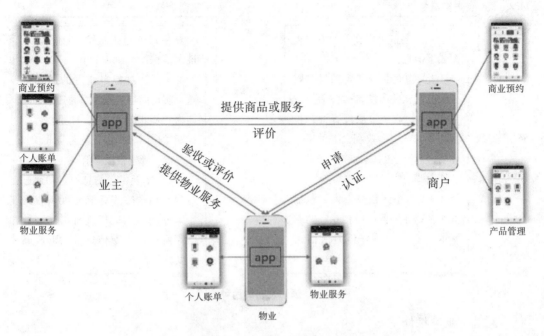

图 3-12 APP 的完整逻辑流程

3.3.2 物业 APP 功能模块

系统的主要功能由以下模块构成,如图 3-13 所示。

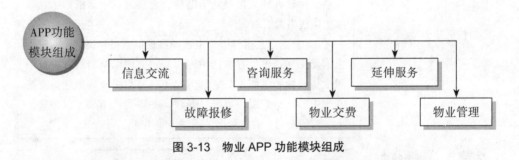

图 3-13 物业 APP 功能模块组成

现将各模块主要功能描述如下。

3.3.2.1 信息交流

(1)社区黄页　在网站上提供社区及周边的各类生活服务信息,方便居民业主用 APP 查询热线电话并可以一键拨号,如:物业、居委会、家电维修、会所休闲、衣物干洗、快递服务、订餐送水、废品回收、开修换锁、管道疏通、物流搬家等。

(2)分小区的通知发布　实现向分小区业主发布一般通知、公告、紧急通知、节日贺词及注意事项等服务,增加公司讯息的传达率。

通知发布分点击查看和手机微信推送两种发布形式。如图 3-14 所示。

点击查看

业主可通过手机查看的方式查阅如下信息：

（1）物业服务包含项目、服务规范、相关收费价格公示

（2）物业政策法规查询，包括物业与业主的权利义务关系、业委会的成立与职责、大修基金的使用等

（3）本小区信息查询，包括本小区物业服务团队信息、物业基本概况、街道办社区相关信息

手机微信推送

业主可通过手机微信接收物业推送信息：

（1）针对特定业主的通知推送　实现向特定业主的通知推送。如物业费催交通知等。向重要客户定期发送温馨提示、新闻简讯、节日祝福、天气预报等信息

（2）定期发送信息　定期通过客户端向业主发送满意度调查问卷，业主填写完毕进行提交，数据库则根据提交信息自动形成满意度分析报告

图 3-14　通知发布的两种方式

3.3.2.2　故障报修

故障报修功能模块下又细分为多个子模块，如图 3-15 所示。

故障报修

（1）电话报修。业主打开报修菜单，选择电话报修，软件中会显示该项目部维修人员的联系电话，业主选择维修人员电话，由软件建立拨号通话链接，直接进行电话报修（在客服中描述为派工制）

（2）发送信息报修。业主选择发送信息报修菜单，通过手机编辑文字（可设置快捷拍照功能，对需维修的地方进行拍照上传，便于维修人员了解情况），将需报修的信息提交至客服中心，由客服中心统一受理，并将受理结果（包含责任人、到场时间、收费标准）反馈给业主

维修响应

客服中心根据业主发送的报修信息，在系统中选择对应的维修工实施派工，将维修信息发送至维修工的客户端。维修工收到派工信息后（必要时与业主提前电话联络），在客户端进行确认，客户端自动将派工信息反馈至业主。反馈信息包括：到场时间、到场人员、联系方式、收费标准等

预约维修

"预约维修"的报送流程与"故障报修"流程相同，业主可通过客户端将预约维修的相关需求进行编辑，预约维修内容可以超出常规性维修范围。客服中心在收到业主的预约信息后，对报修信息进行审核，可通过电话沟通的方式对业主需求进行详细了解

维修工完成维修后，引导业主在客户端上对本次服务进行评价，评价信息将直接发送至客服中心

（1）服务完毕，业主通过平台软件对本次服务进行评价，评价结果作为公司对员工的考核依据

（2）每完成一次维修服务，软件会自动将本次服务情况储存进数据库，客服人员根据服务派工信息定期进行电话回访，并将回访结果录入数据库。数据库在定期内自动形成客户服务数据分析报告（包括次数、完好率、满意率等）

图 3-15　故障报修功能模块的细分

3.3.2.3　咨询服务

（1）接受业主的咨询　在菜单内显示相应的咨询、投诉联系电话和受理人，业主通过电话号码链接接通客服中心电话。

在菜单内加入在线客服功能，业主可以进行在线（类似QQ、微信聊天）咨询、投诉，第一时间与客服人员进行沟通。

在数据库中加入物业政策法规、价格公示、服务流程、服务标准等信息，业主通过搜索关键字，可以通过软件平台进行查阅。

（2）接受业主的投诉及建议　实现客户意见建议直接接收（可根据业主身份设置客户级别，不同级别的客户享受不同级别的接待人），通话过程中可以对通话内容进行录音，并可实时反馈及跟踪，持续改进服务质量，提升客户满意度。

投诉仅限于一对一投诉，不可发帖串联等。

（3）信息反馈、回访

①业主发送需求信息后，客服中心经过受理（内部流程由物业公司结合自身情况制定），将派工信息（上门时间、维修人员、收费标准等）通过软件平台发送给业主（或采取电话联系的方式）。服务完毕，业主通过平台软件对本次服务进行评价，评价结果作为公司对员工的考核依据。

②对业主完成信息反馈后，软件会显示该项物业服务的办理进度，相关权限人可以查看办理进度，便于跟踪掌握员工的工作情况和服务质量。

③每完成一次物业服务，软件会自动将本次服务情况储存进数据库，客服人员根据服务派工信息定期进行电话回访，并将回访结果录入数据库。数据库在定期内自动形成客户服务数据分析报告（包括次数、完好率、满意率等）。

（4）售后服务

①客服中心在规定时间内对业主进行电话回访，客服专员及时将回访结果录入数据库。

②业主在客户端发送的派工评价和电话回访评价都将在系统中显示，相关权限人可以查阅。

③定期通过客户端向业主发送满意度调查问卷，业主填写完毕进行提交，数据库则根据提交信息自动形成满意度分析报告。

④对投诉电话和回访电话进行录音，客服中心负责人和公司高层可以通过电话录音对服务质量和员工工作情况进行抽查。

以投诉响应和电话回访为主要形式；再结合定期的满意度调查问卷。

3.3.2.4 物业交费

物业交费的功能包括以下方面。

（1）费用查询　实现物业管理费用、暖气费、热水费等物业费用查询。

（2）可以查本业主的应缴、已交、未到期等费用。

（3）也可查本小区应公布的相关公共费用收支情况，如大修基金等。

（4）必要时也可以设置公布欠费黑名单等。

（5）费用提示及催缴。

①缴费提示。根据业主的缴费信息，在数据库系统设置自动缴费提醒，将业主的缴费日期、应缴金额发送至业主。

②费用催缴。根据卓越系统显示的业主欠费信息，挑选欠费金额较大的业主，通过软件平台发送催费函。

3.3.2.5 延伸服务

延伸服务可涵盖以下服务，如图3-16所示。

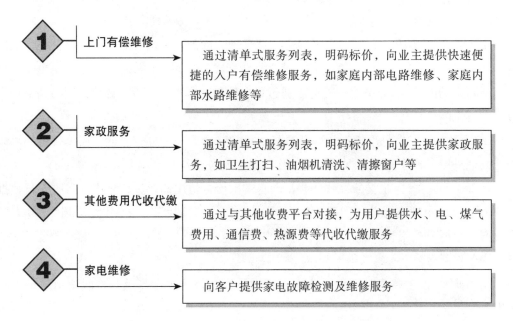

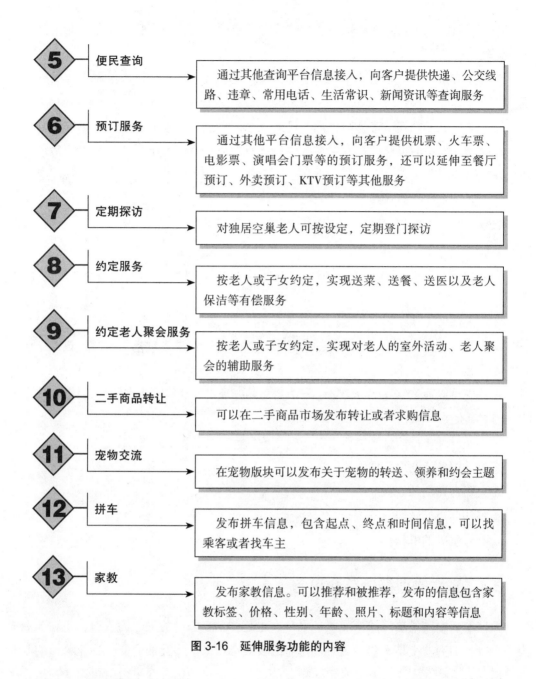

图 3-16 延伸服务功能的内容

3.3.2.6 物业管理

（1）业主信息管理　在软件平台设置注册菜单，业主通过注册，设置账号密码，在注册过程中填写业主相关身份信息和住宅信息。客服中心通过业主填写信息与历史数据进行核对，及时更新、完善业主信息，通过数据库建立业主信息电子档案。

（2）客服中心管理　客服中心设置专职人员负责软件平台的运营维护工作。配置如下。

①信息管理员1名，负责软件系统的管理、维护；信息的汇整、发送；业主档案资料的管理工作。

②客服专员1名，负责服务热线接听，在线受理咨询、投诉；维修派工、服务回访工作等。

（3）维修员工管理　将各项目部的维修工个人信息和联系方式录入数据库中，客服中心根据业主发送的报修信息，在系统中选择对应的维修工实施派工，将维修信息发送至维修工的客户端。

（4）信息查询权限管理　业主通过软件平台所发送的所有信息都将被储存进入客服中心的数据库，根据物业公司行政职级和职责，设定不同的信息浏览权限。浏览权限设置如下。

①公司领导层可以浏览所有信息，可以根据信息内容直接作出批示并部署相关工作。

②相关部门（项目部）负责人可以浏览与自身职责相关的信息。

③客服中心工作人员可以浏览所有信息，但无法对信息进行人工的筛选过滤。业主所发送的所有信息都将通过数据库自动发送至相关权限人。

④业主可以通过软件平台浏览已发送信息的办理进度和客服中心的反馈信息。

（5）其他

①物业管理人员信息维护，由客服中心信息管理员负责信息的维护工作。

②延伸服务及商户管理。

③公司自营的延伸服务。

④签约商户的延伸服务。

⑤有偿服务的清算。

3.4　建立物业微信公众平台

微信作为中国最热门的社交服务平台，也是移动互联网的最大的入口，正在演变成为一个巨大的商业交易平台，其对各行业的发展会带来颠覆性的改变。物业公司的服务客户已经普遍拥有了个人微信账户，物业公司只要通过微信公众平台就可以快速地将客户资源整合到物业服务平台上来，进而开展物业在线服务和社区电子商务。

3.4.1　物业微信平台的用户

物业微信平台的用户如表3-6所示。

3.4.2　物业微信平台的功能

物业微信平台的主要功能由以下模块构成，如图3-17所示。

表3-6 物业微信平台的用户

编号	角色	用户	功能
1	系统管理员（客服人员）	专职客服人员	负责信息的接收、发送、派工、在线客服
2	物业维修员	各项目维修班长	维修班长负责具体的维修调度及跟进落实
3	物业业主	各住宅小区业主	根据平台软件功能，享受相关物业服务
4	物业服务商	周边商家	视情况将相关信息发送给服务供应商，便于其配合物业公司做好服务工作
5	物业管理人员	（1）公司领导 （2）所有管理岗员工	（1）公司领导层可以浏览所有信息，可以根据信息内容直接作出批示并部署相关工作 （2）相关部门（项目部）负责人可以浏览与自身职责相关的信息 （3）客服中心工作人员可以浏览所有信息，但无法对信息进行人工的筛选过滤。业主所发送的所有信息都将通过数据库自动发送至相关权限人

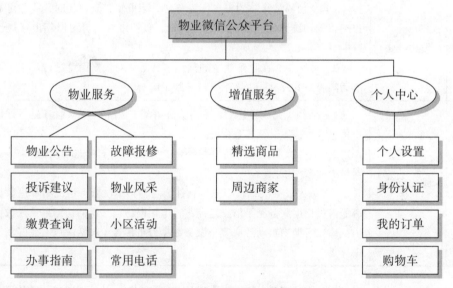

图3-17 物业微信平台的主要功能

3.4.2.1 主要功能描述

（1）物业公告的通知发布　实现向小区业主发布一般通知、公告、紧急通知、节日贺词及注意事项等服务，增加公司讯息的传达率。

①业主可通过手机微信接收物业推送信息。

②针对特定业主的通知推送。实现向特定业主的通知推送，如物业费催交通知等。

向重要客户定期发送温馨提示、新闻简讯、节日祝福、天气预报等信息。

（2）故障报修　　故障报修的功能如表3-7所示。

表3-7　故障报修的功能

序号	功能模块		说明
1	故障报修	电话报修	业主打开报修菜单，选择电话报修，软件中会显示该项目部维修人员的联系电话，业主选择维修人员电话，由平台建立拨号通话链接，直接进行电话报修。（在客服中描述为派工制）
		在线报修	业主选择在线报修菜单，通过手机编辑文字（可设置快捷拍照功能，对需维修的地方进行拍照上传，便于维修人员了解情况），将需报修的信息提交至客服中心，由客服中心统一受理，并将受理结果（包含责任人、到场时间）反馈给业主
2	维修响应		（1）客服中心根据业主发送的报修信息，在系统中选择对应的维修工实施派工，将维修信息发送至维修工的客户端 （2）维修工收到派工信息后（必要时与业主提前电话联络），在客户端进行确认，客户端自动将派工信息反馈至业主。反馈信息包括：到场时间、到场人员、联系方式等
3	预约维修		（1）"预约维修"的报送流程与"故障报修"流程相同，业主可通过客户端将预约维修的相关需求进行编辑，预约维修内容可以超出常规性维修范围 （2）客服中心在收到业主的预约信息后，对报修信息进行审核，可通过电话沟通的方式对业主需求进行详细了解
4	维修反馈		（1）维修工完成维修后，引导业主在客户端上对本次服务进行评价，评价信息将直接发送至客服中心 （2）服务完毕，业主通过平台对本次服务进行评价，评价结果作为公司对员工的考核依据 （3）每完成一次维修服务，软件会自动将本次服务情况储存进数据库，客服人员根据服务派工信息定期进行电话回访，并将回访结果录入数据库。数据库在定期内自动形成客户服务数据分析报告（包括次数、完好率、满意率等）

（3）投诉建议　　此功能可以实现客户意见建议直接接收，并可实时反馈及跟踪，持续改进服务质量，提升客户满意度。投诉信息反馈、回访流程如下。

①业主发送信息后，客服中心经过受理（内部流程由物业公司结合自身情况制定），将反馈信息通过平台发送给业主（或采取电话联系的方式）。服务完毕，业主通过平台对本次服务进行评价，评价结果作为公司对员工的考核依据。

②对业主完成信息反馈后，平台会显示该项物业服务的办理进度，相关权限人可以查看办理进度，便于跟踪掌握员工的工作情况和服务质量。

③每完成一次物业服务，软件会自动将本次服务情况储存进数据库，客服人员根据服务信息定期进行电话回访，并将回访结果录入数据库。数据库在定期内自动形成客户服务数据分析报告（包括次数、完好率、满意率等）。

（4）缴费查询　业主通过手机在线查询物业欠费以及每月账单，并可通过手机支付功能缴纳欠费、预缴物业费，以及为停车卡充值续费，真正做到随时随地查费缴费，既可以方便客户，也能够帮助物业服务公司提高费用收缴率。

缴费查询模块提供表3-8所示服务。

表3-8　缴费查询模块提供的服务说明

序号	服务	说明
1	费用查询	（1）实现物业管理费用、停车费等物业费用查询 （2）可以查本业主的应缴、已交、未到期等费用 （3）也可查本小区应公布的相关公共费用收支情况，如大修基金等
2	费用提示及催缴	（1）缴费提示　根据业主的缴费信息，在数据库系统设置自动缴费提醒，将业主的缴费日期、应缴金额发送至业主 （2）费用催缴　根据系统显示的业主欠费信息，挑选欠费金额较大的业主，通过平台发送催费函

（5）小区活动　物业可在平台发布、组织一些活动，业主在微信平台报名参加，后台统计报名、参加人数。

3.4.2.2　后台主要管理功能描述

业主信息管理、客服中心管理、维修员工管理、信息查询权限管理参见物业APP功能模块相关内容。

（1）商家管理　商家属性包含以下项目（*号为必填项目）。

商家名称*：填写商家名称(商家名称允许重复)；

展示图片：商家展示图片；

联系人*：商家联系人姓名；

手机、电话、QQ号：商家用于客户联系的方式；

商家地址*：商家的店铺地址；

标签*：商家分类标签，点击选择；

商家简介：介绍商家的基本情况；

商家推荐：店铺的特色商品、招牌产品推荐；

特色服务：添加可以提供的服务；

营业时间：商家的正常营业时间展示。

（2）订单管理　"小区商家"订单分为"货到付款"订单和"在线支付"订单，当订单状态为"待配送"时，需要管理员对订单进行配送处理("货到付款"订单，用户提交订单成功后状态即为"待配送"；"在线支付"订单，用户只有提交订单支付成功后，订单状态才会变为"待配送")。"货到付款"的订单管理员可随时取消订单，用户也可随时取消订单；"在线支付"的订单支付成功后，用户与管理员均不可取消订单。

3.4.3 物业微信公众平台的运营

物业小区开通公众号一般以物业公司的营业执照或个人身份证注册，一旦注册成功就会成为物业公司的官方信息平台。后期运营，一方面要符合国家法律及微信运营商的相关规定，不然就会被封号。另一方面也要建立内部的管理制度，严格把关内容审核，一旦推送不实或不利于物业公司利益的内容，影响甚至更糟糕。

有关微信公众号日常运营的几个关键点。当然要运营管理好微信公众号肯定不止以下几点，以下内容仅供参考。

3.4.3.1 建立微信公众号运营管理制度，尤其是内容推送审核流程

内部运营管理制度的建立，主要从责任划分、公众号的内容范围、每周的内容推送量、内容推送审核流程和违规考核几个方面进行明确。

在内容推送的审核流程方面，编辑成功后的内容首先要发送至分管领导手机查阅，审核无误后才能由实际管理者进行群发推送。严格的内容推送审核管理是确保公众号的舆论导向始终符合国家的法律法规和物业公司自身的管理要求。

3.4.3.2 如何丰富微信公众号的推送内容

其实能否不断吸引小区业主成为粉丝甚至吸引周边小区业主关注，除了以上经验之外就是要编辑推送高质量的微信公众号内容。以下指引能有效丰富小区微信公众号的推送内容，当然具体情况可能因项目的实际情况会有差异。

（1）业主信息墙　现在各类私房甜品、私房菜层出不穷，小区肯定少不了业主是从事微商或者其他经营，这部分业主有着将信息告知周边业主的热切需要。编辑推送这部分信息，既是帮助了做生意的业主，也方便了小区其他业主的生活。当然信息墙还可以包括但不限于邻里求助、旧物易换、拼车、邻里活动等信息。

（2）业主个人秀　小区业主中间其实藏龙卧虎，有各类文艺才华的业主不在少数。尤其是已退休的老干部和青少年学生，这部分人群需要有平台来展示他们的才艺，也渴望有更多的人关注他们的生活。因此定期推送业主的摄影、绘画、诗词和文章等作品，有利于丰富公众号的推送内容，也有利于提升小区的文化品位。

（3）周边动态　物业公司在小区本身就是一个信息汇聚点，不论是社区街道的相关政策，还是周边交通、配套等信息，物业公司都会或多或少地清楚与听到。因此定期推送周边动态，让业主及时知晓社区街道的最新政策通知、周边的交通状况、周边商家的打折信息、区域的趣味活动等，都能有效吸引业主不断关注公众号的推送内容。

（4）物业管理宣传　目前物业管理法律意识和消费意识的普及还有比较长的路要走，小区微信公众号推送有关物业管理的相关宣传，既是普及知识，也是解决管业之间信息不畅和信息不明的有效途径。微信公众号有关物业管理的宣传要把握几个关键点：第一，每次选取宣传的点要尽量小。比如"宠物豢养"这个宣传面很大，但是"文明养宠"这个点就相对较小。第二，要多配图片或者图文并茂，切忌大篇幅的文字说教，否则难以达到效果。第三，要学会运用吸引人点击的标题。切勿使用生硬、说教、灌输之类的标题。要通过"有趣、疑问、意犹未尽、有话没说完"等方式拟定标题，以吸引业主粉丝点击。

微信公众号的运营，越往后就越能体现"内容为王"的真理。众多微信公众号通过发红包、送礼品甚至推送一些低俗笑话、视频的方式既不符合物业小区微信公众号的运营准则，也不能保证公众号的持续健康运营。

【他山之石】某小区物业微信公众号功能方案

某小区物业微信公众号功能方案

● **用户绑定**

小区住户在公众号填写姓名、电话、所属楼栋号、楼层、房间号等资料注册绑定，物业管理人员在后台查看用户注册信息并审核。

● **物业费查询**

物业管理人员在后台导入小区所有用户的物业费信息（包含停车费、物业费、公摊水费、公摊电费等），业主输入自己的注册姓名或手机号即可查询物业费金额并可在线缴纳，如下图所示。

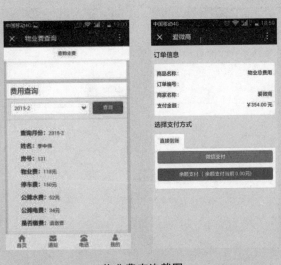

物业费查询截图

● 报修服务

　　物业管理在后台设置报修种类，例如下水道报修、电路报修等，业主在手机端选择报修类型、填写报修内容提交，物业处理后在后台录入处理结果，用户手机微信可收到处理通知。如下图所示。

报修服务截图

● 投诉服务

　　物业管理在后台设置投诉问题，例如日常保洁、违规停车、装修噪声、公共设施等，业主在手机端选择投诉类型、填写投诉内容提交，物业管理在后台查看，处理后在后台录入处理结果，用户手机微信可收到处理通知。如下图所示。

投诉服务截图

● 小区拼车

有车的业主可在公众号发布拼车信息（路线、时间、空余座位数），其他业主可在公众号查看并预约拼车。如下图所示。

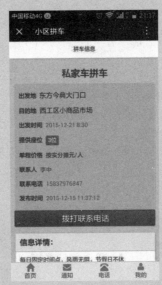

小区拼车截图

● 房屋租赁

业主可在公众号发布房屋租赁信息并留下联系方式，业主们在此版块可看到所有人发布的租赁信息，如下图所示。

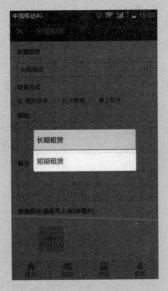

房屋租赁截图

- **家政服务**

业主在此版块发布家政服务信息，可以是招钟点工、护理、保姆等，也可以是为他人提供服务，用户可以看到所有业主的发布信息。如下图所示。

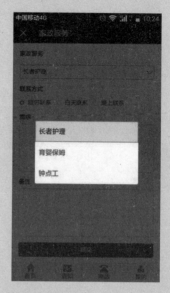

家政服务截图

- **跳蚤市场**

用户可将生活中闲置的物品发布在公众号，所有业主都可以看到交易信息并联系卖家实现线下的支付交易，促进小区内居民和谐关系。如下图所示。

跳蚤市场截图

● 小区活动

物业可在公众号发布、组织一些活动，业主在微信报名参加，后台统计报名、参加人数。如下图所示。

小区活动截图

● 通知消息

物业可通过后台，在公众号上向所有业主发送各种通知消息，例如停水通知、燃气通知、停电通知、停车场通知、电梯通知、门禁通知等，用户在手机微信可查收通知消息。此类通知消息不占用公众号信息推送四次，每月可发送多次。如下图所示。

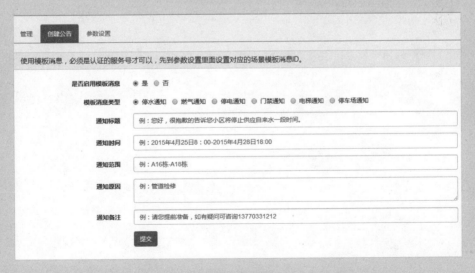

通知消息截图

处理结果通知：物业收到用户投诉、报修等信息，处理后可在后台录入处理结果，用户手机微信可收到处理信息通知。如下图所示。

处理结果通知截图

第2部分
图解物业公司之精益管理

阅读索引：
- 物业公司的精益管理
- 图解精益管理之目标管理
- 图解精益管理之品质控制
- 图解精益管理之服务标准化
- 图解精益管理之岗位说明书
- 图解精益管理之规范的行为礼仪
- 图解精益管理之5S管理
- 图解精益管理之标志管理

第4章 物业公司的精益管理

精益管理是在日本丰田公司精益生产的基础上,总结提炼并加以升华的一种高效管理工具。

精益管理的"精"指减少投入、少花时间、少耗资源;"益"指增加效益、提高效率、提升质量。精益管理通过流程再造、降低成本、提升质量、提升效率来提升企业的竞争力。

4.1 精益管理的发展与演变

精益管理的发展经过管理→精细管理→精益管理的过程,如图4-1所示。

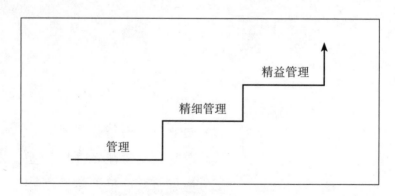

图4-1 精益管理的发展与演变

4.1.1 管理

管理有多种解释。从管理的职能来理解,"管"是布置任务,"理"是检查结果、调整布置。从管理广义的角度来理解,"管"是协调不同员工的工作,让员工围绕企业目标尽职尽责地工作。

"理"的第一层意思可以理解为对员工从事的工作进行梳理,让员工对所从事的工作思路清晰,有条不紊地按计划、按流程、按标准推进落实。

"理"的第二层意思可以理解为对员工的心理进行梳理,让员工对企业保持一份尽责的心愿，对同事保持一份阳光的心态，对工作保持一份积极向上的激情，对挑战保持一份永不服输的精神。

4.1.2 精细管理

精细管理可以理解为用精致、细密的思维进行企业管理，通过对目标和流程的研究，对信息量的最大掌握，将企业管理的任务进行精细化分解，形成若干个有效的管理模块，再组合成一个有机的管理体系，实现对过程和结果的精细控制。

4.1.3 精益管理

精益管理：精可以理解为精简、精益求精、出精品，益可以理解为有利益、有益处，可以理解为"溢"、更加的意思。精益可以理解为在精的基础上实现有利益、有益处。

精益管理可以理解为用精益求精的思想，用精益的思维方式，用精益的价值观念，用精益的企业文化，对企业实施精益管理。具体可以理解为精简没有必要的消耗，没有必要的机构设置，没有必要的产业流程，没有必要的工作流程，用精益思维对企业资源的最大化利用，以最少的成本投入实现企业效益的最大化、企业价值的最大化。

精细管理与精益管理的侧重点不同。精细管理摒弃了传统的粗放式管理模式，将具体的量化的标准渗透到管理的各个环节，更加关注每一件小事、每一个细节，解决管理粗放和执行不到位的问题。

精益管理中的"精"体现在追求"精简环节""精简消耗""精益求精"，"精"在过程，做到不偏不倚、恰到好处。"益"主要体现在经营活动都要有益有效，用最少的资源消耗，产出最大的效益，"益"在效果和质量。

精益管理是循序渐进的过程，切不能把基础管理、精细管理、精益管理割裂开来。精细管理是在基础管理的基础上，做到精细化、具体化。精益管理是对基础管理、规范管理、标准化管理、精细管理的融合、丰富与提升，精益管理更加重视管理效果、更加重视管理效益，要在推进规范管理、标准化管理、精细管理的过程中实现精益管理。

4.2 精益管理的核心

精益管理的核心就是以最少的资源投入创造出更多的价值。如图4-2所示。

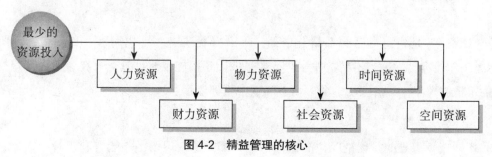

图4-2 精益管理的核心

精益管理的"精"除了减少不必要的物质资源消耗外，还要精简不必要的生产环节、销售环节、服务环节、管理环节等，减少人力、时间、空间等消耗，还要精通业务，制造出精品，用精品塑造公司形象，用精品提升公司影响力，用精品提升公司品牌价值。

4.3 推行精益管理关注的焦点

4.3.1 关注流程

管理大师戴明说过："员工只需对15%的问题负责，另外85%归咎于制度流程。"什么样的流程就产生什么样的绩效。改进流程要提高总体效益，而不是提高局部的部门的效益，为了总体的效益可以牺牲局部的部门的效益。

物业公司要建立无间断流程，及时完善服务链、业务链，使流程更加完整。将流程中不增值的无效的节点尽可能压缩，以缩短整个流程，减少不必要的人员消耗、能源消耗、时间消耗，从而以快速的反应适应业主（用户）的需要，以最优的人员配备、最低的能源消耗、最短的时间投入，实现企业效益的最大化。

4.3.2 关注标准

标准化的作用是将企业中最优秀的做法固定下来，使任何人按照标准来做，都可以做得最好，发挥出工作的最大效益和效率。但是标准化也不是固化一成不变的，标准需要不断地创新和改进，需要做到与时俱进，与企业发展相适应，用标准引领企业的发展。

4.3.3 关注质量

质量是制造出来的，不是检验出来的。检验只是一种事后补救措施，不但成本高而且无法保证不出差错。因此，应该将品质内建于思想、规划、设计、流程和制造之中，建立一个不会出错的品质保证系统。

4.3.4 关注文化

关注文化也就是要突出自我反省和现地现物的特点。

4.3.4.1 自我反省

自我反省是找出自己的不精益之处，不断自我改进、自我完善、自我提升。要把"问题当作机会"——当不精益发生时，要采取改正措施及时补救，并在企业内部查找同类的不精益现象，让员工从每个不精益问题中受到启示。

4.3.4.2 现地现物

现地现物倡导的是无论职位高低，每个人都要深入现场，才能有利于管理人员、基层员工基于事实进行管理,通过彻底了解流程,掌握实际工作,查找浪费现象,挖掘资源潜力,才能创造出最大的效益。

4.4 物业公司推行精益管理的基础工作

精益管理是系统工程,包括纵向和横向的体系。横向是指物业公司涉及的方方面面;纵向是站在整个系统的高度,全方位地考虑问题,而不是孤立地、片面地强调一个方面的改进,要注重局部优化与整体协调相结合,要注重整体功能的发挥,实现系统内各子系统的协调运转。

物业公司推行精益管理,首先要从流程和制度的建设抓起,系统是从物业公司的各个方面进行梳理,包括各项业务流程力求简化,识别现有运营流程与精益管理要求的差距,找出所有的问题,删减不必要的非增值环节,不断提高物业公司的创效能力。

基于以上分析可以知道,物业公司要推行精益管理,必须做好一些基础工作,如确立量化管理的目标、加强内部控制、建立并维护好物业公司管理信息系统等。

第5章

图解精益管理之目标管理

5.1 引入目标管理的重要性

在企业里,管理者最烦恼的事情,就是需要深入到每一个具体事务中去,白天的时间还总是不够;员工太胆小,以致该决策时不决策;员工不明白为什么要做这些工作;员工对谁该做什么和谁该负责有异议;员工给经理提供的重要信息太少;问题发现太晚以致无法阻止它扩大等。而员工也烦恼:不了解他们的工做好还是不好;工作完成很好时没有得到认可;没有机会学习新技能;发现上司对自己不满但不知怎么办;自己不能做任何简单的决策;管得过细,喘不过气;缺乏完成工作所需要的资源等。

物业公司引入目标管理有以下好处。

(1)可以使管理者不必陷入各种事务中(适当管理)。

(2)帮助员工提高掌控工作和自我决策的能力(员工发展)。

(3)减少员工之间因职责不明而降低效率(责权利清晰)。

(4)减少出现当你需要信息时没有信息的局面(改善沟通)。

(5)帮助员工找到错误和低效率原因(绩效提高)。

5.2 什么是目标管理

目标管理是指企业的最高层领导根据企业面临的形势和社会需要,制定出一定时期内企业经营活动所要达到的总目标,然后层层落实,要求下属各部门主管人员以至于每个员工根据上级制定的目标和保证措施,形成一个目标体系,并把目标完成情况作为考核的依据。简而言之,目标管理就是让企业的主管人员和员工亲自参加目标的制定,在工作中实行自我控制,并努力完成工作目标的一种制度或方法。

5.3 目标管理的基本程序

目标管理的工作包括以下五个基本程序,如图5-1所示。

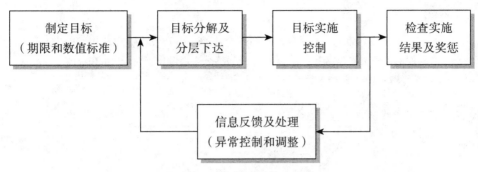

图 5-1　目标管理的基本程序

（1）制定目标　制定目标包括制定企业的总目标、部门目标和个人目标，同时还要制定完成目标的标准，以及达到目标的方法和完成这些目标所需要的条件等多方面的内容。

（2）目标分解及分层下达　建立企业的目标网络，形成目标体系，通过目标体系把各个部门的目标信息显示出来，就像看地图一样，任何人一看目标网络图就知道工作目标是什么，遇到问题时需要哪个部门来支持。

（3）目标实施控制　物业公司的管理者要经常检查和控制目标的执行情况与完成情况，查看在实施过程中有没有出现偏差。

（4）检查实施结果及奖惩　对目标按照制定的标准进行考核，目标完成的质量可以与个人的升迁挂钩。

（5）信息反馈及处理　在考核之前，还有一个很重要的问题，即在进行目标实施控制的过程中，会出现一些不可预测的问题。如：目标是年初制定的，年尾发生了金融危机，那么年初制定的目标就不能实现。因此，物业公司的管理者在实行考核时，要根据实际情况对目标进行调整和反馈。

5.4　目标管理的推行范围和推行方式

5.4.1　目标管理的推行范围

目标管理的推行范围，也称为目标管理推行的深度，就是指目标管理从哪里开始搞起，将它推行到什么部门，推行到哪一个层次。换句话说，就是企业哪些部门搞目标管理，哪些部门不搞目标管理；哪些人执行目标管理，哪些人不执行目标管理。

5.4.2　目标管理的推行方式

目标管理的推行方式有以下两种，如图5-2所示。

渐进式

渐进式就是先将目标管理推行到企业的一部分部门和人员中，再通过他们的示范和经济的推广，逐渐推行到整个企业和所有人员中的推行方式

 急进式

急进式就是在推行目标管理之初，一次性覆盖所有部门和人员，把所有部门和所有员工都纳入目标管理的范围和对象中来

图 5-2　目标管理的推行方式

5.5　目标的制定

5.5.1　目标的层次

目标可以分为以下四个层次，如图 5-3 所示。

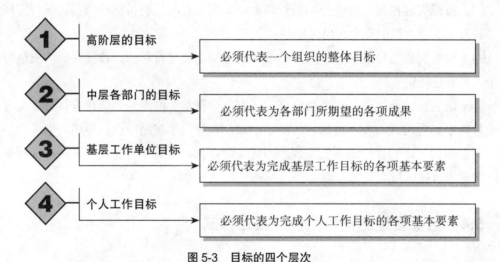

图 5-3　目标的四个层次

结合图 5-3 所示的内容还可以从另一个角度把组织目标简化和概括为以下三个层次。

（1）环境层——社会加于组织的目标，为社会提供所需要的优质产品和服务，并创造出尽可能多的价值。

（2）组织层——作为一个利益共同体和一个系统的整体目标，如企业提高经济效益、增强自我改造和发展的能力、改善员工生活、保障员工的劳动安全。

（3）个人层——组织成员的目标，如经济收入、兴趣爱好等。

企业各管理层在相应的目标上有如图 5-4 所示的关系。

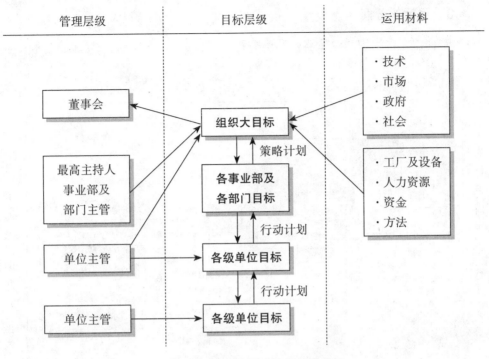

图 5-4　管理层次划分与各目标的关系

5.5.2　目标的分类

5.5.2.1　从动态的角度来考虑

从动态的角度来考虑：总目标依计划期间可分为长期计划目标、中期计划目标、短期计划目标和执行目标四种。

5.5.2.2　从组织目标的等级层次看

从组织目标的等级层次看，分类如图5-5所示。

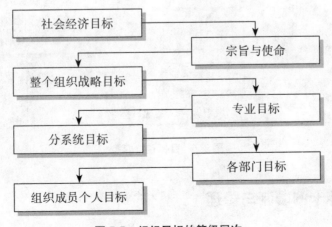

图 5-5　组织目标的等级层次

5.5.3 目标的分解

目标管理需要将组织的整体目标层层分解下去，直到基层员工。具体如图5-6所示。

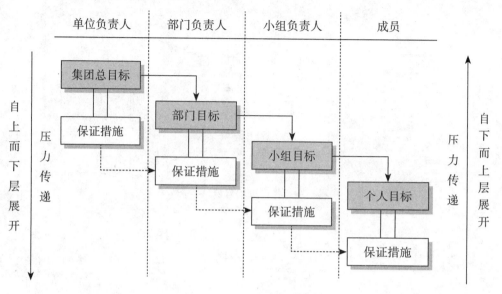

图 5-6 目标的分解步骤

5.5.4 目标的整合

目标整合模型如图5-7所示。

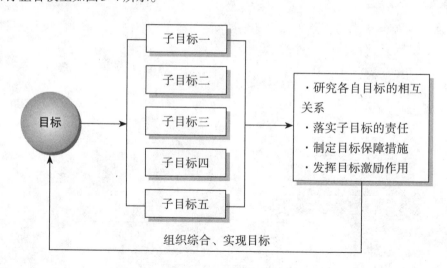

图 5-7 目标整合模型

5.6 目标卡的填制与管理

目标卡又称目标管理卡，是目标的书面化、表格化形式，通过把已经制定的年度目标填写在卡片上，签章保存，既形成各方面的契约，又是目标实施和检查的凭证，还方便汇总和保管。因为是证据文件，所以必须严格按要求填写。

5.6.1 目标卡的栏目设计

通过以下两张目标卡，讲解目标卡的栏目设计。如表5-1、表5-2所示。

表5-1 目标卡1

执行人：　　　　　　　　　　　　　　　　　　　　　　　　　　年　　月　　日

目标	完成标准	日程						考核
		1月	2月	3月	4月	5月	6月	
减少打字错误	打字速度一分钟60个字，无错字							
学习打字	一年内参加各等级的教学班两次							

表5-1所示目标卡是关于打字工作的目标管理制度，栏目设计的内容由以下四项构成，各栏目的设计说明如下。

（1）"目标"栏　目标有两项，第一项是减少打字错误；第二项是继续学习打字。

（2）"完成标准"栏　说明目标值、目标展望等具体内容。比如减少打字错误的标准是打字速度一分钟60个字，无错字；学习打字的完成标准是一年内参加两次各等级的教学班。

（3）"日程"栏　目标一般按半年执行。

（4）"考核"栏　可以按照1～60分的标准进行考核。

表5-2 目标卡2

直属上司		目标执行人		
姓名：	服务单位：	姓名：		职位：

目标次序	目标项目及数值	重要性/%	工作计划	月份\进度	工作进度				工作条件	自我检查	领导考评
				当月	计划						
					实绩						
				累计	计划						
					实绩						

续表

目标次序	目标项目及数值	重要性/%	工作计划	月份	进度	工作进度					工作条件	自我检查	领导考评
				当月	计划								
					实绩								
				累计	计划								
					实绩								
				当月	计划								
					实绩								
				累计	计划								
					实绩								
				当月	计划								
					实绩								
				累计	计划								
					实绩								

表5-2所示目标卡的栏目设计内容由以下八项构成，各项的设计说明如下。

（1）目标次序　按照重要程度排列填写。

（2）目标项目及数值　列明目标的项目名称及量化数值。

（3）重要性　也就是目标所占的权重。

（4）工作计划　达成目标需要采取的各种措施。

（5）进度　填写此期间目标达成的进度情况，在这一栏中要填写实际成果，便于日后检查。

（6）工作条件　达成目标所需要的人力、物力资源。

（7）自我检查　便于后期进行检讨。

（8）领导考评　对员工的成果进行评估，为制定下期目标提供参考。

无论表格形式如何，目标卡内容都应包括以上八项内容。

5.6.2　目标卡的填写

5.6.2.1　填写目标卡的要求

填写目标卡需要注意以下几点。

（1）一行写完。

（2）用条例方式。

（3）具体化和数量化。

（4）简明扼要，少用形容词。

5.6.2.2 填写实例说明

实例说明可以参照表5-3所示的内容进行填写。

表5-3 某物业公司目标卡

目标	修正意见
[例1]房屋零修、急修及时 [例2]节省费用	目标文字应简短扼要，并有具体数据、时间或绩效，且能明确表示目标的含义。左列目标可修正如下： [例1]房屋零修、急修及时率达到98%以上 [例2]控制维修费用，全年不超过8万元
[例3]监督绿化工作 [例4]促使供电正常	例[3]是工作项目 例[4]是工作目的，不宜列为目标
[例5]按各单位的实际需要办理各项在职训练，提高员工素质	文字太长，可修正为："全年度办理员工在职训练10次"
[例6]清洁员目标：每日清洁楼道两次	质量要求是清洁的必要条件，可在工作计划中说明，本例可修正为："每日清洁两次以上且保持过道无灰尘、无水迹"
[例7]拟订员工训练执行计划，以及工读、实习生名额分配与工作安排	每个项目应为一件独立事件，不可包含两件性质不同的工作，应删除相对不重要的一件工作，或者分别列为两个目标

5.6.3 目标卡的管理

目标卡一般需要印制三份。

（1）员工本人保存一份，便于自己再记录，记录个人检查、汇报和考核。

（2）主管保存一份，让主管保存有以下一些好处：便于主管了解下属的目标是什么，目标的进度是什么，员工的自我考评是什么以及其他需要掌握的内容。

（3）一份送给目标管理的推行单位，即目标管理的检查部门。

年终了，本年度1～12月份的目标卡执行完毕了，管理者将目标卡收集起来，放进保险柜里存档，以便于以后查找，也便于明年再制定工作时，可以根据去年的内容做个重要的参考说明，注意的是只需要保存管理部门的那一份。

5.7 目标管理的具体内容

5.7.1 目标实施办法

5.7.1.1 目标协商与授权

物业公司建立了大目标和组织目标之后，第二步骤应设定各项目物业管理处的目标。这类目标通常以各项特定职能目标为对象，阐明该项职能应达成的成果，作为总公司负责有关职能的高级主管的任务。

5.7.1.2 目标实现的方法

物业公司负责人制定目标体系时，应通知各有关单位主管参与，倾听各部门的意见，并责成企划部门提高技术协助及汇总各部门目标，目标体系的建立需要所有管理者的参与。

5.7.1.3 责任中心的建立

对各级主管人员的业绩评价，应以其对企业完成目标和计划中的贡献与履行职责中的成绩为依据。他们所主管的部门和单位有不同的职能，按其责任和控制范围的大小，这些责任单位分为成本中心、利润中心和投资中心。

5.7.2 目标管理的控制

5.7.2.1 目标控制系统

为了进行有效的控制，必须建立科学的目标控制系统。目标控制系统是由受控、反馈两条线路和分析中心构成的自动控制系统，如图5-8所示。

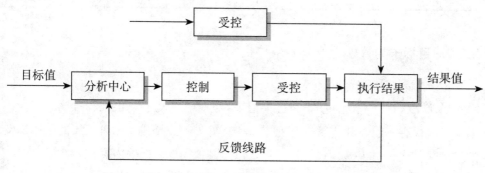

图5-8 目标控制系统

5.7.2.2 目标管理控制过程

目标管理控制过程如图5-9所示。

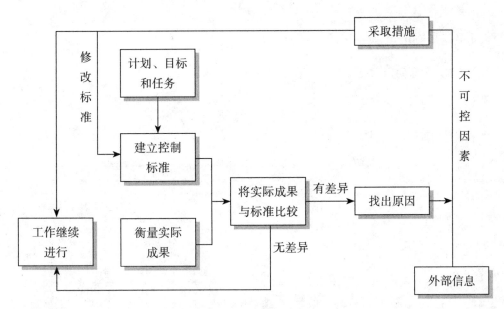

图 5-9　目标管理控制过程

5.7.2.3　目标控制过程

目标控制过程如图 5-10 所示。

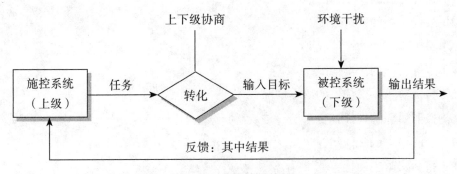

图 5-10　目标控制过程

5.7.2.4　目标实施中的调节

目标实施中的调节如图 5-11 所示。

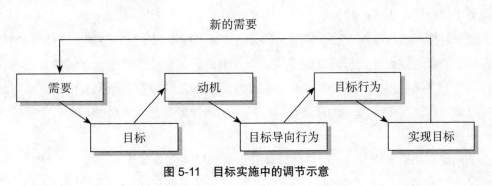

图 5-11　目标实施中的调节示意

5.7.3 目标的激励、检查、考核

5.7.3.1 目标的激励过程

目标的激励过程如图5-12所示。

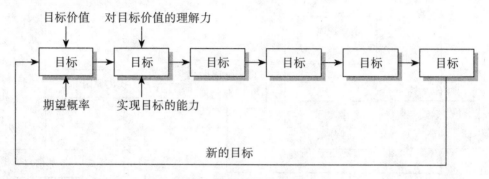

图 5-12　目标的激励过程

5.7.3.2 目标执行检查的内容

目标执行检查的内容如下。

（1）目标实施的进度情况。

（2）目标实施的质量情况。

（3）目标实施的均衡情况。

（4）目标实施的落实情况。

（5）目标对策（措施）的落实情况。

（6）按照目标管理计划要求。

（7）需要检查的其他问题。

（8）目标实施中的检查。

5.7.3.3 目标考核

（1）目标考核制度　分为集体或个人考核标准两类，其内容包括集体或个人承担的目标项目及其他工作项目名称；完成目标与其他工作目标的数量、质量和时限要求；其他相关岗位的协作要求；对成果的评价尺度。

（2）目标考核标准与方法　管理人员应该通过目标管理来自我控制，必须明确目标，这些目标必须规定该人员所管理的单位应该达到的成就，应该规定他在实现自己的目标时能期望其他单位给予什么样的配合，以及规定他和他的单位在帮助其他单位实现目标时应该做出什么贡献。每一个管理人员的目标应该规定自己对实现公司在各个领域的总目标所做出的贡献。

下面提供几份某物业公司的目标管理的范本，仅供读者参考。

【他山之石01】××物业公司目标管理办法

××物业公司目标管理办法

1.目的

规范××物业管理有限公司（以下简称"公司"）的各级目标管理工作，确保公司总体工作目标的实施。

2.适用范围

适用于本公司的各部、各级目标管理工作。

3.职责与权限

3.1 公司董事会负责同公司总经理签订《目标管理责任书》，并负责总经理目标管理的考评、评价和监管工作。

3.2 公司总经理负责同机关各部门经理、各管理处经理签订《目标管理责任书》，并负责部门经理、各管理处经理目标管理的考评、评价和监管工作。

3.3 管理处经理负责同管理处各部门主管签订《目标管理责任书》，并负责管理处各部门主管目标管理的考评、评价和监管工作。

4.程序要点

4.1 目标管理的基本作业流程：总经理同董事会签订《公司总体目标管理责任书》，总经理将工作目标分解成部门和管理处目标，各部门、各管理处经理同公司总经理签订《目标管理责任书》，管理处各部门主管同管理处经理签订《目标管理责任书》。每季度检查一次目标的实现状况，一个管理周期（一年或一个任期）结束后对目标状况进行考核。

4.2 物业管理公司总体目标的制定与总经理目标管理责任书的签订。

4.2.1 每年年底（或每一任期结束）前，公司总经理应召开公司经理办公会议，结合董事会的工作要求和公司的实际管理状况拟定出第二年（或第二个任期）的公司总体物业管理工作目标。

（1）制定目标的基本要素

①目标均应为量化目标，非量化的目标不应列入。

②目标应具有可考评、可检查、可评价性。

③分目标应与总目标保持一致。

（2）目标的分类

①按物业管理目标的内容分，可将目标分为管理质量目标、服务质量目标、经营利润成本目标。

②按公司的管理层次分，可将目标分为公司总体工作目标、部门工作目标、管理处总体工作目标、管理处分部门工作目标。

③按公司的工作时序分，可将目标分为长期目标（5~10年）、中期目标（2~4年）、年度目标、季度目标。

（3）制定物业管理总体工作目标时应考虑的因素

①达到的目的。

②必要的工作环境（人力、物力）。

③公司的实际工作状况。

④必要的责、权、利状况。

（4）总经理应当综合考虑上述各种因素后再制定公司的总体工作目标。

4.2.2 公司的总经理就公司次年（或次任期）的公司总体工作目标以及为保证工作目标所必须的权、责、利同公司董事会进行积极的协商讨论。

4.2.3 协商讨论一致后由总经理代表公司同董事会签订《总经理目标管理责任书》。《总经理目标管理责任书》的内容通常由以下内容构成。

（1）公司总体工作目标

①管理目标。

②服务目标。

③经营目标。

（2）责任人（总经理）的权利、义务。

（3）公司董事会的权利、义务。

（4）目标考评的方法和考评依据。

（5）目标完成情况的奖罚措施。

（6）其他。

4.3 公司总体工作目标的分解

4.3.1 公司总经理同董事会签订完毕《总经理目标管理责任书》后，为确保公司总体工作目标得以实现，应当将公司总体工作目标进行有效分解。

（1）将工作目标的一部分分给公司机关各职能部门。

（2）将工作目标一部分分给各管理处。

4.3.2 公司总经理在分解完工作目标后，应当召开公司经理办公会议，充分讨论目标分解后的公司权利、责任、利益的分配与协调问题，直到各方达成共识。

4.3.3 公司总经理同机关各部门经理、各管理处经理签订《目标管理责任书》。责任书的内容结构如下。

（1）工作目标。

（2）责任人（经理）的权利、义务。

（3）公司的权利、义务。

（4）目标考评的方式和考评的依据。

（5）目标完成情况的奖罚措施。

（6）其他。

4.3.4 管理处可以将本管理处的工作进一步分解至管理处各部门，由管理处经理同各部门主管进一步签订分解目标管理责任书，方法同上。

4.4 目标的日常监管

4.4.1 公司总经理每季度末应就目标的完成情况向董事会做工作汇报；公司董事会应每季度对公司目标的完成情况做出评价和指示。

4.4.2 公司各部门经理、各管理处经理应每月末向总经理做工作目标小结汇报；公司总经理应对各部门、各管理处的工作目标的完成情况（工作状况）做出评价和指示。

4.5 目标完成情况的结果验证和奖罚

4.5.1 一个管理周期（一年）或一个任期结束后，董事会应当对公司的总体工作状况即目标完成情况做出综合评价和验证；公司总经理、管理处经理也应对公司各部门、各管理处、管理处各部门的总体工作状况即目标完成情况做出综合评价和验证。

4.5.2 依据公司总体目标的完成情况，公司董事会应当依据同公司总经理签订的《总经理目标管理责任书》兑现对公司和公司总经理的奖罚。

4.5.3 依据各部门、各管理处的目标完成情况和公司总体状况，公司总经理应当依据同公司各部门、各管理经理签订的目标管理责任书兑现对各部门员工、经理的奖罚。

4.6 目标管理责任书、评价验证报告书、奖罚情况记录均应统一在公司归档长期保存。

【他山之石02】××物业管理有限公司常用的控制性指标

××物业管理有限公司常用的控制性指标

1.总体管理、服务目标

1.1 全年不发生重大安全责任事故。

注："重大安全责任事故"是指以下方面。

（1）因失职或玩忽职守引发的员工死亡事故。

（2）因失职或玩忽职守引发的公司重要财产报废、损毁事故。

（3）因失职或玩忽职守引发的火灾事故。

（4）因失职或玩忽职守引发的水浸事故。

（5）因失职或玩忽职守引发的恶性治安事件。

（6）因失职或玩忽职守引发的业主/住户重伤、死亡事件。

1.2 所辖物业设施设备的使用完好率达到98%以上。

1.3 员工培训合格再上岗率达到100%。

1.4 员工对企业的满意率达到85%以上。

1.5 住户对管理、服务工作的满意率达到85%以上。

1.6 管理费收缴率达到98%以上。

2.经营目标（总体）

2.1 全年支出控制在预算范围内。

2.2 全年管理平均成本控制在_____元/（平方米·月）。

2.3 全年实现经营利润_____万元。

2.4 人均管理成本_____元/（平方米·月）。

2.5 人均管理面积_____平方米。

2.6 各类操作层员工的劳动定额。

2.7 人均劳动生产率、利润率_____。

3.公共事务部分项管理指标

3.1 业主违章有效处理率_____。

3.2 房屋完好率_____。

3.3 住户维修及时率_____，合格率_____。

3.4 住户有效投诉率_____起/万平方米，有效投诉处理合格率（以回访结果为准）_____。

3.5 住户求助处理率_____，满意率_____。

3.6 有效回访率达到100%。

3.7 培训计划完成率_____。

3.8 员工绩效考评有效率_____。

3.9 服务规范的出错率（以检查、投诉记录为准）_____。

3.10 工作操作规程的内审严重不合格为零，轻微不合格3项以下，观察项10项以下。

3.11 工作操作规程抽检合格率_____。

3.12 社区文化活动有效完成率_____。

3.13 多种经营收入_____万元。

3.14 业主委员会对物业管理服务工作的满意率_____。

3.15 住户对公共事务部工作满意率_____。

4.保安、消防管理分项指标

4.1 消防设施、设备的使用完好率100%。

4.2 普通治安案件的发生率_____起/万平方米，有效处理率_____。

4.3 其他各类突发事件的有效处理率_____。

4.4 员工对干部的满意率75%以上。

4.5 灭火预案演习达标率_____。

4.6 治安预案演习达标率_____。

4.7 训练考核达标率_____。

4.8 车辆违章停放率_____。

4.9 作业规程抽检合格率_____。

4.10 内审严重不合格为零，轻微不合格3项以下，观察项为10项以下。

4.11 服务规范的不合格率_____。

4.12 住户对保安、消防工作的满意率_____。

5.维修工作分项管理目标

5.1 设备计划保养完成率_____。

5.2 设备开机完好率_____。

5.3 设施、设备大、中、小修计划完成率_____。

5.4 设备运行成本_____。

5.5 设备临时故障排除的及时率_____。

5.6 员工工伤事故发生率_____。

5.7 值班记录准确合格率_____。

5.8 机房卫生达标率_____。

5.9 作业规程抽检合格率_____。

5.10 内审严重不合格为零，轻微不合格3项以下，观察项为10项以下。

5.11 服务规范的不合格率_____。

5.12 住户对维修保养工作的满意率_____。

5.13 设备单位运行成本_____元/万平方米。

6.园林绿化分项管理指标

6.1 绿化养护成活率_____，黄土裸露面积_____。

6.2 苗木繁殖成活率_____。

6.3 植物长势达标率_____。

6.4 绿化环境评比住户满意率_____。

6.5 作业规程抽检合格率_____。

6.6 内审严重不合格为零，轻微不合格3项以下，观察项为10项以下。

6.7 服务规范的达标率_____。

6.8 住户对维护保养工作的满意率_____。

6.9 设施设备使用完好率_____。

7. 清洁、保洁分项管理指标

7.1 垃圾停留地面的时间不超过_____小时。

7.2 工作标准抽检达标率_____。

7.3 工作规程抽检合格率_____。

7.4 内审严重不合格为零，轻微不合格3项以下，观察项为10项以下。

7.5 住户对清洁工作的满意率_____。

【他山之石03】_____年度××物业管理有限公司总经理目标管理责任书

_____年度××物业管理有限公司总经理目标管理责任书

为确保××物业管理有限公司计划目标得以实现，经董事会与目标责任人（总经理）共同商讨，已确定××物业管理有限公司总经理_____年度工作责任目标，并由目标责任人代表××物业管理有限公司签署确认。

一、责任目标

（一）管理目标

（1）全年不发生重大安全责任事故。注："重大安全责任事故"是指以下方面内容。

①因失职或玩忽职守引发的员工死亡事故。

②因失职或玩忽职守引发的公司重要财产报废、损毁事故。

③因失职或玩忽职守引发的火灾事故。

④因失职或玩忽职守引发的水浸事故。

⑤因失职或玩忽职守引发的恶性治安事件。

（2）所辖物业设施设备的使用完好率达98%以上。

（3）员工上岗培训合格率达100%。

(4）员工对企业的满意率达85%以上。

(5）导入ISO 9000质量体系建立健全标准化管理。

(6）其他各项指标在_____年____月____日前达到《全国城市物业管理优秀住宅小区考评标准》中优秀住宅小区的各项管理指标。

（二）服务目标

(1）住户对管理服务工作的满意率达95%以上。

(2）员工对饭堂服务工作的满意率达95%以上。

（三）经营目标

(1）全年各项开支控制在预算指标内。

(2）全年实现经营利润_____万元。

二、责任人（总经理）的权利

为保证上述责任目标的实现，公司实行总经理负责制，责任人（总经理）的权力如下。

（一）人事管理权

(1）对××物业管理有限公司总经理助理（含）、部门经理（含）、管理处经理（含）以下各级员工的组阁权、奖罚权、任免权、解聘权。

(2）对物业管理有限公司副总经理/财务部经理的任免、调配、解聘、奖罚的建议权。

(3）编制范围内员工招聘录用决定权。

(4）工薪标准范围内的调薪决定权。

（二）财务管理权

日常经营管理资金预算范围内的支出决定权、借款审批权、费用报销审批权。

（三）管理决策权

(1）主持××物业管理有限公司的日常管理工作。

(2）组织实施××物业管理有限公司的工作目标、工作计划、工作标准、工作程序、管理制度。

(3）主持召开××物业管理有限公司的各类工作会议。

(4）组织管理评审。

(5）审批各类经济合同。

（四）申请支持权

(1）依据××物业管理有限公司的工作进展情况申请专项经营管理资金和其他资金支持。

(2）申请修改××物业管理有限公司的组织架构和人员定编。

(3）申请业务支持。

三、责任人的义务

（1）接受董事会的统一领导。

（2）向董事会做工作汇报。

（3）确保责任目标的逐步实现。

（4）自觉接受的董事会监控、考评、检查。

（5）每月5日前按时上报财务报表和其他工作报表。

（6）每月5日前组织目标评估，质量评审，进度、质量考评和员工绩效考评。

（7）积极配合董事会完成其他专项工作。

（8）保证公司各项标准作业规程的贯彻执行。

（9）保证公司操作未违背国家的法律、法规。

（10）保证员工的生活、工作秩序。

（11）保证员工的整体操作技能和工作质量。

（12）为公司培养人才。

（13）向董事会交纳风险抵押金。

四、董事会的权利

（1）有对公司运作状况（工作进度、标准、质量、成本等指标）进行抽查、检查、监督的权力。

（2）有对目标责任人、副总经理、财务部经理的任免权、解聘权、调配权。

（3）有要求责任人出示、收集、解释各类数据、报表、原始凭据、记录的权力。

（4）有对公司财务运作状况的审计权、监控权。

（5）有对目标责任人的绩效考评权、奖罚权。

（6）专项事件的调查权。

五、董事会的义务

（1）及时提供合适的业务支持。

（2）提供信息支持。

（3）提供资金支持。

六、目标考评

（1）董事会定期（不定期）监控、审计、检查公司资金的运作、成本和其他财务工作。检查标准、办法依据行业法规和公司的财务规定。

（2）董事会负责目标责任人的绩效考评，考评标准办法依据本目标管理责任书。

七、目标奖罚

（1）公司责任人（总经理）必须依照双方确认的工作计划完成本责任书所列的各项目标。

（2）如果工作目标完成，则公司可按董事会的奖金分配方案对员工发放奖金，其中目标责任人可提取公司经营利润的_____%作为个人奖金。

（3）如果本责任书所列三类目标不能全部完成，则每不能完成其中一项指标，扣减项目责任人的_____%目标奖金，直至扣除全部奖金，并承担相应的行政处罚。

（4）若发生不可抗力而致使责任目标无法完成，则本目标责任书失效，遗留问题由董事会与目标责任人共同处理。

八、附则

（1）本目标管理责任书一式四份，董事会存档两份，目标责任人一份，物业管理公司存档一份。

（2）未尽事宜，由目标责任人同董事会协商解决，补充条款与本责任书具有同等效力。

（3）本责任书自签订之日起生效。

（4）本责任书解释权在董事会。

目标责任人签署：　　　　　　　　董事长签署：

日期：　　　　　　　　　　　　　日期：

【他山之石04】_____年度××物业管理处经理目标管理责任书

_____年度××物业管理处经理目标管理责任书

为了提高××物业管理处服务质量、树立品牌、强化物业管理，也为了加强物业管理处各员工的工作责任心，提高工作效率，现根据××物业有限公司实际发展情况，经××集团公司与项目责任人（物业公司经理）共同商讨，确定××物业有限公司管理处_____年度工作责任目标，并由目标责任人代表××物业有限公司管理处经理签署确认。

一、责任目标任务

1.责任目标承诺及措施（见下表）

责任目标承诺及措施

序号	管理指标	承诺指标	完成指标的措施
1	房屋及配套设施完好率	98%	分工负责、责任到人。建立完善的巡查制度，严格管理，健全档案记录，每半年进行一次房屋完好率检查
2	房屋临修、急修及时率	98%	维修人员24小时待命，接到维修通知立即组织维修，15分钟内到达现场。临修工程及时完成，急修工程不过夜，并建立回访制度和回访记录
3	保洁率	99%	保洁员按保洁标准进行操作，保洁工作落实到人，监督检查得力，严格考核，实行____%淘汰率
4	维修工程质量合格率	100%	维修工程师全程控制，工程部主管监督检查，并按规定及时回访
5	公共照明完好率	95%以上	落实责任人，坚持公共照明及停车场等公用设施进行日常巡视检修和定期维护保养，由工程技术部监督执行，并健全档案记录
6	停车场完好率		
7	区内治安案件发生率	0.1%以下	建立闭路监控、报警、巡更监控等安防系统，实行24小时保安巡逻制度，明确保安职责，层层防卫，以人防和技防相结合
8	摩托车、汽车被盗率		
9	火灾发生率	0.1%以下	实行全员义务消防员制，定期进行培训和演习，加强宣传，由保安员日常巡视，发现隐患及时处理，确保院区安全
10	违章发生率	0.1%以下	建立交叉巡视制度，跟踪管理，及时发现、及时处理，加强宣传，杜绝违章发生，并建立相应的回访记录
11	违章处理率	90%以上	
12	业主有效投诉率	0.2%以下	采取措施，加强与业主（用户）沟通，定期走访，设立投诉接待日，征求管理意见，强化服务意识，做到投诉处理有结果、有记录和回访
13	投诉处理率	95%以上	
14	维修服务及投诉回访率	95%以上	
15	物业管理服务满意率	85%以上	实行人性化管理，增强服务意识，增进与业主（用户）的沟通，在日常工作中注意收集业主（用户）的广泛意见，完善小区服务
16	绿化完好率	95%以上	划定责任区域，片区负责与巡查制度相结合，发现问题及时修复

续表

序号	管理指标	承诺指标	完成指标的措施
17	大型及重要机电设备完好率	95%以上	制定严格的设备操作和保养规程，落实岗位责任制，实行巡查制度，建立设备档案，制订预防性维修保养计划
18	管理费收缴率	85%以上	按规定定期公布管理费收支账目，接受业主（用户）查询，公布及查询账目以法规、规章规定的项目及费用为准
19	管理人员专业培训合格率	98%以上	人员培训有计划、有考核、有记录，制度落实，各类人员熟悉物业情况和本岗位责任制、考核标准，服务意识和态度好，敬业精神强

2. 经营目标承诺

（1）人力资源开支不超过_____万元。

（2）办公费用开支不超过_____万元。

（3）公共水电支出不超过_____万元。

（4）公共设施、设备维修费用支出不超过_____万元（因产品质量及不可抗力因素导致的损坏除外）。

（5）停车场收入在_____年基础上不少于_____万元。

（6）租赁收入在_____年基础上不少于_____万元。

（7）持续保持往年物业管理荣誉，力争新的××物业管理新荣誉、新业绩，为塑造提升"××王朝"强势品牌做出贡献。

3. 业务拓展目标任务

（1）有偿创收服务项目不低于_____项。

（2）为业主（用户）提供增值服务项目不低于_____项。

二、相关权利

为保证上述责任目标的实现，授予××物业公司经理权利如下。

1. 人事管理权

（1）对××物业管理处班组长（含）以下各级员工的组阁权、奖罚权、任免权（财务人员除外）。

（2）对××物业管理处副经理、经理助理、部门主管/副主管、财务人员的任免、调配、奖罚及员工解聘的建议权。

（3）工薪标准范围内的调薪建议权。

2.财务管理权

（1）起草完成年度、月度经营开支预算、经营分析。

（2）审核××物业有限公司范围开支，报领导审批。

3.管理决策

（1）主持××物业有限公司的日常管理工作。

（2）组织实施××物业有限公司的工作计划、工作标准、工作程序及管理制度等。

（3）主持召开××物业有限公司的各类工作会议。

（4）审核××物业有限公司各类经济合同，报领导审批。

4.申请支持权

（1）依据××物业有限公司的工作进展情况申请专项经营管理资金和其他资金支持。

（2）起草和建立××物业有限公司的组织架构和人员定编、工作职责、任职条件，报公司批准执行。

（3）起草、审核××物业有限公司各类工作流程、工作程序、作业指导，报权属领导审批后执行。

（4）申请业务支持。

三、相关义务

（1）接受集团公司的统一领导，执行工作各项管理制度。

（2）向集团公司做工作汇报，不得隐瞒××物业有限公司的实际情况。

（3）确保责任目标的逐步实现。

（4）自觉接受集团公司各职能部门的监控、考评、检查，接受集团监察室的监察。

（5）每月5日前按时上报财务报表和其他工作报表。

（6）积极配合集团公司完成其他专项工作。

（7）保证××物业有限公司各个标准作业规程的贯彻执行。

（8）保证××物业有限公司的操作不违背国家的法律、法规。

（9）保证员工的生活、工作秩序。

（10）保证员工的整体操作技能和工作质量。

（11）为公司培养人才。

（12）积极做好员工的思想教育及技能培训。

四、目标考评

（1）集团公司财务部定期（不定期）监控、审计、检查××物业公司资金的运作、成本和其他财务工作。检查标准、办法依据行业法规和集团公司的财务规定。

（2）集团公司行政部负责对××物业有限公司经理的绩效考评。考评标准办法依据集团公司绩效考评相关标准作业规程和本目标管理责任书。

（3）××物业管理处经理负责××物业管理处各部门及员工的绩效考评，考评标准办法依据集团公司浮动工资绩效考评相关标准以及作业规程和本目标管理责任书相关指标。

五、目标奖罚

（1）××物业管理处经理必须依照双方确认的工作计划完成本责任书所列的各项目标。

（2）本责任书的落实完成情况考评结果与浮动工资、效益工资挂钩。

（3）浮动工资、效益工资的考评细则发放办法由公司另行制定。

（4）若发生不可抗力而致使责任目标无法完成，则本目标责任书失效，遗留问题由××集团公司与目标责任人共同处理。

六、附则

（1）本目标管理责任书一式四份，集团公司行政部存档两份，目标责任人一份，××物业管理处一份。

（2）未尽事宜，由目标责任人同公司协商解决，补充条款与本责任书具有同等效力。

（3）本责任书自签订之日起生效。

（4）本责任书解释权在××集团公司。

目标责任人签署：　　　　　　　　　总经理签署：
日期：　　　　　　　　　　　　　　日期：

【他山之石05】××物业有限公司_____年度安全保卫部经理目标管理责任书

××物业有限公司_____年度安全保卫部经理目标管理责任书

为确保××物业管理有限公司年度计划目标得以实现，经公司与目标责任人安全保卫部经理共同商讨，已确定××物业管理有限公司安全保卫部经理办公室_____年度工作责任目标，并由目标责任人代表安全保卫部签署确认。

一、责任目标

（一）管理目标

（1）遵守国家法律法规和公司各项规章制度。

（2）全年不因本部门的责任和原因而发生重大安全责任事故。"重大安全责任事故"是指以下内容。

①因失职或玩忽职守引发的员工死亡事故。

②因失职或玩忽职守引发的公司重要财产报废、损毁事故。

③因失职或玩忽职守引发的火灾事故。

④因失职或玩忽职守引发的水浸事故。

⑤因失职或玩忽职守引发的恶性治安事件。

⑥因失职或玩忽职守引发的业主/使用人重伤、死亡事件。

（3）员工培训计划完成率100%，员工上岗培训合格率100%。

（4）抽查、检查员工对安全保卫部工作的满意率达90%以上。

（5）员工绩效考评合格率为98%。

（6）服务规范的出错率（以检查、投诉记录为准）为98%。

（7）工作的操作规程内审严重不合格为零，轻微不合格10项以下，观察项20项以下。

（8）工作的操作规程抽检合格率为92%。

（9）消防设施、设备的使用完好率为100%。

（10）普通治安案件的发生全年不超过4起，有效处理率为100%。

（11）其他各类突发事件的有效处理率为100%。

（12）灭火预案演习达标率为100%。

（13）训练考核达标率为98%。

（14）各类值班记录（含消防监控报警记录、值守记录）、服务总台非工作时间段人员进出大厦登记抽检合格率为100%。

（二）服务目标

业主委员会、业主（使用人）对本部门安全护卫以及消防工作的满意率达97%。

（三）经营目标

（1）全部配员_____人。其中：部门经理_____人、安护主管_____人、监控班_____人、巡护班_____人、城管队员_____人、车辆管理_____人。

（2）配合总经理办公室将全年属本部门的各项开支控制在"预算明细表"计划内。

（3）收入指标。收入指标明细见下表。

收入指标明细表

序次	费用项目	年定额数/元	备注
1	寄车费用		
2	汽车停车费		
	……		
	合计		

二、责任人的权利

为保证上述责任目标的实现,责任人(安全保卫部经理)的权利如下。

(一)人事管理权

(1)对安全保卫部所属班组长(含)以下各级员工的组阁权、奖罚权、任免权、解聘权。

(2)对安全保卫部副经理的任免、调配、解聘、奖罚的建议权。

(3)编制范围内临时工的招聘录用决定权。

(4)岗效工资制标准范围内的调薪建议权。

(二)管理决策权

(1)主持安全保卫部的日常管理工作。

(2)组织实施安全保卫部的工作目标、工作计划、工作标准、工作程序、管理制度。

(3)主持召开安全保卫部的各类工作会议。

(三)申请支持权

(1)依据安全保卫部的工作进展情况,申请专项经营管理资金和其他资金支持。

(2)申请修改安全保卫部的组织架构和人员定编。

(3)申请业务支持。

三、责任人的义务

(1)接受公司的统一领导。

(2)向公司做工作汇报。

(3)确保责任目标的逐步实现。

(4)自觉接受公司其他各职能部门的监控、考评、检查。

(5)每月27日前按时上报次月度工作计划报表。

(6)每月2日前组织目标评估,质量评审,进度、质量考评。

(7)每季末的次月3日前组织员工季度绩效考评。

(8)积极配合公司完成其他专项工作。

(9)保证安全保卫部的各个标准作业规程的贯彻执行。

(10)保证安全保卫部的操作不违背国家的法律、法规。

(11)保证员工的生活、工作秩序。

(12)保证员工的整体操作技能和工作质量。

(13)为公司培养人才。

四、公司的权利

(1)有对安全保卫部的运作状况(工作进度、标准、质量、成本等指标)进行抽查、检查、监督的权力。

（2）有对目标责任人及以下各级员工的任免权、解聘权、调配权。

（3）有要求责任人出示、收集、解释各类数据、原始凭据、记录的权力。

（4）有对安全保卫部费用预算实绩的审计权、监控权。

（5）有对目标责任人的绩效考评权、奖罚权。

（6）专项事件的调查权。

五、公司的义务

（1）及时提供合适的业务支持。

（2）提供信息支持。

（3）提供资金支持。

六、目标考评

公司总经理负责目标责任人的绩效考评。考评标准和办法的依据为公司绩效考评相关标准作业规程和本目标管理责任书。

七、目标奖罚

（1）目标责任人（安全保卫部经理）必须依照双方确认的工作计划完成本责任书所列的各项目标。

（2）如果工作目标完成，则安全保卫部可按董事会核定的计划额度编制奖金分配方案并进行年终奖金的分配（兑结预支的季度奖金）。

（3）如果本责任书所列三类目标不能全部完成，则每不能完成其中一项指标，扣减目标责任人的____%目标奖金，直至扣除全部奖金，并承担相应的行政处罚。

（4）若发生不可抗力而致使目标责任无法完成，则本目标责任书失效，遗留问题由公司与目标责任人共同处理。

八、附则

（1）本目标管理责任书一式四份，公司存档两份，目标责任人一份，安全保卫部经理存档一份。

（2）未尽事宜，由目标责任人同公司协商解决，补充条款与本责任书具有同等效力。

（3）本责任书自签订之日起生效。

（4）本责任书解释权在公司。

目标责任人签署：　　　　　　　　　　　总经理签署：

日期：　　　　　　　　　　　　　　　　日期：

【他山之石06】××物业管理处保洁部经理目标管理责任书

××物业管理处保洁部经理目标管理责任书

为确保××物业管理有限公司总经理办公室年度计划目标得以实现，经公司与目标责任人保洁部经理共同商讨，已确定××物业管理有限公司保洁部经理办公室_____年年度工作责任目标，并由目标责任人代表保洁部签署确认。

一、责任目标

（一）管理目标

（1）遵守国家法律法规和公司各项规章制度。

（2）全年不因本部门的责任和原因而发生重大安全责任事故。"重大安全责任事故"是指以下方面。

①因失职或玩忽职守引发的员工死亡事故。

②因失职或玩忽职守引发的公司重要财产报废、损毁事故。

③因失职或玩忽职守引发的火灾事故。

④因失职或玩忽职守引发的水浸事故。

⑤因失职或玩忽职守引发的恶性治安事件。

⑥因失职或玩忽职守引发的业主/使用人重伤、死亡事件。

（3）员工培训计划完成率100%，员工上岗培训合格率100%。

（4）抽查、检查员工对总经理办公室工作的满意率达90%以上。

（5）员工绩效考评合格率98%。

（6）服务规范的出错率（以检查、投诉记录为准）为98%。

（7）工作的操作规程内审严重不合格为零，轻微不合格10项以下，观察项20项以下。

（8）工作的操作规程抽检合格率为92%。

（9）住户违章有效处理率为98%。

（10）住户有效投诉的处理合格率（以回访结果为准）为100%。

（11）住户求助处理率、满意率100%。

（12）10层以上楼层生活垃圾停留地面的时间不超过24小时。

（13）绿化植物长势达标率为98%。

（二）服务目标

业主委员会、业主（使用人）对本部门保洁、环境绿化工作满意率达97%。

（三）经营目标

（1）全部定员_____人。部门经理_____人、保洁班长_____人、保洁员_____人、广场管理_____人。

（2）全年各项开支控制在"费用定额预算明细表"计划内。如下表所示。

费用定额预算明细表

序次	费用项目	年定额数/元	备注
1	保洁费用		
	……		
合计			

二、责任人的权利

为保证上述责任目标的实现，责任人（保洁部经理）的权利如下。

（一）人事管理权

（1）对保洁部所属班组长（含）以下各级员工的组阁权、奖罚权、任免权、解聘权。

（2）对保洁部副经理的任免、调配、解聘、奖罚的建议权。

（3）编制范围内临时工的招聘录用决定权。

（4）岗效工资制标准范围内的调薪建议权。

（二）管理决策权

（1）主持保洁部的日常管理工作。

（2）组织实施保洁部的工作目标、工作计划、工作标准、工作程序、管理制度。

（3）主持召开保洁部的各类工作会议。

（4）审核保洁部的各类经济合同。

（三）申请支持权

（1）依据保洁部的工作进展情况，申请专项经营管理资金和其他资金支持。

（2）申请修改保洁部的组织架构和人员定编。

（3）申请业务支持。

三、责任人的义务

（1）接受公司的统一领导。

（2）向公司做工作汇报。

（3）确保责任目标按计划实现。

（4）自觉接受公司其他各职能部门的监控、考评、检查。

（5）每月27日前按时上报次月度工作计划报表。

（6）每月2日前组织目标评估，质量评审，进度、质量考评。

（7）每季末的次月3日前组织员工季度绩效考评。

（8）积极配合公司完成其他专项工作。

（9）保证保洁部的各个标准作业规程的贯彻执行。

（10）保证保洁部的操作不违背国家的法律、法规。

（11）保证员工的生活、工作秩序。

（12）保证员工的整体操作技能和工作质量。

（13）为公司培养人才。

四、公司的权利

（1）有对管理处的运作状况（工作进度、标准、质量、成本等指标）进行抽查、检查、监督的权利。

（2）有对目标责任人及以下各级员工的任免权、解聘权、调配权。

（3）有要求责任人出示、收集、解释各类数据、原始凭证、记录的权利。

（4）有对保洁部费用预算实绩的审计权、监控权。

（5）有对目标责任人的绩效考评权、奖罚权。

（6）专项事件的调查权。

五、公司的义务

（1）及时提供合适的业务支持。

（2）提供信息支持。

（3）提供资金支持。

六、目标考评

（1）公司定期（不定期）监控、审计、检查保洁部费用计划的编制和费用支出等财务工作。检查标准、办法依据行业法规和公司的财务规定。

（2）公司总经理负责目标责任人的绩效考评。考评标准和办法的依据为公司绩效考评相关标准作业规程和本目标管理责任书。

七、目标奖罚

（1）目标责任人（保洁部经理）必须依照双方确认的工作计划完成本责任书所列的各项目标。

（2）如果工作目标完成，则保洁部可按董事会核定的计划额度编制奖金分配方案并进行年终奖金的分配（兑结预支的季度奖金）。

（3）如果本责任书所列三类目标不能全部完成，则每不能完成其中一项指标，扣减目标责任人的____%目标奖金，直至扣除全部奖金，并承担相应的行政处罚。

（4）若发生不可抗力而致使目标责任无法完成，则本目标责任书失效，遗留问题由公司与目标责任人共同处理。

八、附则

（1）本目标管理责任书一式三份，公司存档一份，目标责任人一份，报董事会存档一份。
（2）未尽事宜，由目标责任人同公司协商解决，补充条款与本责任书具有同等效力。
（3）本责任书自签订之日起生效。
（4）本责任书解释权在公司。

目标责任人签署：　　　　　　　　　　总经理签署：
日期：　　　　　　　　　　　　　　　日期：

【他山之石07】××物业有限公司_____年度客服部目标管理责任书

××物业有限公司_____年度客服部目标管理责任书

为确保××物业有限公司客服部_____年度计划目标得以实现，经公司与目标责任人客服部经理共同商讨，已确定××物业有限公司_____年度客服部工作责任目标，并由目标责任人代表客服部签署确认。

一、责任目标

（一）管理目标

（1）遵守国家法律法规和公司各项规章制度。
（2）全年确保本年度不发生重大安全责任事故。
"重大安全责任事故"是指以下内容。
①因失职或玩忽职守引发的员工死亡事故。
②因失职或玩忽职守引发的公司财产报废、损毁、丢失事故（包括客服部的服装、器械）。
③因失职或玩忽职守引发的火灾事故。
④因失职或玩忽职守引发的员工涉黄、涉毒、涉赌。
⑤因失职或玩忽职守引发的恶性治安事件。
⑥因失职或玩忽职守引发的员工大批逃离、罢工或治安拘留。
（3）员工在公司未进行培训的，要监督和制订在单位轮训培训计划，培训完成率100%，上岗培训合格率100%，以公司制定的相应规程及培训为准。

（4）抽查、检查员工对客服部经理的工作满意率达90%以上，由公司专门部门进行抽查，并填写书面表格。

（5）服务规范的出错率（以检查、客户单位投诉记录为准）98%以下。

（6）工作的操作规程抽检合格率92%（就是公司员工在工作中是否按公司作业指导书规定执行）。

（7）认真接听客户电话，及时通知有关部门业主来访接待率达到100%。

（8）电话回访率达100%。

（9）定期进行客服满意度调查，客户满意度达到95%以上。

（10）做好各项工作记录（手工记录、电脑记录）。

（11）及时跟进业主（用户）报修、投诉等。

（12）做好对外宣传工作。

（13）保证物业费收缴率并完成清欠物业费工作。

（14）各类值班记录齐全，包括客服部经理工作日志。

（二）服务目标

（1）客服部经理要服务于所管辖的部门，做到员工满意率达到90%以上。

（2）业主（用户）对客服部员工服务的满意率达到98%以上。

二、责任人的权利

为保证上述责任目标的实现，责任人的权利如下。

（一）人事管理权

（1）对客服部所属班组长（含）以下各级员工的组阁权、奖罚权、任免权、解聘权。

（2）对客服部副经理的任免、调配、解聘、奖罚的建议权。

（3）编制范围内临时工的招聘录用决定权。

（4）岗效工资制标准范围内的调薪建议权。

（二）管理决策权

（1）主持客服部的日常管理工作。

（2）组织实施客服部的工作目标、工作计划、工作标准、工作程序、管理制度。

（3）主持召开客服部的各类工作会议。

（三）申请支持权

（1）依据客服部的工作进展情况，申请专项管理资金和其他资金支持。

（2）申请修改客服部的组织架构和人员定编。

（3）申请业务支持。

三、责任人的义务

（1）接受公司的统一领导。

（2）向公司做工作汇报。

（3）确保责任目标的逐步实现。

（4）自觉接受公司其他各职能部门的监控、考评、检查。

（5）每月1日按时上报上月员工考勤。

（6）积极配合公司完成其他专项工作。

（7）保证公司的各个标准作业规程的贯彻执行。

（8）保证员工的操作不违背国家的法律、法规。

（9）保证员工的生活、工作秩序。

（10）保证员工的整体操作技能和工作质量。

四、公司的权利

（1）有对客服部的运作状况（工作进度、标准、质量、成本等指标）进行抽查、检查、监督的权利。

（2）有对目标责任人及以下各级员工的任免权、解聘权、调配权。

（3）有要求责任人出示、收集、解释各类数据、原始凭据、记录的权利。

（4）有对客服部费用预算实绩的审计权、监控权。

（5）有对目标责任人的绩效考评权、奖罚权。

（6）专项事件的调查权。

五、公司的义务

（1）及时提供合适的业务支持。

（2）提供信息支持。

（3）提供资金支持。

六、目标考评

公司质检部负责目标责任人的绩效考评。考评标准和办法的依据为公司绩效考评相关标准作业规程和本目标管理责任书。

七、目标奖罚

（1）目标责任人（客服部经理）必须依照双方确认的工作计划完成本责任书所列的各项目标。

（2）如果工作目标完成，则客服部可按公司核定的计划额度编制奖金分配方案并进行年终奖金的分配。

（3）如果本责任书所列三类目标不能全部完成，则每不能完成其中一项指标，扣减目标责任人的____%目标奖金，同时责任人承担相应的行政处罚。

（4）若发生不可抗力而致使目标责任无法完成，则本目标责任书失效，遗留问题由公司与目标责任人共同处理。

八、附则

（1）本目标管理责任书一式三份，公司存档两份，目标责任人一份。

（2）未尽事宜，由目标责任人同公司协商解决，补充条款与本责任书具有同等效力。

（3）本责任书自签订之日起生效。

（4）本责任书解释权在公司。

目标责任人签署：　　　　　　　　　总经理签署：
日期：　　　　　　　　　　　　　　日期：

【他山之石08】××物业有限公司_____年度工程部目标管理责任书

××物业有限公司_____年度工程部目标管理责任书

为确保××物业有限公司工程部_____年度计划目标得以实现，经公司与目标责任人工程部经理共同商讨，已确定工程部_____年度工作责任目标，并由目标责任人代表工程部签署确认。

一、责任目标

（一）管理目标

（1）遵守国家法律法规和公司各项规章制度。

（2）全年确保本队伍不发生重大安全责任事故。

"重大安全责任事故"是指以下内容。

①因失职或玩忽职守引发的员工死亡事故。

②因失职或玩忽职守引发的公司财产报废、损毁、丢失事故（包括工程部的服装、器械）。

③因失职或玩忽职守引发的火灾事故。

④因失职或玩忽职守引发的员工涉黄、涉毒、涉赌。

⑤因失职或玩忽职守引发的恶性治安事件。

⑥因失职或玩忽职守引发的员工大批逃离、罢工或治安拘留。

（3）员工在公司未进行培训的，要监督和制订在单位的轮训培训计划，培训完成率100%，上岗培训合格率100%，以公司制定的相应规程及培训为准。

（4）抽查、检查员工对工程部经理的工作满意率达90%以上，由公司专门部门进行抽查，并填写书面表格。

（5）服务规范的出错率（以检查、客户单位投诉记录为准）98%以下。

（6）工作的操作规程抽检合格率92%（就是公司员工在工作中是否按公司作业指导书规定执行）。

（7）供配电系统　配电柜、控制柜（箱）、公共照明、供电线路和楼内公共区域及室外、地下车库的照明线路、开关、配电箱及灯具等保证正常使用。

（8）给排水系统　包括雨水井、污水井、化粪池、自来水管网、污水管网、雨水管网及提供生活用水的水箱间、水泵房、水厂等保证正常使用。

（9）消防系统　消防控制台及喷淋、报警、消火栓、卷帘门、消防水泵等保证正常使用。

（10）水景观　指循环泵、控制箱、喷泉及水池等设施保证正常使用。

（11）房屋本体及其附属设施　防雷系统、外墙面、楼梯间、通道、屋面、道路、连廊、地下车库等保证正常使用。

（12）维修工程　指公共设施、设备的大中修工程。

（13）保证小区内电梯的正常运行。

（14）各类值班记录齐全，包括工程部经理工作日志。

（二）服务目标

（1）工程部经理要服务于所管辖的部门，做到员工满意率达到90%以上。

（2）业主对工程部员工服务的满意率达到98%以上。

二、责任人的权利

为保证上述责任目标的实现，责任人的权利如下。

（一）人事管理权

（1）对工程部所属班组长（含）以下各级员工的组阁权、奖罚权、任免权、解聘权。

（2）对工程部副经理的任免、调配、解聘、奖罚的建议权。

（3）编制范围内临时工的招聘录用决定权。

（4）岗效工资制标准范围内的调薪建议权。

（二）管理决策权

（1）主持工程部的日常管理工作。

（2）组织实施工程部的工作目标、工作计划、工作标准、工作程序、管理制度。

（3）主持召开工程部的各类工作会议。

（三）申请支持权

（1）依据工程部的工作进展情况，申请专项管理资金和其他资金支持。

（2）申请修改工程部的组织架构和人员定编。

（3）申请业务支持。

三、责任人的义务

（1）接受公司的统一领导。

（2）向公司做工作汇报。

（3）确保责任目标的逐步实现。

（4）自觉接受公司其他各职能部门的监控、考评、检查。

（5）每月1日按时上报上月员工考勤。

（6）积极配合公司完成其他专项工作。

（7）保证公司的各个标准作业规程的贯彻执行。

（8）保证员工的操作不违背国家的法律、法规。

（9）保证员工的生活、工作秩序。

（10）保证员工的整体操作技能和工作质量。

四、公司的权利

（1）有对工程部的运作状况（工作进度、标准、质量、成本等指标）进行抽查、检查、监督的权利。

（2）有对目标责任人及以下各级员工的任免权、解聘权、调配权。

（3）有要求责任人出示、收集、解释各类数据、原始凭据、记录的权利。

（4）有对工程部费用预算实绩的审计权、监控权。

（5）有对目标责任人的绩效考评权、奖罚权。

（6）专项事件的调查权。

五、公司的义务

（1）及时提供合适的业务支持。

（2）提供信息支持。

（3）提供资金支持。

六、目标考评

公司质检部负责目标责任人的绩效考评。考评标准和办法的依据为公司绩效考评相关标准作业规程和本目标管理责任书。

七、目标奖罚

（1）目标责任人（工程部经理）必须依照双方确认的工作计划完成本责任书所列的各项目标。

（2）如果工作目标完成，则工程部可按公司核定的计划额度编制奖金分配方案并进行年终奖金的分配。

（3）如果本责任书所列三类目标不能全部完成，则每不能完成其中一项指标，扣减目标责任人的____%目标奖金，同时责任人承担相应的行政处罚。

（4）若发生不可抗力而致使目标责任无法完成，则本目标责任书失效，遗留问题由公司与目标责任人共同处理。

八、附则

（1）本目标管理责任书一式三份，公司存档两份，目标责任人一份。

（2）未尽事宜，由目标责任人同公司协商解决，补充条款与本责任书具有同等效力。

（3）本责任书自签订之日起生效。

（4）本责任书解释权在公司。

目标责任人签署：　　　　　　　　　　总经理签署：

日期：　　　　　　　　　　　　　　　日期：

第6章

图解精益管理之品质控制

6.1 有明确的质量目标

质量目标是将质量方针具体化的奋斗目标。既然是目标，就不应该是现在已达到的水平，而应是经过一段时间（一般宜为三年）的努力可望达到的目标。应将能使企业在市场竞争中更加强有力的重要事项，列为企业的质量目标。

6.1.1 质量目标的要求

（1）应能够体现质量方针和质量管理的八项原则，依据质量方针的框架，来展开制定质量目标。

（2）应满足顾客对产品和服务的需求。

（3）应具体化，尽可能定量化，至少要明确地定性，如产品外观质量达到国外某名牌的水平，以便测评。

（4）应切合企业的实际，经过一段时间的努力可以达到，即应是"跳一跳才能被摘下的桃子"。

6.1.2 质量目标的内容

质量目标视企业具体情况，可以是多样化的，其内容通常包括：技术员工上岗持证率，绿地养护完好率，物业管理服务费用收缴率，重大责任安全事故、质量事故，设备完好率，房屋完好率，客户综合满意率，投诉处理率，有效投诉率，清洁绿化管理完成覆盖率，员工培训率，报修（故障）到场时间、电梯故障（困人抢修）到场时间，因管理责任发生重大刑事案件、因管理责任造成汽车丢失或严重损毁、火灾事故发生率等。

下面是某物业公司的质量目标范本，仅供读者参考。

【他山之石01】××物业服务有限公司质量目标

> **××物业服务有限公司质量目标**
>
> 本公司的质量目标如下。
>
> (1) 杜绝重大责任安全事故、质量事故。
>
> (2) 设备完好率98%以上。
>
> (3) 房屋完好率98%以上。
>
> (4) 客户综合满意率90%以上。
>
> (5) 投诉处理率100%。
>
> (6) 有效投诉率低于2%。
>
> (7) 清洁绿化管理完成覆盖率达到95%以上。
>
> (8) 管理人员年培训15小时以上,操作层员工年培训20小时以上。
>
> 注:① 社区物业管理服务不含房屋管理及部分设备(如给排水、供配电、电梯等)管理内容。
>
> ② "重大责任安全事故"是指以下几种情况。
>
> ——因员工失职或玩忽职守引发的安全事故。
>
> ——员工工作中的安全事故。
>
> ——为第三方责任而引起的事故,未能及时处理而再次引起的事故。
>
> ——以上所述均为责任较为重大,造成影响较为恶劣,损失较大的。

6.1.3 质量目标的管理

质量目标制定好后,就应将质量目标逐级展开、落实到各部门和每个员工身上。为使质量目标的实施得到有效的控制,物业服务企业的项目经理人应确保以下工作都得到有效实施。

6.1.3.1 制订实施计划或实施方案

质量目标展开后,要求具体负责实施的部门或负责人,对每项质量目标编制实施计划或实施方案(又称活动计划书或措施计划表)。在实施计划或方案中,应包括实现这项质量目标存在的问题点、当前的状况、必须采取的措施项目、要达到的目标、什么时间完成、谁负责执行及措施项目的重要程度等。

下面提供一份某物业公司的质量目标管理方案的范本,仅供读者参考。

【他山之石02】××物业服务有限公司质量目标管理方案

××物业服务有限公司质量目标管理方案

1.目的

明确实现目标的管理办法，分解公司质量目标在各部门的指标。

2.适用范围

适用于公司各部门及各物业管理处。

3.质量目标分解及管理方案

3.1 保持《全国物业管理示范大厦（住宅小区）标准》管理水平。

3.1.1 相关责任部门：各管理处。

3.1.2 计算方法：公司一年中对部门进行考核检查的历次分数之和÷一年的检查次数。

3.1.3 计算频率：1次/年。

3.1.4 管理方案

（1）各部门严格按国优标准进行日常管理服务。

（2）公司每两个月按照《全国物业管理示范大厦（住宅小区）标准及评分细则》，严格要求和检查各项服务工作。

（3）各部门负责现场不合格项的整改，质量管理部负责不合格项的整改情况验收。

3.2 设备完好率≥98%。

3.2.1 相关责任部门：各管理处。

3.2.2 计算频率：1次/月。

3.2.3 管理方案

（1）严格执行《设备设施管理程序》及相关的作业指导书，管理处负责设备设施的日常巡视维护，建立内部监督机制。

（2）公司定期对管理处的设备维护情况进行监督检查，并跟踪其整改不合格项目。

（3）每年制订详细的设备检修计划并执行。

3.3 房屋完好率≥98%。

3.3.1 相关责任部门：管理处。

3.3.2 计算频率：1次/月。

3.3.3 管理方案

（1）制订建筑物年度养护计划并严格执行。

（2）严格执行建筑物程序文件及作业指导书，实行管理处内部、公司、客户三方面的监督检查，确保目标实现。

3.4 有效投诉率＜0.2%。

3.4.1 相关责任部门：公司及各部门。

3.4.2 计算方法：以单位业主计算，年度有效投诉事件数量÷业主总数。

3.4.3 计算频率：1次/年。

3.4.4 管理方案

（1）公司负责接待有效投诉。

（2）各管理处负责投诉处理措施的具体实施及回访，严格执行客户投诉处理等程序。

（3）质量管理部负责监督检查其处理结果。

3.5 投诉处理率达100%。

3.5.1 相关责任部门：各管理处。

3.5.2 计算方法：已处理的投诉事件总数÷（月有效投诉事件数+月一般投诉事件数）。

3.5.3 计算频率：1次/月。

3.5.4 管理方案

（1）严格执行《客户投诉处理程序》，及时根据合适的措施处理客户的投诉并进行回访，最终让客户满意。

（2）通过意见调查等各种渠道及时了解客户的需求，解决客户的困难，把投诉消除在事发之前。

3.6 客户满意率≥95%。

3.6.1 相关责任部门：各管理处。

3.6.2 计算方法：各分项满意率=回收的意见调查表满意总数÷回收的意见调查表单据总数。

综合满意率=各分项满意率之和÷分项项目数。

3.6.3 计算频率：1次/半年。

3.6.4 管理方案

（1）管理处每年对客户进行两次综合意见征询。

（2）管理处认真对调查的数据进行统计分析。

（3）及时按客户意见调查程序处理客户提出的意见和建议并进行回访，有必要时采取纠正和预防措施并进行验证。

3.7 零修急修及时率达100%。

3.7.1 相关责任部门：各管理处。

3.7.2 计算方法：维修及时的单据数÷（客户报修总数+非客户报修的维修单据总数）×100%。

3.7.3 计算频率：1次/月。

3.7.4 管理方案

（1）制定完善的维修服务承诺并予以公开。

（2）加强员工质量意识培训。

（3）加强维修人员维修技能培训，并不定期实行考核。

3.8 零修急修返修率＜1%。

3.8.1 相关责任部门：各管理处。

3.8.2 计算方法：本月返修的单据总数÷报修与非报修的单据总数。

3.8.3 计算频率：1次/月。

3.8.4 管理方案

（1）提高员工维修服务技能，加强员工专业技术知识培训。

（2）严格执行投诉有关程序，正确理解客户的需求。

3.9 管理人员年培训小时数≥20。

3.9.1 相关责任部门：各部门。

3.9.2 计算方法：部门所有管理人员年度培训小时数之和÷部门管理人员人数。

3.9.3 计算频率：1次/年。

3.9.4 管理方案

（1）根据部门年度培训计划，制订切实可行的实施计划。

（2）根据部门员工的实际情况，及时开展培训工作，提高员工综合素质。

（3）通过每月的效果评估，找出本部门在培训工作中存在的问题，及时进行改进。

3.10 操作层员工年培训小时数≥24。

3.10.1 相关责任部门：各部门。

3.10.2 计算方法：部门所有操作层员工年度培训小时数之和÷部门操作层员工人数。

3.10.3 计算频率：1次/年。

3.10.4 管理方案

（1）根据部门年度培训计划，制订切实可行的实施计划。

（2）根据部门员工的实际情况，及时开展培训工作，提高员工综合素质。

（3）通过每月的效果评估，找出本部门在培训工作中存在的问题，及时进行改进。

3.11 管辖区内无重大安全责任事故。

3.11.1 相关责任部门：各管理处。

3.11.2 计算频率：1次/年。

3.11.3 管理方案

（1）建立专业化保安队和维修服务队伍，实行24小时值班制度。

（2）实行责任区制度，定岗、定人，加强各岗位员工技能培训。

（3）严格执行质量管理相关程序及作业指导书。

3.12 清洁绿化管理水平达到《全国物业管理示范大厦（住宅小区）标准》（详见本方案之3.1）。

4.统计

4.1 根据以上计算频率及计算方法，分月度和年度表格分别统计到"质量目标月度统计表"及"质量目标年度统计表"（半年及以上周期的目标均统计到此表中）中，并根据质量目标达成情况及时对百分率进行调整。

4.2 各管理处综合管理部负责按月度和年度统计各项质量目标指标，报部门负责人或授权负责人审核后交复印件给质量部，为公司分析质量目标达成情况提供依据。

5.支持性文件及记录

5.1 质量目标月度统计表。

5.2 质量目标年度统计表。

6.1.3.2 向全员宣传和传达

（1）及时公布物业公司的质量目标，必要时用简洁的语言来表达，使员工能一见就懂，一读就能记住。

（2）通过质量目标的层层展开，将物业公司的质量目标落实到具体部门，直至落实到员工个人头上。

（3）将质量目标转化为员工的工作任务，使员工切身体会实现质量目标的过程。

（4）对质量目标的实施情况进行考核或检查，督促员工加深对质量目标的理解。

（5）采用多种宣传形式宣传质量目标。例如学习、讨论、宣讲、黑板报、广播、标语、征文比赛、知识竞赛等。

6.1.3.3 实施

将质量目标转化为员工各自的工作任务，因此必须做到以下方面。

（1）将"措施计划"规定的各项措施转化为员工的工作任务。

（2）将日常工作与完成质量目标相结合。

（3）建立较为完善的考评体制。

（4）在质量目标的实施过程中，还要注意进行协调和控制。

6.1.3.4 定期对质量目标进行测量和考核

质量目标完成情况如何，应定期进行测量。对物业公司的年度质量目标的完成情况，至少应在年中和年末进行两次大的测量。与正常工作直接相关的质量目标，则应按月进行测量。

（1）对按月进行测量的质量目标进行统计。按月进行测量的质量目标一般涉及质量指标或其他生产经营指标，如生产销售指标、顾客投诉指标等。对这样的指标应每月统计，并与历史同期及预定目标进行对比，如表6-1所示。

表6-1 质量目标月度统计表

部门：　　　　　　　　　　　　　　　　　　　　　　　　　　　　　　　年　　月

序号	质量指标	统计方法	计算百分率	标准	结果	备注
1	供配电系统			完好率≥98%	合格□ 不合格□	
	空调系统				合格□ 不合格□	
	电梯系统				合格□ 不合格□	
	供水系统				合格□ 不合格□	
	排水系统				合格□ 不合格□	
	消防报警系统				合格□ 不合格□	
	气体消防系统				合格□ 不合格□	
	监控系统				合格□ 不合格□	
	楼宇自控系统				合格□ 不合格□	
	停车场管理系统				合格□ 不合格□	
	锅炉供热系统				合格□ 不合格□	
	避雷系统				合格□ 不合格□	
2	房屋完好率	统计当月"建筑物巡视维护表"中每日完好率之和÷当月天数		≥98%	合格□ 不合格□	
3	投诉处理率	已处理的投诉事件总数÷当月有效投诉与一般投诉之和		100%	合格□ 不合格□	
4	零修急修及时率	当月零修急修及时的单据数÷零修急修的单据总数		100%	合格□ 不合格□	
5	返修率	返修单据数÷零修急修的单据总数		<1%	合格□ 不合格□	
说明	1.各部门根据实际情况填写，无相关系统的，在相应的计算百分率栏画"/"　2.根据计算结果在相应的"□"内画"√"					

审核：　　　　　　　　　　　　统计：　　　　　　　　　　　　归档：
日期：　　　　　　　　　　　　日期：　　　　　　　　　　　　日期：

（2）年中和年末的测量可以采用检查和考核两种方法进行 质量目标中涉及的质量管理体系工作，可以通过内部审核来测量，将审核结果与质量目标进行对比，以确定是否达到规定的要求。质量目标年度统计表见表6-2。

表6-2 质量目标年度统计表

部门： 年 月

序号	质量指标		统计方法	计算百分率	标准	结果	备注
1	有效投诉率		年度有效投诉件数÷业主总数		<0.2%	合格□ 不合格□	
2	客户满意率	上半年	回收的意见调查表满意总数÷回收的意见调查表单据数		≥95%	合格□ 不合格□	
		下半年	回收的意见调查表满意总数÷回收的意见调查表单据数		≥95%	合格□ 不合格□	
3	物业管理水平		年度对部门历次检查分数之和÷检查总次数		平均分在98分以上	合格□ 不合格□	
4	辖区无重大安全责任事故		年度辖区共发生安全责任事故件数		0	合格□ 不合格□	
5	管理人员年度培训小时数		部门所有管理人员年度培训小时数之和÷部门管理人员人数		≥20	合格□ 不合格□	
6	操作层员工年培训小时数		部门所有操作层员工年度培训小时数之和÷部门操作层员工人数		≥24	合格□ 不合格□	
说明	1.各部门根据实际情况填写，无相关系统的，在相应的计算百分率栏画"/" 2.根据计算结果在相应的"□"内画"√"						

审核： 统计： 归档：
日期： 日期： 日期：

（3）对测量的结果一定要进行考核，并进行必要的奖惩 对测量的结果一定要进行考核（如表6-3所示），同时，对质量目标完成得好的部门或人员，应及时表彰奖励，以促使他们更加努力；对完成得不好的部门或人员，应在查清原因、分清责任、制定纠正措施的基础上，给予必要的惩处。

表6-3 公司质量目标考核统计表

序号	项目	责任部门	计算公式或考核方式	考核周期	目标要求	考核结果
一、公司总体管理目标						
1	重大安全责任事故	管理处	无	年	无	
2	重大设备责任事故	管理处	无	年	无	
3	工伤保险投保率	综合事务部	$\dfrac{参保人数}{公司总人数} \times 100\%$	年	10%	
4	年度员工健康体检	综合事务部	$\dfrac{体检人数}{公司总人数} \times 100\%$	年	100%	
5	对各种垃圾进行分类处理	管理处	查验垃圾分类处理的相关证据	按方案期限	对可回收垃圾进行回收；危险废弃物无害化处理；建筑/装修垃圾运送至指定堆放场	
6	管理处设备房和地下值班室通风及温度控制	管理处	现场观察及测试	按方案期限	改善通风条件，机房温度控制在26.5~36.5℃范围，潮湿度控制在74%~85%范围	
7	高空作业（外墙清洁、维护和安装施工）	管理处	人/物坠落发生次数÷高空作业总次数	半年	高空坠落（人/物）的事故发生率为零	
8	消防安全	管理处	无火灾事故	半年	火灾发生率为零	
二、部门管理分目标						
1	员工岗位培训合格率	品质督导部	培训合格人数÷参加培训人数	季度	100%	
2	管理人员持证上岗率	综合事务部	持证人数÷管理人员	季度	100%	
3	外接物业管理面积	物业发展部	10万平方米/年（查合同）	半年	10万平方米/年	
4	建筑结构设施完好率	管理处	1－（损坏点×0.005）	年	98%	
5	维修及时率	管理处	及时修理次数÷报修项目总次数×100%	季度	99%	

续表

序号	项目	责任部门	计算公式或考核方式	考核周期	目标要求	考核结果
6	维修合格率	管理处	维修质量合格项目数÷维修总项目数	季度	100%	
7	高空作业（外墙维护和安装施工）	管理处	人/物坠落发生次数÷高空作业总次数	半年	高空坠落（人/物）的事故发生率为零	
8	报修（故障）到场时间	管理处	≤25分钟（查维修单）	季度	≤25分钟	
9	管理服务满意率	管理处	满意项目数÷调查的总项目数	半年	95%	
10	投诉处理率	管理处	投诉处理宗数÷投诉宗数（查投诉记录）	半年	100%	
11	绿地养护完好率	管理处	良好绿地面积÷总绿地面积×100%	半年	占地面积95%以上	
12	物业管理服务费用收缴率	管理处	各种费用收缴额÷应缴费用额×100%	半年	98%以上	
13	对各种垃圾进行分类处理	管理处	查验垃圾分类处理的相关证据	半年	对可回收垃圾进行回收；危险废弃物无害化处理；建筑/装修垃圾运送至指定堆放场	
14	高空作业（外墙清洁）	管理处	（人、物坠落发生次数）÷高空作业总次数	半年	高空坠落（人、物）的事故发生率为零	
15	大型设备完好率	管理处	大型设备完好台数×全部大型设备台数	年	100%	
16	中小型设备完好率	管理处	中小型设备完好台数÷中小型设备总台数	年	99%	
17	设备房及地下值班通风及温度控制	管理处	机房温度控制在26.5~36.5℃，潮湿度控制在74%~85%（现场测试）	按方案期限	改善通风条件，机房温度控制在26.5~36.5℃范围，潮湿度控制在74%~85%范围	
18	报修（故障）到场时间	管理处	≤25分钟（查验维修部记录）	季度	≤25分钟	
19	电梯故障（困人抢修）到场时间	管理处	≤20分钟（查验电梯维修记录）	半年	≤20分钟	

续表

序号	项目	责任部门	计算公式或考核方式	考核周期	目标要求	考核结果
20	日常监督检查	管理处	查验日常工作检查记录	季度	每月对各项服务工作全面检查次数不少于2次；每次检查记录必须在1个工作日之内签发，并按整改期限对整改事项进行跟踪、验证，确保整改合格	
21	因管理责任发生重大刑事案件	管理处	无	半年	无	
22	因管理责任造成车辆丢失或严重损毁	管理处	无	半年	无	
23	火灾事故	管理处	无	半年	无	

品质督导部：　　　　　　　　　统计日期：　　　　　　　　　审批：

6.2 建立质量监督体系

6.2.1 质量监督架构

物业公司可以建立如图6-1所示的质量监督架构。

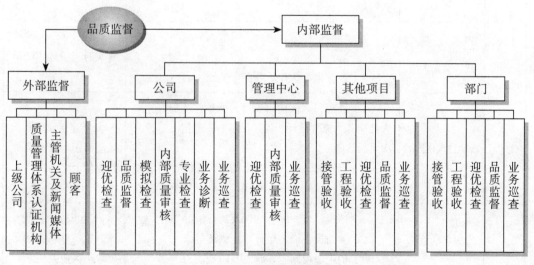

图6-1　质量监督架构

6.2.2 检查类别

物业公司日常质量检查类别分为：业务巡查、业务诊断、内部审核、模拟检查、品质监督、专业检查、迎优检查、工程验收、接管验收九种，表6-4是某知名物业公司对其物业质量检查类别的适用范围、侧重点及注意事项做出的规定。

表6-4 物业质量检查类别

检查类别	适用范围	侧重点	注意事项
业务巡查	分管领导业务巡查	（1）业委会关系 （2）重大顾客投诉与突发事件 （3）与客户接触多的设备设施及场所 （4）内部管理情况	每月一次通报并及时跟进进展情况
	品质管理部品质监控	（1）现场管理 （2）各类纠正预防措施验证 （3）体系运行情况	
	管理中心日常检查	（1）现场管理 （2）经验借鉴与共享	
	部门负责人月度检查	（1）设备设施、环境管理状况 （2）安全管理检查与评估	非特殊情况不能授权
业务诊断	分管领导指派 部门在管理过程中出现滑坡现象	（1）内部管理，侧重组织架构、职责的合理性及与基层员工沟通 （2）与顾客沟通，从顾客角度了解存在的问题 （3）抽查现场主要业务，分析管理流程是否存在问题	由公司品质监督小组执行，必要时邀请职能部门经理参与
	发生重大质量事故、突发事件	（1）针对事件深入分析，采取有效的纠正预防措施 （2）查看相关业务是否存在类似问题	及时通报处理结果
	新项目入伙前后	（1）新项目入伙前对项目入伙条件及各业务块人员配备、流程设计、设施设备的完善情况进行一次全面诊断 （2）新项目入伙三个月后的第一个月，对管理处内部管理各业务块的运作情况进行一次全面诊断	由分管领导牵头，品质部组织公司各业务块骨干人员进行
专业检查	公司夜间查岗	（1）巡逻路线图的合理性及执行情况 （2）安防设备设施运行功能测试 （3）护卫员夜间工作状态及防范能力	检查人员注意礼仪，模拟演练必须考虑对小区业主的影响

续表

检查类别	适用范围	侧重点	注意事项
专业检查	设备大检查	（1）侧重预防性检查，如母排连接处温度及紧固情况、联络开关温度及额定电流是否超标、大负荷电缆连接端是否发热和变色、补偿电容是否变形、接触器是否有异常声音与各触点闭合是否良好等 （2）设备的试运行检查，如发电机启动、高低水位控制器启动、烟温感测试、安防设备测试等 （3）抽查责任人对设备操作、故障排除及应急处理的能力	必须由设备责任人操作设备，避免非法操作导致事故产生
专业检查	安全大检查	（1）各类预案演练，测试预案有效性与人员的应急处理能力 （2）安防设备设施功能测试 （3）关键岗位操作流程检查，如出入口人员控制与物资放行、装修管理、消防管理、停车场管理等 （4）安全隐患	注意人员安全与对顾客的影响
专业检查	环境大检查	（1）客户主要出入及活动场所、通道保洁状况 （2）绿化现场作业、养护效果及消杀情况 （3）危险品使用与管理 （4）家政服务情况 （5）人员工作状况	
内部审核		（1）系统性检查各业务块 （2）体系运行情况 （3）各类纠正预防措施的落实情况 （4）管理流程及风险防范	
模拟检查	新项目模拟验收	（1）房屋本体及公共设备设施检查 （2）房间细部检查 （3）环境、绿化检查 （4）设计缺陷与遗留问题处理情况 （5）图纸资料接收情况	从业主（用户）使用和物业管理角度进行检查
模拟检查	新项目在纳入公司内审前	（1）管理架构与团队建设 （2）体系执行与制度建立 （3）现场设备设施管理 （4）现场安全管理 （5）现场环境管理	内部审核手法，侧重人员品质意识检查

续表

检查类别	适用范围	侧重点	注意事项
模拟检查	公司扩大认证范围	管理处全部活动与质量体系的符合性	第三方审核手法
	VPS迎检前检查	（1）BI执行情况 （2）现场管理情况 （3）客户服务与社区文明	依据物业部绩效考核办法标准进行
品质监督	公司品质监督小组检查	（1）组织架构与团队建设 （2）管理流程与制度执行 （3）现场业务管理状况 （4）与客户沟通管理人员的服务状况	多与基层员工沟通，深入了解部门根本原因
	部门品质监督小组检查	（1）体系执行情况 （2）现场设备设施管理状况 （3）现场安全管理状况 （4）现场环境管理状况	关注现场与问题的整改落实情况
迎优检查	国优、省优、市优、区优	（1）迎优资料建立（基础资料、财务状况、本体维修基金、汇报材料书面与PP稿等） （2）房屋本体与公共设施管理情况（包括外观） （3）机电设备管理情况 （4）安全管理情况 （5）环境管理情况 （6）汇报现场及入口布置 （7）检查路线确定 （8）员工对"小区应知应会"的熟悉情况	迎检当天应安排比较熟练的人员值岗，中心安排专人通过监控跟踪行程检查一部分资料组（财务组）、房屋与外观组、设备组、环境组
	安全文明小区	（1）迎检资料（汇报材料） （2）安全文明氛围营造（安全文明小区办公室布局、宣传横幅） （3）小区安全管理状况	安全文明小区软件运用
工程验收	管理处工程外包完工后验收	（1）行业规范与标准 （2）合同规定工艺流程与验收标准 （3）功能性与实用性	提交验收报告
	工程技术部安防工程完工内部验收	（1）合同要求的符合性 （2）设置的合理性 （3）隐蔽工程的安全性 （4）外观的美观性 （5）管理的科学性与安全性	工程技术部、品质管理部参与
	绿化部绿化工程完工内部验收	（1）合同要求的符合性 （2）布局的合理性与安全性 （3）保养期养护情况	绿化部、品质管理部参与，以中标合同为依据

续表

检查类别	适用范围	侧重点	注意事项
接管验收	工程技术部设备接管前验收	（1）设备管理资料与相配套工具 （2）设备现场管理情况及遗留问题 （3）人员调配对接、安排	适合工程技术部
	绿化部绿化养护接管前验收	（1）绿化资料与相配套工具 （2）绿化现场管理情况及遗留问题 （3）人员调配对接、安排	适合绿化部
	新项目接管前综合验收	（1）房屋本体及外观 （2）机电设备与公共设施 （3）安防设施与停车场 （4）绿化与环境 （5）室内检查 （6）图纸资料交接（各类图纸、批文及验收证明等）	依据《接管验收标准》，从业主使用角度与物业管理角度验收

6.2.3 检查层级

物业服务的质量检查层级分为三级：公司级、管理中心级、管理处级（大项目互动、部门级）。具体要求如表6-5所示。

表6-5 物业服务的质量检查层级

公司级		管理中心级		大项目互动		部门级	
适用检查类别	频度	适用检查类别	频度	适用检查类别	频度	适用检查类别	频度
业务巡查	1次/2月	业务巡查	1次/月	业务巡查	1次/月	业务巡查	随时
业务诊断	随时	业务诊断	必要时	业务诊断	必要时	模拟检查	必要时
内部审核	1次/年	内部审核	1次/季度	模拟检查	必要时	品质监督	1次/月
模拟检查	随时	模拟检查	必要时	迎优检查	必要时	迎优检查	必要时
品质监督	随时	迎优检查	必要时	接管验收	新项目	接管验收	新项目
专业检查	1次/半年	工程验收	必要时	工程验收	工程完工	工程验收	工程完工
迎优检查	必要时						
接管验收	新项目						
工程验收	安防/绿化						

6.3 做好质量记录

6.3.1 质量记录的概念

根据公司体系文件规定，质量记录是指体系文件规定需要记录的所有资料，包含：书面记录、电脑软盘、光盘、磁带、录像带、照片、胶片等，所有能证明管理服务过程和标准与顾客要求、体系文件、ISO 9001标准、相关法律法规的资料。

6.3.2 质量记录的作用

质量记录的作用有三大方面，如图6-2所示。

提供证据

记录可提供管理服务过程和标准是否符合要求、质量管理体系是否有效运行的证据，具有追溯、证实的作用

为采取纠正预防措施提供依据

根据质量记录以及对记录的统计分析，可识别何时、何地、哪些过程须采取纠正预防措施。如通过对顾客投诉记录、突发事件记录、设备运行记录、安全巡逻签到记录、居家服务回访记录等的统计分析，可明确需在哪些方面采取纠正预防措施

过程控制

记录还具有对管理服务过程实施控制的作用。如安全巡逻签到记录可控制安全员是否按预定的巡逻周期的路线巡逻，装修现场巡查记录可控制安全员、技术员是否按规定的时间对装修施工现场进行检查

图 6-2 质量记录的作用

6.3.3 质量记录的管理要求

（1）填写内容要完整，填写时间、填写周期、填写人符合要求，审核审批人具有相应权限。

（2）现场及归档的记录采取了相应的防护措施，储存环境适宜，无损坏、遗失现象。

（3）记录清晰，统一编号，易于识别和检索。

（4）记录的编目、归档、保管、查阅、借阅符合要求。

（5）记录的保存期限应符合规定，报废须经过相应的审批手续。

6.4 建立和健全物业管理质量责任制度

物业管理服务质量责任制是企业各部门、各岗位和员工在质量管理工作中为保证服务质量和工作质量所承担的任务、责任和权利。建立服务质量责任制可以把同质量职能有关的各项具体工作同全体员工的积极性结合起来、组织起来，形成一种严密的质量体系，更好地保证住区服务质量的提高。

6.5 要开展服务质量意识培训

物业公司要培训员工的质量意识，并使其掌握和运用质量管理的方法和技术，自觉提高业务管理水平和服务操作技术水平，严格遵守纪律和操作规程，同时通过文化活动、宣传栏等对客户进行物业管理意识的教育。

物业管理并非只是纯粹的管理，还包含服务，所以必须让项目管理处的全体工作人员都树立良好的服务意识。

6.5.1 业主（用户）第一，服务至上

物业公司应树立"业主（用户）第一，服务至上"的意识，主动并不断地了解业主（用户）的需求并努力使他们满足，要从内心深处树立"业主（用户）第一"的意识，而不仅仅停留在表面。应该做到以下方面。

（1）学会尊重人，这样才能热情、耐心地倾听业主（用户）的要求。

（2）学会理解人，这样才能对业主（用户）提出的任何细微、琐碎的事情都采取负责的态度，认真对待。

（3）学会关心人，这样才能从业主（用户）的角度出发，急业主（用户）所急，想业主（用户）所想，主动地为业主（用户）提供便利。以情感人、以理服人、尊重他人，任何时候都体现"以人为本"的宗旨。

6.5.2 勿以善小而不为

物业管理牵涉到每家每户，今天这家水管坏了，明天那家下水道堵了，后天谁家又要换个灯管等。如果仅仅把这些事情当作小事，拖一拖、缓一缓再处理，对业主（用户）来讲，就直接影响了他们的工作和生活，也影响了他们对物业公司的信心。

物业管理的工作就是完成这些一件一件的小事，物业公司应该一年365天、每天24小时为业主（用户）服务。

因此，物业管理人员必须从小处着眼，把每件事都当作自己的分内之事，并尽心尽力。

6.5.3 把服务质量看作是企业的生命线

质量代表着公司的形象，服务质量的好坏，直接影响着公司的声誉。而且服务质量

的评价是由业主（用户）提出而不是由物业公司决定的，如果服务质量不好，业主（用户）就会罢免物业公司，国内已经发生过这种情况。随着商品经济的发展，市场竞争日益激烈，优胜劣汰是必然趋势，因此，以质量求生存、求发展是物业公司的必由之路。而物业管理从业人员的质量意识、心理因素、思想情绪、业务素质，则时时刻刻都在直接或间接地影响着服务质量。

6.6 定期开展业主（用户）满意度调查

顾客满意度调查旨在通过连续性的研究，了解顾客的要求和期望，识别该产品或服务的发展趋势，获得消费者对特定服务的满意度、消费缺憾等指标的评价。对于物业项目来说，顾客满意度调查主要是指业主（用户）满意度调查。

6.6.1 业主（用户）满意度调查的意义

通过对业主满意度进行客观、科学的量化，具有以下重要意义。

（1）通过深度分析业主（用户）对物业服务的期望和要求，可以为物业公司建立以顾客为中心的产品策略和营销策略提供决策支持。

（2）可以帮助物业公司识别影响满意度的因素及各因素的作用强度，提高服务水平，提升业主（用户）对物业公司的忠诚度，改善物业公司经营绩效。

（3）通过满意度调查，可以帮助物业公司改善与业主（用户）之间信息不对称的情况，有利于建立和谐社区和实现企业可持续发展。

6.6.2 物业公司对业主（用户）满意度的测评方法

物业公司对业主（用户）满意度的测评方法主要有以下两种。

6.6.2.1 业主（用户）满意率

业主（用户）满意率是指在一定数量的目标顾客中表示满意的顾客所占的百分比。

6.6.2.2 业主（用户）满意度指数

业主（用户）满意度指数是运用了计量经济学的理论来处理多变量的复杂总体，全面、综合地度量业主（用户）满意程度的一种指标，它能综合反映复杂现象总体数量上的变动状态，表明业主（用户）满意程度的综合变动方向和趋势；能分析总体变动中受各个因素变动影响的程度；能对不同类别的服务进行趋于"同价"的比较。

可以说，业主（用户）满意度指数是业主（用户）满意率的改进、深化和发展，业主（用户）满意度指数能够科学、全面、综合地度量业主（用户）的满意程度。

6.6.3 业主（用户）满意度调查的方式

从意见获取的方式来分，业主（用户）满意度调查的方式一般包括图6-3所示的主动调查和被动调查两种。

主动调查
（1）日常服务过程采取抽样电话访谈和上门深度访谈相结合的调查方法
（2）每年对所服务的顾客至少进行两次全面问卷调查
（3）第三方机构的调查

被动调查
通过设立顾客服务中心、顾客服务热线和现场意见箱等方式

图 6-3　业主（用户）满意度调查的方式

6.6.4　业主（用户）满意度调查的来源

从调查来源上分，有来自物业管理行业外部和行业内部两种。

6.6.4.1　行业外部

来自物业管理行业外部的有两种方式：各级消费者协会、质量部门和新闻媒体等机构开展的整体满意度测评。

6.6.4.2　行业内部

在行业内部开展的业主（用户）满意度调查有图6-4所示的四种方式。

由企业相关部门负责对本企业所属各项目开展的整体调查

在特别情况下由物业企业所属的项目管理处自行开展的调查。就其实质看，也是第一方调查的一种特殊方式

由业主委员会组织开展的业主（用户）满意度调查

由物管企业、项目管理处或有关部门委托专业第三方机构开展的业主（用户）满意度调查

图 6-4　行业内部开展的业主满意度调查方式

上述四种不同的业主（用户）满意度调查方式，在客观性、可靠性、经济性方面存在明显差异，操作流程、基本要求也有不同。其中，企业自行调查方式是绝大部分物管企业目前最常采用的一种满意度调查方式。

下面提供几份某物业公司的物业服务品质检查标准的范本，仅供读者参考。

【他山之石03】物业公司基础管理品质标准与评分细则

<table>
<tr><th colspan="4">物业公司基础管理品质标准与评分细则</th></tr>
<tr><th>序号</th><th>标准内容</th><th>评分细则</th><th>分值</th></tr>
<tr><td colspan="4" align="center">一、资质管理</td></tr>
<tr><td>1</td><td>根据国家法规规定办理企业代码、工商营业执照、物业公司资质证明、税务登记证等各类证件，证件齐全有效</td><td>所有证件齐备并在有效期内1分（检查各证件及有效性），证件齐备0.5分，证件缺1个或有1个不在有效期内0分</td><td>1</td></tr>
<tr><td>2</td><td>在管理处前台公共区域明示企业资质/营业执照/收费标准/服务质量标准</td><td>有明示资质证/营业执照并有收费标准、服务质量标准1分（现场检查），有明示0.5分，不符合要求0分</td><td>1</td></tr>
<tr><td>3</td><td>根据国家物业资质管理的相关规定，招聘具有物业管理资质资格的专业人员搭建物业管理架构，物业管理人员须持有国家认可的资格证书（物业管理上岗证、物业师、会计师、工程师等资格或职称）</td><td>有资格证、上岗证、职称证并符合要求1分（检查人事档案资料），具备相关证书0.5分，不符合要求0分</td><td>1</td></tr>
<tr><td>4</td><td>主管以上管理人员70%大专毕业</td><td>抽查学历证书复印件，符合要求1分；管理人员有大专文凭，且符合标准人数的自修大专、本科学历的0.5分；无大专文凭或自修人数达不到标准要求的0分</td><td>1</td></tr>
<tr><td>5</td><td>各专业操作人员须持有国家认可的职业资格专业技能上岗证（消防、高压、低压、暖通、空调、电梯、压力容器、化验等）</td><td>检查（抽查5个以下）专业技能上岗证，符合1分，部分符合0.5分，不符合0分</td><td>1</td></tr>
<tr><td colspan="4" align="center">二、招投标管理</td></tr>
<tr><td>6</td><td>根据地产公司招标要求及地产项目制作物业投标方案、物业管理方案，并经过法定招投标程序签订《前期物业服务合同》</td><td>有规范的投标方案和物业管理方案0.5分，并正式签订《前期物业服务委托协议》1分（检查投标方案、物业管理方案及签订的《前期物业服务委托协议》等档案资料），不符合0分</td><td>1</td></tr>
<tr><td>7</td><td>物业招投标文件及《前期物业服务合同》，在房地产主管部门备案，并有备案回执手续</td><td>检查招投标物业管理文件的备案手续，符合1分，部分符合0.5分，不符合0分</td><td>1</td></tr>
</table>

续表

序号	标准内容	评分细则	分值
8	物业管理费用成本核算,物业服务收费标准测算报备政府登记核准公示执行	有管理成本核算、服务收费标准(包括经营项目及收费标准)测算0.5分,服务费收费标准报备政府部门登记1分(审阅成本核算和服务费收费标准测算依据,检查服务收费标准报备档案回执),不符合0分	1
三、团队建设管理			
9	组织纪律严密、规范,规章制度、指引、实施细则健全	检查规章制度,符合1分,部分符合0.5分,不符合0分	1
10	按照公司编制的《物业管理手册》《物业作业指导书》和《物业服务品质检查标准》,建立齐全完整的物业运营管理方案	检查物业管理方案,符合1分,部分符合0.5分,不符合0分	1
11	按照《物业管理手册》要求建构管理班子	检查管理文件档案,符合1分,部分符合0.5分,不符合0分	1
12	管理处与公司各部门合作良好,相互沟通顺畅,公司部门经理对管理处满意	检查协作机制及执行情况,征求城市公司对管理处的满意度,符合1分,部分符合0.5分,不符合0分	1
13	管理处内部管理架构规范,部门职能/岗位职责清晰并公示	检查管理档案和现场检查公示情况,符合1分,部分符合0.5分,不符合0分	1
14	管理处严格执行《物业管理手册》,并制订达标规划和具体实施方案	检查达标规划和具体实施方案,符合1分,部分符合0.5分,不符合0分	1
15	管理处参照《物业作业指导书》,建立健全各项制度和实施细则,且有效实施各岗位工作台账、各岗位标准看板,并有具体的落实措施和考核办法	有制度、标准、落实措施、考核办法0.5分,并有效落实执行1分(检查制度、标准、落实措施、考核办法及有效实施情况),不符合要求0分	1
16	有规范的岗位作业文件(含岗位说明书、岗位台账、标准看板、流程、表格等),员工熟练掌握岗位作业文件并严格执行	有规范岗位作业文件0.5分,员工熟悉并严格执行1分(检查岗位文件,抽查3名员工对作业文件的掌握程度),不符合要求0分	1
17	建立健全管理处的质量管理、财务管理、人力行政管理、档案管理等各项管理制度/工作流程/质量标准(如固定资产管理、会所管理、商业客户管理、员工宿舍、食堂管理规定等),并公示	检查各项管理制度、流程、标准的制定和执行情况,符合1分,部分符合0.5分,不符合0分	1

续表

序号	标准内容	评分细则	分值
18	严格执行公司的考核机制，考核记录齐全完整	检查考核机制的建立执行，符合1分，部分符合0.5分，不符合0分	1
19	员工统一着装，干净整洁，佩戴明显标志或工牌，仪容仪表大方得体，工作规范，作风严谨	统一着装、干净整洁、佩戴明显标志或工牌0.5分，且仪容仪表大方得体、工作规范、作风严谨1分（现场检查），不符合要求0分	1
20	制定有各岗位规范语言、行为标准，员工言行规范，客户接待过程标准、不卑不亢	有各岗位规范语言、行为标准0.5分，并严格执行1分（结合规范标准现场检查），不符合要求0分	1
21	所有来电三声以内接听，并说"您好，××物业"，如三声内未接听，应向客户说"让您久等了"	电话三声内接听0.5分，接听后并礼貌用语1分（抽查3次电话接听），不符合要求0分	1
22	各项目管理处实施周例会、月办公会、季/年度总结会制度，并作会议纪要存档，下一个周期检查上个周期会议纪要应该完成的工作，管理处同时实施日例会制，保证件件事情有落实	抽查连续2~3次部分例会会议纪要档案，核实是否符合规定，符合1分，部分符合0.5分，不符合0分	1
23	各部门、各岗位建立台账制管理体系，确保件件不遗漏、事事有责任人	现场检查台账建立情况，符合1分，部分符合0.5分，不符合0分	1
24	建立公司员工档案，有严格的入职审查记录（含上网查询记录）	抽查5份以下员工档案资料，符合1分，部分符合0.5分，不符合0分	1
25	制订年度员工活动计划，并按计划开展	检查计划，有计划0.5分，并完成计划1分（检查计划及档案资料，抽查3名员工核实计划执行情况）	1
26	年度至少组织一次公司客户/员工满意度调查，员工满意度逐年提升至少3个百分点（直至员工满意度达到80%）	检查员工满意度调查资料，符合1分，部分符合0.5分，不符合0分	1
27	年度统计员工自动流失率逐年下降30%（流失人数与员工总数比值）	抽查月报/年报，符合1分，部分符合0.5分，不符合0分	1
28	为住宿员工提供娱乐休闲设施和方便，定期组织业余学习、娱乐活动，各类活动有计划、有场地、有设施、有实施、有记录	有提供设施、场地、计划0.5分，定期组织活动、学习并有记录1分（现场检查，并抽查3名员工核实活动开展情况）	1

续表

序号	标准内容	评分细则	分值
29	员工活动后,要跟进活动效果,有活动效果分析和针对性行动计划	有记录0.5分,有效果分析和针对性行动计划1分(通过检查记录,并与员工交流、询问获得)	1
30	管理人员每月与1/4的直接下属进行过单独交流	管理人员有交流0.5分,检查交流记录并超过1/4以上1分(抽查3名员工核实)	1
31	员工熟悉与公司各职能部门的沟通渠道	员工知道公司职能部门沟通渠道0.5分,熟悉1分(抽查3名员工)	1
32	领导关心员工,尽力解决员工在工作、生活中的实际困难,对员工通过各种途径反映的意见、建议及时回复处理	领导熟悉员工困难,并积极想办法解决的0.5分;解决员工困难及时并有回复,员工感触明显的1分,领导不了解员工困难,员工工作生活有明显不如意的0分	1
33	制订有员工入职培训计划,并明确有入职引导人,制定有完善的培训内容、方式和考核办法,并有效执行,员工达标上岗	有培训计划/内容/方式/考核办法、明确入职引导人及职责的0.5分,有效执行的1分,无完整计划或未明确入职引导人及职责的0分	1
34	新员工进行入职培训,并保留有入职培训和考核记录	检查员工档案(含培训记录资料),符合1分,部分符合0.5分,不符合0分	1
35	制定有培训管理规定,并严格执行	有培训管理规定0.5分,并严格执行1分(检查规定,执行记录)	1
36	定期地对员工进行服务考核/应知应会考核,并有详细记录	检查考核资料档案,符合1分,部分符合0.5分,不符合0分	1
37	定期进行服务安全防护知识培训,员工具备相应知识并进行考核	检查考核资料档案,符合1分,部分符合0.5分,不符合0分	1
38	建立有员工再教育激励机制,并有效执行	检查资料档案,符合1分,部分符合0.5分,不符合0分	1
39	制定员工生活区域管理规定,并严格执行	现场检查,有规定0.5分,并严格执行1分(现场检查),不符合0分	1
40	项目各级管理者,在现场走动工作时间大于50%	现场检查并抽查5名以下员工或客户,符合1分,部分符合0.5分,不符合0分	1

续表

序号	标准内容	评分细则	分值
41	各级管理者有定期监督检查、关心员工生活记录，并在值班记录表上有签名	有计划0.5分，有执行1分（结合主管领导月/周/日工作计划对照检查主管领导监督工作痕迹记录），不符合0分	1
42	人均管理成本逐年降低1个百分点	检查报表，符合1分，部分符合0.5分，不符合0分	1
43	人均服务面积逐年递增1个千分点	检查报表，符合1分，部分符合0.5分，不符合0分	1
四、目标计划预算管理			
44	物业管理目标/计划/预算科学合理，无单项计划预算与实际情况偏差30%以上，计划预算调整时严格执行公司制度，且执行到位	有目标/计划/预算0.5分，并可操作/可执行1分（检查计划及周报/月报/年报等执行记录），不符合0分	1
45	目标计划不脱离公司大方向，且将相关内容与管理项目内主管共享	有规划0.5分，且物业管理规划在城市公司规划内包含1分（检查规划方案），不符合0分	1
46	年度计划的各项工作均按计划时间完成	有计划0.5分，并完成计划1分（检查计划及年报等执行记录），不符合0分	1
47	年度计划完成状态有跟进记录	年度计划已执行0.5分，并有跟进1分（检查计划及周报/月报/年报执行记录），不符合0分	1
48	制订有完整的争创国/省/市优达标计划、具体实施方案，经公司及业主认可后，有效实施	有规划/方案0.5分，并有认可1分（检查书面规划/实施方案资料），不符合0分	1
49	计划完整，年度计划工作应在月度计划中体现，计划完成率90%以上	有月度计划0.5分，且年度计划在月度计划中有体现1分（对照检查年度/月度计划），不符合0分	1
50	月计划完成情况有跟进	月度计划有执行0.5分，并有跟进1分（检查月度计划执行/跟进月报记录），不符合0分	1
51	未按计划完成的工作应当书面说明，如继续实施应在下月或以后月份中体现	有未完成计划说明0.5分，并继续完成计划1分（检查周报、月报记录），不符合0分	1

续表

序号	标准内容	评分细则	分值
52	物业管理部门及各项目管理处按照集团规定,制作有完整的年度收支预算,并严格按审批的预算执行	有预算0.5分,并严格有效执行集团审批的预算进行收支管理1分(根据审批的预算方案检查收支情况报表),不符合0分	1
53	日常支出严格按照审批的预算执行,预算外支出的,按流程书面报批执行	有预算外支出,但已按流程书面报批的0.5分,严格执行预算1分,不符合0分	1
54	预算各项指标均与实际匹配,且按进度完成	检查预算完成进度,符合1分,部分符合0.5分,不符合0分	1
55	物业服务收费、经营收费、代收费依据备案标准执行,经营收费依据合同约定执行,代收费依据委托代收费标准(含代收佣金)执行,并严格遵守财务相关规定出具收费凭证	按标准执行,台账、收据准确的1分;按标准执行,台账、收据基本准确的0.5分;有一项未按标准执行,或台账、收据不准确的0分	1
五、合同管理			
56	各项经营活动按标准合同签订,资料齐全,档案完整,执行严格	检查合同档案,符合1分,部分符合0.5分,不符合0分	1
57	严格遵守公司合同签批流程,无违规签订	检查合同档案,符合1分,不符合0分	1
58	执行合同监管到位,相关记录准确清晰	检查合同档案,符合1分,部分符合0.5分,不符合0分	1
59	建立合同收、付款和执行台账,并严格执行,且记录完整	合同收、付款台账准确,执行严格1分;合同收付款台账基本准确,执行严格0.5分;合同收、付款台账不清,执行不严格0分	1
60	物业公司与开发公司(业主委员会)签订《前期物业服务合同》(《物业服务合同》),明确双方责任和权利,严格认真执行,无违反协议事件发生	检查物业服务协议,符合1分,不符合0分(查阅协议档案及客户投诉档案,检查有无违反协议投诉)	1
61	在房屋销售合同签订时购房人与物业公司签订的《前期物业服务协议》,双方责任和权利明确,并签字确认,同时规范存档	由客户签字确认0.5分,并规范存档1分(抽查3户业主档案资料)	1
62	物业公司与客户签订规范的服务合同、管理规约,双方权利义务关系明确,并规范存档,合同签订率达到100%	抽查5户以下业主档案,符合1分,部分符合0.5分,不符合0分	1

续表

序号	标准内容	评分细则	分值
六、信息管理			
63	管理处制定有完整的物业服务信息发展规划	有规划0.5分,并实施1分(检查书面规划档案),不符合0分	1
64	物业公司及管理处建立健全的物业资料数据库和物业资料台账,并及时补充、完善、更新	建立物业资料数据库或台账0.5分,且数据或台账规范完整1分(检查数据库/台账),不符合0分	1
65	业主资料数据库或业主资料台账,每月定期补充、完善、更新	建立业主资料数据库或台账0.5分,且数据或台账规范完整1分(检查数据库/台账),不符合0分	1
66	应用软件实施计算机管理,提高管理效率	实现计算机管理0.5分,软件实施应用1分(现场检查计算机及软件的管理),不符合0分	1
67	安装并应用财务管理软件	实现计算机管理0.5分,且财务管理软件实施应用1分(现场检查计算机及软件的管理),不符合0分	1
68	项目在业主论坛上建立网上交流平台,公布项目的发展动态,记录交流内容,并由专人负责跟进	建立网上交流平台0.5分,并有交流、有跟进记录1分(现场检查),不符合0分	1
69	实现客户资料信息化(与客户资料合并),建立客户档案、房屋及其配套设施权属清册,查阅方便	实现计算机管理0.5分,并建立客户档案、房屋及其配套设施权属清册1分(现场检查记录资料),不符合0分	1
70	实现客户投诉信息化(有记录、有跟踪、有解决、有回访、有分析、有总结)	实现计算机管理0.5分,并有记录/跟进/处理/回访/分析/总结1分(现场检查记录资料),不符合0分	1
71	实现客户服务信息化(提供服务信息:如天气预报等)	实现计算机管理0.5分,并有服务记录1分(现场检查),不符合0分	1
72	房产档案信息化,房屋及其共用设施设备档案资料齐全,分类成册,管理完善,查阅方便	实现计算机管理0.5分,并有档案记录1分(现场检查),不符合0分	1
73	建立健全档案资料信息管理体系,查阅、借用手续齐全,管理规范	检查档案信息管理体系,符合1分,部分符合0.5分,不符合0分	1
74	车位管理数据信息化	实现计算机管理0.5分,并实施数据库管理1分(检查数据库及管理),不符合0分	1

续表

序号	标准内容	评分细则	分值
75	车辆管理数据信息化	符合1分,部分符合0.5分,不符合0分	1
76	员工资料管理信息化	符合1分,部分符合0.5分,不符合0分	1
77	对本管理处电子邮箱中的收发信息进行及时分析和处理	收发阅读存储维护电子邮件0.5分,并有跟进1分(现场抽查3台计算机中的电子邮箱中邮件信息的及时收发阅读存储维护状况),不符合0分	1
78	对客户档案资料建立保密管理制度	有制度0.5分,并有执行1分(检查客户档案及管理制度的执行记录),不符合0分	1
79	落实公司内部信息搜集、传递、发布的信息管理实施细则	符合1分,部分符合0.5分(现场检查档案室的管理),不符合0分	1
80	定期、限时报送的业务信息按公司要求报送	报送业务信息0.5分,定期、现时报送1分(检查周报、月报等),不符合0分	1
81	管理处各计算机内无游戏软件	抽查5台以下计算机,符合1分,部分符合0.5分,不符合0分	1
82	信息保真率95%以上,信息丢失率0.5%以下	检查信息传递符合1分,部分符合0.5分,不符合0分	1
七、财务管理			
83	建立突发事件应急备用金制度和审批使用制度,并有效落实执行	有制度、程序0.5分,并有效落实执行1分(检查制度、程序以及制度、程序执行的档案资料"使用核准审批表"),不符合0分	1
84	各项费用收支均有合同依据及审批文件	检查各经营合同,符合1分,部分符合0.5分,不符合0分	1
85	合同台账中收付款登记、管理无疏漏	检查合同台账,符合1分,部分符合0.5分,不符合0分	1
86	物业收费、财务管理、会计核算、税收等方面管理制度、实施细则完善,并严格执行	制度完善0.5分,并严格有效执行1分(检查制度和制度执行情况记录),不符合0分	1

续表

序号	标准内容	评分细则	分值
87	各项费用的收支按相关标准严格执行	有收支法定标准和经济合同0.5分,并严格有效执行(检查法定标准,抽查3份收入合同/3份支出合同,对照核实收支报表),不符合0分	1
88	财务运行状况良好,收支平衡,略有盈利	严格执行财务管理规定0.5分,且收支平衡、略有盈利1分(检查财务违纪、违规档案及近期月/季/年度盈亏报告),不符合0分	1
89	月/季/年度收支在预算范围内实施	对照预算抽查阶段收支报表,收入超预算,支出预算内1分,任一项不符预算0.5分,全不符0分	1
90	建立资产管理台账,定期对所有资产进行实物盘点,保证账账相符和账物相符	建立台账0.5分,且账物相符1分,不符合0分	1
91	按地方法规及合同约定规范使用、筹集住房专项维修资金,并符合国家及地方有关规定	符合规定1分,不符合0分	1
92	各项费用支出严格执行《物业财务手册》的规定	抽查5份以下采购合同,对照支出报表检查,符合1分,部分符合0.5分,不符合0分	1
93	固定资产的购置、调拨、转让、报废严格执行集团相关管理办法	有手续0.5分,且手续规范执行1分,不符合0分	1
94	管理处建立健全合同台账,台账中无缺漏项	建立合同台账0.5分,且台账无漏项1分,不符合0分	1
95	根据国家及地方相关法律法规合法纳税	符合1分,部分符合0.5分,不符合0分	1
96	物业管理费收费标准合法(经政府主管部门备案核准),定期(至少每半年)公开一次物业管理服务费用收支情况	收费标准合法0.5分,定期公开物业管理费收支情况1分(检查收费标准备案登记档案资料,现场检查公开的物业管理服务费收支公报),不符合要求0分	1
97	物业管理服务费当期(年、季)应收缴率符合预算要求,年度收入按预算完成,年收缴率应逐年递增(递增基数不低于2%,最终维持在90%以上)	根据接管面积/当期应收费面积检查实际收款报表,符合1分,部分符合0.5分,不符合0分	1

续表

序号	标准内容	评分细则	分值
98	当期物业代收代付费用收缴率大于90%	抽查部分时段收支报表，符合1分，部分符合0.5分，不符合0分	1
99	现金流在预算额度范围内	现金流稳定0.5分，并且来往款项不大于一个月正常支出总额1分（检查月、季、年报表），不符合0分	1
八、品质管理			
100	根据《物业作业指导书》建立健全品质提升行动计划，有实施、有落实、有记录	有计划、实施方案0.5分，并有效落实1分（检查计划/方案/实施记录），不符合0分	1
101	各项指引、细则和表格均建立了有效看板	符合1分，部分符合0.5分，不符合0分	1
102	对于管理服务中发生的不合格行为，有完善的纠正措施，并严格有效执行和记录存档	有措施0.5分，有执行并记录存档1分（检查纠正措施和执行记录），不符合0分	1
103	定期做客户满意度调查（以每年一次为最低限度），客户反映比较集中的建议或服务需求、各类设备设施存在的隐患、可能引起群诉或媒体负面报道给公司造成负面影响的问题，需填写《纠正/预防措施报告》，并有效处理解决及时回访	有定期调查0.5分，有报告并有效解决和回访1分（检查定期调查档案资料，抽查3户再回访有效解决情况），不符合0分	1
104	定期对公司各职能部门开展物业服务满意度调查（每季度不少于一次），根据各部门反映的情况，制订行动计划，并将行动的结果以文字的形式通报给各职能部门	有定期调查0.5分，有报告并有效解决和回访1分（检查定期调查档案资料，抽查3份再回访有效解决情况），不符合1分	1
105	对于影响他人正常生活/工作/学习的噪声污染/空气污染等行为，有书面整改通知告全体业主书/告相应政府执法部门的通知书	对影响他人生活/工作/学习的问题有管理0.5分，并有书面整改通知报送相关人员/部门（对照整改通知现场检查），不符合0分	1
106	制定质量事故及突发事件的处理程序，处理质量事故、突发事件符合程序要求，并留存记录	有处理程序0.5分，按程序处理事故/事件并留存记录1分（检查程序、记录），不符合0分	1

续表

序号	标准内容	评分细则	分值
107	公司品质管理部制定管理制度和实施细则，组织品质检查小组，每个项目每月至少组织一次集中综合楼检，每季度一次综合考评	有品质检查小组和运作制度0.5分，并定期检查和记录在案1分（检查小组或人员和运作制度的存在以及定期检查的记录资料），不符合0分	1
108	每年至少组织两次品质技能培训，并记录培训情况存档	有培训0.5分，并有记录1分（检查培训档案资料及抽查3名培训对象），不符合0分	1
九、办公区域管理			
109	各部门办公室的桌椅排列整齐干净，地面无废弃物	现场检查，符合1分，部分符合0.5分，不符合0分	1
110	各部门办公室的文件柜排列整齐，手摸文件柜表面无积尘	现场检查，符合1分，部分符合0.5分，不符合0分	1
111	各部门办公室的墙壁、天花整洁干净，无脏污现象	现场检查，符合1分，部分符合0.5分，不符合0分	1
112	文件柜里的文件保存完好，有完整的收发文记录	现场检查，符合1分，部分符合0.5分，不符合0分	1
113	上级公司及外单位来文登记清晰，收发签字确认	现场检查，符合1分，部分符合0.5分，不符合0分	1
114	办公桌面文件摆放整齐规范，分类清晰（已处理文件、待处理文件、紧急重要文件）	现场检查，符合1分，部分符合0.5分，不符合0分	1
115	各部门办公室的钥匙存放柜上锁，各种钥匙的标识清楚，员工领用各种钥匙有发放记录	检查记录，符合1分，部分符合0.5分，不符合0分	1
116	钥匙的配置按规定的审批程序进行并保留有详细的记录	检查记录，符合1分，部分符合0.5分，不符合0分	1
117	各部门制作有物业管理常用电话通信录	检查信息资料，符合1分，部分符合0.5分，不符合0分	1
118	建立健全的仓库管理制度、物品入库/领用登记制度	现场检查入库/领用登记记录，符合1分，部分符合0.5分，不符合0分	1

续表

序号	标准内容	评分细则	分值
119	办公区域禁止进食、禁止吸烟，指定吸烟区标识明显，办公区域禁止吸烟且警示牌明显可见，除满足其他设施清洁要求外，还应满足：环境清洁，物品摆放整齐，分类明确，私人物品按规定放置，无杂物。对于办公场所，墙面、天花无污迹、无灰尘、无蜘蛛网，桌椅、文件柜、电话无尘无污，用白色纸巾擦拭50厘米无污迹，棉麻布材料目视无污迹、拍打无灰尘，垃圾篓不过满、无异味，饮水设施无污迹	现场检查，符合1分，部分符合0.5分，不符合0分	1
120	设备区域、办公环境整齐有序，制作并公示标准化看板	设备区域、办公区域环境整齐有序0.5分，并公示制作标准化看板1分（现场检查环境及看板），不符合要求0分	1
十、采购管理			
121	建立健全的采购资源信息库（供应商库）	检查信息库的建立状况，符合1分，部分符合0.5分，不符合0分	1
122	建立健全的采购招投标管理机制，并严格执行	检查招投标机制建立及执行情况，符合1分，部分符合0.5分，不符合0分	1
123	全部的采购经营活动程序合法、公开、公正、公平	检查采购活动记录档案，符合1分，部分符合0.5分，不符合0分	1
124	采购合同执行管理严格，验收制度完善	对照合同及验收记录检查执行情况，符合1分，部分符合0.5分，不符合0分	1
125	与专业分包单位签订有明确、规范的分包合同，包括工作范围、服务标准、考核、奖惩、违约条款等关键要素	抽查5份以下采购合同，符合1分，部分符合0.5分，不符合0分	1
126	采购入库管理制度健全规范，台账记录清晰	现场检查台账记录，符合1分，部分符合0.5分，不符合0分	1
127	采购管理与仓库管理责任人严格区分	符合1分，部分符合0.5分，不符合0分	1

【他山之石04】物业服务业务基础品质标准与评分细则

物业服务业务基础品质标准与评分细则

序号	标准内容	评分细则	分值
一、前期介入及服务机构组建			
1	根据物业管理手册，提前三个月，由公司总经理协调、运营管理部负责人负责项目组织机构建立，综合部配合实施人员调配、招聘、培训、建筑及配套设备设施图纸资料熟悉，施工现场管理介入	检查物业提供的服务机构组建相关计划和安排以及人员调配招聘培训计划安排，齐全1分，不全0.5分，缺失0分	1
2	根据物业法规、规范、经验，征集业主/客户所提的合理化建议，提供规划设计、施工合同审议、施工管理、竣工验收等书面意见	检查物业提供的规划设计、施工合同、施工管理、竣工验收等书面参考意见信息，齐全1分，不全0.5分，缺失0分	1
3	跟进后期安装工程、隐蔽工程施工，参加工程例会，并提出合理化建议，详尽记录	检查物业收集、记录的地埋管线、各种井道等隐蔽工程的相关资料及所提供的参考意见，齐全1分，不全0.5分，缺失0分	1
4	制定物业运营服务方案，物业管理权获取合法（企业代码证、工商营业执照、物业企业资质证、税务登记证）	检查物业所提供的运营服务方案及管理权获取的相关证明文件（前期服务合同及备案的证明），齐全1分，不全0.5分，缺失0分	1
5	物业服务费用测算报备或报批	检查物业所提供的物业服务费用测算报备报批文件，齐全1分，不全0.5分，缺失0分	1
6	分支机构、停车场营业执照等证照手续办理	检查物业所提供的分支机构、停车场等营业执照及相关的行政审批/备案完成的文件，齐全1分，不全0.5分，缺失0分	1
7	利用开办费置办的办公设备设施和工具，建立有完善的台账和财产责任人	利用开办费置办的设施设备、工具齐全0.5分，并建立有完善的台账和责任制1分（检查设施设备配置情况以及台账和责任人），不符合要求0分	1
8	跟进开发体系，对交接的物业进行全面的拓荒清洁	检查清洁记录、拓荒清洁工作验收记录及相关服务合同，齐全1分，不全0.5分，缺失0分	1

续表

序号	标准内容	评分细则	分值
二、承接查验管理			
9	承接查验前，制作查验清单（物业用房、建筑本体、配套设备设施、分户），备齐全部竣工验收资料	检查清单和验收资料，符合1分，清单和资料不齐全、不规范0.5分，不符合0分	1
10	承接项目时，对照图纸、资料等进行分户（闭水试验、通水、排水等）、共用部位、共用设施设备查验，三方交接手续齐全（图纸、清单等），记录完整，如有问题提出限期整改，按时交付	检查承接查验手续记录，符合1分，承接查验手续不齐全、不规范0.5分，不符合0分	1
11	管理处各项面积统计数据与开发商提供数据一致，以法定产权面积为准（或法定查丈面积或竣工验收面积）	对照竣工验收资料进行检查，符合1分，不符合0分	1
12	项目主出入口设有项目总平面示意图，主要路口设有路标，各组团、栋、单元（门）、户和公共配套设施、场地有明显标志	完全符合1分，不完好、不整洁、脱落、污损0.5分	1
13	按规划要求建设，住宅及配套设施设备合格投入使用（停车场投入使用、商场投入使用、学校幼儿园投入使用、医院投入使用、邮政/电信营业点投入使用、餐饮投入使用、娱乐场所投入使用、会所投入使用、游泳池投入使用、社区服务用房投入使用、物业办公用房投入使用、物业员工宿舍投入使用、物业员工食堂投入使用），建立健全项目的建设及配套设施设备档案资料库	符合规划投入使用0.5分，并建立健全的档案资料数据库或台账1分（根据档案资料对照规划现场检查），不符合要求0分	1
14	各类证照规范存档，并齐全有效。如工商营业执照、企业资质证明、土地使用证、建设用地规划许可证、建设工程规划许可证、建筑工地施工许可证、商品房销售许可证、工程合同/竣工报告、地勘报告、图纸会审记录、竣工验收登记备案证明、竣工图（包括总平面图、建筑、给排水、强弱电、暖通、智能化、管网等）、材料合格证（建材、装饰材料）、设备合格证（消防、供水、供电、供暖、视频、通信、网络、监控、车辆管理系统、门禁系统等）、供水/供暖试压报告、项目命名批复、门牌批复等	有存档0.5分，并齐全有效1分（检查档案资料），不符合要求0分	1

续表

序号	标准内容	评分细则	分值
15	各类供应合同有效,并规范存档方便查阅(供水合同、供电合同、燃气供应合同等)	各类供应合同服务有效0.5分,并规范存档1分(现场检查供应合同),不符合要求0分	1
16	实施"现状代管"的,必须同时附有城市公司总经理签批文件,签批文件中必须包括整改要求、整改时限、代管时限及代管期的责任条款,按时保质整改合格并办理正式交接手续	有城市公司总经理签批"现状代管"的全部批文0.5分,按时保质整改合格并办理交接手续1分(检查"现状接管"批文和整改后交接手续),不符合要求0分	1
17	城市公司地产项目部移交给管理处的物业办公/宿舍等用房,具备使用条件,并附有图纸和交接文件	物业用房(办公/宿舍)投入使用0.5分,并附有全部产权证明、图纸资料和交接文件记录1分(现场检查物业用房和全部资料),不符合要求0分	1
三、入住管理			
18	物业用房具备办公条件,配备相应办公设备设施	现场检查,完全符合1分,任一不符合0.5分,完全不符合0分	1
19	管理处根据《物业管理指引》建立健全有完善、成熟、规范、清晰、统一的收楼流程,并严格有效执行	有健全的收楼流程0.5分,并严格有效执行1分(检查流程和当时业主投诉意见是否严格有效执行),不符合要求0分	1
20	入住工作有计划,人员有安排,流程有培训方案,培训有考核,各项工作有条不紊开展	有入住计划/安排/培训等0.5分,且各项工作开展顺利1分(现场检查或检查计划/安排/培训等实施记录),不符合0分	1
21	合理评估收楼接待能力,按楼栋单元制订日入住工作计划,针对当日未收楼的客户有妥当的安排	有日入住计划/安排等0.5分,且各项工作开展顺利1分(现场检查或检查计划/安排等实施记录),不符合0分	1
22	现场布置方案完整,入住流程图突出、简明,责任部门标识清晰,氛围喜庆,提供"一站式服务",业主满意	现场布置合理,实现"一站式服务"0.5分,且业主满意无投诉1分(现场检查或检查当时记录资料档案),不符合0分	1
23	管理处各项公众管理规范、制度完善,并有执行记录(《业主临时管理规约》《装饰装修管理规定》《电梯使用规定》等)	检查公众管理文件及执行情况记录,符合1分,部分符合0.5分,不符合0分	1

续表

序号	标准内容	评分细则	分值
24	客户办理入住手续时领取签收（存入业主档案）《房屋质量保证书》《房屋使用说明书》、房屋竣工验收备案登记证明和《业主手册》	抽查5户以下业主档案，符合1分，部分符合0.5分，不符合0分	1
25	客户入住手续齐全，并建立完善的客户档案（如入伙通知书、顾客及家庭成员身份证复印件、业主资料卡、前期物业服务协议、业主临时管理规约、消防责任书等）	手续齐全0.5分，并建立完善档案1分（现场检查或抽查3个当时客户入住手续资料档案），不符合要求0分	1
26	客户收楼期间有物业陪同人员协助验收并有签章，确保无针对物业服务的投诉	客户收楼有签章0.5分，并保证无投诉1分（现场检查或检查当时客户收楼资料档案和投诉记录资料），不符合要求0分	1
27	对客户收楼期间提出的质量问题，管理处有明确的跟进解决记录，并及时联系保修	有跟进和跟进记录0.5分，并及时修理交付客户和记录1分（现场检查或检查当时跟进记录资料），不符合要求0分	1
28	收楼期间能源计量（水、电、气等）交接记录清晰明确，有客户签字确认记录并规范存档	有收楼能源计量记录0.5分，有客户签字确认的存档记录1分（现场检查或检查当时登记和确认的档案资料），不符合要求0分	1
29	物品、钥匙有详细清单，并有客户签收记录	有详细清单0.5分，并有客户签收记录档案1分（检查清单和客户签收记录档案），不符合要求0分	1
	四、装修管理		
30	按照国家法规和《管理规约》的要求，参照公司相关工作指引，建立有《装饰装修管理制度》和《装修管理程序》以及"装修管理注意事项"（装修规范要求）	检查装修管理注意事项，符合1分，部分符合0.5分，不符合0分	1
31	装修管理规范，装修监管制度/流程完善，有明确的责任分工和责任人，申报程序明确，业主/客户理解清楚并严格执行（书面确认）	检查规范、制度、流程及业主/客户理解确认凭证，符合1分，任一项不符合0.5分，完全不符合0分	1

续表

序号	标准内容	评分细则	分值
32	装修申请审批手续合法齐全，包括装修申请、方案、图纸、资质证明、装修许可证、施工人员出入证等（部分装修需提供消防审批证明）	检查装修档案资料及现场抽查5户以下，符合1分，任一项不符合0.5分，完全不符合0分	1
33	客户装修方案申请、审图记录及装修检查记录等保存完整（存入业主档案，便于查阅）	现场对照检查并抽查5户以下装修方案，符合1分，任一项不符合0.5分，完全不符合0分	1
34	根据国家及地方相关法律法规要求，物业公司与客户及装修单位签订《装饰装修管理服务协议》，有登记备案，并严格遵照执行	检查（抽查5份以下）《装饰装修管理服务协议》符合1分，无协议或执行不严0.5分，完全不符合0分	1
35	房屋装饰装修符合规定，未发生危及房屋结构安全及拆改管线和损害他人利益的现象	现场抽查5户以下，符合1分，任一项不符合扣0.5分，完全不符合0分	1
36	商铺装修方案必须提供相应的消防处理、油烟污染处理、污水污染处理、噪声污染处理、光污染处理、采暖/空调处理等方案	检查（抽查5份以下）方案，符合1分，无合同或执行不严0.5分，完全不符合0分	1
37	装修现场公示许可证、装修方案、明细表、检查记录表（记录表中包含清洁、安全、消防、工程、施工人员等方面内容）	装修现场抽查5户以下，完全符合1分，任缺一项0.5分，完全不符合0分	1
38	装修前，依规定审核业主（使用人）的装修方案，告知装修人有关装饰装修的禁止行为和注意事项。每日至少巡查1次装修施工现场，发现影响房屋外观、危及房屋结构安全及拆改共用管线等损害公共利益现象的，及时制止并书面报告业主委员会和有关主管部门	检查装修管理制度及执行情况记录，根据装修档案（装修申报、审批、巡查记录资料）现场抽查装修管理情况，符合1分，部分符合0.5分，不符合0分	1
39	装修现场实施严格监管，对违反规划私搭乱建和擅自改变房屋用途的行为及时告知，无重大事故发生，记录完整，并书面报告业主委员会和有关主管部门	对照装修档案资料现场检查违章装修户，符合1分，部分符合0.5分，不符合0分	1
40	对于客户装修施工时间（根据装修管理服务合同执行）有明确控制措施	有规范并执行1分，业主/客户投诉0.5分（抽查客户投诉记录），完全不符合0分	1

续表

序号	标准内容	评分细则	分值
41	封闭阳台统一有序，色调一致，不超出外墙面，不影响外观；除建筑设计原有要求外，不得安装外廊及户外防盗网、晾晒架、遮阳篷等	现场抽查5户以下，完全符合1分，发现一处不符合0.5分，完全不符合0分	1
42	空调安装位置统一，冷凝水集中收集，支架无锈蚀	现场抽查5户以下，完全符合1分，发现一处不符合0.5分，完全不符合0分	1
43	装修期对公共部位（如台阶、电梯厅、电梯轿厢、大堂、走道）有保护措施，保护措施有效、美观、大方	现场抽查5户以下，完全符合1分，任一不符合0.5分，完全不符合0分	1
44	公共部位的物料堆放、施工、运输的时间、范围和内容实施许可管制	现场抽查5户以下，完全符合1分，任一不符合0.5分，完全不符合1分	1
45	无乱拉电线，禁止使用大功率电器，特种作业均取得相关资质证明和许可证，预防在装修过程中破坏楼宇安全	现场抽查5户以下，完全符合1分，任一不符合0.5分，完全不符合0分	1
46	装修现场采用动火许可管制，禁止任何无许可证的明火动火。许可期间，做好易燃物隔离、灭火器配备、安全监护等措施，禁止无证动火或电焊	现场抽查5户以下，完全符合1分，任一不符合0.5分，完全不符合1分	1
47	装修现场关闭通向公共通道内的门窗，无光、无灰尘、无异味、无噪声污染影响其他客户	现场抽查5户以下，完全符合1分，任一不符合0.5分，完全不符合0分	1
48	室外招牌、广告牌、霓虹灯按规定统一设置，保持整洁美观，无安全隐患或破损	现场检查，完全符合1分，任一不符合0.5分，完全不符合0分	1
五、空房管理			
49	制定有空置房管理规定，室内张贴检查记录表，并严格执行，详细记录	检查规定和记录，符合1分，部分符合0.5分，不符合0分	1
50	空置房台账完整、准确	有清单0.5分，资料与空房相符1分（根据清单对照抽查3套房屋），不符合0分	1
51	空置房管理窗明几净，定期清洁和维护，各项设备设施完好齐全，无破损；门窗锁闭，空房内无异味、无烟头、无纸屑、无灰尘、无杂物、无水渍、无蜘蛛网	有维护、清洁0.5分，空房内清洁卫生并维护完好1分（现场抽查3户），不符合0分	1

续表

序号	标准内容	评分细则	分值
52	空房管理设立空房钥匙专柜,由专人保管,空房钥匙台账完整、准确	设有钥匙柜、有专人保管、有钥匙清单0.5分,且钥匙清单与空房对应,外借看房、打扫卫生用钥匙手续齐全1分(现场检查钥匙管理和管理记录),不符合0分	1
53	空房钥匙不得隔夜外借,日常领用手续齐全完整,登记准确	检查记录,有领用手续0.5分,且手续齐全完整、登记准确1分,不符合要求0分	1
54	月报表中体现空置房屋管理动态及空置房物业费结算情况	检查月报表,符合1分,部分符合0.5分,不符合0分	1
55	公用钥匙隔夜外借/领用需有项目经理签字认可	借用手续齐全0.5分,并有详细记录1分(现场检查借用手续和记录资料),不符合0分	1

【他山之石05】房屋管理与维修养护品质标准与评分细则

房屋管理与维修养护品质标准与评分细则

序号	标准内容	评分细则	分值
一、建筑维护管理			
1	根据承接查验的资料,建立健全项目建筑及维护档案资料(含图纸、维护合同等技术资料),制定相应借阅管理规定,并严格执行登记制度	建立建筑档案和制定借阅管理规定0.5分,并严格执行借阅登记1分(检查建筑档案及管理规定和借阅登记记录),不符合0分	1
2	制定并实施房屋及公共场地维护保养年/月/周/日维护保养计划、预算、实施办法,并严格执行	检查计划及执行,符合1分,部分符合0.5分,不符合0分	1
3	建立健全房屋及公共场地台账管理机制,维护保养记录完整、正确、及时	现场检查台账、交接班记录,符合1分,部分符合0.5分,不符合0分	1
4	建立房屋及公共场地管理岗位责任制、定期巡回检查、维护保养、维修档案等管理制度,并严格执行	根据责任制、记录等资料现场检查,符合1分,部分符合0.5分,不符合0分	1

续表

序号	标准内容	评分细则	分值
5	对房屋共用部位进行日常管理和维修养护，房屋共用部位的修理在规定的时间内完成，检修记录和保养记录齐全，保证正常使用	现场检查检修记录/保养记录及其档案资料，符合1分，部分符合0.5分，不符合0分	1
6	每日巡查1次房屋单元门、楼梯通道以及其他共用部位的门窗、玻璃等，做好巡查记录，并及时维修养护	对照巡查记录现场检查巡查工作情况，符合1分，部分符合0.5分，不符合0分	1
7	根据项目建筑技术资料制定招投标外包监控管理方案，签订外包维护合同，并严格监督执行	检查外包监控管理方案，符合1分，部分符合0.5分，不符合0分	1
8	制订有特定时期（雨水季节）防水检查、维护计划并有效执行	检查计划及执行情况，符合0.5分，齐全1分，不符合0分	1
9	根据房屋实际使用年限，定期检查房屋共用部位的使用状况，需要维修，属于小修范围的，及时组织修复；属于大、中修范围的，及时编制维修计划和住房专项维修资金使用计划，向业主大会或者业主委员会提出报告与建议，根据业主大会的决定，向房管局提出维修资金使用申请，组织维修	现场检查维护记录资料、住房专项维修资金使用计划/记录资料，符合1分，部分符合0.5分，不符合0分	1
10	房屋外观完好、整洁，外墙面砖、涂料等装饰材料无脱落、无污迹	现场检查房屋外观，符合1分，部分符合0.5分，不符合0分	1
11	建筑房屋包括设备间及物业用房完好率90%以上	现场检查，符合1分，部分符合0.5分，不符合0分	1
12	建筑房屋维护工作安全规范，场地护栏、提示、照明等工作完善	现场检查或检查档案记录，符合1分，部分符合0.5分，不符合0分	1
二、设备用房管理			
13	设备房建筑档案齐全，建立健全的维护计划和管理措施，并记录详细	检查档案资料及计划和管理措施，符合1分，部分符合0.5分，不符合0分	1
14	按时对设备房进行维护保养，设备房的修理在规定的时间内完成，并做详细记录，保证正常使用	根据维保计划和维保记录抽查3个以下设备用房的维护状况，符合1分，部分符合0.5分，不符合0分	1
15	设备房保持整洁、通风，无跑、冒、滴、漏现象	现场检查，符合1分，部分符合0.5分，不符合0分	1

续表

序号	标准内容	评分细则	分值
16	设备房环境整洁，无杂物、无灰尘、无鼠害、无虫害发生	现场检查符合1分，部分符合0.5分，不符合0分	1
17	制定有设备间管理规定，并严格执行	检查设备间管理规定及执行情况，符合1分，部分符合0.5分，不符合0分	1
18	非值班人员须经项目负责人批准进入设备间，并办理登记手续，说明来意	检查设备间进入等级记录资料，符合1分，部分符合0.5分，不符合0分	1
三、物业用房管理			
19	根据相关规定，项目配套提供专用物业用房（含办公场地、宿舍、食堂、仓库、工具室、公共卫生间等），且建筑资料齐全，并建立维保计划和管理措施	检查物业用房建筑档案资料、维保计划、管理措施，符合1分，部分符合0.5分，不符合0分	1
20	按计划维保物业用房，物业用房的修理在规定的时间内完成，并做详细记录，保证正常使用	检查维保计划的执行情况，符合1分，部分符合0.5分，不符合0分	1
21	建立健全的物业用房责任人管理规定，并严格执行	检查管理规定及执行，符合1分，部分符合0.5分，不符合0分	1

【他山之石06】共用设施设备管理品质标准与评分细则

共用设施设备管理品质标准与评分细则

序号	标准内容	评分细则	分值
一、综合要求			
1	建立健全设备档案资料（含图纸、使用说明、操作规程、维护合同、年检凭证、合格证等技术资料），严格执行借阅登记管理规定	建立设备档案和制定借阅管理规定0.5分，并严格执行借阅登记1分（检查建筑档案及管理规定和借阅登记记录），不符合0分	1
2	根据配套的设施设备编制完整的设施设备操作规程，配备所需专业技术人员，严格执行操作规程	检查操作规程，抽查5个以下专业技工对操作规程的熟练程度，符合1分，部分符合0.5分，不符合0分	1

续表

序号	标准内容	评分细则	分值
3	制定设备维保计划，按计划对共用设施设备进行日常管理和维修养护（依法应由专业部门负责的除外），房屋共用设施设备的修理在规定的时间内完成，保证正常运行	根据维保计划，现场对照检查管理、维护记录资料，符合1分，部分符合0.5分，不符合0分	1
4	建立共用设备台账，设备的运行、检查、维修、保养等记录齐全	现场对照设备台账、交接班记录、设施设备运行记录等抽查部分设备，符合1分，部分符合0.5分，不符合0分	1
5	设施设备标志齐全、规范，责任人明确；操作维护人员严格执行设施设备操作规程及保养规范；设施设备运行正常	现场对照操作规程/保养规范，抽查部分设施设备责任人，符合1分，部分符合0.5分，不符合0分	1
6	对共用设施设备定期组织巡查，做好巡查记录，需要维修，属于小修范围的，及时组织修复；属于大、中修范围或者需要更新改造的，及时编制维修、更新改造计划和住房专项维修资金使用计划，向业主大会或业主委员会提出报告与建议，根据业主大会的决定，向房管局提出维修资金使用申请，组织维修或者更新改造	对照巡查记录、维修保养计划/记录现场检查，符合1分，部分符合0.5分，不符合0分	1
7	每季度组织客户参观共用设备设施维保和运行管理现场，记录完整	检查记录档案，符合1分，部分符合0.5分，不符合0分	1
8	设备良好，运行正常，一年内无重大管理责任事故	检查设备档案资料，符合1分，部分符合0.5分，不符合0分	1
9	制定各共用设备设施事故紧急预案，严格执行，详细记录	检查各设备设施事故紧急预案及记录档案，符合1分，部分符合0.5分，不符合0分	1
10	物业配套的设施设备完好率98%以上	根据维护计划及执行记录抽查5台以下设施设备，符合1分，部分符合0.5分，不符合0分	1
11	项目范围内道路平整，主要道路及停车场交通标志齐全、规范	现场检查，符合1分，部分符合0.5分，不符合0分	1
12	制订项目范围内道路、广场、车场、地库及各管线等配套维护保养计划、预算、实施方案，并严格执行详细记录	现场检查公共场地管线管网维护计划预算及实施情况记录，符合1分，部分符合0.5分，不符合0分	1

续表

序号	标准内容	评分细则	分值
13	建立健全的道路、广场、车场、地库、管网、管线档案信息库，使用、维护、改造记录全面、及时、正确	检查公共场地管线管网档案信息库，符合1分，部分符合0.5分，不符合0分	1
14	共用管线统一下地或入公共管理，无架空管线，无碍观瞻	现场检查，符合1分，部分符合0.5分，不符合0分	1
15	园区道路、楼道、大堂等公共照明完好，照明设备完好率90%以上	现场检查，符合1分，部分符合0.5分，不符合0分	1
16	遇有大风或下雨天气时，检查并关闭建筑公共区域范围内的窗门，并有记录	检查记录档案，现场抽查，符合1分，部分符合0.5分，不符合0分	1
17	按照国家标准，制定防雷避雷系统维护规范，运行正常，记录详尽，完好率100%以上	对照记录现场检查，符合1分，部分符合0.5分，不符合0分	1
二、供电系统			
18	制定高、低压设备操作唱票制度，并严格执行，详细记录	检查制度和记录，符合1分，部分符合0.5分，不符合0分	1
19	制定完善的节电节能管理制度、措施	检查节能措施，符合1分，部分符合0.5分，不符合0分	1
20	保证正常供电，限电、停电有明确的审批权限，并按规定时间通知住用户	检查设备档案资料，符合1分，部分符合0.5分，不符合0分	1
21	在无正式接入电力供应的情况下，制定临时用电管理办法与停电应急处理措施并严格执行	检查临时用电管理措施，符合1分，部分符合0.5分，不符合0分	1
22	操作规程明示并严格执行，记录详尽	现场检查，符合1分，部分符合0.5分，不符合0分	1
23	按规定做电压实验和继电保护试验，并详细记录	现场检查实验报告、记录，符合1分，部分符合0.5分，不符合0分	1
24	高压防护用品、高压验电器按规定做耐压试验，并详细记录	现场检查实验报告、记录，符合1分，部分符合0.5分，不符合0分	1
25	备用应急发电机可随时起用，操作工熟练操作规程	现场检查，并考核操作工操作规程，符合1分，部分符合0.5分，不符合0分	1
26	柴油发电机组总空气开关在OFF（关）状态	现场检查，符合1分，部分符合0.5分，不符合0分	1
27	根据《柴油发电机组使用说明》对柴油发电机组进行定期检查保养，记录详尽	检查操作规程、维护保养记录，符合1分，部分符合0.5分，不符合0分	1

续表

序号	标准内容	评分细则	分值
28	柴油箱储油量能满足发电机带负载运行8小时	现场检查,符合1分,部分符合0.5分,不符合0分	1
29	隔离储藏易燃油料、电池补充液、润滑机油等	现场检查,符合1分,部分符合0.5分,不符合0分	1
30	机组无漏水、漏油现象,发电机机身清洁,接地线良好	现场检查,符合1分,部分符合0.5分,不符合0分	1
31	柴油发电机机油油位在标示刻度线以内,冷却液在水箱盖以下8厘米左右	现场检查,符合1分,部分符合0.5分,不符合0分	1
32	电池液液位在极板面上15厘米左右,蓄电池电源线和控制屏内电线接头紧固,试验故障显示灯应全部发光	现场检查,符合1分,部分符合0.5分,不符合0分	1
33	按规定每2周空载运行10分钟,每半年带负载运行半小时,发电机带负荷运行半小时,观察各仪表指示和机组运行是否正常,严格执行,记录详尽	检查运行记录档案,符合1分,部分符合0.5分,不符合0分	1
三、智能化系统			
34	智能化系统配置(包含门禁系统、车辆管理系统、远红外监控系统、摄像监控系统、消防感应报警系统、消防自动卷帘门系统、门铃对讲系统、门磁窗磁报警系统、巡更系统、背景音乐系统等)完好使用	现场检查,符合1分,部分符合0.5分,不符合0分	1
35	建立健全的智能化设备档案及档案管理规定,并严格执行,详细记录	检查档案及记录,符合1分,部分符合0.5分,不符合0分	1
36	智能化设备故障及时排除并做详细记录,保证智能化系统正常工作	检查记录,符合1分,部分符合0.5分,不符合0分	1
37	监控系统等智能化设施设备运行正常,有记录并按规定期限(一个月以上)保存	检查记录,符合1分,部分符合0.5分,不符合0分	1
四、消防系统			
38	建立健全消防系统管理档案及管理规定,严格执行,详细记录	档案资料及管理规定,符合1分,部分符合0.5分,不符合0分	1
39	消防设施设备完好,可随时启用	现场检查消防设施设备,符合1分,部分符合0.5分,不符合0分	1

续表

序号	标准内容	评分细则	分值
40	定期测试消防系统待机状态，故障率为零	现场测试消防系统联动灵敏程度，符合1分，部分符合0.5分，不符合0分	1
41	消防系统设备完好率100%	现场测试消防系统联动灵敏程度，符合1分，部分符合0.5分，不符合0分	1
42	消防配套仪器仪表年检合格证有效	检查合格证，符合1分，部分符合0.5分，不符合0分	1
五、电梯系统			
43	实施电梯维保、年检招投标制度，签订维保合同，设置专人按照维保合同监督维保的执行，并详细记录	检查合同和记录，符合1分，部分符合0.5分，不符合0分	1
44	制订电梯年、月、周维护保养计划，巡检记录详尽	检查维保计划及巡查记录档案，符合1分，部分符合0.5分，不符合0分	1
45	建立健全电梯系统管理档案和管理规定，严格执行，详细记录	检查电梯档案和管理规定，符合1分，部分符合0.5分，不符合0分	1
46	电梯准用证、年检合格证有效	现场抽查5台以下电梯，符合1分，部分符合0.5分，不符合0分	1
47	电梯按规定或约定时间运行，安全设施齐全，通风、照明及附属设施完好	现场抽查5台以下电梯，符合1分，部分符合0.5分，不符合0分	1
48	电梯轿厢、井道、机房、机坑保持清洁，无积水、无积尘、无油污、无杂物等	现场抽查5台以下电梯，符合1分，部分符合0.5分，不符合0分	1
49	电梯由专业队伍维修保养，维修、保养人员持证上岗	现场抽查5台以下电梯及5名以下电梯工，符合1分，部分符合0.5分，不符合0分	1
50	电梯运行出现故障后，维修人员应在规定时间（10~15分钟）内到达现场维修	检查电梯日运行记录，符合1分，部分符合0.5分，不符合0分	1
51	装修期间，电梯轿厢内安装防护板，避免损害轿厢内壁	现场抽查5台以下电梯，符合1分，部分符合0.5分，不符合0分	1
六、给排水、排污系统			
52	建立用水、供水、排水、排污、化粪池清理管理制度，积极协助用户安排合理的用水、节水计划和采取合理的排水、排污措施	现场检查节水制度和节水计划，符合1分，部分符合0.5分，不符合0分	1
53	给排水、排污设备、阀门、管道工作正常，无跑、冒、滴、漏	现场检查，符合1分，部分符合0.5分，不符合0分	1

续表

序号	标准内容	评分细则	分值
54	制定二次供水水箱（每半年清洗一次）清洗、设施设备清洁、消毒计划并严格执行，定时巡查	根据清洁、消毒计划现场检查，符合1分，部分符合0.5分，不符合0分	1
55	水箱水位指示标识清晰、有效	现场检查，符合1分，部分符合0.5分，不符合0分	1
56	高压水泵、水池、水箱有严格的管理措施，水池、水箱周围无污染隐患，运行记录完整	现场检查水泵房及其设施设备管理措施，检查运行记录，符合1分，部分符合0.5分，不符合0分	1
57	清洗二次供水水箱，水质检测保证达到国家标准，并附有当地水质检测部门的合格报告，二次供水卫生许可证、水质化验单、操作人员健康合格证齐全有效	现场检查清洗记录及质检报告，符合1分，部分符合0.5分，不符合0分	1
58	水箱、水池加盖上锁，在通气口和溢流口装防虫网	现场检查，符合1分，部分符合0.5分，不符合0分	1
59	限水、停水按规定时间通知住用户	检查通知档案，现场对照检查，符合1分，部分符合0.5分，不符合0分	1
60	排水、排污系统全部处于自动开启状态，定期手动试验，运行正常，无污水外溢事故发生，记录完整	现场检查，符合1分，部分符合0.5分，不符合0分	1
61	排水、排污系统通畅，汛期道路无积水，地下室、车库、设备房无漏水、无积水、无浸泡事件发生	现场检查，符合1分，部分符合0.5分，不符合0分	1
62	定期检查排水、排污管网观测口，无管道堵塞、无污水滴漏现象	现场检查，符合1分，部分符合0.5分，不符合1分	1
63	遇有事故，维修人员在规定时间内进行抢修，无大面积跑水、泛水、长时间停水现象	根据运行记录、交接班记录现场对照检查维护、抢修情况，符合1分，部分符合0.5分，不符合0分	1
64	签订化粪池清理合同，严格监督化粪池清理单位按照合同定期清理化粪池，保证无粪便、无污水外溢事件，清理记录完整	根据合同和记录现场检查，符合1分，部分符合0.5分，不符合0分	1
七、空调系统			
65	按照中央空调系统技术资料制定维保计划和具体节能措施，严格执行，详细记录	检查计划和措施，符合1分，部分符合0.5分，不符合0分	1

续表

序号	标准内容	评分细则	分值
66	中央空调系统运行正常，水塔运行正常且噪声不超标，无严重滴漏水现象	现场检查交接班记录及设备运行状态，符合1分，部分符合0.5分，不符合0分	1
67	中央空调系统出现运行故障后，维修人员在规定时间内到达现场维修	现场检查设备台账及运行维护记录，符合1分，部分符合0.5分，不符合0分	1
68	按照维保计划，在中央空调停止使用时，立即进行全面保养封存；中央空调开启前，进行全面保养和试运行，并做详细记录	检查记录，符合1分，部分符合0.5分，不符合0分	1
69	中央空调系统温度限定，夏天不低于室外平均温度差5℃，冬天温度不低于16℃	现场检查，符合1分，部分符合0.5分，不符合0分	1
八、供暖供气系统			
70	制定完善热交换设施设备维保计划和具体节能措施、流程，运行记录完整，严格执行	检查维保计划、节能措施、流程、运行情况，符合1分，部分符合0.5分，不符合0分	1
71	供暖设备（煤炭、煤气、燃气、蒸汽等）完好，运行正常，记录详细	现场根据设备台账、运行记录检查运行状况，符合1分，部分符合0.5分，不符合0分	1
72	暖气管道、阀门无跑冒滴漏现象及事故隐患	现场检查，符合1分，部分符合0.5分，不符合0分	1
73	北方地区冬季供暖居室内温度不得低于16℃	抽查5户以下室内温度，符合1分，部分符合0.5分，不符合0分	1
74	供暖系统压力容器年检有效	现场检查压力容器年检报告，符合1分，部分符合0.5分，不符合0分	1
75	供暖系统计量仪表年检有效	现场检查计量仪表年检报告，符合1分，部分符合0.5分，不符合0分	1
76	供暖系统水质化验报告符合国家标准，并详细记录	现场检查水质化验报告及水质化验记录，符合1分，部分符合0.5分，不符合0分	1
77	建立并有效执行节能奖励机制，记录完整	检查节能奖励机制执行情况，符合1分，部分符合0.5分，不符合0分	1
78	供暖系统操作工持证上岗	现场检查操作工上岗证，符合1分，部分符合0.5分，不符合0分	1

续表

序号	标准内容	评分细则	分值
九、其他配套设施设备管理			
79	制订其他配套设施设备维保计划,严格执行,详细记录	检查维保计划,符合1分,部分符合0.5分,不符合0分	1
80	通风系统维护规范,运行正常,记录详尽,完好率90%以上	对照记录现场检查,符合1分,部分符合0.5分,不符合0分	1
81	签订维保合同,监控跟进配合通信系统维护规范,运行正常,记录详尽,完好率90%以上,与通信单位联系友好	对照记录现场检查,符合1分,部分符合0.5分,不符合0分	1
82	签订维保合同,监控跟进配合视讯系统维护规范,运行正常,记录详尽,完好率90%以上,与视讯(电视台等)单位联系友好	对照记录现场检查,符合1分,部分符合0.5分,不符合0分	1
83	签订维保合同,监控跟进配合互联网络系统维护规范,运行正常,记录详尽,完好率90%以上,与网络服务公司联系友好	对照记录现场检查,符合1分,部分符合0.5分,不符合0分	1
84	签订维保合同,监控跟进配合高层外立面作业起重机维护保养规范,运行正常,记录详尽,年检合格证有效	对照记录现场检查,符合1分,部分符合0.5分,不符合0分	1
85	制定音乐喷泉设施使用管理规定(含铜质、不锈钢质喷头的防盗管理)、维保(喷泉潜水泵、管系、水系)计划措施,严格执行,记录详尽	检查管理规定、维保计划措施、执行记录,符合1分,部分符合0.5分,不符合0分	1
86	制定水系、景观(山、岛、亭、台、楼、阁、廊、艺术雕像)管理规定、维保计划措施,严格执行,记录详尽	检查管理规定、维保计划措施、执行记录,符合1分,部分符合0.5分,不符合0分	1
87	制定公共场地、会所配套设备设施(含泳池设备、儿童游乐设备、健身设备)使用管理规定、维保计划措施,严格执行,记录详尽(外包经营合同包含此条款内容,物业企业监控管理)	检查管理规定、维保计划措施、执行记录,符合1分,部分符合0.5分,不符合0分(若外包经营,还需检查监控检查记录)	1
88	配套仪器仪表合格证有效,标识明示,检查记录详尽	现场检查,符合1分,部分符合0.5分,不符合0分	1
十、预警管理			
89	根据物业管理手册,以项目负责人为首建立物业应急管理机制	检查应急管理机制、管理架构,符合1分,部分符合0.5分,不符合0分	1

续表

序号	标准内容	评分细则	分值
90	对火灾、安全、公共卫生等突发事件有应急预案,事发时及时报告上级主管领导、业主委员会、政府有关部门,并协助采取相应措施	检查应急预案及其执行情况记录资料,符合1分,部分符合0.5分,不符合0分	1
91	容易危及人身安全的设施设备有明显警示标志和防范措施;对可能发生的各种突发设备故障有应急预案	检查应急方案及现场检查警示标志和防范措施,符合1分,部分符合0.5分,不符合0分	1
92	突发事件有书面专题报告,报告包含事件发生地点、时间、人物、分析原因、处理措施;杜绝类似事件再次发生,制定防范措施,确定责任人等	检查事件专题报告,符合1分,部分符合0.5分,不符合0分	1
93	项目每季度对事故及隐患进行统计分析,并执行预防措施,限期对问题点进行整改并有详细记录	检查统计分析报告,符合1分,部分符合0.5分,不符合0分	1
94	紧急处理居家报警的员工具备安全防范意识:以生命为主、财产为辅,控制现场,减少损失	现场抽查2名员工具备的安全防范意识,符合1分,部分符合0.5分,不符合0分	1
95	制定地震、台风、暴风雨、暴风雪、海啸、塌方、地陷等自然灾害应急预案、处理流程	检查自然灾害应急处理方案,符合1分,部分符合0.5分,不符合0分	1
96	制定配套设施设备故障应急预案、流程	检查配套设施设备紧急故障处理措施、流程,符合1分,部分符合0.5分,不符合0分	1
97	制定临时用电管理措施与停电应急预案,并严格执行	检查临时用电管理措施和停电应急处理措施,措施完善1分,部分完善0.5分,无措施0分	1
98	备用应急发电机可随时起用状态,备用燃料充足且安全储存	现场检查,符合1分,部分符合0.5分,不符合0分	1
99	制定火灾事故应急预案,设立消防疏散示意图,照明设施、引路标志完好,紧急疏散通道畅通	现场检查火灾应急方案及其疏散示意图等,符合1分,部分符合0.5分,不符合0分	1
100	电梯运行出现险情后,应有排除险情的应急预案、流程,同时制定有完善具体的安慰稳定梯内客户的方案,并有效实施	检查措施,抽查相应岗位员工熟悉程度,符合1分,部分符合0.5分,不符合0分	1

续表

序号	标准内容	评分细则	分值
101	制定水涝紧急事故处理预案,遇有事故,维修人员在规定时间内进行抢修,无大面积跑水、泛水、长时间停水现象	检查预案,符合1分,部分符合0.5分,不符合0分	1
102	制定完善的中央空调故障应急预案,并有效执行	检查应急处理方案,符合1分,部分符合0.5分,不符合0分	1
103	紧急情况下与宿舍秩序维护员、上级的联络措施及时有效	检查员工联络及时能力,符合1分,部分符合0.5分,不符合0分	1

【他山之石07】秩序维护管理品质标准与评分细则

秩序维护管理品质标准与评分细则

序号	标准内容	评分细则	分值
	一、安全管理		
1	秩序维护员着装整齐规范、统一,符合公司礼仪规范要求	现场检查,符合1分,部分符合0.5分,不符合0分	1
2	秩序维护员具有使用消防器材、扑灭初始火灾、人工呼吸、外伤包扎、火灾救援、处理自然灾害等技能	现场抽查5名员工,符合1分,部分符合0.5分,不符合0分	1
3	交接班列队,互相问候并敬礼	现场检查,符合1分,部分符合0.5分,不符合0分	1
4	有培训计划、有方案、有落实、有考核、有记录	检查培训计划、方案等,符合1分,部分符合0.5分,不符合0分	1
5	内务管理制度健全,遵照执行,有效落实各项工作,每月有评估、有奖惩、有记录	检查内务管理制度及执行情况,符合1分,部分符合0.5分,不符合0分	1
6	秩序维护员熟悉本岗位职责范围、工作方法和流程,掌握本岗位的工作技能	现场抽查5名员工对岗位职责、工作方法、流程、工作技能的熟悉程度,符合1分,部分符合0.5分,不符合0分	1
7	秩序维护管理工作指引齐全有效	检查工作指引执行情况,符合1分,部分符合0.5分,不符合0分	1

续表

序号	标准内容	评分细则	分值
8	秩序维护员熟悉社区的消防设施位置，具有较强的安全防范意识	现场抽查5名以下员工熟悉消防设施位置及安全防范意识，符合1分，部分符合0.5分，不符合0分	1
9	项目出入口24小时站岗值勤，项目内实施24小时值班、巡逻制度，并有交接班记录	检查排班、巡逻和交接班记录，符合1分，部分符合0.5分，不符合0分	1
10	外聘专业的秩序维护队，须签订《秩序维护服务合同》，指定专人监控合同执行情况，记录完整	检查合同和记录，符合1分，部分符合0.5分，不符合0分	1
11	对重点区域、重点部位每1小时至少巡查1次；配有安全监控设施的，实施24小时监控	根据布岗/设防方案和巡查记录对照检查现场情况，符合1分，部分符合0.5分，不符合0分	1
12	对进出项目的非业主、非住户等外来人员实行登记制和办理临时出入证管理	根据人员进出管理规范及其记录资料，现场检查规范执行情况，符合1分，部分符合0.5分，不符合0分	1
13	坚守岗位，不脱岗，不做与工作无关的任何事情	现场检查，符合1分，部分符合0.5分，不符合0分	1
14	秩序维护员值勤期间必须不倚不靠、不蹲，姿势端正	现场检查，符合1分，部分符合0.5分，不符合0分	1
15	在交接班时做好执勤物品交接验收工作，交接班记录清晰、规范、统一	现场检查，符合1分，部分符合0.5分，不符合0分	1
16	制定客户服务规范，客户有需要时，维护员主动提供力所能及的服务或帮助	检查客户服务规范及执行情况，符合1分，部分符合0.5分，不符合0分	1
17	秩序维护员当班中不得做抽烟、吃东西等与工作无关的事情	现场检查、抽查5名以下员工，符合1分，部分符合0.5分，不符合0分	1
18	制定执勤规范，主动制止各类违规违章现象，纠正违规行为时应先敬礼、问好	根据执勤规范现场检查，符合1分，部分符合0.5分，不符合0分	1
19	秩序维护员要熟悉岗位内客户的情况（业主、保姆、钟点工、宠物等）	现场抽查5名以下秩序维护员熟悉租赁户情况，符合1分，部分符合0.5分，不符合0分	1
20	值班岗位环境整洁卫生	现场检查，符合1分，部分符合0.5分，不符合0分	1
21	制定有监控室管理规定，严格执行；非值班人员进入监控室须经项目负责人批准，办理登记手续，记录完整	检查监控室管理规定及执行情况，符合1分，部分符合0.5分，不符合0分	1

续表

序号	标准内容	评分细则	分值
22	巡逻、检查或监控时密切关注外来人员用密码开门的动作,如有可疑则上前盘查,如遇单元门敞开必须上前关闭	现场检查,符合1分,部分符合0.5分,不符合0分	1
23	巡逻、检查或监控时发现门禁系统受损,及时报修并跟进维修结果,并详细记录	根据巡查记录现场检查,符合1分,部分符合0.5分,不符合0分	1
24	监控中心接到居家报警应详细记录信息,同时紧急通知就近的巡逻秩序维护员,并通知班长或主管,做好应急准备,事后详细记录事件过程	现场检查报警登记及处理情况记录,符合1分,部分符合0.5分,不符合0分	1
25	制定开展和谐家园实施方案,并有效实施,加强项目安全防范和警力巡逻力度	检查共建方案及其实施效果,符合1分,部分符合0.5分,不符合0分	1
26	秩序维护员外包管理制度健全,对秩序维护员供方定期评估,有记录	检查供方外包监控管理档案记录,符合1分,部分符合0.5分,不符合0分	1
27	秩序维护员执勤工具(对讲机、橡胶棒、警棍、反光衣、强光手电、电话等)配置齐全有效,标识清楚,电器设备电力充足,不影响正常使用	现场检查,符合1分,部分符合0.5分,不符合0分	1
28	宿舍配备紧急召集设备有效,如警铃、哨子等	现场检查,符合1分,部分符合0.5分,不符合0分	1
29	集体宿舍干净、整齐,无异味,无乱挂乱放乱贴等现象	现场检查,符合1分,部分符合0.5分,不符合0分	1
30	定期组织员工谈心活动,有记录	检查记录资料,符合1分,部分符合0.5分,不符合0分	1
31	制定安全管理工作制度,遵照执行,有效落实	检查制度及执行落实情况,符合1分,部分符合0.5分,不符合0分	1
32	对危及人身安全的位置设置明显的警示性标识和相应的防范措施	现场检查,符合1分,部分符合0.5分,不符合0分	1
33	实施封闭式管理,有效控制外来人员,无形迹可疑人员在社区内逗留	现场检查,符合1分,部分符合0.5分,不符合0分	1
34	按照物品出入管理制度对出入物品进行核实和登记	现场检查物品进出管理,符合1分,部分符合0.5分,不符合0分	1
35	对于装修施工人员登记确认,按照"施工许可证"和施工人员"出入证"进行严格管理	现场检查人员进出登记管理,符合1分,部分符合0.5分,不符合0分	1

续表

序号	标准内容	评分细则	分值
36	对于外来施工或供方人员进行登记，佩戴物业项目统一配发的明显标志，对其在社区内的行为举止进行有效监控及管理	现场检查，符合1分，部分符合0.5分，不符合0分	1
37	装修留宿人员有客服部办理的留宿证明	现场检查，符合1分，部分符合0.5分，不符合0分	1
38	制定有危险品的储存、运输、使用、销毁管理办法，并严格执行	现场检查，符合1分，部分符合0.5分，不符合0分	1
39	红外对射、公共门禁等设备设施正常运行，无盲区	现场检查，符合1分，部分符合0.5分，不符合0分	1
40	围墙、夜间照明等物防正常运行	现场检查，符合1分，部分符合0.5分，不符合0分	1
41	定期检试，确保信号接收反应灵敏，减少不必要的误报，详细记录检试状况	现场检查，符合1分，部分符合0.5分，不符合0分	1
42	监视摄像机设置位置，摄像范围合理、画面清晰	现场检查，符合1分，部分符合0.5分，不符合0分	1
43	自动化管理的停车场出入口监视摄像能清晰录制车、人的体貌特征	现场检查，符合1分，部分符合0.5分，不符合0分	1
44	观看、借用监控录像资料须项目负责人同意，借用时履行借阅登记手续，并在一周内予以归还	检查监控录像资料管理及借阅手续，符合1分，部分符合0.5分，不符合0分	1
45	监控中心值班员须持"消防上岗证"并具备较强的紧急事件处理能力和综合能力（代班人员应能力相当，并做好代班登记）	现场抽查值班人员持证情况，符合1分，部分符合0.5分，不符合0分	1
46	监控设备完善，监控区域全面，监控人员专业，监控制度规范，监控记录完整	现场检查，符合1分，部分符合0.5分，不符合0分	1
47	监控中心值班员每周一对上周录像效果进行检查收集存档	现场检查，符合1分，部分符合0.5分，不符合0分	1
48	监控中心备有灭火作战示意图、消防设施设备清单	现场检查，符合1分，部分符合0.5分，不符合0分	1
49	监控中心备有小区平面示意图	现场检查，符合1分，部分符合0.5分，不符合0分	1
50	安全信息处理及时、联络顺畅，对可疑情况监控到位，有详细记录	检查安全信息处理记录，符合1分，部分符合0.5分，不符合0分	1

续表

序号	标准内容	评分细则	分值
51	交接班时按要求对消防控制装备进行检查，交接班双方在记录上签字	现场检查交接班记录资料，符合1分，部分符合0.5分，不符合0分	1
52	做好监控中心相关信息保密工作，制定严格的监控中心管理制度，必备的常用联系电话查询方便、无误	检查监控室管理规定及执行情况，符合1分，部分符合0.5分，不符合0分	1
53	相关资料保存齐全，并做好相关保密工作，对拾遗物品按规定进行保管、移交、认领和处理	检查档案资料，符合1分，部分符合0.5分，不符合0分	1
54	特殊邮件指定人员签收、登记，及时通知客户领取，并请客户签字确认	现场检查相关记录资料，符合1分，部分符合0.5分，不符合0分	1
55	监控中心值班员熟悉监控点控制区域和秩序维护员布岗情况	抽查监控值班人员熟悉监控区域和秩序维护员布岗情况，符合1分，部分符合0.5分，不符合0分	1
56	监控中心值班秩序维护员具备熟练操作消防控制柜的技能，且持证上岗（消防中心由秩序维护员值班的），如有特殊情况需记录	现场检查值班人员操作消防控制柜熟练程度，符合1分，部分符合0.5分，不符合0分	1
57	注意监控闭路电视画面人员、车辆、物品出入的动态，按规定切换，发现情况立即通知就近的秩序维护员，并做好记录	现场检查设备状态及记录资料，符合1分，部分符合0.5分，不符合0分	1
58	监控设备设施故障时，有采取人工防范或其他防范措施，并有详细记录	检查记录资料，符合1分，部分符合0.5分，不符合0分	1
59	监控中心保存至少半个月的监控影像记录	检查监控录像资料，符合1分，部分符合0.5分，不符合0分	1
60	制定背景音乐管理规定，严格执行	检查背景音乐管理规定及执行情况，符合1分，部分符合0.5分，不符合0分	1
61	无安全隐患，月案发率（违法犯罪：打架斗殴、凶杀、盗窃/抢劫财物等）为零	现场检查，符合1分，部分符合0.5分，不符合0分	1
二、消防管理			
62	消防控制中心24小时值班，消防系统设施设备齐全、完好无损，可随时起用	现场检查，符合1分，部分符合0.5分，不符合0分	1
63	消防管理人员掌握消防设施设备的使用方法并能及时处理各种问题	现场抽查5名以下消防管理人员，符合1分，部分符合0.5分，不符合0分	1

续表

序号	标准内容	评分细则	分值
64	组织开展消防法规及消防知识的宣传教育，明确各区域防火责任人	检查宣传记录，符合1分，部分符合0.5分，不符合0分	1
65	无火灾安全事故隐患	现场抽查5个部位，符合1分，部分符合0.5分，不符合0分	1
66	消防设备齐全有效、消防队员技能专业、消防预案全面适用、消防资料完整详尽	现场检查，符合1分，部分符合0.5分，不符合0分	1
67	月度定期巡查，并有巡查记录	检查巡查记录，符合1分，部分符合0.5分，不符合0分	1
68	高层建筑每层配置不少于两个1千克及以上的轻便灭火器	现场检查，符合1分，部分符合0.5分，不符合0分	1
69	禁止在具有火灾、爆炸危险隐患的场所使用明火，如特殊情况，应按规定报批，并做好预防措施	现场检查，符合1分，部分符合0.5分，不符合0分	1
70	消火栓箱玻璃完整，无破损现象，如发现破损，有故障记录、有维修申报、有修复结果	现场检查，符合1分，部分符合0.5分，不符合0分	1
71	消火栓按月度周期进行维护检查，并保存有最新的检查记录	现场检查，符合1分，部分符合0.5分，不符合0分	1
72	防火门上的闭门器维护无损坏，顺门器工作正常	现场检查，符合1分，部分符合0.5分，不符合0分	1
73	定期抽查消火栓箱内灭火器，如发现过期，有明确的加压充粉计划和记录	现场检查，符合1分，部分符合0.5分，不符合0分	1
74	消防水带用后晾晒干燥后进行收藏，无霉烂、无破损现象	现场检查，符合1分，部分符合0.5分，不符合0分	1
75	消防值班人员熟悉设备、器材的操作	现场抽查5名以下值班人员操作设备、器材的熟练程度，符合1分，部分符合0.5分，不符合0分	1
76	消防值班人员熟悉火灾（或疑似火灾）的处理程序	现场抽查5名以下值班人员熟悉火灾的处理程序情况，符合1分，部分符合0.5分，不符合0分	1
77	建立义务消防队，企业法定代表人为消防第一责任人	检查消防机构建设，符合1分，部分符合0.5分，不符合0分	1
78	制定明确的义务消防队员职责	检查义务消防队员职责，符合1分，部分符合0.5分，不符合0分	1

续表

序号	标准内容	评分细则	分值
79	业主装修现场应按要求配置不少于两个以上的灭火器,原则上每50平方米至少配备1个2千克灭火器,不足50平方米的,按50平方米计算,检查其有效性,并做记录	现场检查,符合1分,部分符合0.5分,不符合0分	1
80	对业主室内装修,秩序维护员和技术员按要求进行防火安全检查,并做记录	现场检查,符合1分,部分符合0.5分,不符合0分	1
81	无装修垃圾占用或堵塞消防通道	现场检查,符合1分,部分符合0.5分,不符合0分	1
82	消防紧急集合演习每季度至少进行一次,并予记录	检查消防演习记录,符合1分,部分符合0.5分,不符合0分	1
83	制定消防预案,每半年至少组织一次消防预案演习,邀请客户参加,并组织对其进行消防宣传,做好详细记录	检查消防演习宣传资料,符合1分,部分符合0.5分,不符合0分	1
84	演习后应有图片记录,并及时对演习进行总结	检查消防演习图片集、总结,符合1分,部分符合0.5分,不符合0分	1
85	设备房、库房、监控中心、办公室等重要部位应配置相应种类的灭火器材,每月检查器材有效齐全情况,记录完整	现场检查,符合1分,部分符合0.5分,不符合0分	1
86	各项目须有首层消防设施平面图,且设施的图标与实际相符	现场检查,符合1分,部分符合0.5分,不符合0分	1
87	安全出口畅通,安全疏散指示标识明确,必要时配置避难救生工具	现场检查,符合1分,部分符合0.5分,不符合0分	1
88	无火灾隐患,火灾事故率为零	现场检查,符合1分,部分符合0.5分,不符合0分	1
	三、车辆管理		
89	停车场设备设施齐全有效,管理规章制度完善,责任明确,执行严格,进出台账详尽	检查停车场设备设施、管理规章制度及执行和管理台账,符合1分,部分符合0.5分,不符合0分	1
90	停车场有人员引导,停放整齐有序,无乱停车,无因管理失职造成车辆被盗、被损情况	现场检查,符合1分,部分符合0.5分,不符合0分	1

续表

序号	标准内容	评分细则	分值
91	有健全的停车场消防管理制度，停车场消防设施齐全、有效	现场检查停车场消防管理制度及执行情况，符合1分，部分符合0.5分，不符合0分	1
92	停车场车位标划、导向标识、警示标识规范完整，指引标识牌明显可见	现场检查，符合1分，部分符合0.5分，不符合0分	1
93	停车场消防设施有明显标志，定期对消防设施进行巡视、检查和维护	现场检查，符合1分，部分符合0.5分，不符合0分	1
94	针对VIP客户有车位预留的管理措施	检查管理措施，符合1分，部分符合0.5分，不符合0分	1
95	车位租赁管理规范，签订有书面协议，并严格执行	检查车位租赁管理规范及执行情况，符合1分，部分符合0.5分，不符合0分	1
96	车场安防设施（道闸、防强闯桩、读卡器等）齐全、有效，车辆出去时车辆出入卡、停车证、车辆应相符	现场检查，符合1分，部分符合0.5分，不符合0分	1
97	停车场巡逻岗如发现车辆出现异常情况，须及时处理，并做详细记录	现场检查，符合1分，部分符合0.5分，不符合0分	1
98	无车辆乱摆放和堵塞消防通道现象	现场检查，符合1分，部分符合0.5分，不符合0分	1
99	移动通信覆盖停车场内所有地方，无通信死角	现场检查，符合1分，部分符合0.5分，不符合0分	1
100	立体车库有明确的操作使用和限高、限宽、限重标识，并明确责任。车辆出入按要求进行指引，定期进行检查保养	现场检查，符合1分，部分符合0.5分，不符合0分	1
101	有健全的机动车存车管理制度和管理方案，且管理制度应与合同一起让客户书面签收	现场检查管理制度、管理方案及执行情况，符合1分，部分符合0.5分，不符合0分	1
102	车场管理人员熟悉停车场收费标准，按政府部门核准的标准收费，停车场经营和收费标准在入口处公示，收费必须出具票据或登记	现场检查，符合1分，部分符合0.5分，不符合0分	1
103	停车场设专人进行24小时服务	现场检查，符合1分，部分符合0.5分，不符合0分	1

续表

序号	标准内容	评分细则	分值
104	车辆出入收发证登记率100%，车辆刷卡率100%	现场检查，符合1分，部分符合0.5分，不符合0分	1
105	项目内、车场内禁止维修车辆，禁止在项目内、车场内试刹车或练习驾驶	现场检查，符合1分，部分符合0.5分，不符合0分	1
106	如车辆发生油、气、水滴漏现象应立即通知客户和上级，并明确责任和进行损失赔偿，并做详细记录	现场检查值班记录，符合1分，部分符合0.5分，不符合0分	1
107	对车辆损坏公共设施设备要立即报告上级，并控制现场，记录实情，肇事者签章（明确责任和进行损失赔偿）	现场检查值班记录，符合1分，部分符合0.5分，不符合0分	1
108	车辆损失或丢失按紧急预案及时上报处理，并做记录	现场检查案件记录，符合1分，部分符合0.5分，不符合0分	1
109	长期存放车辆的客户，办理停车证（卡），凭证（卡）出入	现场检查，符合1分，部分符合0.5分，不符合0分	1
110	对临时进出项目的机动车辆进行登记，并发放凭证，出门凭证放行，登记出入车辆的车牌及出入时间	现场检查，符合1分，部分符合0.5分，不符合0分	1
111	夜间（晚7:00至早7:00）在机动车场值勤的秩序维护员须穿反光衣（冬季时间适当延长）	现场检查，符合1分，部分符合0.5分，不符合0分	1
112	及时对车辆外观进行检查，并将异常情况进行登记	现场检查，符合1分，部分符合0.5分，不符合0分	1
113	对无卡（证）、卡（证）与车牌不相符、司机无证等异常情况应立即报告上级，禁止放行，并按要求进行处理和记录	检查车辆管理记录资料，符合1分，部分符合0.5分，不符合0分	1
114	车场秩序维护员的指挥动作、礼仪均符合公司要求，指引方向准确	现场检查，符合1分，部分符合0.5分，不符合0分	1
115	非机动车辆管理制度完善，按规定位置停放，管理有序，有固定停放点和标识（包括防盗标识），并明确保管责任，出入发放凭证	检查管理制度及执行情况，符合1分，部分符合0.5分，不符合0分	1
116	机动车停车场管理制度完善，管理责任明确，车辆进出有登记	检查停车场管理制度及执行情况，符合1分，部分符合0.5分，不符合0分	1

【他山之石08】保洁卫生管理品质标准与评分细则

保洁卫生管理品质标准与评分细则

序号	标准内容	评分细则	分值
一、基础管理			
1	根据物业管理方案及服务定位制定保洁卫生服务种类及服务质量标准,实施分片包干责任制,并严格执行	检查保洁服务质量标准,符合1分,部分符合0.5分,不符合0分	1
2	制订年、月、日保洁计划,并严格执行	检查保洁计划及执行情况,符合1分,部分符合0.5分,不符合0分	1
3	环境卫生管理制度、作业指导书健全,执行严格	现场检查,符合1分,部分符合0.5分,不符合0分	1
4	建立保洁外包管理制度,实行招投标制度,签订保洁外包合同,对保洁服务供方服务质量监控,做到每天抽查评估、考核,记录详细	对照招投标、合同、评估、考核、记录等资料档案,现场检查,符合1分,部分符合0.5分,不符合0分	1
5	管理项目建立检查制度并予以落实,记录完整	管理制度及落实情况记录资料检查,符合1分,部分符合0.5分,不符合0分	1
6	各公共场地(泳池、会所、销售大厅、样板间、卫生间等)防范标识突出、清晰(防滑、防碰、防撞、防摔、防偷、防抢等)	现场检查,符合1分,部分符合0.5分,不符合0分	1
7	项目保洁人员编制情况合理	检查人员编制及工作分配,符合1分,部分符合0.5分,不符合1分	1
二、泳池管理			
8	制定泳池安全管理规定、水质处理管理规定、维护管理操作规程,严格执行,详细记录	现场检查各项规定、计划、规程、记录,符合1分,部分符合0.5分,不符合1分	1
9	根据维保计划定期维护泳池配套设备设施,记录完整,泳池外包的必须按照规定进行招投标签约,并建立完善的监控管理措施,严格执行	现场检查,符合1分,部分符合0.5分,不符合1分	1
10	消毒池消毒水有效,定期更换,记录完整	检查消毒计划及执行情况记录,现场检查消毒水有效性,符合1分,部分符合0.5分,不符合1分	1

续表

序号	标准内容	评分细则	分值
11	游泳池及过水沟无青苔、砂粒、纸屑、烟头、枝叶等异物,栏杆无水迹、无灰尘	现场检查,符合1分,部分符合0.5分,不符合0分	1
12	泳池周内无锋利带棱角硬物,泳池照明灯具完好,使用安全电压,无外露管线	现场检查,符合1分,部分符合0.5分,不符合0分	1
13	配备具国家专业资格(上岗证、卫生健康证)和足够数量的救生员,在开放时间内不间断值勤,水深标识安全告示清晰	现场检查,符合1分,部分符合0.5分,不符合0分	1
14	定期更换泳池水,清洗泳池,添加消毒药,保证水质达标(水质清澈透明、无异味,pH值6.8~8.2,池水浑浊度不大于5度或站在标准泳池两岸能看清水深1.5米的池底四、五泳道线,尿素浓度不大于3.5毫克/升,泳池细菌总数不超过1000个/毫升,大肠杆菌含量不超过18个/升,游离余氯保持在0.3~0.5毫克/升,化合余氯保持在1.0毫克/升以上);冬季室内泳池池水温度控制在22~26℃,室内儿童池水温应在24~28℃,冬季室温应高于水温1~2℃	检查泳池水质检查报告,符合1分,部分符合0.5分,不符合0分	1
15	泳池更衣室、卫生间卫生清洁,无异味,无青苔,地面防滑处理措施有效,防滑提示标识明显突出	现场检查,符合1分,部分符合0.5分,不符合1分	1
三、电梯			
16	电梯门无明显污迹、手印、灰尘、小广告,轿厢无砂粒、杂物、污迹,白色纸巾擦拭50厘米无污迹、无异味,通风性能良好	现场检查,符合1分,部分符合0.5分,不符合0分	1
17	电梯厅地面无污迹、无水迹、无纸屑、无尘土、无毛发,表面清洁、光亮,四壁无手印	现场检查,符合1分,部分符合0.5分,不符合0分	1
18	装修期间电梯轿厢内四壁及地面加装防护夹板	现场检查,符合1分,部分符合0.5分,不符合0分	1
四、除雪			
19	编制详细的除雪预案,完善的组织架构、责任人、责任划分,现场采集人物、事迹图片、录像、文字报告等记录(向业主、客户发布宣传)	检查预案、组织架构、责任人、责任划分、记录资料等,符合1分,部分符合0.5分,不符合0分	1

续表

序号	标准内容	评分细则	分值
20	有明确的除雪要求和除雪工具,确保下雪时及雪后客户的出行方便,清理积雪及时,并在相应场所悬挂路滑提示标识,根据需要在单元入口设置防滑垫,及时清除出入口和路径上方的斜面屋顶积雪或有其他防止雪块滑落伤人的措施	现场检查,符合1分,部分符合0.5分,不符合0分	1
21	雨、雪天气及时对区内的道路积水、积雪进行清扫	现场检查,符合1分,部分符合0.5分,不符合0分	1
22	除雪时间:大门出入口及停车场坡道等重要部位的雪要求随时清理(当班员工为责任人),使车道不存有积雪,随下随清,保证出入车辆的安全,其余部位要求雪停后立即清扫。客户出行的必经道路应在4小时内清理干净,园区妨碍生活的积雪保证在36小时内清理干净,屋面积雪的清理,以保证屋面不渗漏为原则,要求雪停后立即清扫,如果雨夹雪,边下边化,则应随下随扫,确保屋面不积水,排气排水管处无积雪	现场检查,符合1分,部分符合0.5分,不符合0分	1
23	除雪完成标准:雪后4小时,客户出行必经通道清除1米宽,单元门前无雪覆盖;大门、停车场通道及停车场坡道无雪覆盖。全面清扫后标准:人行通道露出边石、草坪灯露出、露天广场无雪覆盖、娱乐及休息设施无积雪,各处积雪成型见方堆放,能运出小区的积雪不在园区停留,最长不超过72小时	现场检查,符合1分,部分符合0.5分,不符合0分	1
五、消杀病虫害			
24	有消杀计划、有消杀方案、有消杀责任人、有消杀记录。不准使用国家禁用的清洁用品和消杀物质	现场检查,符合1分,部分符合0.5分,不符合0分	1
25	符合警示要求,采取有效措施防范,投放消杀药品的场所必须设置醒目、符合消杀工作要求的警示牌,必要时采取有效措施防范,定期进行卫生消毒灭杀,并有评估记录	现场检查,符合1分,部分符合0.5分,不符合0分	1
26	根据当地实际情况定期进行消毒和灭虫除害	根据消毒、灭虫计划及执行记录现场检查,符合1分,部分符合0.5分,不符合0分	1

续表

序号	标准内容	评分细则	分值
27	日气温25℃以上每月消杀一次，日气温25℃以下每季度消杀一次，有消杀及检查记录档案	现场检查，符合1分，部分符合0.5分，不符合0分	1
28	物业公司制定有消杀服务质量标准	现场检查，符合1分，部分符合0.5分，不符合0分	1
29	房屋共用部位、共用设施设备无蚁害，无明显的鼠洞、鼠粪、鼠路，暗沟阴渠无明显的蟑、鼠、蚊、蝇等	现场检查，符合1分，部分符合0.5分，不符合0分	1
30	与具备资质的灭蚁企业签订专业服务合同，并严格监控合同执行，实施检查、核实灭杀效果	现场检查，符合1分，部分符合0.5分，不符合0分	1
31	按照计划规定时间喷洒、投放灭鼠药、消毒剂、除虫剂，现场设置明显标识，并提前48小时向客户通知灭杀目的、实施具体时间、药剂名称、药剂状态、有效时间、注意事项	现场检查，符合1分，部分符合0.5分，不符合0分	1
32	定期进行卫生消毒灭杀，并有评估记录	现场检查，符合1分，部分符合0.5分，不符合0分	1
六、垃圾清运			
33	清洁卫生实行责任制，有专职的清洁人员和明确的责任范围，实行标准化清扫保洁，垃圾日产日清，收、倒垃圾过程不干扰用户正常工作、生活	现场检查，符合1分，部分符合0.5分，不符合0分	1
34	高层按层、多层按幢设置垃圾桶，每日清运2次；垃圾袋装化，保持垃圾桶清洁、无异味	根据垃圾桶设置方案现场检查清洁、清运状况，符合1分，部分符合0.5分，不符合0分	1
35	合理设置果壳箱或者垃圾桶，每日清运2次	现场抽查果壳箱或垃圾桶设置的合理性及清运情况，符合1分，部分符合0.5分，不符合0分	1
36	小区道路、广场、停车场、绿地等每日清扫2次；电梯厅、楼道每日清扫2次，每周拖洗1次；一层共用大厅每日拖洗1次；楼梯扶手每日擦洗1次；共用部位玻璃每周清洁1次；路灯、楼道灯每月清洁1次；及时清除道路积水、积雪	根据保洁合同或保洁日计划及质量标准、巡查记录表等现场检查，符合1分，部分符合0.5分，不符合0分	1
37	环卫设施设备洁净、完好，小区内环卫设施完备，垃圾箱、果皮箱、垃圾中转站等保洁设施设置合理	现场检查，符合1分，部分符合0.5分，不符合0分	1

续表

序号	标准内容	评分细则	分值
38	设定垃圾集纳站（点），垃圾站（点）内卫生整洁，无异味、无污水	现场检查，符合1分，部分符合0.5分，不符合0分	1
39	对垃圾（专用）楼、站、箱、桶进行统一管理	现场检查，符合1分，部分符合0.5分，不符合0分	1
40	垃圾进行分类管理	现场检查，符合1分，部分符合0.5分，不符合0分	1
41	垃圾清运无滴漏，专人清运、日产日清，垃圾车停放于指定点，车辆干净，摆放整齐，场地干净无强异味，垃圾中转站、垃圾桶（箱）、垃圾不得散装，无超载、无强异味、无蚊蝇滋生、无污水横流、不有碍观瞻，外表无污迹、无油迹	现场检查，符合1分，部分符合0.5分，不符合0分	1
42	垃圾日产日清，对垃圾站（点）及垃圾箱、桶定期消毒灭杀	现场检查，符合1分，部分符合0.5分，不符合0分	1
43	装修垃圾装袋处理	现场检查，符合1分，部分符合0.5分，不符合0分	1
44	按时清运装修垃圾	现场检查，符合1分，部分符合0.5分，不符合0分	1
45	发现垃圾清运或其他情况损坏公共设施的现象及时处理	现场检查，符合1分，部分符合0.5分，不符合0分	1
46	共用雨、污水管道每年疏通1次；雨、污水井每月检查1次，视检查情况及时清掏；化粪池每月检查1次，每半年清掏1次，发现异常及时清掏	根据维护合同或维护计划现场检查，符合1分，部分符合0.5分，不符合0分	1
七、公共区域			
47	保洁工具设专室存放，工具使用后清洁、整齐摆放	现场检查，符合1分，部分符合0.5分，不符合0分	1
48	所有设施表面基本呈本色（设施包括灭火器、消火栓、开关、灯罩、管道、扶梯栏杆、室外休闲娱乐设施、座椅、雕塑、装饰物、倒车架、电话亭、宣传栏、标志牌等）	现场检查，符合1分，部分符合0.5分，不符合0分	1
49	沟渠河道等无异味、无杂物、无污水横流、无大量泡沫、无漂浮异物，孑孓（蚊的幼虫）不超过1只/100毫升，有明显"不得戏水、注意安全"等提示牌	现场检查，符合1分，部分符合0.5分，不符合0分	1

续表

序号	标准内容	评分细则	分值
50	客户信箱号码字迹清晰、美观，外观清洁无积尘	现场检查，符合1分，部分符合0.5分，不符合0分	1
51	服务前台（咨询台）表面无灰尘	现场检查，符合1分，部分符合0.5分，不符合0分	1
52	公共卫生洁具清洁，无水迹、无异味	现场检查，符合1分，部分符合0.5分，不符合0分	1
53	公共区域电镀设施保持光亮，无浮尘，无水迹、无锈斑	现场检查，符合1分，部分符合0.5分，不符合0分	1
54	空调风口无灰尘	现场检查，符合1分，部分符合0.5分，不符合0分	1
55	景观灯、园林小品、楼梯、扶手无明显灰尘，无损坏、无污迹，保持本色	现场检查，符合1分，部分符合0.5分，不符合0分	1
56	停车场、立体车库、架空层、车行道、走道无污迹、无杂物、无积水，无明显油迹、无明显灰尘，无异味，无蜘蛛网，无占用等现象	现场检查，符合1分，部分符合0.5分，不符合0分	1
57	喷泉、水景水质不浑浊，无青苔，无明显沉淀物和漂浮物	现场检查，符合1分，部分符合0.5分，不符合0分	1
58	家具保持本色，无明显灰尘、污迹，常接触面用白色纸巾擦拭50厘米无污迹，棉麻布材料的家具目视无污迹、拍打无灰尘	现场检查，符合1分，部分符合0.5分，不符合0分	1
59	公共区域各连廊、垃圾桶、防火门等保持清洁	现场检查，符合1分，部分符合0.5分，不符合0分	1
60	排水沟/明沟无异味、无蚊蝇、无杂物、无污水横流，沟盖板完好，盖板间缝不大于3厘米，无蚊蝇蟑螂活动、无堵塞，沉淀物不超过管径1/5，井盖完整，覆盖紧贴	现场检查，符合1分，部分符合0.5分，不符合0分	1
61	人体不常接触到的设施位置目视无明显灰尘、无油迹、无污迹、无杂物、无蜘蛛网，人体常接触到的设施位置处手摸无污迹，所有设施表面呈本色（包括：灭火器、消火栓、开关、灯罩、管道、扶梯栏杆、室外休闲娱乐设施、座椅、雕塑、装饰物、倒车架、电话亭、宣传栏、标识牌等）	现场检查，符合1分，部分符合0.5分，不符合0分	1

续表

序号	标准内容	评分细则	分值
62	物业管理建筑外公共区域地面、道路、草坪整洁，无废纸、无烟头、无塑料袋等废弃物	现场检查，符合1分，部分符合0.5分，不符合0分	1
63	道路地面无积水、无纸屑烟头、无枯枝败叶、无颗粒沙石	现场检查，符合1分，部分符合0.5分，不符合0分	1
64	高档园区公共区域白天地面无垃圾、无纸屑、无烟头、无果皮等，园区内不间断有保洁，立面无蜘蛛网、无灰尘、无涂鸦	现场检查，符合1分，部分符合0.5分，不符合0分	1
65	大堂地面干燥、光亮、显本色，地面无积水、无脚印、无污迹	现场检查，符合1分，部分符合0.5分，不符合0分	1
66	水磨石地面干燥，目视无灰尘、无污渍、无胶迹	现场检查，符合1分，部分符合0.5分，不符合0分	1
67	水泥地面目视无杂物、无明显油迹、无污迹，广场地面砖目视无杂物、无明显油迹、无污迹、无大面积乌龟纹及青苔	现场检查，符合1分，部分符合0.5分，不符合0分	1
68	车道线、斑马线清晰，无明显油迹，无污迹	现场检查，符合1分，部分符合0.5分，不符合0分	1
69	公共区域地面清洁，无污迹、无水痕、无纸屑	现场检查，符合1分，部分符合0.5分，不符合0分	1
70	道路地面无积水、无纸屑、无烟头、无果皮、无枯枝败叶、无颗粒沙石	现场检查，符合1分，部分符合0.5分，不符合0分	1
71	小区道路、公共楼梯、走道、天台、地下室等公共部位清洁，无纸屑烟头、无蜘蛛网、无乱贴、无乱画，无擅自占用和堆放杂物现象，外围无大颗粒沙石、无垃圾	现场检查，符合1分，部分符合0.5分，不符合0分	1
72	公共区域地面、墙面清洁，无污迹、无水痕、无纸屑、无废弃物等，公共设施或场所标识应按照《××物业视觉识别系统手册》设置，标识无损坏、无明显灰尘、无锈迹，字迹清晰、位置妥当，对清洁过程中有安全隐患或造成使用不便的，设有明显标识或采取有效防范措施	现场检查，符合1分，部分符合0.5分，不符合0分	1
73	需打蜡的地面光亮、呈本色，大理石地面干燥，目视无明显脚印、无污迹；瓷砖地面干燥，目视无明显污迹、无灰尘、无脚印	现场检查，符合1分，部分符合0.5分，不符合0分	1

续表

序号	标准内容	评分细则	分值
74	地毯目视无变色、无霉变,不潮湿,无明显污迹,无沙、无泥、无虫、无异味	现场检查,符合1分,部分符合0.5分,不符合0分	1
75	玻璃洁净、光亮,无积尘、无水迹、无污迹、无水珠、无手印。距地面2米范围内,洁净光亮无积尘,用白色纸巾擦拭5厘米无明显污迹;距地面2米以外玻璃目视无积尘、无油迹、无污物、无明显手印、无水迹、无蜘蛛网;通风窗侧视无明显灰尘,呈本色	现场检查,符合1分,部分符合0.5分,不符合0分	1
76	玻璃幕墙无积尘,呈本色	现场检查,符合1分,部分符合0.5分,不符合0分	1
77	墙壁无污迹、无手脚印、无积尘、无裂纹,呈本色,涂料墙面无明显污迹、手脚印	现场检查,符合1分,部分符合0.5分,不符合0分	1
78	大理石贴瓷内墙面无污渍、无胶迹,白色纸巾擦拭50厘米无灰迹,外墙面无明显积尘	现场检查,符合1分,部分符合0.5分,不符合0分	1
79	水泥墙面目视无蛛网,呈本色	现场检查,符合1分,部分符合0.5分,不符合0分	1
80	不锈钢内墙面目视无指印、无油迹,光亮,用白色纸巾擦拭50厘米无污迹;不锈钢外墙面无积尘,呈本色	现场检查,符合1分,部分符合0.5分,不符合0分	1
81	公共墙面清洁,无污迹、无手印	现场检查,符合1分,部分符合0.5分,不符合0分	1
82	涂料墙面无明显污迹、无手脚印	现场检查,符合1分,部分符合0.5分,不符合0分	1
83	房屋雨棚、消防楼梯等公共设施清洁、畅通,地面无积水、无纸屑烟头等,无蜘蛛网、无异味、无积尘、无堆放杂物占用公共场地现象	现场检查,符合1分,部分符合0.5分,不符合0分	1
84	门表面无尘、无油迹、无污物、无明显手印、无水迹、无蜘蛛网,呈本色,手接触处白色纸巾擦拭50厘米无明显污迹	现场检查,符合1分,部分符合0.5分,不符合0分	1
85	天花无蜘蛛网、无污迹、无变形、无损缺、无明显灰尘	现场检查,符合1分,部分符合0.5分,不符合0分	1
86	室内公共区域的天花板清洁,无蜘蛛网	现场检查,符合1分,部分符合0.5分,不符合0分	1

续表

序号	标准内容	评分细则	分值
87	标识牌、指示牌无污迹、无积尘、无缺损	现场检查，符合1分，部分符合0.5分，不符合0分	1
88	房屋共用部位保持清洁，无乱贴、无乱画、无小广告，无擅自占用和堆放杂物现象	现场检查，符合1分，部分符合0.5分，不符合0分	1
89	水系/湖体清澈见底、卵石清洁、水生植物/动物生态平衡，无生物病害死亡现象	现场检查，符合1分，部分符合0.5分，不符合0分	1
90	排放油烟、噪声等符合国家环保标准，外墙无污染，所有油烟、污水、噪声等污染排放必须设置过滤污染装置	现场检查，符合1分，部分符合0.5分，不符合0分	1
91	会议室、培训室、电脑教室等及时清扫	现场检查，符合1分，部分符合0.5分，不符合0分	1
92	办公场所环境清洁，无杂物堆放	现场检查，符合1分，部分符合0.5分，不符合0分	1
93	地面无污迹、无水迹并符合相应材质地面清洁要求	现场检查，符合1分，部分符合0.5分，不符合0分	1
94	胶质地面无明显灰尘、无污迹，办公场所蜡地光亮且无明显蜡印	现场检查，符合1分，部分符合0.5分，不符合0分	1
95	门窗、开关、电脑、打印机、复印机、灯具、风扇、空调、百叶窗等目视无尘无污	现场检查，符合1分，部分符合0.5分，不符合0分	1
96	打印机、复印机整洁，无散乱纸屑，电器类办公用品有相应的静电防范措施	现场检查，符合1分，部分符合0.5分，不符合0分	1
97	房屋共用部位保持清洁，无乱贴、乱画，无擅自占用和堆放杂物现象；楼梯扶栏、天台公共玻璃窗等保持洁净	现场检查，符合1分，部分符合0.5分，不符合0分	1
98	居民日常生活所需商业网点管理有序，符合卫生标准，整洁干净，无乱设摊点/广告牌，无乱贴、乱画现象	现场检查，符合1分，部分符合0.5分，不符合0分	1

【他山之石09】绿化管理品质标准与评分细则

绿化管理品质标准与评分细则

序号	标准内容	评分细则	分值
1	根据项目物业管理方案和项目绿化实际状况，制作绿化规划、管理、预算、实施方案，根据绿化方案确定人力资源安排	检查绿化规划、管理、预算、实施方案及人力资源安排，符合1分，部分符合0.5分，不符合0分	1
2	制订年度绿化养护计划，并按季节（春、夏、秋、冬）、时间（月、周、日）、位置（室内外）、植物种类、南北方地区科学、合理分解	检查养护计划，符合1分，部分符合0.5分，不符合0分	1
3	外包绿化项目执行招投标程序，签订外包合同，监督检查，严格执行，详细记录	检查招投标、合同、记录资料，符合1分，部分符合0.5分，不符合0分	1
4	配备专业人员实施绿化养护管理	根据人事档案资料或外包单位资质证明现场抽查，符合1分，部分符合0.5分，不符合0分	1
5	建立绿化养护外包管理制度，并严格执行	检查供方管理制度及执行情况，符合1分，部分符合0.5分，不符合0分	1
6	建立草坪施工、养护管理制度，并严格执行	检查养护管理制度及执行情况，符合1分，部分符合0.5分，不符合0分	1
7	绿化内务管理制度健全，并严格执行	检查管理制度及执行状况，符合1分，部分符合0.5分，不符合0分	1
8	绿化工作日日有评估、有奖惩、有记录	现场检查记录，符合1分，部分符合0.5分，不符合0分	1
9	定期组织部门内部沟通活动，并有活动记录	检查活动记录，现场询问员工（抽查比例为1:5，最少抽查1人），符合1分，部分符合0.5分，不符合0分	1
10	绿化员工熟悉社区的环境和客户情况，熟悉本岗位职责、工作方法、流程，掌握本岗位工作技能	现场抽查员工（抽查比例为1:5，最少抽查1人）熟悉职责、工作方法、流程、技能等，符合1分，部分符合0.5分，不符合0分	1

续表

序号	标准内容	评分细则	分值
11	绿化员工言行举止符合公司礼仪规范要求，无违纪行为、作业规范、认真负责、精益求精	现场检查，符合1分，部分符合0.5分，不符合0分	1
12	绿化工具、设备管理责任落实到人，统一存放于指定的干燥场地，摆放整齐、保持清洁，标识清楚	现场检查，符合1分，部分符合0.5分，不符合0分	1
13	机械性工具定期维护保养，或与厂家签订维保合同，实施监控并记录，确保连接部位无异常、机油不发黑且无明显浑浊现象，动作无异音，操作灵敏，机身清洁	对照维保合同检查设备状况，符合1分，部分符合0.5分，不符合0分	1
14	对长时间不使用的机械性工具定期测试，以保持其工作灵敏性	现场检查，符合1分，部分符合0.5分，不符合0分	1
15	花卉、绿篱、树木应根据其品种和生长情况，及时修剪整形，保持观赏效果	现场检查，符合1分，部分符合0.5分，不符合0分	1
16	小区公共绿地、庭院绿地及道路两侧绿地合理分布，花坛、树木、建筑小品配置得当、层次分明（可从人性化角度考虑）	现场检查，符合1分，部分符合0.5分，不符合0分	1
17	乔、灌木长势良好，修剪整齐美观，无明显病虫害，无折损现象，无斑秃、无灼伤	现场检查，符合1分，部分符合0.5分，不符合0分	1
18	枯死挽救乔木可只保留树干但须能见青皮，新移植乔木需保留部分树叶，要达到景观效果	现场检查，符合1分，部分符合0.5分，不符合0分	1
19	枝干无机械损伤，植物干体和叶片上无明显积尘、无泥土，叶片大小、薄厚正常，不卷、不黄，无异常落叶现象，周边地面无纸屑烟头、无石块、无宠物粪便、无积水等	现场检查，符合1分，部分符合0.5分，不符合0分	1
20	无枯死乔木、枯死灌木、枯萎地被植物，每1000平方米范围内累计面积不超过2平方米，且枯死灌木、枯萎地被植物每块不超过0.5平方米	现场检查，符合1分，部分符合0.5分，不符合0分	1
21	乔、灌木应保持美观的形状，造型植物必须形态明显、枝条无杂乱现象	现场检查，符合1分，部分符合0.5分，不符合0分	1
22	草坪长势良好，及时修剪和补栽补种，无杂草、无杂物，目视平整，生长季节浓绿，草坪茎叶高度可在6~8厘米	现场检查，符合1分，部分符合0.5分，不符合0分	1

续表

序号	标准内容	评分细则	分值
23	绿地和花坛无杂草（人不常经过区无明显杂草）、无破坏、无积水、无杂物、无枯枝、无践踏、无鼠洞及随意占用，无裸露黄土现象	现场检查，符合1分，部分符合0.5分，不符合0分	1
24	规划栽种花草树木注意当地习俗	现场检查，符合1分，部分符合0.5分，不符合0分	1
25	绿地无改变使用用途和破坏、践踏、占用现象	现场检查，符合1分，部分符合0.5分，不符合0分	1
26	室内管理区域花盆、绿植上无尘、无污	现场检查，符合1分，部分符合0.5分，不符合0分	1
27	乔木、花树花季过后要及时修剪，越冬前对树木要进行全面修剪，发现树木有枯枝要及时清除	现场检查，符合1分，部分符合0.5分，不符合0分	1
28	绿篱修剪要保持常年平齐，新芽高于平齐线3厘米要及时全面修剪	现场检查，符合1分，部分符合0.5分，不符合0分	1
29	养护中发现的死树必须清除，及时按照当地的季节要求及树种特性进行补种	现场检查，符合1分，部分符合0.5分，不符合0分	1
30	摆放景观花卉根据不同季节及时更换，枯枝、枯叶及时清除，有条件的花凋谢后3天内更换	现场检查，符合1分，部分符合0.5分，不符合0分	1
31	绿化死亡率≤5%、绿化面积覆盖率≥95%	现场检查，符合1分，部分符合0.5分，不符合0分	1
32	定期组织浇灌、施肥和松土，做好防涝、防冻	现场检查，检查工作计划和作业记录，符合1分，部分符合0.5分，不符合0分	1
33	雨季保证树木草坪不受淹，必要时开排水沟	现场检查，符合1分，部分符合0.5分，不符合0分	1
34	针对不同的品种和季节进行病虫害预防及消杀，制订有详细的消杀植物病虫害计划，严格执行并有详细记录	检查消杀计划及执行情况，符合1分，部分符合0.5分，不符合0分	1
35	在管理服务范围内向植物喷洒除虫剂时现场设置明显标识	现场检查，符合1分，部分符合0.5分，不符合0分	1

【他山之石10】项目物业服务品质标准与评分细则

项目物业服务品质标准与评分细则

序号	标准内容	评分细则	分值
一、客户管理			
1	根据物业管理方案制作精神文明建设方案和实施计划,严格执行,详细记录	检查精神文明建设方案、实施计划、执行记录,符合1分,合同不规范0.5分,不符合0分	1
2	服务与被服务双方签订规范的物业服务合同,双方权利义务关系明确	检查合同档案资料,符合1分,合同不规范0.5分,不符合0分	1
3	客户台账、数据库、档案资料健全规范,建立客户回访制度,有效执行回访并详细记录	有回访制度0.5分,有效执行并详细记录1分(根据客户台账、数据库、档案资料、回访制度检查回访记录,抽查3件回访信息再次回访检查其有效性),不符合要求0分	1
4	24小时客户服务电话的接通率为100%	任意时间电话接通0.5分,接通率100%1分(任意时间抽打10个电话检查接通率),不符合要求0分	1
5	客户服务电话管理规范,并严格有效执行和记录,建有来电来访台账	有规范0.5分,严格有效执行并有记录1分(检查规范及执行记录),不符合要求0分	1
6	电话、来访记录完整,并有跟进处理结果和回访记录	有电话记录0.5分,并有跟进结果和回访记录1分(检查电话记录),不符合要求0分	1
7	在项目内设有阶段性物业工作重点/进度公众告示栏	现场检查,符合1分,部分符合0.5分,不符合0分	1
8	客户服务部门有完善的客户沟通管理计划和实施方案,定期(至少每半年一次)召开业主代表座谈会,并有详细记录档案	有计划、实施方案0.5分,并定期召开业主代表座谈会1分(检查计划、实施方案及实施记录),不符合0分	1
9	客户服务部门客户投诉记录(投诉台账)规范、清晰,存档资料完整,并有处理或跟进和回访	有记录0.5分,并有处理或跟进和回访1分(检查记录并抽查3件投诉案再回访客户查询),不符合0分	1
10	投诉记录规范,投诉人、投诉问题、问题原因、处理措施、处理结果以及后期跟踪解决情况记录详尽	有记录0.5分,并记录规范1分(检查记录),不符合0分	1

续表

序号	标准内容	评分细则	分值
11	设有服务接待中心,公示24小时服务电话;急修半小时内,其他报修按双方约定时间到达现场,有完整的报修、维修和回访记录	检查现场及记录资料,抽查部分回访情况,符合1分,部分符合0.5分,不符合0分	1
12	建立客户走访工作制度,并有效执行和由业主确认的记录	有制度0.5分,并有效执行1分(检查制度及有效执行记录,抽查3户再回访),不符合0分	1
13	针对有疑义的客户进行了二次回访沟通,并进行记录	有二次回访0.5分,并有效处理和记录1分(检查记录抽查1户再回访),不符合0分	1
14	客户服务部门保存各部门之间的协调工作记录,记录规范(如派工单、需解决事宜联络单等)	有记录0.5分,并记录规范1分(检查记录),不符合0分	1
15	致客户的通知、函件格式规范,并按照通知、函件约定的限期实施	通知、函件格式规范0.5分,并限期实施1分(检查通知、函件档案资料),不符合0分	1
16	公共告示有明确的张贴时间及相关要求,告示栏内规范张贴,有效期结束后,及时撤除,公告栏无剩余的胶条或其他粘物的痕迹	符合要求规范张贴0.5分,有效期后及时撤除并无痕迹1分(现场检查),不符合0分	1
17	制作规范表格征集客户对项目规划、结构户型、设施设备配套、环境等合理化的建议,并保留有转发开发体系相应部门记录和有效落实	有规范征集意见表格和征集意见0.5分,并有详细记录资料和转发开发体系相应部门记录1分(检查征集意见表和记录资料),不符合0分	1
18	制定与地方政府(街道办、居委会)联动规划方案,并积极实施	有规划方案0.5分,并积极实施1分(根据规划方案检查实施结果),不符合0分	1
19	与地方政府保持良好的社会关系,并获得良好的社会效益	关系良好0.5分,并获得良好的社会效益1分(检查良好关系凭证及获得社会效益的结果,如:业主、客户、准客户的评价,甚至因此推动地产销售),不符合0分	1
20	有效投诉处理率100%,年度客户投诉率逐年递减2%~3%	检查投诉档案,符合1分,部分符合0.5分,不符合0分	1
21	行业先进管理举措的推行,每年至少一项	检查改革实践,符合1分,部分符合0.5分,不符合0分	1

续表

序号	标准内容	评分细则	分值
22	客户满意度逐年递增	结合客户投诉率和客户满意度调查表检查客户满意度，符合1分，部分符合0.5分，不符合0分	1
23	每年至少1次征询业主对物业服务的意见，满意率80%以上	现场检查客户服务档案资料，符合1分，部分符合0.5分，不符合0分	1
二、业主及业主大会			
24	根据《物业管理条例》及其他国家和地方法律法规，按照法定程序协助组织、成立业主大会/业主委员会，有议事规则等，并制定物业服务合同和报送政府职能部门备案，直至签订物业服务合同	检查档案资料及相关记录资料，完全符合1分，任一不符合0.5分，完全不符合0分	1
25	业主委员会成立后与业委会签订有《物业服务合同》，双方责权利明确，签订过程合法有效，并在房地产主管部门备案，有备案回执	检查档案资料及相关记录资料，完全符合1分，任一不符合0.5分，完全不符合0分	1
26	业主大会制定修改物业共用部位、配套设施设备的使用、公共秩序、环境卫生的维护等方面的规章制度	检查档案资料及相关规章制度，完全符合1分，任一不符合0.5分，完全不符合0分	1
27	业主大会/业主委员会制定和修改业主管理规约	检查档案资料及业主管理规约，完全符合1分，任一不符合0.5分，完全不符合0分	1
28	业主委员会办公场地固定，管理规范	现场检查，符合1分，部分符合0.5分，不符合0分	1
29	定期召开业主大会、业主委员会会议	检查会议记录，符合1分，部分符合0.5分，不符合0分	1
30	获得业主大会、业主委员会、业主等的支持，追讨欠费、制止违章，记录详尽	检查记录（含会议纪要），符合1分，部分符合0.5分，不符合0分	1
31	业主大会、业主委员会、业主对管理处的表扬、奖励或批评甚至导致业主群诉事件，记录详尽	检查记录，通过部分业主进行核实，表扬奖励属实1分，部分属实0.5分，不属实或批评/群诉事件0分	1
三、客户服务			
32	管理处按照《物业作业指导书》的要求建立有规范、完善的客户服务管理制度和工作流程	检查客户服务制度，符合1分，部分符合0.5分，不符合0分	1

续表

序号	标准内容	评分细则	分值
33	参照《物业作业指导书》，建立健全客户24小时服务机制，保障客户咨询、投诉、报修、求助、建议、质疑、问讯等问题及时有效地解决，并详细记录	建立有健全的客户服务机制0.5分，有效执行并有详细记录1分（检查客服及有效执行情况记录），不符合要求0分	1
34	客户信息资料齐全、分类专业、档案规范，责任人明确，保密制度健全并严格执行，有严格的档案管理查询制度	检查客户信息资料档案及保密制度，符合1分，部分符合0.5分，不符合0分	1
35	客户服务人员熟知业主的基本情况（如栋号、单元、房号、面积、费用缴纳情况，家庭成员、性别、年龄、职业等）并且得到客户认可（客户调查表记录）	熟知客户基本情况0.5分，并得到客户认可1分（当面抽查3名客户服务人员以及检查客户调查记录），不符合要求0分	1
36	公开的物业服务项目、标准、要求，与销售合同、《前期物业服务合同》中表述一致	客户满意度调查逐年提升至少两个百分点（最终维持在90%以上）	1
37	建立有完善的客户应急事件服务机制	检查应急事件服务机制，符合1分，部分符合0.5分，不符合0分	1
38	建立有完善的客户回访服务机制	检查客户回访服务机制，符合1分，部分符合0.5分，不符合0分	1
39	客户满意度调查逐年提升至少两个百分点（最终维持在90%以上）	检查客户满意度调查资料，符合1分，部分符合0.5分，不符合0分	1
40	根据业主需求，提供物业服务合同之外的有偿特约服务或其他代办服务，公开服务项目、收费标准，并在收费现场和物业管理公共区域内公示	现场检查特约服务/代办服务项目/收费标准的公示情况及收费情况报表，有服务0.5分，并公开服务项目、收费标准1分，不符合要求0分	1
41	按有关规定和合同约定公布物业服务费用的收支情况	检查相关规定或服务约定合同以及服务费用公示情况，符合1分，部分符合0.5分，不符合0分	1
42	客户服务人员在遇到客户时主动规范礼貌地问候客户	有问候0.5分，问候规范1分（现场检查），不符合0分	1
43	对VIP客户制订出年度服务计划，并有效实施和详细记录	有计划0.5分，有效实施并记录1分（检查计划及实施记录），不符合0分	1

续表

序号	标准内容	评分细则	分值
44	与客户建立不少于2组沟通媒介或渠道，及时沟通各类服务信息（如社区共建、公共卫生、气象信息等）	建立1组以上与客户沟通媒介或渠道0.5分，并及时沟通或提供各类服务信息1分（现场检查），不符合0分	1
45	建立便民维修服务制度，有效落实服务承诺，并详细记录	有便民维修制度0.5分，并有效落实承诺1分（检查制度建立及有效落实记录），不符合要求0分	1
46	客户报修处理及时率应有统计记录	客户报修及时处理0.5分，并有统计记录1分（现场检查客户报修记录），不符合要求0分	1
47	零修急修及时率100%，返修率不高于1%，并有回访记录	100%零修急修及时率0.5分，返修率不高于1%并有回访记录1分（检查回访记录并抽查3户进行回访），不符合要求0分	1
48	定期发放收集物业服务工作意见征求表，对合理的建议及时整改，满意率达95%以上	有意见征集表0.5分，对合理的建议及时整改并满意率达到95%以上1分（检查意见征集表），不符合要求0分	1
49	客户区域的环境整洁、温馨，管理规范	客户区域环境整洁温馨0.5分，并管理规范1分，不符合要求0分	1
50	物业服务区域内VI标志齐全、应用规范、准确、统一	物业服务区域内有标志0.5分，并标志齐全、应用规范、准确1分（现场检查），不符合要求0分	1
51	建立拾遗物品管理办法，严格执行，并有记录	有管理办法0.5分，并有执行记录1分（检查管理办法和执行记录），不符合要求0分	1
四、社区活动			
52	建立健全的社区文化活动机制，有效执行，并有记录	有制度0.5分，并有执行1分（检查制度及执行记录），不符合0分	1
53	制订有年度社区活动计划和实施方案，实施过程结果均以文字、照片、实物记录存档、展示，据此开展有意义、健康向上的社区文化活动，创建和谐的社区氛围，记录详尽	有计划、实施方案0.5分，并有效执行1分（检查计划、实施方案及实施记录），定期更换宣传信息并图文并茂1分（现场检查宣传栏和更换记录），不符合0分	1

续表

序号	标准内容	评分细则	分值
54	创造条件、积极配合、支持并参与社区文化建设,并有详细记录	创造条件、积极配合、支持参与社区文化建设0.5分,并实施社区文化建设1分(检查支持、参与建设以及实施社区文化建设的事实),不符合0分	1
55	定期(至少以季度为单位)与客户进行沟通并有详尽记录	有沟通0.5分,每季度实施并详细记录1分(检查沟通记录并抽查沟通实际),不符合0分	1
56	发挥社区宣传栏的作用,定期宣传健康、文明的社区知识等,图文并茂	有宣传栏0.5分,定期宣传健康、文明的社区知识等,图文并茂1分,不符合要求0分	1
57	年度活动不少于10次,其中大型活动不少于2次	检查活动记录资料,符合1分,部分符合0.5分,不符合0分	1
五、宠物管理			
58	按国家及地方政府法规要求建立完善的宠物管理规定,并向客户公示	现场检查,符合1分,部分符合0.5分,不符合0分	1
59	对管理区域内的宠物登记造册	现场检查,符合1分,部分符合0.5分,不符合0分	1
60	对宠物伤人、扰民等事件有相应的处理工作流程	现场检查,符合1分,部分符合0.5分,不符合0分	1
61	项目内设有宠物活动区,设置粪便清理袋或宠物厕所	现场检查,符合1分,部分符合0.5分,不符合0分	1
62	小区内不得违反当地规定饲养家禽、家畜及宠物(大型犬只等),对违规客户实施制止措施,发出口头、书面通知,并同步通报相关执法管理部门备案	现场检查,符合1分,部分符合0.5分,不符合0分	1

【他山之石11】管理处效益管理品质标准与评分细则

管理处效益管理品质标准与评分细则

序号	标准内容	评分细则	分值
一、基础管理			
1	制作资产台账（含开发公司拨付资产），根据业主客户需求，制定相应的多向型经营目标、计划、预算，有详细的市场调研分析报告和完整的经营方案及实施办法	有经营目标/计划/预算0.5分，有市场调研报告/经营方案/实施办法1分（检查书面目标/计划/预算/调研报告/经营方案/实施办法等），不符合0分	1
2	有明确的经营项目和业主认可的合法收费标准，有严格的经营/收费管理制度，并严格有效实施	有经营项目、收费标准、经营/收费管理制度0.5分，并有效实施1分（检查经营项目、收费标准、经营/收费管理制度及实施记录资料）	1
3	制作业主资产台账，根据经营方案制作分类完善的经营管理台账	有业主资产台账0.5分，并根据经营方案制作分类完善的经营管理台账1分，不符合要求0分	1
4	利润增长率≥0（本期实现净利润—上期实现净利润）÷ABS（上期实现净利润）	现场检查，符合1分，部分符合0.5分，不符合0分	1
5	人均创利率逐年递增，增长率≥2%	现场检查，符合1分，部分符合0.5分，不符合0分	1
6	营运能力指标：应收账款周转天数≤90天（应收账款周转天数=360÷应收账款周转率，即应收账款周转天数=360×平均应收账款/经营收入）	现场检查，符合1分，部分符合0.5分，不符合0分	1
7	经营项目（含广告、物业等各类租赁经营）费用收缴率为100%	收缴率90%以上0.5分，收缴率100% 1分（检查月/季/半年报），不符合0分	1
二、租赁经营			
8	制定出租房屋管理规定，并严格执行，有登记	有规定0.5分，并严格执行1分（对照规定检查执行情况登记），不符合0分	1
9	制定客户钥匙留存登记管理制度，包括"钥匙借用登记表""钥匙留存登记表"及租户"钥匙领用登记表"等，并严格执行登记管理	有制度0.5分，并严格执行登记管理1分（检查制度及执行登记），不符合0分	1

续表

序号	标准内容	评分细则	分值
10	有严格的租赁代理管理规定及责任制，并无投诉、无纠纷，执行出租屋巡查管理制度	有租赁代理管理规定及责任制0.5分，并严格执行1分（检查客户投诉、纠纷记录），不符合0分	1
11	客户签订标准的《房屋租赁合同》，并严格监督执行	有签订租赁合同0.5分，并严格监督执行1分（检查租赁合同及执行记录资料或报表），不符合0分	1
12	出租库房物料存放整齐，易燃、易爆等物品或化学危险品的存放符合国家各项规定（禁止易燃、易爆等物品或化学危险品的存放），有检查记录	有检查及检查记录0.5分，存放规范1分（根据记录资料现场检查），不符合0分	1
13	对租户登记身份证和办理出入证，租户档案完整（在治安管理部门核查登记）	有登记和办理出入证0.5分，并租赁档案资料完整1分（检查登记资料），不符合0分	1
14	地面车位、人防等公共部位依据法规开展租赁经营，除去成本外的收益，定向用于提升服务品质、非开发商责任的中修以上的工程维修改造和社区设施购置，收入支出账目清晰	检查经营收支账目及报表，符合1分，部分符合0.5分，不符合0分	1
15	制作并签订规范租赁经营合同，开具收费凭证	检查租赁合同档案，对照合同检查凭证存根，符合1分，部分符合0.5分，不符合0分	1
16	有经营管理规定、经营管理方案，取得合法收费许可证，依法经营	检查经营管理规定、经营管理方案和收费许可证，符合1分，部分符合0.5分，不符合0分	1
三、广告经营			
17	制定有统一的广告管理办法，室外招牌、广告牌、霓虹灯等有防台风、防暴雨、防地震等灾害的（制作质量要求）应急管理措施，室外招牌、广告牌、霓虹灯等按规定设置摆放，整洁、统一、美观，无安全隐患、无破损，并严格执行管理办法	有办法0.5分，并有应急措施和无隐患规范摆放设置1分（检查办法：现场抽查3处广告、店招摆放设置），不符合0分	1
18	制定有统一规范的商铺广告、店招方案	检查广告方案，符合1分，部分符合0.5分，不符合0分	1

续表

序号	标准内容	评分细则	分值
19	所有广告租赁均签订规范的广告位租赁合同,并严格有效执行	有合同0.5分,严格执行1分(检查租赁合同及执行记录或报表),不符合0分	1
20	定期维护、检查、加固广告牌位,并做详细记录	有定期检查0.5分,有检查记录1分(阅览检查记录),不符合0分	1
21	统一规划物业辖区商业广告牌位及发布方式,并严格有效实施	有统一规划0.5分,并有效实施1分(根据规划方案现场检查实施效果),不符合0分	1
22	定期清洁广告及周边环境卫生	现场检查,符合1分,部分符合0.5分,不符合0分	1
23	广告发布必须符合国家及地方的相关广告管理规定(符合当地城市管理条例的要求,到当地主管部门备案)	检查广告发布合法手续,符合1分,部分符合0.5分,不符合0分	1

第7章

图解精益管理之服务标准化

所谓标准化,就是指制定标准,按标准进行行动,统一员工的工作行为,并在实践中适时更新与完善相应的标准,改善相应的管理及作业行为,从而促进企业经营管理水平的提高等一系列的管理活动。物业服务企业对物业服务标准的制定和实施,以及对标准化原则和方法的运用就是物业服务的标准化过程。

7.1 物业服务标准化的益处

物业服务本身具有无形性和即时性的特点,难以量化评估。制定服务标准有利于实现对物业服务的量化考核。具体而言,推行服务标准化可以为物业服务企业带来许多好处,具体如图7-1所示。

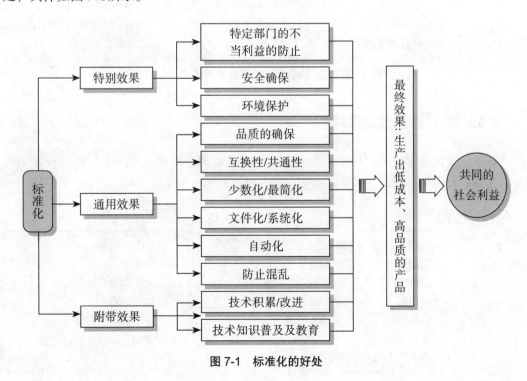

图 7-1 标准化的好处

7.2 物业服务标准体系的组成

物业服务既表现为提供劳务形式的无形产品,如秩序维护、客户服务等;又表现为与有形产品紧密结合在一起,如制冷供热、设备运行等。物业服务作为一种特殊的商品,其过程与结果具有一定的不确定性,其质量控制应以服务标准为衡量准则。

目前一些物业服务企业将服务标准体系划分为服务标准、管理标准与工作标准三个部分,如图7-2所示。

服务标准

服务标准是物业服务企业标准化运作的基础和主体,即服务规范,是衡量和判定物业服务效果的准则

管理标准

管理标准是对服务标准化体系中需要协调统一的管理事项所制定的标准,是实现物业服务标准的措施和保证。涉及企业的经营管理、服务策划与创新、质量管理、设备与基础设施管理、人力资源管理、安全管理、职业健康管理、环境管理、信息管理等与服务标准相关联的重复性事物和概念

工作标准

工作标准是实现服务标准和管理标准的手段。主要指在执行相应管理标准和服务标准时与工作岗位的职责、岗位人员基本技能、工作内容、要求与方法、检查与考核等有关的重复性事物和概念

图7-2 物业服务标准体系的组成

7.3 服务标准化的对象

服务标准化通常从客户服务、设备管理、安全管理、环境管理四个方面进行详细阐述,这四个方面也是物业服务最重要的方面,具体如图7-3所示。

客户服务
- 岗位要求
- 装修服务
- 投诉管理
- 特约服务
- 商户管理
- 宠物管理
- 业主大会与业主委员会
- 房屋交付
- 客户沟通
- 社区文化
- 客户物品代管
- 客户信息管理

设备管理
- 岗位要求
- 居家维修服务
- 应急处理
- 施工作业管理
- 共用设施日常运行维护

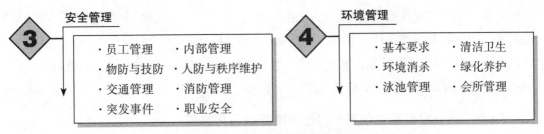

图 7-3　物业服务标准的四个方面

7.4　实施标准化运作的关键环节

物业服务企业实施标准化运作要抓住以下三个关键环节。

7.4.1　提供规范化客户服务

物业服务企业最重要的行为是为客户提供服务,制定规章制度、服务规范、运行手册应从规范客户服务开始。比如：海尔公司的竞争优势最先就是表现为客户服务规范,服务标准细化程度已经到了穿什么样的衣服、怎么敲客户的门、第一句话怎么说、第一件事做什么、出门的时候如何打招呼的全过程规范。这些都非常值得学习借鉴。

7.4.2　标准化客户感受体验

服务行业的产品中还有一部分内容是客户体验。企业服务对象要求的体验不同,服务方式也就不同,标准化运作模式中的标准化客户体验,就是要求客户对服务的感觉、对环境的感知、与服务人员的互动都应该有一致的体验和感受。

7.4.3　一致性公共关系处理

物业服务企业除了要与客户打交道之外,还有很多公共关系需要协调处理。以物业服务企业的外委服务来讲,负责提供服务的供应商也需要为物业服务企业提供作业指导书和工作手册,以规范整个服务过程,以便使客户感受到的服务和体验都是标准的、一致的。此外,一致性公共关系的处理还包括政府关系、媒体关系、社区关系、利益相关者等。

7.5　物业服务标准化实施策略

7.5.1　建立超前思维模式,避免陷入标准化怪圈

许多物业服务企业在实施服务标准化的时候,只是简单地模仿一些优秀企业的做法。其实,简单模仿照搬成功物业服务企业的运作模式,不可能成为本企业标准化运作改进措施的根本出路。因为,优质的物业服务不能仅仅是一套完善的制度和方案,而应成为

一种企业文化。文化决定观念，观念决定心态，心态决定行为，行为决定习惯，习惯决定未来。所以，一定要"跳出现在"的局限，处理好"知"和"行"的关系，"先谋势，后谋利"。物业服务日常的工作非常琐碎，也非常单调和枯燥。因此，物业服务需要依靠一种超前思维和良性习惯去支持和实施。

7.5.2 物业服务需要创新，打破标准管理僵化格局

物业服务的特性决定了行业难以形成类似于高科技行业的"标准之争"，该领域只有反映行业特征和规则的基本标准，没有普遍适用全行业所有领域的普适标准和万能规则。因此，物业公司要提高企业竞争力就必须打破标准管理僵化格局，在依靠标准化运作的基础上，适时运用创新差异化发展策略，才能争取更大的市场占有率和经济效益。

7.5.3 运用标准化运作特点，保持物业服务行业持续发展力

为了防止企业发展过程中出现后劲不足的现象，保持强劲持续发展力效应，物业服务企业内部应建立标准化流程控制改进修正系统。

（1）建立规范操作运行手册　规范操作运行手册是企业专业化服务的存在形式，物业服务企业要用心研究物业服务的特点，掌握规律，运用科学的方法实行有效的管理和运作。在此基础上细化标准程序及运行手册，对整个服务过程进行全程控制。

（2）设置适宜的物业服务监控点　物业服务企业不应再徒劳地寻找放之四海皆准的标准，而应转变思路建立比最低标准更高要求的行业规范来控制服务过程，对检查出的问题及时采取整改或纠正措施，这些信息都应该作为提高企业标准化运作水平的主要依据。

（3）坚持强调标准化的持续改进思想　建立开放式的信息搜集沟通系统，对搜集到的各类信息和数据，按照科学数据分析的原则进行统计分析。特别要注意利用平时在各类检查活动、服务提供过程当中的信息和资料，分析服务的开展状况水准和内部管理水平，及时通报改进情况，从而使企业不断改进、提高、自我完善。

下面提供几份物业服务企业标准化管理的范本，仅供读者参考。

【他山之石01】物业客户服务管理标准

物业客户服务管理标准		
业务类别	分项要求	管理标准
岗位要求	基本条件	服务人员按国家（地方）规定取得物业管理资格证书 服务人员服装统一，整洁规范

续表

业务类别	分项要求	管理标准
岗位要求	行为规范	（1）公司须建立员工BI培训、检查与考核制度，并有效落实。每季度至少对BI执行情况进行一次全面检查、评估，并针对存在的问题制定落实整改措施 （2）在工作区域内，员工仪容仪表、行为举止、语言态度符合××物业员工行为规范（BI手册）的要求，见到客人应点头/微笑、主动问好/致意，客户进出小区或到前台办理事务时起身服务，双手递送票据、物品
房屋交付	交付前	（1）双方签订前期物业服务合同，权利义务关系明确，物业服务标准及各类服务收费符合当地政策法规要求，完成备案并进行公示 （2）至少提前三个月成立物业服务中心，编制部门组织架构，完善各岗位职务说明书，开展人员招聘、培训工作，确保管理人员及专业技术人员在交付前三个月到位，安全员、保洁员等提前一个月到位 （3）开展内部管理流程和管理制度搭建，建立文档资料管理制度和规范的文档资料目录 （4）依据当地法规要求，办理项目营业执照、组织机构代码证、税务登记证、收费许可证、会所及泳池卫生许可证等各类证照，确保各类业务经营前证照齐全 （5）收集项目销售承诺、遗留问题及周边配套、居住环境等资料，制定常见问题统一回复口径，并进行全员培训 （6）提前开展客户装修需求分析，结合当地政策法规、以往装修服务经验教训等，与地产公司协商确定防盗门、阳台拉闸门、内置窗花等设施的统一款式 （7）协助地产公司对房屋交付工作进行策划，至少提前两个月制订交付工作计划，明确交付前、集中交付（含应急预案）、交付后阶段工作内容，责任人及完成时间等 （8）根据集团《新建物业共用部位接管验收实施规范》开展共用部位、共用设施设备的接管验收工作，与各施工单位建立沟通渠道，收集施工单位负责人姓名、联系电话及保修期限等，建立清单 （9）与地产协商确定物业受理的地产相关投诉的反馈渠道，确定维保期内对公共设备设施维保质量的监督管理办法与流程 （10）提前两周完成交付指引、装修指引、业户手册及各类格式化协议、记录表格等交付资料及交付物资的准备
	交付中	（1）交付现场可选择通过设置展板、播放DV、摆放宣传册、岗位形象展示等形式宣传物业服务内容 （2）通过现场展板或交付指引介绍项目周边配套资源，提示客户需关注事项 （3）交付流程合理、便捷，各类交付资料填写完整、准确

续表

业务类别	分项要求	管理标准
房屋交付	交付后	（1）按照物业服务管控软件要求完善客户信息，分户存放交付通知书、业主资料卡、业主签订的各种协议、临时管理规约、委托代办手续等书面资料 （2）项目交付后三个月内，公司至少对项目的综合服务能力及体系运作情况进行一次评估
装修服务	装修服务准备	（1）建立完善的装修服务制度，包括事前告知、事中制止及事后上报义务履行的措施与方法，日常巡查范围、要求及频次等 （2）依据装修户数提前做好现场巡查人员配备及工具材料准备等工作 （3）提前对可能造成损坏的共用部位（大堂、电梯厅、电梯轿厢、特殊材质地面等）采取防护措施 （4）经公司审批，与特约商户（如装修搬运、摆卖装饰材料等）签订管理协议，明确违约责任、处理措施，并提前公示
装修服务	装修过程服务	（1）办理装修登记备案时，各类书面资料必须齐全，分户建立装修管理档案，装修档案资料保存完整 （2）可协助客户详细了解装修现场水、电、气走向，承重墙位置，防水层等情况，提示抽油烟机、热水器及空调主机等安装事项 （3）装修期间，装修管理员每三天至少到装修现场巡查一次，安全员每天至少到装修现场检查一次，并做好记录 （4）关注隐蔽工程施工（如防水施工、改线改管等），对于存在安全隐患的隐蔽工程，应及时予以记录并提醒客户关注 （5）主动提示客户进行装修隐蔽工程验收，如水管打压、线路绝缘检测、地漏和排水管道的通水等项目的测试 （6）发现业主进行危及建筑物安全的行为，如拆除房屋承重墙、开挖地下室、利用房屋储存危险物品等；业主侵占公共道路、公共绿地等公共部位或者共用设施设备的行为，如在共用部位搭建房屋、在公共绿地种树种菜等；业主屡次占用消防通道停车不听劝阻，或长时间堵塞消防通道的行为；业主进行虽不危及建筑物安全，但违反法律、法规和管理规约，极易使小区矛盾激化或引起恶性示范效应的搭建行为，如利用小院搭建多层房屋等；其他"违反物业服务合同或者法律、法规、管理规约"的，涉及业主重大利益或者众多业主利益的行为即时以书面形式告知违章事项，并采取制止措施制止无效时及时书面上报主管部门，并依据项目实际情况提起诉讼，必须留存告知、制止、上报等义务履行证明材料
客户沟通	基本要求	（1）向客户公布24小时服务电话、投诉渠道（应包含集团投诉论坛、物业公司及项目投诉渠道） （2）公司应制定顾客沟通程序，项目应编制年度客户访谈计划并有效落实 （3）项目应编制重点客户名录，定期与重点客户沟通并建立良好的关系

续表

业务类别	分项要求	管理标准
客户沟通	客户访谈	（1）明确各级人员客户访谈要求，项目负责人、部门主管以上人员每月至少与两位客户进行深度访谈 （2）客户乔迁一周内，物业服务人员上门拜访，恭贺客户并指导客户开通、使用居家报警系统，了解客户需求及意见 （3）新项目（含滚动开发）交付后半年内，须对所有已办理交付手续的客户进行一次上门或电话访谈；以后，每年至少对所有已办理交付手续的客户进行一次上门或电话访谈 （4）所有访谈应保留记录，对访谈中客户提出的建议和意见制定整改措施并落实
	客户满意度调查	（1）公司每年至少进行一次客户满意度调查（不含集团调查），对调查结果进行统计分析，作为管理评审的输入 （2）公司、项目应依据客户满意度调查结果，制定客户满意度提升计划并有效落实
	客户恳谈会	（1）项目部每年至少召开一次业主恳谈会 （2）项目负责人主持恳谈会，可参照上期工作总结、下期工作重点、需全体业主关注与配合事项的形式汇报工作并听取客户意见，会后制订改进计划，并在服务区域内公示
	物业服务报告	（1）住宅项目每季度首月20日前以《管理服务报告》的形式向客户公布上季度物业服务和财务收支情况（包干制项目除外，有合同约定的从其约定），公布前经公司审核，有业委会的项目应先征询业委会意见 （2）公共物业项目，须在每月5日前完成上月《物业管理工作简报》的编制，经公司审核后呈报委托方
	通知通告	（1）公司应建立文件资料管理制度，明确对客户发布通知、通告的格式、字体及审批权限等 （2）通过项目公告栏、电子显示屏、紧急广播等方式向客户发布信息，必须经项目负责人审批
投诉管理	总要求	（1）公司应建立客户投诉处理程序，明确处理流程、处理时效、各层级职责、监督与回访等要求并有效落实 （2）管理项目应建立24小时电话接听制度，24小时受理客户报修、求助、投诉等 （3）公司、项目有专人负责客户投诉处理，对与物业服务相关的投诉及时跟进处理
	受理与回复	（1）项目现场受理的投诉，应及时做好记录，并根据投诉类别通知责任岗位处理；重大、热点和重要投诉应及时填写"客户投诉处理记录表"发送公司投诉管理部门和公司管理层

续表

业务类别	分项要求	管理标准
投诉管理	受理与回复	（2）公司受理的信函、电话、传真、电子邮件方式的投诉，由公司投诉管理部门负责跟进处理与反馈客户 （3）网络投诉须在投诉产生或收到转发后24小时内回复；其他形式的投诉均须在投诉产生或收到转发后1个工作日回复 （4）对于共性的、涉及公共部位和公共利益的投诉，每月5日前整理汇总处理措施和结果，由项目负责人确定是否公示、公示张贴区域范围等，如公示应避免出现客户的房号、姓名等 （5）所有投诉应在物业服务管控软件上有完整记录，并由投诉受理部门统一回复客户
	处理与回访	（1）投诉处理过程中保持与客户沟通，投诉处理进度、处理情况应及时向投诉客户反馈 （2）所有投诉均须有完整的处理记录，并建档保存；重大、热点和重要投诉处理完毕后应形成专项报告，单独立卷保存 （3）所有投诉处理完毕后，应进行100%回访（联系不上或不便回访的除外）
	统计与分析	（1）项目每月须对当月所有客户投诉（包含向项目、物业公司、地产公司、集团、媒体的投诉及网络投诉等）及其处理结果进行统计汇总，将其中典型投诉整理成案例（外接公共物业由各公司自行确定） （2）公司每季度须对各项目客户投诉进行统计分析，并提出改进措施；重大、热点、重要投诉及其他典型投诉整理成案例
社区文化		（1）公司应编制社区文化工作指引，每年编制年度社区文化建设计划 （2）项目每季度至少开展一次社区文化活动，每次活动前应编制活动方案，并提前告知客户 （3）对项目内社团组织做好引导、扶持工作，并纳入项目社区文化建设计划 （4）每次社区文化活动结束后须对活动效果进行评估，对存在的问题制定落实改进措施 （5）举行大型社区文化活动应制定相关应急预案，并组织培训/演练；组织客户外出活动应购买人身意外保险
特约服务	管理要求	（1）公司建立特约服务控制程序，明确家政清洁、维修等特约服务提供流程、监督措施、收费管理等要求 （2）公司制定常规服务价目表，各项目依据实际情况制定本项目的收费标准，经公司品质、财务部门审核后（根据当地政策确定是否报物价部门备案），在显著位置公示服务内容、收费标准等 （3）对超出常规服务的新服务项目，有评估机制和控制措施，必须经公司审批后方可提供

续表

业务类别	分项要求	管理标准
特约服务	服务提供	（1）提供服务前向客户说明服务内容及收费标准，服务完毕后，由客户在居家服务情况记录表上签字确认 （2）长期服务须签订特约服务协议，约定服务内容、服务期限、收费标准及双方权责等
	服务回访	（1）特约服务完成后1个工作日内进行回访，回访内容至少包括服务质量、及时性、服务礼仪与态度。最低回访比例为：300单以上/月，抽样比例≥10%；100~200单/月，抽样比例≥20%；100单以下/月，抽样比例≥30%。 （2）以下四种情况回访率必须为100%：新签长期服务协议的客户；新推出的服务项目；新服务人员提供服务；上次服务曾被投诉过的服务人员提供的服务 （3）对签订长期服务协议的客户，每季度应进行一次上门回访 （4）公司每季度结合服务回访及客户投诉，对特约服务进行统计分析，对存在的问题制定、落实改进措施
客户物品代管		（1）原则上不为客户提供私人物品代管服务，特殊情况代客户保管钥匙等物品须有完善的交接手续，双方签字确认，签订代管委托书，指定专人管理，使用有登记（若因开展返修、燃气开通等业务要求客户留用钥匙的，可不签订代管委托书，但须做好登记） （2）拾遗物品区分一般遗失物和特殊遗失物，明确遗失物的处置管理办法，并遵守优先返还权利人、妥善保管、公安部门最终处置的原则，失主认领时查验有效证件并登记 （3）如项目提供邮件代收服务，须制定代收客户邮件管理制度
客户信息管理		（1）制定客户信息和档案管理制度，明确管理原则和要求 （2）客户档案由专人管理，非资料管理员查阅、借阅须登记并经过项目负责人审批同意，留存记录 （3）客户信息的电子文件须设置查阅权限
商户管理	商铺	（1）根据项目情况建立商户管理程序，规范商户管理，维护服务区域内的经营秩序 （2）与商铺业主和使用人签订商铺管理服务协议与商铺消防安全管理责任书，明确与商户间的责权关系与消防安全责任 （3）商户进驻经营后三个月内完善商户管理档案，包括营业执照复印件；商铺负责人的身份证复印件、照片及联系方式，从业人员基本资料等；经营特种行业或政府有要求的特殊项目，还必须查验政府部门批准的相关证明，留存复印件 （4）项目应指定专人对商铺周边的环境卫生、是否占道经营进行日常监督，对违反商铺管理相关规定的行为及时纠正。对商铺消防、电器设施和使用情况进行监控，要求各商户配置足够的消防器材，并定期维护电器设施，每季度进行商铺消防设施检查

续表

业务类别	分项要求	管理标准
商户管理	商铺	（5）铺面整齐，无乱悬挂、乱张贴、乱摆卖，广告、霓虹灯、招牌整洁统一美观，无安全隐患或破损等 （6）特殊垃圾如医用、餐饮等的处理符合国家规定，排放油烟、噪声等符合环保标准，无存放有毒有害物质
	特约商户	（1）建立特约商户档案，资料齐全（营业执照复印件、产品合格证、促销人员身份证明等） （2）按程序审批后方可进驻，双方权责利约定明确，并有监督管理措施 （3）特约商户经营行为不影响客户正常居住和生活
宠物管理		（1）项目应制定宠物管理办法 （2）主动收集文明养宠的宣传资料，采取多种方式在小区内持续宣传文明养宠 （3）在日常工作中对不文明养宠行为，工作人员应及时关注并提醒
业主大会与业主委员会		（1）公司应建立筹备业主大会、选举业主委员会程序，具备条件的项目，积极协助业主大会、业主委员会依法成立和运作 （2）与业主委员会建立规范的沟通机制，对业主委员会提出的意见或建议制定整改措施，并跟踪落实，定期反馈 （3）项目负责人应每季度（或按合同约定）就管理服务报告、公共设施设备重大改造、管理疑难问题及涉及业主共有权益的事项与业主委员会沟通，会后形成会议纪要，经公司分管领导审核、业主委员会主任审批后，向全体客户公布 （4）业主大会、业主委员会与公司、项目之间的往来资料应单独立卷保存，公司管理层每年至少与分管项目的业委会主任沟通一次，并针对其提出的意见或建议制定整改措施并落实

【他山之石02】物业安全管理标准

物业安全管理标准

业务类别	分项要求	管理标准
员工管理	岗位基本要求	（1）入职1个月以上的安全员熟悉责任区域内的楼栋号、路口、安全死角；水、电、气暖的总阀、总表位置；熟悉责任区域内的物防、技防以及消防设施的位置、控制范围和使用方法 （2）上岗3个月以上的门岗安全员，对所负责门岗的进出客户（面貌）认知度超过70%（开放式的出入口除外）

续表

业务类别	分项要求	管理标准
员工管理	岗位基本要求	（3）控制中心监控岗入职时间在3个月以上 （4）入职6个月以上的安全员，熟练掌握各类突发事件的处理方法
内部管理	业务检查	（1）接管项目数在10个以下的，公司级夜间查岗每月不少于1次；接管项目数在10～20个之间的，公司级夜间查岗每两个月不少于1次；接管项目数在20个以上的，公司级夜间查岗每季度不少于1次。检查须覆盖所有接管项目 （2）项目负责人夜间查岗每月不少于1次，项目安全负责人夜间查岗每周不少于1次 （3）夜间值班从23:00至次日6:00之间，监控中心岗位或其他授权岗位每小时用对讲机呼叫各岗位，检查值班状态 （4）安全员紧急集合每季度至少2次（含1次消防紧急集合）
	方案策划与评估	（1）新项目交付前1个月，根据××物业DS安全模式完成项目安全管理方案策划，并对方案进行评估 （2）项目至少每半年对安全管理方案的适宜性、有效性进行一次评估，公司至少每年对各项目安全管理方案进行一次评估 （3）发生入室盗窃事故时，应及时对项目安全管理方案进行评估 （4）建立台风暴雨等恶劣天气、技防或物防设施损坏时居家安全防范应对方案，明确各种异常情况下安全防范措施
	交接班	（1）建立交接班制度，交接班列队进行，程序规范 （2）接班人未到岗或未办理完交接班手续，交班人不下班离岗 （3）交接事项完整、明确，交接物品数量准确，注意事项记录清晰，并签名确认
	钥匙、智能卡管理	（1）IC卡（含停车卡、门禁卡）、公共钥匙有专人管理，有管理清单，并建立制度 （2）IC卡的领用（发放）、授权、挂失、报废记录完整，每季度盘点，记录保存期限不少于1年 （3）钥匙和IC卡分类清晰、定点存放；公共钥匙可24小时存取 （4）客户IC卡授权时效不超过2年；内部员工授权（含外包方）时效不超过1年（授权根据客户数量分批次进行，防止授权过于集中） （5）持卡客户挂失/解挂IC卡应核实身份；补办车场卡须车主本人办理，非车主本人办理的，需出示车主书面委托和行驶证，并向车主核实后方可办理 （6）客户转让房产、停/租车位及内部持卡员工发生调职、离职等，应及时注销其授权并做好登记
	工具和装备	（1）夜间巡逻岗携带手电筒；夜间车场出入口岗、车场巡逻岗穿反光衣；工地巡逻岗配备头盔

续表

业务类别	分项要求	管理标准
内部管理	工具和装备	（2）夜间22:00至次日6:00，对讲通话影响客户休息的岗位，配置并使用耳机 （3）室外岗位配备雨衣；无人为损坏、无破损；不用时叠放整齐
内部管理	内务管理	（1）宿舍无异味、无乱丢乱扔、无乱张贴、无私拉乱接电线、无长流水，人走灯灭 （2）床位稳固，摆放合理，高低床上层有安全保护装置 （3）床面平整干净，被子棱角分明，摆放统一，铺下无杂物 （4）洗漱用品摆放统一、整洁 （5）储物柜做到一人一柜，并且锁具完好 （6）项目内部的安全宿舍配置召援电话或警铃 （7）不留宿外来人员；离职人员在办理完离职手续24小时内搬离宿舍 （8）统一住宿的非当班安全员请假外出须经批准并按时返回，明确外出人数控制比例 （9）岗亭内干净整洁，物品摆放整齐；文件夹和记录整洁、完好，无破损
人防与秩序维护	门岗	（1）有人值守的门岗24小时值班 （2）无人值守的人行通道安装门禁，实行凭卡进出；非开放时间上锁管理 （3）装修施工等阶段性频繁进出小区的人员以及送餐、邮递、钟点工等长期经常进出小区的人员实行出入证管理，出入证时效不超过3个月；有条件的小区在装修高峰期设置施工人员专用通道 （4）临时进出的人员实行登记管理，在小区内的活动去向有监控封闭式管理的小区，做到区内无形迹可疑、无明确探访对象的闲杂人员进入或逗留 （5）合同约定对家具、家用电器等大件物品搬出进行登记管理的，物品放行记录可追溯到业主（用户）本人 （6）员工携带家具、电器等大件物品离开小区应履行登记手续
人防与秩序维护	巡逻	（1）巡逻方案根据每天不同时段的客户活动特征，区分巡逻重点，并每季度评估一次 （2）巡逻签到点定时签到，重点部位每小时巡逻1次，特殊原因迟签、漏签有登记并经班长以上人员确认 （3）巡逻区域覆盖物防、技防以及固定岗无法控制的盲点，巡逻岗明确巡逻内容和巡逻重点
人防与秩序维护	租户、商铺、空置房管理	（1）租户、公司户、商铺从业人员户户有登记 （2）建立小区租户、商铺、空置房清单，每季度更新1次 （3）空置房钥匙统一保管，每周至少开门检查一次

续表

业务类别	分项要求	管理标准
人防与秩序维护	公共安全	（1）危及人身安全处有明显标识和防范措施 （2）控制危险品进入小区，公共区域无易燃、易爆、剧毒、强腐蚀、放射性物品等危险品存放 （3）管理服务所需的危险物品有明确的管理办法，对危险品的储存、领用等进行有效控制；危险品仓库防火、防爆等措施完善 （4）台风暴雨等自然灾害来临前，通过各种有效途径通知客户，确保客户知悉，并采取相应预防措施
物防与技防	围墙和围栏	（1）封闭管理的小区（组团），围墙和围栏的物防设施坚固，经测试无法攀越，无明显影响环境美观 （2）围墙、围栏物防设施每班至少检查1次是否有人为破坏痕迹
物防与技防	房屋本体	（1）外墙管道、空调架、天台等房屋本体可攀爬部位有物防措施 （2）楼道、大堂容易攀爬的窗户有限位装置或物防措施，经测试无法攀爬
物防与技防	组团、单元门禁	（1）单向刷卡的门禁，开启按钮从外侧无法触摸 （2）无人值守的门禁，门禁归位时间不超过10秒 （3）存在翻越隐患的门禁上方加装防爬设施 （4）采用密码的门禁，每季度更换密码
物防与技防	闭路监控	（1）有闭路监控镜头清单，闭路监控镜头区分一般镜头和关键镜头，监控岗对关键镜头进行24小时实时监控，遮蔽镜头3分钟，控制中心监控岗能及时发现 （2）闭路监控画面清晰、视角合理，大堂、电梯、人行路口监控画面能够识别进出人员面孔；晚间光线充足或有红外补光 （3）普通闭路监控录像（硬盘、录像带）保存不少于15天；存在诉讼隐患的突发事件监控录像保存期限不少于2年 （4）公司外部的机构和人员提出查阅监控录像，必须经项目负责人同意；非执法机关办案需要，不能提供录像拷贝
物防与技防	周界红外报警	（1）建立周界红外报警防区清单，每个防区每天测试1次，有测试记录 （2）报警后安全员3分钟内赶到现场，报警处理记录完整 （3）周界红外报警和闭路监控联动，出现报警时，监控画面自动调出 （4）靠近周界红外报警的各类植物定期修剪，无植物干扰引起的误报 （5）周界红外报警在监控中心内有声音提示
物防与技防	居家报警	（1）安装有居家报警系统的小区，每年至少上门进行1次检测并指导客户使用居家报警 （2）居家报警有效处理率100%，处理记录保存不少于1年

续表

业务类别	分项要求	管理标准
物防与技防	监控中心	（1）监控中心24小时值班，监控岗对闭路监控、门禁异常、各类报警及时发现并通知岗位处理 （2）监控室安装闭路监控，管理人员能够监控中心的值班状态
	办公场所及商铺	（1）办公场所出入口大门安装月牙锁，易攀爬的窗户安装内置防盗窗花；办公区域出入口安装门禁或指纹锁；配置闭路监控系统、硬盘录像机；安装电话无线报警系统（或其他类型的报警系统），报警信号能传输到指定监控岗位 （2）引导商铺经营者在商铺大门安装月牙锁，在室内安装统一款式内置防盗窗花和拉闸门等物防设施，经营贵重商品或存放有贵重财产的商铺安装室内报警系统
	居家宣传	（1）每半年至少开展一次居家安全防范宣传 （2）容易攀爬的入户门窗，引导客户加装防盗门、防盗窗或内置窗花等防盗设施
交通管理	车辆管理	（1）经营性停车场收费符合当地规定，购置停车场责任险 （2）与购买、租赁车位的车主签订服务协议，协议期限不超过1年 （3）共有产权的车位实行先到先停的非固定车位管理方式；固定车位上有防止其他车辆停占的提示标识或设施 （4）车辆凭证进出，实现一车一证，车证不符及无证车辆离场应核实并形成记录 （5）外来车辆（含的士）须核实司机及乘客身份，外来访客车辆须经客户确认后方可进入 （6）外来运货车辆须经客户确认后方可进入，放行前打开车尾箱检查 （7）车辆无证出场时，临停车辆需核实驾车人是否为车主，完善登记手续并保留当事人签名后方可放行；月租或私家车位，需核实驾车人是否为车位服务协议签订人，如不是须向车位服务协议签订人核实，完善登记手续并保留当事人签名后方可放行 （8）车辆进出记录每天检查、核对，存放不少于1个月 （9）停放、收费凭证的领用、交接有记录；交接班时，现金应和票据相吻合；现金达到500元时须与财务结算 （10）车辆按位停放，无堵塞消防通道现象，发现堵塞行为及时制止，制止无效及时上报公安机关 （11）车流高峰期在主要出入口增加岗位疏导交通 （12）停车位周边无杂物堆放
	车场标识与设施	（1）停车场出入口设置收费标准公示牌 （2）出入口设有减速路拱，减速路拱位置合理，不影响车辆起步 （3）车场周边安防设施坚固、形成闭合，能够防止人为破坏和车辆冲撞

续表

业务类别	分项要求	管理标准
交通管理	车场标识与设施	（4）车场出入口道闸故障时，有地桩等防冲撞措施，地桩在地面以上的高度不低于1米 （5）不同路段，根据情况设置有导向、限速、减速、禁停等交通标识和广角镜、减速路拱等设施
	自行车、摩托车	（1）自行车、摩托车集中停放，停放整齐，存取方便，无乱停、乱放、叠放现象 （2）自行车、摩托车停放点有防盗提示标识
消防管理	消防器材和设施	（1）灭火器参照《建筑灭火器配置设计规范》要求配置，灭火器配置点醒目，每个配置点的灭火器不少于2个，不宜多于5个，高度不超过1.5米，便于取用 （2）轻便灭火器应统一编号，并编制分布清单，列明品名、规格、数量、分布位置及有效期 （3）灭火器的铭牌无残缺，清晰明了；铅封、销门等保险装置无损坏或遗失；灭火器的驱动气体压力在工作压力范围内；灭火器的筒体无明显的损伤、锈蚀、泄漏；室外灭火器有防雨、防晒措施，灭火器箱内干燥、清洁；按灭火器使用说明定期检测或更换 （4）消防设施完好无损，无挪用、遗失、失效现象 （5）消防通道畅通，无阻碍物，有禁止停车标识 （6）高层每个楼层有消防疏散平面示意图，安全出口指示灯工作正常 （7）项目备有消防斧、消防扳手、铁锹、铁锤以及警戒带、医疗箱及常用医药、防烟防毒等工具 （8）项目备有首层消防设施平面图、煤气阀门平面图，且设施的图标与实际相符
	消防管理	（1）建立消防安全责任制和义务消防队，制定火警应急预案并每半年演练1次 （2）义务消防队员熟悉岗位职责，掌握灭火、救生、人员疏散等相应技能 （3）对客户的消防宣传每半年至少一次 （4）项目安全负责人每月、项目负责人每季度至少进行一次防火安全检查，存在问题及时整改 （5）消防紧急集合每季度至少一次，并按要求做好相关记录 （6）在具有火灾、爆炸危险隐患的场所使用明火，应按规定报批，并做好预防措施 （7）消防报警系统、自动灭火系统等消防设备设施定期检查保养，消防栓至少每季度、灭火器至少每月检查一次并记录，与商铺签订消防安全管理责任书并每季度对商铺的消防设施进行一次检查 （8）允许燃放烟花爆竹的小区，节假日指定地点燃放烟花爆竹，燃放烟花爆竹时，燃放点有专人值守并配备灭火器材

续表

业务类别	分项要求	管理标准
突发事件	应急预案	（1）公司应成立应急处理小组，并建立应急处理预案和应急处理流程 （2）项目应制定居家盗窃、人身伤害、自然灾害等各类突发事件应急预案，各种预案每年至少演练一次，有演练记录 （3）大型社区活动有安全防范预案
突发事件	突发事件处理	（1）发生突发事件，所在区域内的当班人员应在下表规定的时间内赶到现场，到场后能准确判断情况，有效控制局面，并采取必要的封锁行动；监控中心指挥得当；如需协助，救援人员应在下表规定的时间内赶到现场，合理布控；赶到现场人员须携带与事发性质相对应的应急工具 | 所在楼层 | 10层以下 | 11~20层 | 21~30层 | 31~40层 | 41层以上 | | --- | --- | --- | --- | --- | --- | | 做出正确判断并汇报 | 统一、及时、恰当 ||||| | 当班人员 人防 | 2分钟到场 || 3分钟到场 ||| | 当班人员 技防 | 即时进行录像 ||||| | 救援人员 徒步 | 2分钟内 | 4分钟内 | 6分钟内 | 9分钟内 | 12分钟内 | | 救援人员 机动 | 2分钟内 ||||| | 以上数据适用占地面积20万平方米以下的项目，每增加10万平方米增加0.5分钟 |||||| | 携带工具 | 正确有效 ||||| （2）发生质量事故应召开事故分析会，做到三不放过，即原因未查清不放过、纠正预防措施未落实不放过、员工和有关客户未受到教育不放过 （3）突发事件报警、处理记录完整
职业安全	安全制度与培训	（1）职业安全管理制度符合国家和当地安全生产规定（含对外包服务供方职业安全管理制度） （2）所有员工入职都接受职业安全培训，非特殊工种每两年强化培训一次，特殊工种按国家要求集训，工作人员具备职业安全常识 （3）电工、电焊、驾驶以及高空作业等特种作业持证上岗
职业安全	作业防护	（1）电工、消杀、高空作业等特殊作业的劳动保护用品齐备 （2）新项目集中保洁开荒阶段，有专人对开荒的作业安全进行过程监控 （3）室外作业岗位，夏季提供防暑降温用品，冬季提供保暖用品 （4）可能危及人身安全的作业场所有明显标识和防范措施

【他山之石03】物业环境管理标准

<table>
<tr><th colspan="5">物业环境管理标准</th></tr>
<tr><th>业务类别</th><th>分项要求</th><th colspan="3">管理标准</th></tr>
<tr>
<td rowspan="3">基本要求</td>
<td>管理制度</td>
<td colspan="3">建立健全环境管理工作程序、岗位职责、作业指导文件、供方监控制度等，内容包括但不限于以下内容。
（1）环境管理工作内容、岗位工作职责及工作要求等
（2）环境管理标准与检查程序
（3）清洁、绿化、消杀、泳池等具体作业方法及注意事项
（4）对环境供方服务质量监督检查、履约评审、考核与激励的具体办法</td>
</tr>
<tr>
<td>工具设备管理</td>
<td colspan="3">（1）清洁、除雪、绿化、消杀工具设备摆放整齐、表面清洁、标识清晰，管理责任落实到人，统一存放指定场所
（2）设备运行无异音，定期按说明书要求进行维护保养，使用符合安全操作规程</td>
</tr>
<tr>
<td>供方监控</td>
<td colspan="3">（1）严格按照合同约定对服务供方服务质量进行监督检查、履约评审与考核，相关记录完整
（2）供方作业人员身份证复印件在项目备案，变更后及时更新
（3）高空作业等风险较高的服务项目，供方资质证书（根据当地政策法规规定）、作业人员上岗证须在项目备案，协议中明确约定作业安全、监控责任及为作业人员购买意外险等
（4）每季度至少对服务供方人员进行一次服务礼仪、服务意识等方面的培训，每季度与供方管理层进行一次工作沟通，协调解决服务中存在的问题</td>
</tr>
<tr>
<td rowspan="3">清洁卫生</td>
<td>基础管理</td>
<td colspan="3">（1）每年根据合同约定的清洁标准、定期保洁工作内容等，制订年度工作计划，每月依据年度计划，结合上月清洁工作中须改进事项，制订月度工作计划并落实（外包的可由供方编制，项目审核）
（2）未外包的清洁工作实行岗位责任制，有专职的清洁人员和明确的责任范围
（3）外包监控人员每日检查清洁质量，每周抽查区域须覆盖管理区域
（4）每栋（单元）楼层内至少设置一个清洁工作签到点（多层须设置在顶层），作为清洁人员、监控人员签到之用，以保证清洁质量</td>
</tr>
<tr>
<td rowspan="2">清洁标准与要求</td>
<td>区域等级</td><td>区域范围</td><td>清洁标准</td>
</tr>
<tr>
<td>一级区域</td>
<td>首层大堂、电梯轿厢、多层楼梯、休闲桌椅、儿童娱乐设</td>
<td>（1）楼内地面无杂物、无灰尘、无污迹
（2）楼外地面无杂物、无积尘、无污迹、无积水</td>
</tr>
</table>

注：上表"清洁频次与要求"列：（1）首层大堂、电梯轿厢每日抛洗1次（避开人流高峰期，北方采暖期除外），大堂天然石材地面根据磨损情况定期抛光

续表

业务类别	分项要求	管理标准			
		区域等级	区域范围	清洁标准	清洁频次与要求
清洁卫生	清洁标准与要求	一级区域	施、健身设施、公共洗手间、小区主干道、广场、商业街、单元门口、人行及车辆主出入口	（3）2米以下墙面、门窗、扶手及其他公共设施无灰尘、无污迹、无蜘蛛网 （4）2米以上墙面、门窗及其他公共设施目视无积尘、无明显污迹、无蜘蛛网 （5）儿童娱乐设施、健身设施无灰尘、无污迹	（2）多层楼道每日清扫2次，每周拖洗1次 （3）多层楼梯扶手每日擦拭1次 （4）小区主干道及广场、商业街、主出入口每日清扫1次并每小时至少巡视1次，如有污迹及时冲洗 （5）2米以下墙面、门窗及其他公共设施每周清洁1次；路灯、楼道灯及2米以上墙面、门窗及其他公共设施每月清洁1次 （6）儿童娱乐设施、健身设施每日擦拭1次 （7）公共洗手间人流高峰期每半小时清洁1次，非人流高峰期每小时清洁1次，每周消毒1次 （8）及时清除道路积水、积雪
		二级区域	楼层电梯厅、地下车库、消防楼梯、露天停车场、绿地、水景喷泉	（1）楼内地面无杂物、无泥沙、无污迹 （2）楼外地面无杂物、无泥沙、无污迹、无积水 （3）楼层电梯厅墙面、门窗及其他公共设施无灰尘、无污迹、无蜘蛛网 （4）地下车库、消防楼梯墙面、门窗及其他公共设施无污迹、无蜘蛛网 （5）绿化带无杂物，落叶定期清扫 （6）水景喷泉水质不浑浊、无明显沉淀物和漂浮物；溪河湖等水质不发黑、无异味、无杂物、无漂浮异物	（1）楼层电梯厅每日清扫2次，每周拖洗1次 （2）地下车库每日巡视清洁2次、每季度至少冲洗1次 （3）露天停车场每日巡视清洁2次 （4）消防楼道每周全面清扫1次并巡视清洁1次，每月拖洗1次 （5）绿化带每日巡视清洁2次 （6）水景喷泉有水时每日打捞漂浮物，每周清洁1次，无水时每天清扫1次，每月全面清洁1次

续表

业务类别	分项要求	管理标准			
清洁卫生	清洁标准与要求	区域等级	区域范围	清洁标准	清洁频次与要求
		三级区域	天台、采光井、雨水沟等	无杂物、无积水	（1）天台、采光井每半月清洁1次 （2）雨水沟每月清洁1次（雨季根据实际需要增加频次）
	垃圾清运	（1）垃圾日产日清，收倒过程不干扰客户正常工作和生活 （2）外围垃圾桶每日清理2次，并袋装运输；垃圾房内垃圾日产日清 （3）垃圾房、垃圾桶、果皮箱无超载、无强异味、无蚊蝇滋生、无污水横流，不影响观瞻，外表无污迹 （4）垃圾车每天冲洗1次，摆放整齐，无强异味，停放于指定地点 （5）垃圾房每天清运后彻底冲洗；垃圾桶、果皮箱每天擦拭1次（北方采暖期内自行确定频次） （6）小区内建筑垃圾实行定点、定时堆放和定时清运 （7）小区内餐饮、超市等商业产生的特殊垃圾通过协议约定清运方式，不污染小区环境			
	其他事项	（1）清洁过程中存在安全隐患或可能造成不便的，现场应设置明显标识，必要时采取有效防护措施 （2）公共区域无随意堆放杂物现象 （3）各类宣传画、广告悬挂整齐、规范，无乱贴乱挂现象 （4）发生重大传染病疫情期间，电梯轿厢、各类门拉手、楼梯扶手、开关按钮、休闲桌椅、儿童娱乐设施、健身设施、公共洗手间、垃圾房、垃圾桶、果皮箱等至少每日消毒1次（或按当地政府规定）			
环境消杀	基础管理	（1）建立四害消杀作业指引，明确消杀频次、消杀质量标准及相关注意事项 （2）每年制订年度消杀计划，每月根据季节变化和消杀对象活动规律制订月度计划，定期进行消杀作业并对效果进行评估 （3）对消杀药品的储存、领取与使用环节进行有效控制，按危险品管理，防止意外事故发生，使用符合国家相关规定的合格药品 （4）消杀人员持证上岗，消杀过程做好防护措施			
	消杀标准与要求	（1）垃圾桶、垃圾房等处无普遍性的蚊蝇飞舞；下水井无明显的蟑螂活动；公共区域无明显的鼠洞、鼠粪、鼠路 （2）夏季灭蚊、灭蝇每月不少于4次，灭鼠、灭蟑螂每月不少于2次；冬季灭蚊、灭蝇、灭鼠、灭蟑螂每月不少于2次（北方根据实际情况确定） （3）消杀前（含绿化），提前将计划在小区内公示，公示内容包括消杀时间、对象、范围、注意事项等			

续表

业务类别	分项要求	管理标准			
环境消杀	消杀标准与要求	（4）投放与喷施消杀药品的场所须设置醒目的警示标识，必要时采取隔离措施，防止宠物、小孩误食 （5）每年白蚁蚁害高发期内，至少对房屋本体共用部位、共用设施检查1次，并根据检查结果采取防治措施 （6）每年通过展板、讲座等形式，开展2次四害防治宣传，引导客户共同做好室内、庭院等部位的消杀			
绿化养护	基础管理	（1）根据植物生长习性编制年度、月度绿化养护计划并跟进实施（外包的由供方编制，项目审核） （2）建立绿化改造管理流程，改变园林绿化原有设计、变更主要植物种类或数量、减少绿化面积的，改造前须取得业主同意，并按公司流程报批后实施 （3）剪草、乔木修剪等作业不影响客户正常休息 （4）至少每周对绿化养护情况进行1次检查并记录			
	养护标准与要求	区域等级	区域范围	养护标准	养护频次与要求
		一级区域	小区主干道两侧、主要出入口及广场周边、儿童娱乐设施及健身设施周边、单元门口	（1）花草树木长势良好，修剪整齐美观，无黄土裸露、无践踏现象、无枯死乔木，枯死地被植物或灌木每1000平方米范围内不超过2平方米，单块面积不超过0.5平方米 （2）草坪目视平整，无坑洼积水，生长季节浓绿，草边轮廓整齐，草茎高度在5厘米以下（北方8厘米以下），杂草率不超过3%，且无明显高大杂草 （3）地被植物及花丛边幅修剪整齐，无残花、无杂草 （4）造型植物及灌木及时修剪整形，花球重心适当，造型美观 （5）乔木骨架均匀，树形美观；行道树下缘线整齐，人车通行处不低于2米；不影响高压线、路灯和交通标识 （6）绿化植物病虫危害率不超过5%	（1）乔木修剪至少2次/年，灌木、草坪生长季节每月修剪1次或根据实际情况确定修剪频次 （2）造型植物依据实际情况确定修剪频次；花坛植物生长季节至少每季度松土1次或根据实际情况确定频次 （3）根据实际情况适时浇水、施肥、除杂草 （4）针对不同的品种和季节进行病虫害防治 （5）做好防涝、防冻、防台风工作

续表

业务类别	分项要求	管理标准			
		区域等级	区域范围	养护标准	养护频次与要求
绿化养护	养护标准与要求	二级区域	一级、三级区域以外的区域	（1）花草树木长势良好，修剪整齐美观，无明显病虫害、无黄土裸露、无枯死乔木，枯死地被植物或灌木每1000平方米范围内不超过5平方米，单块面积不超过1平方米 （2）草坪目视平整，无坑洼积水，生长季节浓绿，草边轮廓整齐，草茎高度在8厘米以下（北方生长期在10厘米以下），杂草率不超过5%，且无明显高大杂草 （3）地被植物及花丛边幅修剪整齐，无残花、无杂草 （4）造型植物及灌木及时修剪整形，花球重心适当，造型美观 （5）乔木保持生长特性的树形，骨架均匀，树冠完整，尚未枯死的挽救乔木可只保留树干并对截口做好保护措施 （6）绿化植物病虫危害率不超过5%	（1）乔木修剪至少1次/年，灌木、草坪根据实际情况确定修剪频次 （2）造型植物依据实际情况确定修剪频次 （3）花坛松土根据实际情况确定频次 （4）根据实际情况适时浇水、施肥、除杂草 （5）针对不同的品种和季节进行病虫害防治 （6）做好防涝、防冻、防台风工作
		三级区域	偏僻区域、山体及溪、河、湖边	（1）花草树木生长正常，无枯死乔木，枯死地被植物或灌木每1000平方米范围内不超过8平方米，单块面积不超过1.5平方米 （2）造型植物较美观，花卉能适时开花，及时修剪枯枝和病虫枝 （3）绿化植物病虫危害率不超过5%	（1）根据实际情况适时修剪 （2）根据实际情况适时浇水、施肥、除杂草 （3）针对不同的品种和季节进行病虫害防治 （4）做好防涝、防冻、防台风工作

续表

业务类别	分项要求	管理标准
绿化养护	其他事项	（1）项目有植物名录备案且与实际情况相符 （2）绿化异常区域应有"修剪养护期"等提示性标识 （3）进行机械作业时，作业人员须佩戴好防护用品，有现场作业标识 （4）绿化作业工完场清，绿化垃圾及时清理
泳池管理	基础管理	建立健全泳池管理制度并有效落实，内容包含但不限于以下方面 （1）泳池水质标准 （2）水质测试仪使用方法 （3）水质调试药品及使用方法 （4）泳池换水与开放前的准备工作 （5）泳池开放（非开放）期间及现场管理要求 （6）水质处理步骤与方法 （7）泳池设备设施检查及异常情况处理 （8）泳池开放前、开放期间至少各进行1次培训及应急预案演练 （9）泳池外包及合作举办游泳培训班的应签订合同，合同中应约定安全管理责任、安全防范措施、监督检查与考核机制等，并严格执行 （10）泳池开放前必须取得卫生许可证、经营许可证以及当地政府要求的其他证照，在泳池现场公示泳池外包经营的，应以同等标准监督外包方取得相关证照后，方可开放 （11）救生人员须取得救生员上岗证、健康证及当地政府要求的其他有效证件，救生人员值班时佩戴救生员上岗证或放置在现场（原件、复印件均可） （12）每年泳池开放前，提前通知有游泳需要的客户到具有相应资质的机构体检、办理健康证明，客户办理游泳证（票）时不能提供健康证明的须签署健康证明，并存档备查 （13）泳池开放期间，泳池管理员至少每天2次、主管人员至少每天1次、部门负责人至少每周1次对泳池现场安全、水质、人员工作状态等进行检查，节假日或其他非上班时间，值班经理须每天至少检查泳池1次 （14）泳池开放前，公司专业部门须至少组织1次各项目泳池的风险评估，并监督问题的整改与验证
	设施要求	（1）泳池区域必须封闭，且围栏无缺口、无破损，能有效防止人员非受控进入泳池 （2）儿童涉水池与成人泳池水体没有完全隔开的，应该在水深0.6米处安装隔栏 （3）池壁平整，无破裂，池底防滑；泳池爬梯扶手牢固，无松动、无锐角及其他伤人隐患 （4）水面上有桥或装饰物严重影响救生员视线的，桥及装饰物下方应有防止泳客进入的隔离措施

续表

业务类别	分项要求	管理标准
泳池管理	设施要求	（5）更衣室与游泳池间走道应设置强制喷淋设备和强制通过式浸脚消毒池，浸脚消毒池长不小于2米，宽度与走道宽度相同，深0.2米；强制喷淋设备喷出的水不能进入浸脚消毒池中 （6）泳池周边设施、淋浴室、更衣室设施无锐角、无利边，并有警示标识
	人员配置	（1）水面面积在250平方米以下的泳池，至少配备2名救生员；水面面积在250平方米以上的，按面积每增加250平方米及以内增加1人的标准增加配备 （2）泳池入口处须配备专人值班，防止不符合要求的人员进入泳池 （3）提供急救服务的医务人员或医院联系电话在泳池现场及控制中心备存，泳池现场人员能在10秒钟内找到，医务人员能在通知后10分钟赶到现场 （4）泳池售票员、泳池入口管理人员应熟悉购买游泳票/证、进入泳池的注意事项 （5）救生员熟悉游泳注意事项及游泳禁止行为；熟悉泳池水质处理方法及各种药品的性能和使用方法，能正确、熟练地操作泳池设备，了解简单的设备故障处理方法；熟悉紧急救护常识，发生溺水等突发事件时能按照应急预案进行现场救护
	救生器材配置	（1）泳池水面面积在250平方米以下的，应至少设置2个救生观察台；泳池水面面积在250平方米以上的，应按面积每增加250平方米及以内增设1个救生观察台的标准增加配置 （2）救生观察台高度不低于1.5米，固定可靠，人员上下方便，没有倒塌、断裂危险 （3）配有救生圈、救生杆等救生器材，救生圈按照每50平方米水面配备1个 （4）救生圈、救生杆等救生器材均应放置在泳池周围便于取用的明显位置 （5）泳池现场应配置急救药箱，除备有常规急救药品用具外，还应备有心脏病类急救药品（如：速效救心丸）
	标识配置	（1）购买游泳票/证处设置温馨提示牌，内容如下 以下情况不允许进入泳池区域，不便之处敬请谅解 ①患有传染性肝炎、肺结核、痢疾、严重脚癣或其他皮肤癣疹、化脓性或渗出性皮肤病、红眼病、严重沙眼、中耳炎等传染性疾病以及其他有碍公共卫生的病人 ②患有心血管疾病、肾炎、支气管哮喘、鼓膜穿孔及其他因游泳可能影响自身安全的病人 ③患有癫痫病、精神病等精神意识方面的疾病者 ④大病初愈、身体虚弱、高龄及行动困难者 ⑤没有卫生防疫部门出具的有效健康证明者 ⑥怀孕4个月以下8个月以上的孕妇及无监护人陪同的孕妇 ⑦12岁以下及身高1.4米以下儿童无成年人监护者 ⑧酗酒者或携带酒精性饮料者

续表

业务类别	分项要求	管理标准
泳池管理	标识配置	⑨携带宠物者 （2）泳池入口处设置游泳注意事项标识牌，内容如下 ①12岁以下及身高1.4米以下儿童必须有监护人在泳池内陪同方能游泳，监护人离开泳池，儿童必须离开 ②孕妇必须有监护人在泳池内陪同方能游泳 ③必须着泳装方能下水游泳 ④泳客更衣后，应先淋浴，并经浸脚池浸脚消毒后方可进入游泳区 ⑤遇雷电、暴雨、台风等恶劣天气请勿进入室外泳池 ⑥存放物品后请锁好柜门，钥匙自行妥善保管，贵重物品请勿存放在更衣柜中 （3）泳池周边显眼位置设置游泳禁止行为标识牌，内容如下 ①禁止在游泳区内更换衣裤 ②泳池区域内不能奔跑和追打嬉闹，防止发生危险；不听工作人员劝阻者，将请出泳池区 ③不得在泳池内使用水床、橡皮艇等大型水上娱乐设施，以免妨碍他人 ④严禁做出推人入水、拉人入水、按人在水中等危险行为 ⑤严禁跳水，以免受伤或伤及他人 ⑥严禁在游泳场内拍照，避免侵犯他人权益 ⑦见到有人溺水应及时向工作人员呼救 ⑧请照顾好小孩，儿童严禁进入深水区 （4）泳池区域应设置适量的水深标识：不同的水深区域须在池边标明水深，浅水区（水深1.2米以下）和深水区（水深1.2米以上）分界处须用浮标隔断，并在两端标明"深水区""浅水区"，水深发生明显变化的其他位置也应用浮标标明；"深水区""浅水区"及水深标识应醒目 （5）在泳池区域设置水质、水温告示牌，每日检测的水质结果以及卫生部门近期检验合格的《水质检测报告》须公示；泳池现场公示开放时间，标明场次时段和清场时间 （6）更衣室内须有提示客户保管好贵重物品的提示 （7）地面设置显眼的"小心地滑"标识，沾水后易滑位置必须配置防滑地垫 （8）公共场所的救生器材须设置"非紧急情况请勿动用"等类似的标识 （9）泳池周边应安装醒目的"禁止跳水""禁止潜水""请勿嬉水"、禁止使用水床等大型水上娱乐设施等标识 （10）泳池区域内滑梯等各种危险部位、设施须设置警示标识
	泳池入口管理	（1）严格遵守泳池开放和关闭时间，非开放时段除工作人员外禁止其他任何人员进入泳池区域 （2）严格执行管理规定，对不符合游泳条件的人员严禁进入泳池，并做好沟通工作

续表

业务类别	分项要求	管理标准
泳池管理	泳池入口管理	（3）泳池入口处须设置身高标线，用于判断儿童身高 （4）制定每场游泳人数控制标准，人均游泳面积不得小于2.5平方米 （5）泳池开放期间入口必须固定岗位
	泳池现场管理	（1）泳池实施分场次开放管理，每天泳池开放前，救生员必须对泳池及其附属设施设备的完好性、安全性进行检查，对泳池水质进行检测，确保完全符合要求后方可开放 （2）每场游泳结束后，必须仔细检查、确认泳客已全部离开后，救生员方可离开岗位并关闭设备系统，锁闭各出入口通道 （3）每场次结束后，应对泳池给水口、回水口、泄水口等格栅盖和溢流水槽上格栅的牢固性进行检查，检查池体贴面的完好性，对卫生间、更衣室、淋浴房等处设施完好性进行检查 （4）泳池开放期间救生员须保持高度警惕，对游泳的儿童、老年人、孕妇等特殊人群给予重点关注，不得聚岗聊天、兼顾其他工作，不得脱岗 （5）救生员对违规行为及时制止，维护良好的游泳秩序，无法制止的及时上报 （6）12岁以下及身高1.4米以下的儿童，必须有监护人在水中陪同方能进入深水区游泳 （7）泳池开放期间，控制中心监控镜头应重点监控泳池现场救生员工作状态
	水质及卫生管理	（1）泳池水质应符合以下标准 ①pH值6.8～8.2 ②游离性余氯0.3～0.5毫克/升 ③细菌总数≤1000个/毫升 ④大肠菌群≤18个/升 ⑤尿素≤3.5毫克/升 ⑥浑浊度≤5度（或在两岸能看清水深1.5米的池底四、五泳道线） （2）池水无异味、无藻类、无漂浮物，池底无絮状物，溢水沟内无泥沙等杂物 （3）泳池每年至少换水一次，开放期间每日补充新水，幼儿涉水池每天换水一次 （4）儿童泳池在开放期间保持池水循环流动 （5）浸脚消毒池水的游离余氯含量应保持5～10毫克/升，浸脚池水每4小时更换一次 （6）根据泳池开放时间安排确定每天首次加药、补充加药的时间；每天至少早、中、晚测试三次水质，泳客人数多时适当增加检测频次 （7）每天开放时段池水须保持循环过滤，泳池壁上无水纹线 （8）记录每天水质检测结果、加药情况、开机循环时间等 （9）水质测试仪色泽清晰，测试液在有效期内

续表

业务类别	分项要求	管理标准
泳池管理	非开放期间管理	（1）每天泳池关闭后，泳池各通道必须可靠封闭、上锁，安全员必须定时到泳池巡逻、签到 （2）每年泳池关闭前，提前在小区公告栏张贴通知和非开放期间泳池管理规定，告知客户泳池关闭信息及注意事项，提醒客户及其家人请勿进入泳池等 （3）每年泳池关闭后，泳池所有出入口、淋浴通道封闭上锁，钥匙专人管理，防止非受控的开启，现场做好相关标识，将泳池纳入安全员日常巡逻的范围，控制中心加强对泳池周边的监控并实施录像 （4）泳池非开放期间，泳池管理员至少每周一次、主管人员至少每月一次、部门负责人至少每季一次对泳池现场进行巡查 （5）泳池关闭后如进行维修、改造，施工期间应锁闭所有通道，防止外人进入；如周边护栏施工改造，现场应设置警示标识或警戒带，并安排人员监控 （6）泳池非开放期间，严禁干池
会所管理	基础管理	（1）会所经营证照齐全，收费项目、收费标准公示 （2）制定会所管理制度、各功能房使用规定 （3）会所服务人员须取得健康证及当地政府要求的其他证件 （4）会所全部或部分功能与专业机构合作经营的，合同应约定由我方负责收费，定期与合作方结算，分期付款 （5）食品供应商经过评估合格，进货渠道正规，食品卫生符合国家卫生标准 （6）财产设备、物品账物相符 （7）财务监督机制健全，符合集团物业收费、现金、票据管理规定等
	现场管理要求	（1）组合类器材等设施有使用说明或提示性标识，标识安装位置适当、醒目、清晰、完整，发现客户不当使用活动设施、设备，应及时制止 （2）物品、器具分类摆放，整齐洁净；各类器材、设施等呈本色，无明显灰尘、污迹 （3）各类餐饮器具每天消毒处理；各功能房设施至少每周消毒1次，发生重大传染病疫情期间至少每天消毒1次，有消毒记录（或按当地政府规定）

【他山之石04】物业设备管理标准

物业设备管理标准

业务类别	分项要求	管理标准
岗位要求	基本条件	（1）具有高中或技校以上文化程度；持有主管部门颁发的特种作业操作证，具有本专业初级技术等级证书 （2）负责二次供水设施清洗的人员应持有效的健康证明并在项目存档复印件
居家维修服务	服务礼仪	（1）入户提供维修前，维修服务人员应携带工具箱或工具包、鞋套、工作地垫 （2）入户提供维修时，按门铃或敲门三声（敲门声音应适中），然后退至离门正前方1米处，面向大门，右手放在左手上交叉于腹前等候客户应答，若无应答，应等候5~10秒钟进行第二次和第三次按门铃或敲门 （3）客户应门后微笑行礼（鞠躬30度）并自我介绍，征得客户同意后穿戴鞋套进入 （4）入户维修时与客户确认服务内容，告知维修服务方案和收费标准，获得客户认可后使用工作地垫，开始维修作业 （5）入户维修完毕后，清理现场，告知客户维护完毕，请客户验收并讲解注意事项，同时询问客户是否还有需要协助事宜，由客户书面确认维修事项与收费金额
应急处理	基本要求	（1）对于正常上班时间出现的如水管爆裂、关键部位漏水、室内返水、停电等紧急情况，维修人员须保证在15分钟内到达现场并处理，其余时间应保证在30分钟内（或依据合同约定）到达现场并处理 （2）突发性（包括市政）停水、停电、停气、停机、停止供热必须及时到场查明原因，确定恢复时间，统一回复客户口径并张贴书面情况说明 （3）计划性停水、停电、停气、停止供热的，市政原因的在接到通知后当天通知客户，非市政原因的必须提前3天通知客户并做好解释与提醒工作
施工作业管理	现场要求	（1）小区内自行开展施工作业时，规范操作作业工具，进行电焊、氧焊、切割等危险作业时，现场须放置或悬挂提示标识，可能发生伤害或火灾的，应做好隔离保护措施，佩戴安全防护用具，作业完毕后做到"工完场清" （2）外来单位进入小区施工作业时，施工现场设置警示与提示（施工内容、范围、期限）标识，使用切割工具或机械疏通管道等易影响过往人员人身安全作业时应设置围栏护板，督促施工方做好"工完场清" （3）外来单位进行外立面及搭架高空作业时，应做好作业前的防护设施检查，现场设置围栏与警示性标识，督促作业方配备监护人员；作业过程中明确安全防护检查周期；作业完毕后做好"工完场清" （4）非抢修类作业，如存在噪声干扰客户时，应调整作业时间

续表

业务类别	分项要求	管理标准
共用设施日常运行维护	房屋本体维护	（1）根据房屋实际使用年限与设备设施运行使用状况，每年12月底以前编制《房屋本体年度维修养护计划》与《设施/设备年度检修计划》，成立业委会的提交业主委员会，依据业主大会的决定，开展维护检修工作；无业主委员会的，向全体业主公示（或依据当地规定执行）并留存公示依据后按计划开展工作并完善记录 （2）实施维修前张贴通知会相关客户，内容包括工程名称、施工范围、时间、对客户可能产生的影响及拟采取的措施等 （3）房屋本体、楼道设施、天台每月至少进行一次全面巡查，每日巡查一次单元门、楼梯通道以及其他共用部位的门窗、玻璃等，发现问题及时处理并留存维修、巡查记录 （4）楼道及公共部位地面、内墙及天花整洁、统一，无脱落渗漏现象 （5）冬、雨季及汛前，对天台、小区沟、渠、井、池等排水设施进行全面检查，并留存检查记录 （6）防雷系统应每年进行一次全面检查，检查避雷装置焊接点连接是否可靠，确保接地体的可靠接地，接地电阻≤4欧姆，并除锈刷漆留存记录 （7）小区主出入口设有小区平面示意图，主要路口设有路标，各组团、栋及单元（门）、户和公共配套设施、场地有明显标识
	公共区域内设施	（1）公共照明灯具完好无损，照明系统（含泳池周边照明）设置独立开关控制并配备漏电保护装置 （2）各类金属栏、杆、桩、牌、盖等以油漆作为保护层的公共设施，表面油漆无明显脱落、无明显锈迹，安装牢固 （3）路面无明显污迹、破损，各类沟、渠、井、池盖安装平稳牢固，无破损 （4）用于固定单（摩托）车库（棚）的支架应牢固、整齐、美观 （5）公园椅等休闲设施油漆无明显脱落、无腐烂、无倒塌、无断裂等安全隐患 （6）儿童娱乐设施安装牢固，油漆无明显脱落，表面无锈蚀、无安全隐患，现场设置警示标识与使用说明 （7）各种门、杆、柱、扶手、围栏、雕塑无倒塌、断裂等安全隐患，功能良好，油漆无大面积脱落；水景、易攀爬的设施有禁止行为警示标识；空调架安装有序，室外招牌、广告、霓虹灯整洁统一美观，无安全隐患，外墙装饰无破损或污迹 （8）各类公共设施、通道、管道井的门挂锁开启便利 （9）公共区域内的雨水、污水管道、沟槽每半年检查、疏通1次；雨水、污水井每半年检查、清掏1次；雨水、污水管道、沟槽发生堵塞应及时疏通；化粪池每年清掏1次，每季度检查1次，防止外溢。检查、疏通工作留存清晰记录，有异常堵塞物的，需要拍照存档

续表

业务类别	分项要求	管理标准
共用设施日常运行维护	会所设施设备	（1）组合健身器、跑步机、划船机、登山机等健身器材，现场张贴使用说明与安全提示；设备责任人每周检查各器材的运行情况，保证各器材处于良好的使用状态。发现问题及时处理并记录，如不能及时处理，须在此器材的显眼位置悬挂停用标识 （2）会所内插座、照明等用电设备应设置独立开关控制，并配备漏电保护装置 （3）烘干机、消毒柜、冰箱（柜）、洗衣机使用人应按规程操作，设备责任人应每月进行一次安全检查，发现电源线老化等异常情况应及时处理 （4）热水器（电、燃）、燃气灶、锅炉的使用人应按规程操作，设备责任人应每周对以上设备和桑拿设施进行一次安全检查，发现燃气软管老化、接头松动、漏气等异常情况应及时处理 （5）酒水吧设备、设施无积尘、无油渍、无脏水、无杂物 （6）项目应制定会所设备设施管理制度，编制相关应急处理方案
	设备房内要求	（1）设备房内应配置消防对讲或内线电话，便于紧急情况联系，无人值守的设备房上锁管理，控制中心留存所有设备房的钥匙 （2）设备房地面应平坦、干燥、防滑，墙面应平整、整洁，无积尘，设备表面无油污 （3）噪声和振动可能影响客户的设备房应符合国家相关环保要求 （4）设备房应配备应急灯、灭火器，灭火器应按照每15平方米配置1个2公斤灭火器的数量配置，灭火器设置稳固、标识朝外 （5）墙面悬挂《操作作业指导书》《维修作业指导书》及必要的《应急处理预案》 （6）设备房中重要设备上端有排污管等设施时，应在该设备上方加装喇叭口、挡板等设施，控制中心应配置双回路电源 （7）天台或地下设备房内的控制室入口处应有防止水浸的措施 （8）设置集水底坑的设备房，应保持排水通畅，并安装超高水位报警装置，信号引至控制中心或就近固定岗位处 （9）设备房内配备专用消防设施的，应安装防止误动作启动装置，并有保障紧急情况下的正常启用的措施
	设备维护要求	（1）项目应建立"设备（工具）汇总表"和设备管理档案 （2）处理设备、检修及重要零部件更换情况，在物业服务管控软件中记录 （3）对重要设备，特别是进口设备的易损零部件，项目应建立最低存量清单，做好原备件或替代备件的适量储备，确保突发故障的及时处理 （4）各类设施设备明确责任人，建立各类设施设备的运行档案，记录齐全；对可能发生的各种突发设备故障编制应急预案

续表

业务类别	分项要求	管理标准
共用设施日常运行维护	标识要求	（1）设备房门上应有"机房重地，非请勿进"标识 （2）设备房内的开关、阀门等要有明显的状态标识；管道要有流向标识；操作有危险的设备、部件要有"危险！勿靠近！""危险！勿操作！"等警示标识 （3）多台同型号、配备主/备用的设备应进行编号管理，并在设备上悬挂编号标识 （4）设备房内所有配电箱、柜及控制箱、柜应有显示其名称与用途标识；各出线电缆应悬挂出线标识，标明电缆的型号规格、用途、去向标识；各动力柜、双电源箱等分控箱的进线端应标明电缆的型号规格、用途、引自何处；各类空气开关应标明用途，有互感器的电表要标明计量倍率
	环境要求	设备房内配置通风设施，悬挂干湿温度计，环境温度控制在40℃以下，相对湿度80%以下，严禁堆放易燃、易爆及无关物品，工具、用品及器具摆放整齐
	供配电	（1）高压环网柜必须上锁管理，每把钥匙标识清晰；环网柜上标有各柜编号、环出位置、进线号以及该线号所在供电部门联系电话；每个环网柜必须配备能够分辨高压柜运行状态的指示灯 （2）低配室入口处应配置不低于50厘米的防鼠板，电缆进线口应做好封堵，在固定位置放置有效的绝缘靴、绝缘手套、高压试电笔、接地线、高压操作杆、专用扳手，配备"严禁合闸"等标识，墙面悬挂与实际情况完全相符的供配电系统图，开关状态、接线标注正确 （3）变压器超温报警信号到控制中心或就近固定岗位；变压器上端无照明等悬挂物，出线端电压在380伏±5%范围内；变压器设置独立隔离网，确保手无法伸入，并上锁管理；对于未使用的变压器，应断开电源并悬挂标识 （4）变压器低压柜主断路器整定值需要张贴在该开关柜内，并配备失压延时脱扣器，防止高压闪断停电 （5）电容补偿屏自动控制器必须始终处于自动状态，电容补偿柜内接触器动作灵敏，补偿电容壳体无膨胀，功率因数不小于0.9 （6）配电柜前后柜应有符合要求的绝缘胶垫，配电柜、控制箱固定螺栓无松动，指示灯完好，内部元器件无异常声响、无焦煳气味；电流值在额定范围内，三相不平衡电流在25%范围内 （7）室外低压配电柜、控制柜（箱）上张贴设备编号、用途标识；各出线电缆应悬挂出线标识，标明电缆的型号规格、用途、去向标识 （8）对于安装在非设备管理人员可能触及位置的配电箱（柜）必须上锁管理，钥匙应编号，在控制中心留存备用钥匙 （9）设备责任人应持有设备房、配电箱（柜）钥匙，清洁卫生工作由设备责任人负责，责任人每日对供配电系统进行两次巡视检查并记录

续表

业务类别	分项要求	管理标准
共用设施日常运行维护	供配电	（10）未使用开关或线路有人作业时，应将开关置于"关"位置并悬挂"严禁合闸，线路有人工作"标识 （11）尚未抄表到户、需缴纳基本电费的项目，配置有多台变压器的，需评估负荷合并措施的可行性，尽量减少变压器的开启数量，降低基本电费的支出
	发电机	（1）每周至少进行一次全面巡查，机油油质无发黑，油位在L-H之间接近H处；冷却水清澈，无杂质，水位正常；启动电池电压正常，连接端子牢固，无爬碱现象 （2）配备一主一备两组启动电池，启动电池配置浮充充电器；电池表面张贴启用时间，两套蓄电池至少每月轮流切换，配备具有防止同时闭合或断开互锁装置的切换开关 （3）柴油箱室安装防爆灯，箱底有消防沙，油箱应有采用透明玻璃管并加装阀门的油位标识，油箱油位在80%位置，储油量不超过1000升，满足8小时连续运行，油箱上有透气管，油箱、油管无渗漏 （4）正常情况下，发电机控制开关应处于自动状态，每月启动试运行一次，每次运行时间为8~12分钟，并做好记录，当月已经正常运行超过12分钟的可不做试运行 （5）在配电柜上安装模拟市电停电试验开关；操作直流柜、应急直流电源柜，应按设备使用说明书要求做好蓄电池的充放电保养工作 （6）双电源切换柜应配备电气及机械互锁装置，防止向电网反供电 （7）发生停电5分钟内，发电机必须能够自动启动，启动后各部件无异常声响、无异常震动，柴油发动机转速稳定，发电机输出电压、频率符合标准；排烟风机能够与发电机联动并具备延时停止功能，延时设置不低于10分钟，但须保证灭火装置启动时，排风机停止运转 （8）排烟过滤系统应设置自动补水装置，安装水位标识，排烟应不影响小区环境
	给排水	（1）采用变频供水的，变频器、压力调节器、控制柜应保持干燥、无灰尘、通风良好、接线紧固，供水压力波动范围在正负0.03兆帕范围内，变频器控制多台电机的，电机需交替启动 （2）排水系统有自动启动装置；排水系统故障后可能引起其他损失的集水坑应安装超高水位报警装置 （3）水箱（池）加盖上锁，钥匙由控制中心统一管理；在通气口和溢流口安装防虫网水箱（池）有液位显示，箱体表面张贴总容积标识；水箱（池）设置有高、低水位报警（楼顶水箱根据实际需要确定）引至控制中心或就近固定岗位；水箱（池）每年清洗两次（或依据当地规定执行），水质符合国家要求并附有检测报告

续表

业务类别	分项要求	管理标准
共用设施日常运行维护	给排水	（4）各种管道无渗漏水，标识清晰，油漆无大面积脱落；软连接未老化，无裂纹，采取防止软连接破裂后水喷射到控制柜的防护措施 （5）各类水泵运行无异常声音、抖动，机油位正常，未混入水分；电动机运行电流在额定范围内，温升符合要求，水泵轴无泄漏 （6）止回阀能够防止水倒流，碟阀、闸阀能够正常开启和关闭，给水自动控制阀门能正常工作；管道压力表指示正常，控制压力表能正确动作，表内未进水 （7）雨水泵、污水泵每年进行年检，根据实际情况决定是否解体检查并记录 （8）室内消防给水系统应与生活给水系统分开独立设置，室内消防给水管道应布置成环状，高层建筑消防给水系统应采取防超压措施
	泳池	（1）水质循环系统各种阀门位置正确，操作人员熟悉设备操作、沙缸反冲洗及注意事项 （2）过滤水泵无异常声音、震动，水泵轴无泄漏；过滤网无堵塞、破损现象；电机温升正常 （3）加药泵加药速度适中，管网无堵塞、渗漏现象 （4）管道水流标识清晰、正确，管道无渗漏现象；阀门应有状态标识，止回阀能够防止水倒流，闸阀关闭正常，管网各压力表正常，表内无进水 （5）沙缸多档阀转动灵活，无漏水、裂纹，中文功能标识齐全，张贴"水泵运行时，严禁转换多档阀"的警示标识 （6）泳池水底灯能正常开启，无松动、无进水现象，灯罩无裂纹或破损，水中灯具电压不大于24伏；电源变压器必须采用双圈变压器，严谨采用自耦变压器；变压器初、次级间的绝缘电阻不小于7兆欧，变压器绕组对金属外壳间的绝缘电阻不小于2兆欧 （7）泳池区域应有充足照明，无照明死角，配备足够的应急照明或双回路供电，泳池机房、卫生间（厕所）、更衣室、淋浴室内抽风装置运转正常 （8）对泳池或其设备设施进行改造的，改造方案必须经公司专业端口审核，报原设计单位或具备设计资质单位审批后执行 （9）水泵及过滤设备分级保养至少完成以下内容 ①日检：水泵噪声、水泵机油位、进出水管压力；电机电流、电压及温升；各种阀门开闭状况、沙缸压力；清洗毛发收集器的过滤筒（网）或更换 ②周检：水底灯安全电压测试；循环泵控制箱检查；排污泵及自动、手动控制检查；加药泵性能检查 ③月检：水泵联轴器、盘根、基座螺丝稳固状况检查；各管道、阀门保养；排污泵水管接驳检查、单向阀功能检查

续表

业务类别	分项要求	管理标准
共用设施日常运行维护	泳池	④年检：水泵密封圈磨损、叶轮、轴承检查；外壳进行除锈防腐；沙缸检查或换沙；泳池管网、阀门除锈防腐 （10）泳池区域设施分级保养至少完成以下内容 ①日检：检查泳池给水、回水、泄水口等部位过滤网和溢流槽格栅的牢固性；池体砖面完好性状况；检查卫生间、更衣室、淋浴房等设施完好性 ②周检：检查泳池照明灯具；泳池出入扶梯；水上游乐设施；救生设施；泳池标识；分区浮球完好程度 ③月检：检查氧气瓶等救生设施，应急灯、广播系统及通风口清洁、除尘 ④年检：开放前对池体进行全面清洁与设施维护 （11）泳池活动区域内（更衣室、淋浴室、卫生间、泳池周边等）插座及照明均应设置漏电保护，漏电动作电流不大于30毫安，动作时间不大于0.1秒
	消防	（1）控制中心值班人员负责监控室内消防设备24小时运行情况，填写运行监控记录；防火服、消防工具、有效防毒面具必须按指定位置摆放，表面完好并保持清洁、整齐，标识清晰 （2）项目应编制烟感、温感地址码清单，并与实际情况一致，同时编制消火栓管网和喷淋管网阀门清单，明确各阀门的分布位置，消防管阀门每月检查1次并记录，阀门应处于正常状态 （3）消防栓、喷淋泵每月试运行1次；每月手动盘车试验，并对控制部分进行联动测试，保证手/自动转换正常；每季度使用试验消火栓带载试验，测试消火栓水枪的充实水柱并记录 （4）消防水泵接合器的接口及附件应每月检查1次，并应保证接口完好、无渗漏、闷盖齐全，每两个月应利用末端试水装置对水流指示器进行试验 （5）灭火器每月检查1次，送风阀、排烟阀、防火卷帘门、防火门、送风与排烟风机每季全面检查1次；报警与联动装置、水流指示器、CO_2自动灭火系统、消防对讲、紧急广播等至少每半年测试1次，保障正常功能,并与地址码图保持一致；消防烟、温感，每半年检验，每次抽检比例不少于50%，全年覆盖1次并记录 （6）项目应建立消防应急处理预案，编制灭火作战示意图、消防设备设施清单，每年至少开展1次演习并记录 （7）高位消防水箱的设置高度应保证最不利点消火栓静水压力，当建筑高度不超过100米时，高层建筑最不利点消火栓静水压力不应低于0.07兆帕。当建筑高度超过100米时，高层建筑最不利点消火栓静水压力不应低于0.15兆帕，稳压罐无漏气漏水现象，压力显示正确

续表

业务类别	分项要求	管理标准
	消防	（8）火警发生时，控制中心能对消防泵、喷淋泵、防火卷帘门、送风/排烟风机等设备进行控制并具有防止误动作措施；报警控制器配备备用电源，保证停电状态下的系统正常报警显示；项目技术人员熟悉消防设备位置、用途和操作方法，控制中心人员掌握在发生火警后应急处理措施与注意事项 （9）高层大厦各楼层张贴疏散图，消防通道设有应急照明与疏散指示，应急照明在停电后能保障使用时间不低于30分钟 （10）小区内结合器应标明是供应消火栓还是供应喷淋，明确具体的控制区域 （11）采用泳池作为消防储水池的消火栓和喷淋系统，在泳池清洗换水和维修停用期间，应有其他备用取水的应急措施
共用设施日常运行维护	电梯	（1）电梯运行平稳，增速、减速平稳，从启动到平层皆无异常震动、冲击以及异常声响；在行驶过程中轿厢无明显晃动，箱门无晃动而产生的撞击声，电梯门开启闭合灵活，无卡、擦声音 （2）轿厢通风风机无异常噪音，轿厢内照明良好，设有监控探头的从控制中心能看清乘客面孔 （3）轿厢内张贴有效期内电梯年检合格证，紧急对讲使用方便可靠，有相应标识；按钮面板整洁，字迹清晰 （4）电梯运行出现故障（困人）后，救援行动由专业人员在15分钟内（或按合同约定）到场实施救助，非专业人员禁止实施救助；控制中心人员熟悉安慰被困人员的基本方法和紧急救助预案；能够安慰被困人员的同时有效指挥救助 （5）电梯维修保养合同完备（包括年度检修计划、紧急救援时间要求约定），对供方的工作及人员有有效的监督管理制度 （6）机房内配置盘车专用工具一套，控制柜内的排风扇运行正常，柜内温升符合要求，线路整洁，电器表面无积尘现象；主回路接触器无打火碳化迹象 （7）各种开关、按钮、蜂鸣器、电铃、对讲、指示灯、照明工作正常，无缺损，接线端子压接牢固，导线编号清楚无误 （8）曳引机电动机轴承温度应不高于80℃，电动机连接紧固，无晃动，电机无异常声音；减速器内润滑油清洁，无渗漏，油面在标准范围内曳引机转动时闸瓦制动带与制动轮之间无相互摩擦现象，制动系统工作可靠，无不正常的撞击声 （9）曳引机电动机至少每年添加轴承润滑脂，箱盖、窥视孔盖和轴承盖应与箱体连接紧密，无漏油。减速器运行时无不均匀的噪声或撞击声，螺栓无松动、无锈蚀 （10）钢丝绳表面无明显积垢、锈蚀、断股，平层线标识清晰

续表

业务类别	分项要求	管理标准
共用设施日常运行维护	弱电安防	（1）每年对有内线电话系统的DP箱或交换机出线与实际吻合的地址编码图进行核查1次 （2）控制中心配备监控镜头分布、重点镜头及每个显示器循环的监控镜头清单；无线对讲信号能覆盖项目除地下室以外的区域；控制中心内显示器、矩阵主机、电脑每月进行1次清洁保养；控制中心与客户间、单元门与控制中心对讲通话清晰 （3）设备责任人每周对居家报警系统主机清洁保养1次，居家对讲（可视、非可视）、无线对讲系统主机每周清洁保养1次，每月对单元门、苑门对讲分机与控制中心间通话效果测试1次；防火门、单元门禁系统、电动苑门每月检查1次 （4）周界红外线报警配备监控镜头的，在触动报警时能自动对报警地点进行录像并将监视器定格在报警位置；技术员每周对红外报警进行1次检查，测试灵敏度 （5）每季度对视频接口进行检查保养，确保接触良好，对视频电缆、控制器、信号选切器、视频分割器、控制台等设备进行保养，检查录像带或硬盘录像的效果，录像留存时间不低于15天 （6）每季度设备责任人对监控设备进行功能检查，由安全主办确定监控位置、监控范围，技术员配合调整镜头 （7）苑门、单元门运行稳定，无异常噪声，开门停留时间合理；电子锁灵活，失电状态能顺利开门；刷卡器标识清晰 （8）停车场系统主机、读卡器、探测器动作灵敏可靠，具有防砸车装置；道闸杆下方装有防撞胶垫，道闸旁边有防止行人通行的警示标识 （9）门禁与车场授权、安防软件数据库每月定期备份，防止数据库资料丢失，每季度对门禁、车场的授权、挂失情况进行核查

第8章

图解精益管理之岗位说明书

8.1 岗位说明书的六大作用

岗位说明书有六大作用,具体如图8-1所示。

图8-1 岗位说明书的六大作用

8.1.1 为招聘、录用员工提供依据

岗位说明书为招聘、录用员工提供依据,体现在三个方面,具体如图8-2所示。

 确定岗位的任职条件

在岗位说明书中对这个岗位的任职条件有非常清楚的说明。所以,任职条件是招聘工作的基础,招聘工作需要依照任职条件来挑选人员,不满足任职条件的人,不能录用;如果企业一定要用,也只能降格使用,例如工资等级要下降,或者职务要略微下降

 岗位说明书将作为签订劳动合同的附件

岗位说明书将作为员工录用以后签订劳动合同的附件。企业决定录用员工后,这名员工应该承担什么样的责任,以及要负责到何种程度,这些问题也已经事先在岗位说明书里约定好了,企业不需要对员工重复说明

作为入职培训的教材

新员工被录用以后，一般企业要进行一次入职培训，岗位说明书可以作为入职培训的教材

图 8-2　岗位说明书为招聘、录用员工提供依据

8.1.2　对员工进行目标管理

企业在对员工进行目标管理设计的时候，依据岗位说明书所规定的职责，通过岗位说明书可以很清晰、明确地给员工下达目标，同时也便于设计目标，具体体现在以下两个方面，如图8-3所示。

 岗位说明书是给员工下达目标的凭证

目标管理是现代企业管理的一种最有效的办法，给员工下达目标的凭据就是岗位说明书里面规定的职责。例如给人力资源部的培训专员下达的目标是培训的指标，而不能下达薪酬管理的指标。由此可见，岗位说明书是目标管理的一个基本依据

 依据岗位说明书可以清晰地设计目标

在岗位说明书中，具体某个项目有几项职责，目标应该下达给谁，都有非常清楚的说明。因此，负责目标管理的主管应该随时查阅岗位说明书，以便更明确、有效地对员工进行目标管理

图 8-3　岗位说明书对目标管理的体现

8.1.3　是绩效考核的基本依据

岗位说明书是绩效考核的基本依据，具体体现在以下几个方面，如图8-4所示。

 岗位说明书确定了岗位职责

在绩效考核的时候，只有通过考察岗位说明书，才会知道只有这个岗位才有这个职责，才能去考核在这个岗位上工作的员工是不是尽职尽责，是不是完成了工作目标。假如在岗位说明书中根本就没有这个职责，就不能拿这个要求去考核该员工，因为该员工不需要承担这样的责任。所以，岗位说明书在工作目标管理和绩效考核工作中起着很大的作用

图 8-4

岗位说明书确定了职责范围

岗位说明书确定了某一项职责的范围，是全责、部分还是支持，很清楚地划分了员工的职责。当某一项工作没有完成或出现问题时，责任十分清楚

岗位说明书确定了考核内容

岗位说明书还规定了考核评价内容。绩效考核的标准应该是一致的，不能是岗位说明书写的是一个样，考核标准又是另一个样

图 8-4　岗位说明书对绩效考核的体现

8.1.4　为企业制定薪酬政策提供依据

直接决定薪酬的是岗位评价，所以岗位说明书所提供的依据评价是间接的。岗位评价是企业薪酬政策的基本依据，整个薪酬体系需要以岗位评价为支撑性资料。而岗位评价的基础是岗位分析和岗位说明书，如果没有岗位说明书、岗位内涵分析、员工工作能力分析等资料，就无法进行岗位评价。因此，从根本上说，岗位说明书为企业制定薪酬政策提供了重要的依据。缺少了岗位说明书，企业制定薪酬政策将是很困难的。

8.1.5　为员工教育与培训提供依据

对员工进行培训是为了满足岗位职务的需要，有针对性地对具有一定文化素质的员工进行岗位专业知识和实际技能的培训，完备上岗任职资格，提高员工胜任本岗本职工作的能力。根据岗位说明书的具体要求，可以对一些任职条件不足，但其他方面优秀、符合公司急需人才要求的员工进行教育和培训，提升其本身的素质，最后使其达到岗位说明书的任职要求。

8.1.6　为员工晋升与开发提供依据

人力资源管理中一项非常重要的工作是人力资源开发，就是通过一些手段使员工的素质和积极性不断提高，最大限度地发挥员工的潜能，为企业做出更大的贡献。员工的晋升与开发，离不开人事考核。人事考核是以员工为对象，以岗位说明书的要求为考核依据，通过对员工德、能、勤、绩等方面的综合评价，判断他们是否称职，并以此作为任免、奖罚、报酬、培训的依据，促进"人适其位"。因此，岗位说明书也为这项工作提供了一个依据。

员工大都愿意在一家企业长期工作，并不愿意来回跳槽。主要是看有没有发展的空间，例如现在是销售员，以后有没有可能做销售经理或销售总监。所以，企业依据岗位说明书，有针对性地做工作，要根据岗位说明书制定员工晋升通道图，作为规范化管理

的一个基础文件，使每一位员工都清楚，只要好好地工作将来就能升到什么职位，或几年才能达到任职条件。

8.2 岗位说明书编制的前期工作——岗位工作分析

岗位工作分析也就是岗位分析，即是指对某工作进行完整的描述或说明，以便为人力资源管理活动提供有关岗位方面的信息，从而进行一系列岗位信息的搜集、分析和综合的人力资源管理的基础性活动，如图8-5所示。

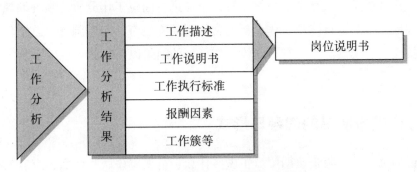

图8-5　岗位工作分析与岗位说明书的关系

岗位分析要从图8-6所示的八个要素开始着手进行分析，即（7W1H）。

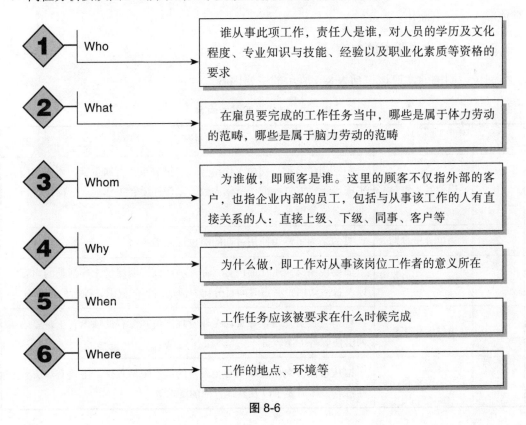

图8-6

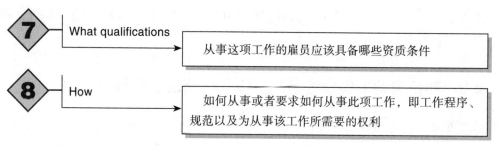

图 8-6 岗位分析的八要素——7W1H

岗位工作分析是一项复杂的系统工程，企业进行岗位工作分析必须统筹规划，分阶段、按步骤地进行。进行岗位工作分析通常使用的方法有：问卷调查、总结分析、员工记录、直接面谈、观察法等。有了岗位工作分析的结果以后，就可以着手制定岗位工作说明书了。

8.3 岗位说明书的内容与形式

岗位说明书，是表明企业期望员工做些什么、员工应该做些什么、应该怎么做和在什么样的情况下履行职责的总汇。岗位说明书最好是根据公司的具体情况进行制定，而且在编制时，要注意文字简单明了，并使用浅显易懂的文字填写；内容要越具体越好，避免形式化、书面化。

8.3.1 岗位说明书的内容

岗位说明书通常应该包括表8-1所示的主要内容。

表8-1 岗位说明书的内容

序号	栏目	具体说明
1	岗位基本资料	包括岗位名称、岗位工作编号、汇报关系、直属主管、所属部门、工资等级、工资标准、所辖人数、工作性质、工作地点、岗位分析日期、岗位分析人等
2	岗位分析日期	目的是为了避免使用过期的岗位说明书
3	岗位工作概述	简要说明岗位工作的内容，并逐项加以说明岗位工作活动的内容，以及各活动内容所占时间百分比，活动内容的权限，执行的依据等
4	岗位工作责任	包括直接责任与领导责任（非管理岗位则没有此项内容），要逐项列出任职者工作职责
5	岗位资格	即从事该项岗位工作所必须具备的基本资格条件，主要有学历、个性特点、体力要求以及其他方面的要求等

岗位工作说明书的内容，可依据岗位工作分析的目标加以调整，内容可繁可简。

另外，在实际工作当中，随着公司规模的不断扩大，岗位说明书在制定之后，还要在一定的时间内，有必要给予一定程度的修正和补充，以便与公司的实际发展状况保持同步。

8.3.2 岗位说明书的形式

岗位说明书的外在形式，是根据一项工作编制一份书面材料，可用表格显示，也可用文字叙述。

8.4 岗位说明书的填写

岗位说明书制定的原则是直接上级为下属制定岗位说明书。岗位说明书实际上是传递了上级对下级的期望和要求，并且职位说明书也要定期根据公司业务和战略的变化而不断更新和修订，所以说为下级制定岗位说明书也是管理者的一项职责，同时也有利于规范管理。

岗位说明书包括职位名称、所在部门、报告关系、职位基薪等级、职位编号、编制日期、职位概要、职位位置、职责要求、关键绩效指标（Key Performance Indicator，KPI）、任职资格（资历、所需资格证书、知识技能要求、能力要求、素质要求）、工作联系、职业通道等栏目。

8.4.1 如何填写"职位名称"

职位名称是对工作名称的进一步明确，规范职位的名称有利于进行职位管理。

8.4.2 如何填写"所在部门"

所在部门是指该职位所属的机构或部门，繁简程度要根据企业的具体情况来定，原则是应该写到该职位所属的最小组织细胞。一般会有图8-7所示的几种情况。

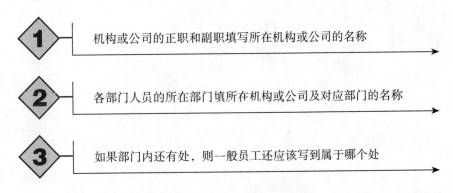

图8-7 所在部门填写的几种情况

例如：某一般规模子公司人力资源部员工，填"子公司名称+人力资源部"；如果部门很大，还分有各处，则招聘处的员工填"公司名称+人力资源部招聘处"。

8.4.3 如何填写"报告关系"

报告关系指该职位的直接上级，一般会有图8-8所示的几种情况。

 机构（包括子公司、分公司、事业部、分厂）或部门副职的直接上级是正职

 各部门或机构正职的直接上级是对应的主管领导

 各部门内人员的直接上级一般来讲都是该部门的正职；但如果部门内还有处，则处长的直接上级是部门正职，各处内的员工直接上级是该处处长

图8-8 报告关系的填写情况

8.4.4 如何填写"职位薪资等级"

职位薪资等级是指该职位经过职位评估和薪酬设计后的薪资等和级别的位置。

8.4.5 如何填写"职位编号"

职位编号是指职位的代码，组织中的每个职位都应当有一个代码；编号的繁简程度视企业具体需要而定；职位编号的目的是为了便于快速查找所有的职位。职位编号的步骤如图8-9所示。

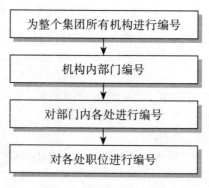

图8-9 职位编号的步骤

这一栏将在全公司岗位说明书编制完成后由人力资源部为全公司所有岗位说明书统一编号并填补上。

8.4.6 如何填写"编制日期"

编制日期是指岗位说明书的具体编写日期是什么时间。这一栏可以暂时不填，在岗位说明书出台时由人力资源部统一填补上。

8.4.7 如何填写"职位概要"

职位概要也就是职位设置的目的，应该用一句话简单地概括工作的主要功能，简短而准确地表示该职位为什么存在；机构整体目的的哪一部分由该职位完成？该职位对机构的独特贡献是什么？如果该职位不存在，会有什么工作完不成？企业为什么需要这一职位？

职位设置的目的部分还应当描述工作的总体性质，因此只列出其主要功能或活动即可。

8.4.8 如何填写"职位位置"

职位位置表明本职位在整个组织中所处的层级和位置。

图8-10是某公司招聘主管的职位位置。

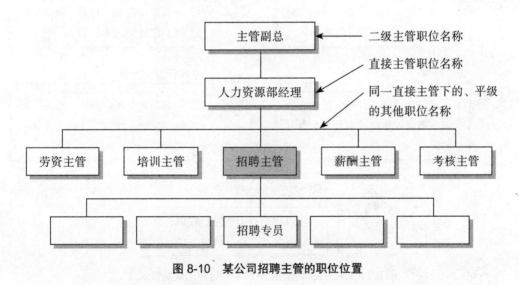

图8-10 某公司招聘主管的职位位置

8.4.9 如何填写"职责要求"

在编写职责时，首先应该将本职位职责的几个大块找出来，列出本职位应该做哪几个方面的事情，然后对每件事情进行具体描述；在具体描述时，每一条职责都应尽量以流程的形式描述，尽量讲清楚每件事的输入与输出，描述的格式为："动词+名词宾语+进一步描述任务的词语"。

在职位职责的描述中，重要的是清楚地界定每一职责上的权限，应该用精心选择的动词恰当地描述权限范围。在岗位说明书的编制过程中，经常会碰到下面这些情况，如图8-11所示。

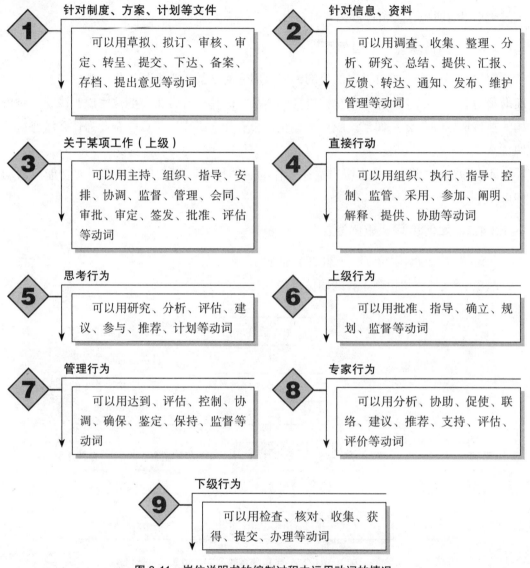

图8-11 岗位说明书的编制过程中运用动词的情况

例如：在编制某一文件的过程中，部门负责人组织拟订文件，一般文员可能只是按部门内主管的要求收集一些资料，然后由主管草拟文件，主管副总审核文件并提出意见，总经理最终批准文件。这些动词清楚、准确地表明了相应职位在流程中的权限。

8.4.10 如何填写"关键业绩指标"

绩效指标是指从哪些方面、以什么标准去评价该职位工作的效果。

绩效可以体现在两个方面，一个是工作的结果，另一个是在工作过程中高绩效的行为，因此绩效指标也分为结果界定和行为界定。岗位说明书中的考核指标只需到考核方面即可，在考核制度中将会对考核指标进行标准分级的描述。

8.4.11 如何填写"任职资格"

任职资格是决定职位价值、招募、培训等的重要依据。任职资格是对应职者的要求，不是针对现有人员的要求。任职资格包括表8-2所示的这些项目。

表8-2 任职资格的填写要求

序号	项目	填写要求
1	资历	资历包括学历（学位）、所学专业（或接受何种培训）、职称和工作经验（包括一般工作经验和特殊工作经验）
2	所需资格证书	所需资格证书不是职称，而是指从事本工作所必需的证照。例如：出纳必须有会计证才能上岗；维修电工需要有"特种作业操作证、国家电工进网许可证、职业资格证书"
3	知识要求	知识要求包括业务知识和管理知识，这些知识都应区分其广博程度和精通程度。例如：广博程度可以用系统级、子系统级等词或者能区分出知识广博程度的词加以区别；精通程度可以用知晓、熟悉、精通等词加以区别
4	技能要求	技能包括基本技能和业务技能，这些技能都应区分其熟练程度。对于外语和计算机的应用等技能可以参照国家统一规定的级别来区分。例如：英语四级、计算机三级；对于没有国家统一规定的技能可以用行业标准或本所标准来加以区分。基本技能是指完成各种工作时都需要具备的通用的操作技术，通常指"写作能力、外语能力和计算机能力"。业务技能是指运用所掌握的业务完成业务工作的能力
5	能力要求	能力要求是指完成工作应具备的一些能力方面的要求，这些要求包括需要什么能力及其级别。能力要求是指该职位对任职者最需要的能力要求；能力要求一般不宜多，3～5个即可
6	素质要求	素质是指一个人的潜在特质，与生俱来，一般不宜改变。素质要求是指该职位对任职者最需要的个性或特质的要求；素质要求一般不宜多，1～2个即可

8.4.12 如何填写"工作联系"

工作联系是指与本职位有较多工作沟通的组织内部、外部沟通对象。

8.4.13 如何填写"职业通道"

岗位说明书中的建议职业通道仅仅从专业的角度提出参考性的意见,说明晋升或者轮换的方向,具体某个人的职业成长需要结合具体情况而定。

图8-12是某公司物流岗位的职业通道。

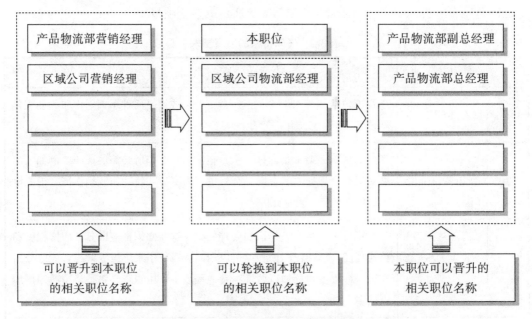

图8-12 某公司物流岗位的职业通道

下面提供几份不同的岗位说明书的范本,仅供读者参考。

【他山之石01】管理处经理岗位说明书

管理处经理岗位说明书					
职位描述	职位名称	管理处经理	直接上级	分公司负责人	直接下级	管理处职员
入职资格	（1）学历　全日制大学专科及以上学历（旅游、酒店管理、企业管理、行政管理专业优先） （2）经验　本科两年或大专五年以上工作经验,物业管理两年以上从业经验,有企业部门经理任职经验者优先 （3）证件　具有物业管理上岗证,有ISO 9000/ISO 14001/ISO 45001内审员证,相关专业中级以上技术职称优先 （4）技巧　熟练操作电脑和运用Office软件,文笔流畅 （5）年龄　45岁以下;性别不限 （6）身体状况良好				

续表

职位要求			具体项目	绩效评估标准
工作能力	专业知识		（1）物业管理专业知识、房地产开发常识 （2）企业管理常识、ISO 9000知识、ISO 14001知识、ISO 45001知识 （3）客户服务专业知识 （4）物业管理法规知识	达到公司规定的培训学分
	工作技能		（1）领导力 （2）策划力 （3）协调力 （4）突发事件处理能力 （5）表达力 （6）执行力 （7）创新力	（1）具有效激励和调动下属达成工作目标，被下属信任和尊重的能力 （2）具成功策划本部门职责范围内相关方案或活动，并达到预期目标的能力 （3）具与上下级、平级及行业内外专业机构、主管部门保持良好沟通的能力 （4）具妥善处理有关紧急及突发事件的能力 （5）具良好的文字写作能力，善与人沟通 （6）具有效贯彻落实公司的各项指示及政策方针的能力 （7）具对管理运作有独到见解，并提出可操作性方案的能力
工作心态			（1）忠诚度 （2）敬业精神 （3）表率性 （4）团队精神 （5）自我提升热情	（1）高度认同公司文化，随时保持公司形象，处处维护公司利益 （2）热爱本岗位并全身心投入工作，为实现公司目标而不懈努力 （3）以身作则，从严要求，起到模范及表率作用 （4）除完成自己的本职工作外，能不计较个人得失，积极协助其他部门和同事共同完成工作目标，能与下属共同营造有效的工作团队 （5）具良好的进取心，不断学习和接受新思维、新观念并加以运用
工作职责	1	◆	经济目标：完成管理处经营管理目标责任书中的经济指标	按管理处经营目标管理责任书评估
	2	◆	质量目标 （1）根据公司总的质量方针，组织制订管理处服务品质改进计划并实施 （2）对管理处日常服务品质进行有效监控	

续表

职位要求		具体项目	绩效评估标准
工作职责	3 ◆	审核批准：掌握本管理处公章，审核签发日常工作申请、报告及其他行政文件审核权限范围内的协议、工程合同、经济合同及分包方合同等工作文书	杜绝出现未经公司领导批准而自作主张超出职责范围的经营管理活动的现象
	4 ◆	计划编制：审核管理处年度用水用电计划、管理处年度工具配置计划、管理处年度社区文化活动计划、管理处设备大中修计划、管理处设备保养计划，编制管理处年度经营计划、管理处每月工作计划	检查计划完成情况，对不能按时完成的工作计划分析原因，提出改善对策，加以实施，并跟踪实施效果
	5 ◆	创优保优 （1）制订本管理处的创优保优计划 （2）组织本管理处相关人员实施创优保优计划	（1）提出建设性意见，确保计划切实可行 （2）创优保优计划实施达到预期效果
	6 ◆	对本管理处环境、职业安全方面的因素进行评估，并制定相应的措施	（1）确保对环境因素、危险源的识别准确性 （2）确保措施的有效性 （3）符合ISO 14001、ISO 45001标准的要求
	7 ◆	营造积极向上、努力实现公司与管理处经营管理目标的活跃进取的管理处工作团队	能营造凝聚力强的工作团队
	8 ◆	协调沟通：处理好与发展商、政府部门、业主及物业使用人的关系，处理好本管理处和其他部门之间的关系，解决下属提出的具体困难和需要	不因对外关系影响工作开展
	9 ◆	挖掘经营潜力：在小区的经营管理中，进行合理合法的经营潜力的挖掘	能努力挖掘经营潜力
	10	培训：对本管理处主管以上职员进行入职指引，推动本管理处培训的实施，积极培养本管理处内部合格培训师	（1）本管理处新进职员都能顺利进行工作 （2）按公司培训计划推动本管理处培训工作，并达到预期培训效果 （3）积极培养内部合格培训师
	11	早读例会：每周至少组织一次早读与工作例会，负责本管理处主管以上职员考勤，按权限规定批准本管理处职员的请假	（1）早读、例会按时进行 （2）掌握主管以上职员当天的出勤情况 （3）按规定批准职员请假，无弄虚作假行为

续表

职位要求		具体项目	绩效评估标准
工作职责	12	规章完善 （1）负责组织编制和修订本部门业务范围内涉及的作业指导书 （2）向品质部提出完善小区管理制度的申请，待品质部批准后，逐步完善小区各项管理制度	管理制度可行性高，能解决管理处当前存在的问题
	13	营造社区文化氛围：积极推动社区文化活动的开展	（1）每年定期开展社区文化活动最少6次 （2）每月28日前筹办内容丰富的宣传栏

注：带◆为工作要项。

【他山之石02】管理处客户主任岗位说明书

管理处客户主任岗位说明书

职位描述	职位名称	管理处客户主任	直接上级	管理处经理	直接下级	客户服务中心职员
入职资格		（1）学历　全日制大学专科及以上学历（旅游、酒店管理、企业管理、行政管理专业优先） （2）经验　本科两年或大专四年以上工作经验，物业管理一年以上从业经验，有服务业管理工作经验者优先 （3）证件　须有物业管理上岗证，ISO 9000/ISO 14001/ISO 45001内审员证，具有相关专业中级以上技术职称者优先 （4）技巧　熟练操作电脑和运用Office软件，文笔流畅，具较强的沟通技巧 （5）年龄　40岁以下；性别不限；身体状况良好				

职位要求		具体项目	绩效评估标准
工作能力	专业知识	（1）物业管理专业知识 （2）房地产开发常识 （3）企业管理常识 （4）ISO 9000知识、ISO 14001知识、ISO 45001知识 （5）客户服务专业知识 （6）物业管理法规知识	达到公司规定的培训学分

续表

职位要求		具体项目	绩效评估标准
工作能力	工作技能	（1）领导力 （2）策划力 （3）协调力 （4）突发事件处理能力 （5）表达力 （6）执行力 （7）创新力	（1）具有效激励和调动下属达成工作目标，被下属信任和尊重的能力 （2）具成功策划本部门职责范围内相关方案或活动，并达到预期目标的能力 （3）具与上下级、平级及行业内外专业机构、主管部门保持良好沟通的能力 （4）具妥善处理有关紧急及突发事件的能力 （5）具良好的文字写作能力，善与人沟通 （6）具有效贯彻落实公司的各项指示及政策方针的能力 （7）具对管理运作有独到见解，并提出可操作性方案的能力
	工作心态	（1）忠诚度 （2）敬业精神 （3）表率性 （4）团队精神 （5）自我开发热情 （6）客户服务意识	（1）高度认同公司文化，随时保持公司形象，处处维护公司利益 （2）热爱本职工作并全身心投入，为实现公司目标而不懈努力 （3）以身作则，从严要求自己，起到模范及表率作用 （4）除完成自己的本职工作外，能不计较个人得失，积极协助其他部门和同事共同达成工作目标，能与下属共同营造有效的工作团队 （5）具良好的进取心，不断学习和接受新思维、新观念并加以运用 （6）能以客户服务为己任，始终被顾客所信任
工作职责	1 ◆	受理业主投诉与请修 （1）受理业主（用户）各类投诉，并及时处理业主投诉，重大投诉及时上报管理处经理 （2）处理好业主（用户）的请修 （3）对投诉与请修进行回访	（1）按公司规定做好投诉与请修记录，确保内容完整 （2）及时处理业主（用户）投诉与请修，在三天之内跟踪处理效果 （3）每月提交投诉与请修汇总表及分析报告，分析要客观、有效 （4）每天对投诉与请修进行回访，回访率为100% （5）无客户服务中心职员因服务态度引起的投诉

续表

职位要求			具体项目	绩效评估标准
工作职责	2	◆	处理好本管理处与业主、业主委员会的关系 （1）与业主委员会共同解决业主间的纠纷 （2）起草物业管理委托合同	（1）与业主、业主委员会关系融洽 （2）在规定时间内与业主委员会商定物业管理委托合同
	3	◆	管理处品质体系的维护和持续改进 （1）负责本管理处品质体系的维护和改进，制订本管理处年度品质管理计划 （2）配合品质管理部门每年至少两次内部审核 （3）配合品质管理部门对外审的准备与合作 （4）对本管理处存在的品质问题进行分析原因、提出改善对策、实施并跟踪实施效果	（1）本管理处质量体系正常运行，并对体系运行不断改进 （2）顺利通过内审、外审 （3）能持续提高业主满意度
	4	◆	品质督查 （1）对本管理处进行日常的品质督查 （2）配合品质部门组织的专项品质督查活动 （3）定期向管理处经理提交品质督查报告	（1）日常督导严格、准确，并确保有效 （2）专项品质督查确保客观、有效 （3）在每月五日之前提交品质督查报告
	5	◆	客户意见调查：配合品质管理部门年度客户满意度测评计划的制订和实施	按要求配合品质管理部门完成业主满意度调查
	6	◆	社区文化 （1）负责组织筹办宣传栏 （2）组织策划社区文化活动	（1）每月28日前筹办内容丰富的宣传栏，并建档 （2）每年举办6次以上社区文化活动，并建档
	7	◆	负责本管理处收款的管理工作	（1）按公司规定的时间收取各种款项，并能完成管理处的收费指标 （2）无隐瞒收支和弄虚作假等违反财务制度的行为 （3）无私自减免收费标准的行为
	8	◆	（1）对直接下属入职指引及其他相关专业课程培训 （2）对直接下属的考勤	（1）培训能达到预期效果 （2）考勤真实，无舞弊行为
	9		负责本中心有关的环境、职业安全方面的因素进行评估，制定相应的措施	符合ISO 14001/ISO 45001体系要求

续表

职位要求		具体项目	绩效评估标准
工作职责	10	搜集本管理处客户的有关信息	每月对客户信息进行汇总、分析，并提交公司品质管理部
	11	管理处经理授权时代行其职权	
	12	工作例会：每两周至少召开一次客户服务中心工作例会，并有例会记录	工作例会能解决实际问题，并有例会记录
	13	内部沟通：充分保持与管理处其他项目组、分公司各部门之间的沟通	保持信息的畅通
	14	会所管理：管理小区会所娱乐室、图书室等	（1）每季度（重大节日）组织一次会所文化活动（可以与社区文化活动同时进行） （2）无业主投诉 （3）杜绝在娱乐时间内会所出现纠纷事件
	15	完善改进：协助管理处经理不断完善本管理处相关的各项管理制度	能针对问题完善小区相关管理制度

注：带◆为工作要项。

【他山之石03】客户助理岗位说明书

客户助理岗位说明书

职位描述	职位名称	客户助理	直接上级	客户主任	直接下级	无
入职资格	（1）学历　全日制中专及以上文化程度 （2）经验　一年以上物业管理、酒店、旅游等服务行业工作经验 （3）证件　具有物业管理上岗证优先 （4）技巧　懂得与客户沟通，熟悉电脑操作 （5）年龄　25岁以下 （6）性别　女性 （7）身体状况　身高1.60米以上，健康，形象好					

职位要求		具体项目	绩效评估标准
工作能力	专业知识	（1）物业管理基础知识 （2）相关法律法规基础知识 （3）公共关系知识 （4）服务礼仪与服务相关知识	达到公司规定的培训学分

续表

职位要求		具体项目	绩效评估标准
工作能力	工作技能	（1）判断能力 （2）理解力 （3）处世能力 （4）动手能力 （5）客户接待技巧、投诉处理技巧	（1）具准确判断事物性质及状况并及时做出反应的能力 （2）具正确理解上级指示及公司各项规章制度并执行的能力 （3）具良好的待人接物能力 （4）具本职需要的良好的专业技能 （5）具热情接待各种类型的客户，熟练处理客户各类投诉，并令顾客满意的能力
工作心态		（1）服从性 （2）责任感 （3）集体荣誉感 （4）自我提升意识 （5）客户服务意识	（1）坚决服从上级安排，正确执行公司各项规章制度 （2）积极主动完成本职工作，为实现公司目标而不懈努力 （3）热爱企业，愿意为企业长期服务，团结同事，不做有损本部门、本企业形象及利益的事 （4）不断加强自我学习，不断提高本职所需的专业技能 （5）能以客户服务为己任，始终被顾客所信任
工作职责	1 ◆	客户服务：包括咨询、请修服务、投诉受理、建议接待、事务办理、重要电话、留言及来访记录等 （1）所有来电，务必在三响之内接听 （2）做好业主请修登记和投诉记录并及时转交客户主任进行处理，三天内对请修投诉跟进一次 （3）接到客户建议与留言做好记录	（1）按规范填写各类工作记录 （2）接听电话、受理投诉时要求热情亲切，声音清晰，态度和蔼，使用礼貌用语，杜绝出现由于自身工作（如服务态度）引起的业主投诉
	2 ◆	资料归档 （1）做好各项业主服务记录 （2）负责整理客户服务档案	记录、档案管理符合ISO 9000要求
	3 ◆	客户入伙手续、装修手续的办理：清楚地告诉来访客户办理入伙与装修需要的具体手续 （1）入伙期间，每三天追踪跟进一次客户提出的房屋质量不合格单 （2）入伙期间，建立客户服务档案 （3）装修期间，按公司规定办理装修出入证、放行条	（1）手续办理及时，合乎规定 （2）客户档案符合ISO 9000要求

续表

职位要求		具体项目	绩效评估标准
工作职责	4 ◆	办理车位租赁合同和办理车卡：在规定期限内办理完公司与业主签订车位租赁合同负责办理本管理处车卡的新卡、延期、注销及建档等	（1）及时，按规定时间完成 （2）准确，无遗漏
	5 ◆	客户搬入搬出 （1）搬出时，检查有无欠费，若无则开具放行条 （2）搬入时，督促客户办理水电管理费代收代缴委托合同	（1）按规定开放行条 （2）及时督促客户办理水电管理费代收代缴委托合同
	6 ◆	办理入伙，办理水、电、管理费过户和报停报启等手续	热情周到、及时准确，无业主投诉
	7 ◆	发催款通知：将财务开具的催款通知单及时送到住户手中	在规定的时间内将催款通知单送达住户
	8 ◆	打印拒付单，送达住户	
	9	收款：协助收款员做好本管理处收款工作	

注：带◆为工作要项。

【他山之石04】收款员岗位说明书

收款员岗位说明书

职位描述	职位名称	收款员	直接上级	客户经理	直接下级	无
入职资格	（1）学历　高中及以上学历 （2）经验　两年以上相关工作经验 （3）证件　具有统计、会计证优先 （4）技巧　熟练运用Office办公软件及相关软件系统 （5）年龄　35岁以下；性别：女 （6）身体状况　健康，形象好					

职位要求		具体项目	绩效评估标准
工作能力	专业知识	（1）统计、会计基本知识 （2）礼仪礼貌基本知识 （3）物业管理基本知识	达到公司规定的培训学分

续表

职位要求		具体项目	绩效评估标准
工作能力	工作技能	（1）表达力 （2）理解力 （3）创新力 （4）客户接待技巧、投诉处理技巧	（1）具良好的公文写作及准确表达自己见解的能力 （2）具正确理解上级指示及公司各项规章制度的能力 （3）具实现工作水准不断突破的能力 （4）具热情接待各种类型客户，熟练处理客户各类投诉，令顾客满意的能力
工作心态		（1）服从性 （2）责任感 （3）集体荣誉感 （4）自我提升意识 （5）客户服务意识	（1）坚决服从上级安排，正确执行公司各项规章制度 （2）积极主动完成本职工作，为实现公司目标而不懈努力 （3）热爱企业，愿意为企业长期服务，团结同事，不做有损本部门、本企业形象及利益的事 （4）不断加强自我学习，不断提高本职所需的专业技能 （5）能以客户服务为己任，始终被顾客所信任
工作职责	1 ◆	收款建账 （1）水、电、维修费、管理费、固定车位费的收取 （2）管理处日常现金收费项目的收款、建账、核算	（1）收费后按规定开具发票、收据 （2）完成管理处经营管理目标责任书中相应的收款指标 （3）现金日记账正确，无遗漏
	2 ◆	账务管理：按财务制度规定，对管理处现金、发票、收据、账簿的保管	（1）完好、正确，无遗漏 （2）能随时查阅
	3 ◆	统计：水、电、管理费收费单的分类、发放、统计、报账等工作，协助住户补单	（1）水、电、管理费分类清楚、明了 （2）住户补单准确及时，无遗漏、无投诉，非因自身工作原因造成的除外
	4 ◆	报表：向公司财务核算室报送各类财务报表	（1）每月25日前完成 （2）各类财务报表无错误
	5 ◆	解答住户费用方面的咨询：熟悉小区内水电费、管理费、车位租赁费等各项收费标准，向住户做有关费用查询的解释工作	耐心向业主解释有关费用方面的疑问，无业主投诉

续表

职位要求			具体项目	绩效评估标准
工作职责	6	◆	客户搬入搬出 （1）搬出时，检查有无欠费，若无则开具放行条 （2）搬入时，督促客户办理水电管理费代收代缴委托合同	（1）按规定开放行条 （2）及时督促客户办理水电管理费代收代缴委托合同
	7	◆	住户二次装修押金收款及退款办理	
	8	◆	做好客户服务工作：包括咨询、请修服务、投诉受理、建议接待、事务办理、重要电话、留言及来访记录等 （1）所有来电，务必在三响之内接听 （2）做好业主（用户）请修登记和投诉记录并及时地转交客户主任进行处理，三天内对请修投诉跟进一次 （3）接到客户建议与留言分别填写客户建议表和留言表	（1）按规范填写各类工作记录 （2）接听电话、受理投诉时要求热情亲切、声音清晰、态度和蔼、使用礼貌用语，杜绝出现由于自身工作（如服务态度）引起的业主投诉

注：带◆为工作要项。

【他山之石05】管理处行政主管岗位说明书

管理处行政主管岗位说明书

职位描述	职位名称	管理处行政主管	直接上级	管理处经理	直接下级	文员、厨师、勤杂工
入职资格	（1）学历　全日制大学专科及以上学历（工商管理、行政管理、财经类专业优先） （2）经验　本科两年或大专四年以上行政管理工作经验，有物业管理工作经验者优先 （3）证件　有物业管理上岗证者优先，有ISO 9000/ISO 14001/ISO 45001内审员证或相关专业中级以上技术职称者优先 （4）技巧　熟练运用Office办公软件及相关软件系统 （5）年龄　40岁以下；性别不限；身体状况健康					
职位要求		具体项目		绩效评估标准		
工作能力	专业知识	（1）行政管理基本知识 （2）企业管理基本知识 （3）人际关系基本技巧 （4）物业管理基本知识		达到公司规定的培训学分		

续表

职位要求		具体项目	绩效评估标准
工作能力	工作技能	（1）表达力 （2）协调力 （3）创新力 （4）计划力 （5）执行力	（1）具良好的公文写作及准确表达自己见解的能力 （2）具妥善处理上下级及同级部门之间的关系，建立与保持管理处良好对外关系的能力 （3）具经常提出可操作性建议和意见的能力 （4）具根据部门目标制订合理工作计划的能力 （5）具正确理解上级工作意图，有效实施计划的能力
工作心态		（1）敬业精神 （2）忠诚度 （3）表率性 （4）团队精神 （5）自我提升意识	（1）热爱本职工作并全身心投入，为实现公司目标而不懈努力 （2）高度认同公司文化，随时保持公司形象，处处维护公司利益 （3）以身作则，从严要求自己，起到模范及表率作用 （4）除完成自己的本职工作外，能不计较个人得失，积极协助其他部门和同事共同达成工作目标，能与下属共同营造有效工作团队 （5）具良好的进取心，不断学习和接受新思维、新观念并加以运用
工作职责	1 ◆	协助管理处经理完善管理处内部管理，并监督贯彻执行公司各项管理规章制度	内部管理能不断完善
	2 ◆	配合人力资源部做好人员调配、评估、档案管理、薪资核算等方面的工作	严格执行人力资源管理的各项制度
	3 ◆	协助管理处经理制定月工作计划及工作总结	月工作计划及工作总结的整理汇总按时且符合要求
	4 ◆	文档管理：负责管理处文件、档案的管理工作	（1）管理处档案必须完好，无遗漏，符合ISO 9000要求 （2）保证档案可方便查阅
	5 ◆	安排本管理处各类会议，落实会议的地点、规模、形式、需求，并做好会议记录	（1）确保会议按计划实施 （2）各类记录整理完整，归档及时，符合要求

续表

职位要求		具体项目	绩效评估标准
工作职责	6 ◆	负责本管理处各类办公设备及办公用品的管理工作	（1）严格执行公司的相关管理流程 （2）建立明确的固定资产及办公用品清单
	7 ◆	配合行政事务部做好本管理处的计划生育工作	无违反国家计划生育规定的行为
	8 ◆	（1）对直接下属入职指引及其他相关专业课程的培训 （2）对直接下属的考勤。每月对管理处职员的考勤进行统计	（1）培训达到预期目的 （2）考勤真实，无舞弊行为
	9 ◆	配合客户主任开展社区文化活动	（1）每月28日前筹办内容丰富的宣传栏，并建档 （2）每年举办6次以上社区文化活动，并建档
	10 ◆	借款报销：管理处向公司借款及报销手续的办理	
	11 ◆	（1）食堂管理 做好食堂日常运作管理 （2）宿舍管理 做好宿舍的日常管理工作	（1）监督食堂采购质量，价格不高于市场平均价，财务持平或略有盈余 （2）食堂卫生符合标准，宿舍管理符合公司规定
	12 ◆	负责本管理处办公设施设备的请修及办公环境保洁的监督工作，识别办公区域的环境因素与危险源	（1）办公设施设备的请修及时，跟踪维修效果 （2）办公环境、安全符合ISO 14001、ISO 45001标准要求
	13 ◆	协助管理处经理处理好与发展商、政府部门、业主及物业使用人的关系，解决下属提出的具体困难和需要，处理好本管理处和其他部门之间的关系	

注：带◆为工作要项。

【他山之石06】管理处文员岗位说明书

管理处文员岗位说明书

职位描述	职位名称	管理处文员	直接上级	行政主管/管理处经理	直接下级	无
入职资格	（1）学历　全日制中专及以上学历 （2）经验　两年以上相关工作经历，半年以上相关行业工作经验 （3）证件　有物业管理上岗证，有ISO 9000/ISO 14001/ISO 45001内审员证者优先 （4）技巧　熟练运用Office办公软件及相关软件系统 （5）年龄　30岁以下；性别不限；身体状况健康					

续表

职位要求		具体项目	绩效评估标准
工作能力	专业知识	(1) 文化宣传基本知识 (2) 物业管理基本知识 (3) 行政管理基本知识 (4) 档案管理知识	达到公司规定的培训学分
	工作技能	(1) 表达力 (2) 理解力 (3) 创新力	(1) 具良好的公文写作及准确表达自己见解的能力 (2) 具正确理解上级指示及公司各项规章制度的能力 (3) 具实现工作水准不断突破的能力
工作心态		(1) 服从性 (2) 责任感 (3) 集体荣誉感 (4) 自我提升意识	(1) 坚决服从上级安排，正确执行公司各项规章制度 (2) 积极主动完成本职工作，为实现公司目标而不懈努力 (3) 热爱企业，愿意为企业长期服务；团结同事，不做有损本部门、本企业形象及利益的事 (4) 不断加强自我学习，不断提高本职所需的专业技能
工作职责	1 ◆	配合人力资源部做好人员调配、评估、档案管理、薪资核算等方面的工作	严格执行人力资源管理的各项制度
	2 ◆	福利发放：管理处福利、奖金发放等	正确、无遗漏
	3 ◆	协助编写、打印管理处工作文件，收发文件与传达通知 (1) 每天至少上网浏览信息两次 (2) 及时协助编写、打印管理处通知等工作文件	(1) 无过期文件在现场使用 (2) 通知传达及时、准确，无遗漏
	4 ◆	文档管理：负责本管理处文件的收集、整理、归类、编目、标识、查阅等	(1) 管理处档案必须完好、无遗漏 (2) 分类明确，标识清晰，符合ISO 9000要求 (3) 能随时查阅有关文件档案

续表

职位要求		具体项目	绩效评估标准
工作职责	5 ◆	做好本管理处计划生育工作 （1）职员计划生育统计、制表与建档 （2）协助办理职员计划生育证的审查	按规定要求、时间办理本管理处职员计划生育审查、报表
	6 ◆	协助客户主任开展社区文化活动	（1）每月28日前筹办内容丰富的宣传栏，并建档 （2）每年举办6次以上社区文化活动，并建档
	7 ◆	（1）协助制定本管理处月工作计划 （2）每月对本管理处职员进行考勤统计	（1）工作计划按规定时间完成，符合要求 （2）考勤符合规定
	8 ◆	安排好本管理处各类会议，落实会议的地点、规模、形式、需求，并做好会议记录	（1）确保会议按计划实施 （2）记录整理完整，归档及时，符合要求
	9 ◆	（1）管理处向公司借款及报销手续的办理 （2）食堂借款、食堂采购费用的报销	（1）管理处向公司借款的手续齐全 （2）食堂收支账目清楚，无违反财务规定的现象
	10	做好食堂管理、宿舍管理工作	（1）监督食堂采购质量，价格不高于市场平均价，财务持平或略有盈余 （2）食堂卫生符合标准，宿舍管理符合公司规定

注：带◆为工作要项。

【他山之石07】管理处环境主管岗位说明书

管理处环境主管岗位说明书

职位描述	职位名称	管理处环境主管	直接上级	管理处经理	直接下级	物管员、保洁员、园艺工
入职资格	（1）学历　全日制中专及以上学历（旅游、酒店、行政管理等专业优先） （2）经验　本科两年或大专四年以上工作经验，一年以上物业管理工作经验或中专毕业连续10年以上本专业工作经验 （3）证件　有物业管理上岗证者，具有ISO 9000/ISO 14001/ISO 45001内审员证，相关专业中级以上技术职称者优先 （4）技巧　熟练运用Office办公软件及相关软件系统 （5）年龄　40岁以下；性别不限；身体状况健康					

续表

职位要求		具体项目	绩效评估标准
工作能力	专业知识	（1）园艺绿化基本知识 （2）企业管理基本知识 （3）保洁相关基本知识 （4）物业管理基本知识 （5）物业管理相关法律法规知识 （6）装修知识 （7）护卫基本知识 （8）环境艺术知识 （9）ISO 14001/ISO 9000/ISO 45001知识	达到公司规定的培训学分
	工作技能	（1）表达力 （2）协调沟通力 （3）创新力 （4）计划力 （5）执行力 （6）投诉处理能力 （7）突发事件处理能力	（1）具良好的公文写作及准确表达自己见解的能力 （2）具妥善处理上下级及同级部门之间的关系与各项目组、分公司相关职能部门、分包方间保持良好沟通的能力 （3）具经常提出可操作性建议和意见的能力 （4）具根据部门目标制订合理工作计划的能力 （5）具正确理解上级工作意图，并有效实施工作计划的能力 （6）具妥善处理客户有关投诉，令客户满意的能力 （7）有本工作范围内的安全防范技能，有突发事件的处理能力
	工作心态	（1）敬业精神 （2）忠诚度 （3）表率性 （4）团队精神 （5）自我提升意识 （6）服务意识	（1）热爱本职工作并全身心投入，为实现公司目标而不懈努力 （2）高度认同公司文化，随时保持公司形象，处处维护公司利益 （3）以身作则，从严要求自己，起到模范及表率作用 （4）除完成自己的本职工作外，能不计较个人得失，积极协助其他部门和同事共同达成工作目标，能与下属共同营造有效工作团队 （5）具良好的进取心，不断学习和接受新思维、新观念并加以运用 （6）能以为客户服务为己任，始终被顾客所信任

续表

职位要求		具体项目	绩效评估标准
工作职责	1 ◆	装修巡查 （1）装修的初审 （2）日常装修巡查，有效监管日常房屋装修	（1）严格按规定初审装修日常装修巡查，确保装修按规定进行 （2）监管房屋装修过程，杜绝出现破坏房屋本体承重结构及未办装修出入证开始装修等违章装修的现象（管理处未进行有效控制）
	2 ◆	巡查督促环境分包方（护卫、保洁、园艺）工作 （1）对护卫、清洁、绿化工作进行督导并检查 （2）对护卫、清洁、绿化服务的不合格项制定改进措施，组织落实并跟踪实施效果 （3）每天对管理处管理区域进行巡查，能及时有效地处理日常事务及突发事故，对重大事故及时上报	（1）分包方工作能符合要求 （2）不合格项改进及时 （3）大火灾事故（非管理原因造成例外）和无重大治安事件 （4）无机动车（不含摩托车）被盗事故（机动车被抢例外，但须公安机关出具有效证明）
	3 ◆	（1）设施巡查　每月制订公共设施保养计划，巡查公共设施的保养状况 （2）负责环境设施的请修工作	（1）30日前完成下月保养计划，对不能完成的计划分析原因，提出改善对策 （2）保养欠佳的项目，及时提出改善意见并跟催实施效果 （3）环境设施请修及时，外委请修符合公司规定
	4 ◆	抄表管理：负责本管理处抄表工作的管理	（1）每月5日前完成抄表，准确、无遗漏 （2）台账准确、清楚
	5	对与本项目组有关的环境因素、职业安全健康方面因素进行评价，并制定相应的措施	符合公司环境、安全管理要求
	6	对直接下属入职指引及其他相关专业培训 对直接下属进行考勤	（1）培训达到预期效果 （2）考勤真实，无舞弊行为
	7	内部沟通：充分保持与管理处其他项目组、分公司各部门、小区业主（用户）间的沟通	保持信息的畅通
	8	解答住户有关费用方面的疑问；熟悉物业管理法律法规，解答住户有关装修方面的疑问	耐心、细致，不因服务态度引起投诉

续表

职位要求		具体项目	绩效评估标准
工作职责	9	完善改进：向工程技术部提出完善设施管理相关工作制度的建议，持续不断地改进服务质量	（1）逐步完善小区各项环境设施管理制度 （2）业主（用户）对环境设施管理的满意度比前一次有所提高

注：带◆为工作要项。

【他山之石08】物业管理员岗位说明书

物业管理员岗位说明书

职位描述	职位名称	物业管理员	直接上级	环境主管/管理处经理	直接下级	无
入职资格	（1）学历　全日制中专及以上学历 （2）经验　两年以上工作经验，一年以上物业管理工作经验 （3）证件　具物业管理上岗证，有ISO 9000/ISO 14001/ISO 45001内审员证者优先 （4）技巧　熟练运用Office办公软件及相关软件系统 （5）年龄　35岁以下；性别不限；身体状况健康					

职位要求		具体项目	绩效评估标准
工作能力	专业知识	（1）园艺绿化基本知识 （2）物业管理基本知识 （3）物业管理相关法律法规知识 （4）装修常识 （5）基本统计知识 （6）基本礼仪知识 （7）安全护卫知识 （8）保洁知识 （9）环境艺术知识 （10）ISO 14001/ISO 9000/ISO 45001知识	达到公司规定的培训学分
	工作技能	（1）表达力 （2）理解力 （3）创新力 （4）沟通能力	（1）具良好的公文写作及准确表达自己见解的能力 （2）具正确理解上级指示及公司各项规章制度的能力

续表

职位要求		具体项目	绩效评估标准
工作能力	工作技能	（5）投诉处理能力 （6）突发事件处理能力	（3）具实现工作水准不断突破的能力 （4）具与其他项目组及分公司职能部门、客户间保持良好沟通的能力 （5）具妥善处理客户有关投诉，令客户满意的能力 （6）有本工作范围内的安全防范技能，有突发事件的处理能力
工作心态		（1）服从性 （2）责任感 （3）集体荣誉感 （4）自我提升意识 （5）服务意识	（1）坚决服从上级安排，正确执行公司各项规章制度 （2）积极主动完成本职工作，为实现公司目标而不懈努力 （3）热爱企业，愿意为企业长期服务；团结同事，不做有损本部门、本企业形象及利益的事 （4）不断加强自我学习，不断提高本职所需的专业技能 （5）能以客户服务为己任，始终被顾客所信任
工作职责	1 ◆	做好本管理处装修巡查，有效监管日常房屋装修，对不符合装修要求的现象及时上报环境主管（或管理处经理）	（1）日常装修巡查，确保装修按规定进行 （2）监管房屋装修过程，杜绝出现破坏房屋本体承重结构及未办装修出入证开始装修等违章装修的现象（管理处未进行有效控制）
	2 ◆	做好本管理处设施巡查 （1）巡查公共设施的保养状况 （2）环境设施的请修工作	（1）保养欠佳的项目，及时提出改善意见并跟催实施效果 （2）环境设施请修及时
	3 ◆	巡查督促环境分包方（护卫、保洁、园艺）工作	（1）护卫、清洁、绿化工作符合要求 （2）发现护卫、清洁、绿化工作中的问题，并及时上报环境主管（或管理处经理）
	4 ◆	抄表到户 （1）抄报各住户每月水、电的实际用量 （2）将水电抄报单、水电底册、住户需更改的电脑资料送相关部门，并审核住户需更改的电脑收费资料	（1）每月5日前完成抄表 （2）准确、无遗漏
	5 ◆	统计：每月统计水电数据，重大问题及时汇报	每月7日前完成上月水电数据的统计

续表

职位要求		具体项目	绩效评估标准
工作职责	6 ◆	建账：建立住户水电台账，台账准确、清楚	无错抄、漏抄现象
	7	解答住户有关费用方面的疑问：熟悉小区内水电费、管理费的收费标准及计算方法，解答住户有关费用方面的疑问	耐心、细致，不因态度引起投诉
	8	对临时用水用电进行监督、检查	及时处理偷水、偷电现象
	9	掌握各类水电表运行情况，通知技工解决水电表故障	

注：带◆为工作要项。

【他山之石09】工程主管岗位说明书

工程主管岗位说明书

职位描述	职位名称	工程主管	直接上级	管理处经理	直接下级	技工班长/技工
入职资格	（1）学历　全日制中专及以上学历，机电一体化、电气自动化、给排水等相关专业 （2）经验　本科两年或大专四年以上相关技术专业工作经验，一年以上行政管理工作经验，中专毕业须连续10年以上本专业技术工作经验，有物业管理从业经验者优先 （3）证件　具有物业管理上岗证，ISO 9000/ISO 14001/ISO 45001内审员证，相关专业中级以上技术职称者优先 （4）技巧　熟练操作电脑和运用Office软件 （5）年龄　40岁以下；性别男；身体状况良好					

职位要求		具体项目	绩效评估标准
工作能力	专业知识	（1）相关专业技术知识 （2）物业管理常识 （3）房地产开发常识 （4）企业管理基础知识 （5）服务礼仪与技巧 （6）安全知识 （7）ISO 14001/ISO 9000/ISO 45001知识	达到公司规定的培训学分

续表

职位要求		具体项目	绩效评估标准
工作能力	工作技能	（1）表达力 （2）协调力 （3）创新力 （4）计划力 （5）执行力 （6）突发事件处理能力	（1）具良好的公文写作及准确表达自己见解的能力 （2）具妥善处理上下级及同级部门之间关系的能力 （3）具经常提出可操作性建议和意见（尤其是能耗节约及新技术应用方面）的能力 （4）具根据部门目标制订合理工作计划的能力 （5）具理解上级工作意图，并有效工作实施计划的能力 （6）有本工作范围内的安全防范技能，有突发事件的处理能力
	工作心态	（1）敬业精神 （2）忠诚度 （3）表率性 （4）团队精神 （5）自我提升意识 （6）服务意识 （7）节能降耗意识	（1）热爱本职工作并全身心投入，为实现公司目标而不懈努力 （2）高度认同公司文化，随时保持公司形象，处处维护公司利益 （3）以身作则，从严要求自己，起到模范及表率作用 （4）除完成自己的本职工作外，能不计较个人得失，积极协助其他部门和同事共同达成工作目标，能与下属共同营造有效的工作团队 （5）具良好的进取心，不断学习和接受新思维、新观念并加以运用 （6）能以客户服务为己任，始终被顾客所信任 （7）强烈的节能意识，不断应用新技术、新办法、新工艺降低能耗
工作职责	1 ◆	计划编制：编制管理处年度物资装备计划、年度公共用水用电计划、年度工具配置计划、设备大中修计划、设备保养计划	检查计划完成情况，对不能按时完成的工作计划分析原因，提出改善对策，加以实施，并跟踪实施效果
	2 ◆	日常管养：每日对小区设备设施进行合理科学的管理和保养	（1）杜绝出现目视性故障或损坏，外委工程与现场维修工程除外 （2）设备运行故障处理及时 （3）设备设施保养符合操作规程保养记录，符合ISO 9000要求

续表

职位要求			具体项目	绩效评估标准
工作职责	2	◆	日常管养：每日对小区设备设施进行合理科学的管理和保养	（4）无重大设备运行责任事故，无重大安全事故 （5）小区供水供电正常，杜绝无故停水停电（管道阀门维修和自来水公司停水及供电局停电除外）现象 （6）及时处理小区出现的偷漏电现象，供电系统保养完好 （7）及时处理小区出现的偷水、跑水现象，保证供水排水系统压力正常，按规定定时清洗水箱达标，有规范记录 （8）小区停电后，自动状态的发电机在5分钟内启动发电，手动状态的发电机在15分钟内启动发电 （9）保证消防系统的正常运转，随时可以启动灭火 （10）保证监控系统完好，及时处理出现的监控摄像设备和末端设备损坏，正在维修的除外 （11）中央空调系统保养规范，杜绝出现操作运行事故，不可无故停止向用户提供空调供应 （12）有效地监控电梯分包方，保证电梯的服务质量
	3	◆	日常维修 （1）及时处理客户服务中心反馈的业主（用户）投诉与请修 （2）及时处理环境组反馈的环境设施请修	（1）及时妥善处理好业主投诉，直至业主（用户）满意 （2）及时完成业主（用户）请修，直至业主（用户）满意 （3）杜绝工程组职员因服务态度引起投诉
	4	◆	外委工程 （1）外委工程需按照公司规定程序办理 （2）外委工程全程监理	（1）杜绝未按公司的外委工程程序办理外委工程 （2）杜绝未经批准擅自进行设备的外委维修保养 （3）保证外委工程严格执行合约
	5	◆	物料管理：负责管理处物料管理工作	（1）物料管理与使用符合节能降耗的原则 （2）物料管理账目清晰，账、物相符，符合公司物料管理规定
	6	◆	机电设备分包方的监管	执行分包合约

续表

职位要求		具体项目	绩效评估标准
工作职责	7	对本项目组有关的环境、职业安全因素进行评估，并制定相应的实施方案	（1）识别准确 （2）确保方案符合ISO 14001、ISO 45001标准要求并能有效实施，达成目标
	8	完善改进：向工程技术部提出完善设备管理相关工作制度的建议，持续不断地改进服务质量和提高业主（用户）对设备管理的满意度	（1）逐步完善小区各项设备管理制度 （2）持续提高业主（用户）满意度
	9	工作例会：每两周至少召开一次技工班工作例会，并有例会记录	工作例会能解决实际问题，并有例会记录
	10	沟通协调：充分与管理处其他项目组、公司部门和小区业主沟通	保持信息的畅通
	11	对直接下属入职指引及其他相关专业的培训，对直接下属的考勤	

注：带◆为工作要项。

【他山之石10】维修班长岗位说明书

维修班长岗位说明书

职位描述	职位名称	维修班长	直接上级	工程主管/管理处经理	直接下级	维修技工
入职资格	（1）学历	全日制中专及以上学历				
	（2）经验	相关技术专业三年以上维护实操经验，有物业管理从业经验者优先				
	（3）证件	具有相关专业中级及以上技能等级证和操作证				
	（4）技巧	基本掌握电脑操作和运用Office软件				
	（5）年龄	35岁以下，性别男，身体状况良好				

职位要求		具体项目	绩效评估标准
工作能力	专业知识	（1）相关专业技术理论知识 （2）物业管理常识 （3）相关操作规程 （4）服务礼仪与技巧 （5）安全知识 （6）各类设备基本工作原理	达到公司规定的培训学分

续表

职位要求		具体项目	绩效评估标准
工作能力	工作技能	（1）判断能力 （2）理解力 （3）处世能力 （4）动手能力 （5）突发事件处理能力	（1）具准确判断事物性质及状况并做出及时、准确反应的能力 （2）具正确理解上级指示及公司各项规章制度的能力 （3）具良好待人接物的能力 （4）具较强的设备故障处理能力 （5）有本工作范围内的安全防范技能，有处理突发事件的能力
工作心态		（1）服从性 （2）责任感 （3）集体荣誉感 （4）自我提升意识 （5）服务意识 （6）节能降耗意识	（1）坚决服从上级安排，正确执行公司各项规章制度 （2）积极主动完成本职工作，为实现公司目标而不懈努力 （3）热爱企业，愿意为企业长期服务；团结同事，不做有损本部门、本企业形象及利益的事 （4）不断加强自我学习，不断提高本职所需的专业技能 （5）能以客户服务为己任，始终被顾客所信任 （6）强烈的节能意识，不断应用新技术、新办法、新工艺降低能耗
工作职责	1 ◆	妥善安排好维修技工班各项工作	（1）保证各技工之间的工作协调一致，顺利完成各项工作 （2）团结协调技工之间的关系，在工作中积极发挥模范带头作用
	2 ◆	日常管养：协助工程主管每日对小区设备设施进行合理科学的管理和保养	（1）杜绝出现目视性故障或损坏，外委工程与现场维修工程除外 （2）无重大设备运行责任事故，无安全事故 （3）设备设施保养符合操作规程保养记录，符合ISO 9000要求 （4）小区正常供水供电，杜绝无故停水停电，管道阀门维修、自来水公司停水和供电局停电除外 （5）及时处理小区出现的偷漏电现象，供电系统保养完好

续表

职位要求			具体项目	绩效评估标准
工作职责	2	◆	日常管养：协助工程主管每日对小区设备设施进行合理科学的管理和保养	（6）及时处理小区出现的偷水、跑水现象，供水排水系统压力正常，按规定定时清洗水箱达标，有规范记录 （7）小区停电后，自动状态的发电机在5分钟内启动发电，手动状态的发电机在15分钟内启动发电 （8）监控系统保养规范，杜绝出现摄像装置设备和末端装置设备损坏，正在维修除外 （9）有效地监控电梯分包方，保证电梯的服务质量
	3	◆	外委工程：协助工程主管做好外委工程监理	外委工程严格按合约执行
	4	◆	处理客户服务中心反馈的业主（用户）投诉与请修 处理环境主管反馈的环境设施请修	（1）及时妥善处理好业主（用户）投诉，直至业主（用户）满意 （2）及时完成业主（用户）请修，直至业主（用户）满意 （3）维修技工上门服务，不因服务态度引起投诉
	5		沟通协调：处理好与管理处其他项目组、运行技工班和小区业主的关系	

注：带◆为工作要项。

【他山之石11】维修技工岗位说明书

维修技工岗位说明书

职位描述	职位名称	维修技工	直接上级	维修班长	直接下级	无
入职资格	（1）学历　全日制初中及以上学历 （2）经验　有相关专业技术维修实操经验者优先 （3）证件　具有技术初级及以上技能等级证和操作证 （4）技巧　懂基本电脑操作者优先 （5）年龄　35岁以下 （6）性别　男 （7）身体状况　良好					

续表

职位要求		具体项目	绩效评估标准
工作能力	专业知识	（1）相关技术专业理论知识与实操 （2）物业管理常识 （3）相关操作规程 （4）安全知识 （5）各类设备基本工作原理 （6）服务礼仪与技巧	达到公司规定的培训学分
工作能力	工作技能	（1）判断能力 （2）理解力 （3）处世能力 （4）动手能力 （5）突发事件处理能力	（1）具准确判断事物性质及状况并做出及时、准确反应的能力 （2）具正确理解上级指示及公司各项规章制度的能力 （3）具良好待人接物的能力 （4）具较强的设备故障处理能力 （5）有本工作范围内的安全防范技能，有处理突发事件的能力
工作心态		（1）服从性 （2）责任感 （3）集体荣誉感 （4）自我提升意识 （5）服务意识 （6）节能降耗意识	（1）坚决服从上级安排，正确执行公司各项规章制度 （2）积极主动完成本职工作，为实现公司目标而不懈努力 （3）热爱企业，愿意为企业长期服务；团结同事，不做有损本部门、本企业形象及利益的事 （4）不断加强自我学习，不断提高本职所需的专业技能 （5）能以客户服务为己任，始终被顾客所信任 （6）强烈的节能意识，不断应用新技术、新办法、新工艺降低能耗
工作职责	1 ◆	完成任务计划：圆满地完成管理处工程主管和技工班长下达的工作计划与任务	工作任务按时、保质完成，无遗留问题
工作职责	2 ◆	维修服务 （1）接到业主（用户）请修的安排，上门进行服务 （2）接到设施请修的安排，立即进行维修	（1）杜绝出现上门维修服务时，因工作态度、服务礼仪而出现的投诉 （2）提高上门维修服务质量和工作效率，业主（用户）满意率有所提高 （3）协助工程主管处理好业主（用户）的投诉 （4）环境设施维修及时、符合要求

续表

职位要求			具体项目	绩效评估标准
工作职责	3	◆	设备管养：每日对小区设备设施进行合理科学的管理和保养	（1）杜绝出现目视性故障或损坏，外委工程与现场维修工程除外 （2）设备设施保养符合操作规程保养记录，符合ISO 9000要求 （3）小区正常供水供电，杜绝无故停水停电，管道阀门维修、自来水公司停水和供电局停电除外 （4）及时处理小区出现的偷漏电现象，供电系统保养完好 （5）及时处理小区出现的偷水、跑水现象，确保供水排水系统压力正常，按规定定时清洗水箱达标，有规范记录 （6）小区停电后，自动状态的发电机在5分钟内启动发电，手动状态的发电机在15分钟内启动发电 （7）保证消防系统的正常运转，随时可以启动灭火 （8）监控系统规范保养，杜绝出现摄像装置设备和末端装置设备损坏，正在维修的除外 （9）有效地监控电梯分包方，保证电梯的服务质量

注：带◆为工作要项。

【他山之石12】运行班长岗位说明书

运行班长岗位说明书

职位描述	职位名称	运行班长	直接上级	工程主管	直接下级	运行技工
入职资格	（1）学历　全日制中专及以上学历 （2）经验　相关技术专业三年以上维护实操经验，有物业管理从业经验者优先 （3）证件　具有相关专业中级及以上技能等级证和操作证 （4）技巧　基本掌握电脑操作和运用Office软件 （5）年龄　35岁以下；性别男；身体状况良好					

续表

职位要求		具体项目	绩效评估标准
工作能力	专业知识	（1）相关技术专业理论知识 （2）物业管理常识 （3）相关操作规程 （4）安全知识 （5）设备工作原理	达到公司规定的培训学分
	工作技能	（1）判断能力 （2）理解力 （3）处世能力 （4）动手能力 （5）突发事件处理能力	（1）具准确判断事物性质及状况并做出及时、准确反应的能力 （2）具正确理解上级指示及公司各项规章制度的能力 （3）具良好待人接物的能力 （4）具较强的设备运行操作能力 （5）有本工作范围内的安全防范技能，有处理突发事件的能力
工作心态		（1）服从性 （2）责任感 （3）集体荣誉感 （4）自我提升意识	（1）坚决服从上级安排，正确执行公司各项规章制度 （2）积极主动完成本职工作，为实现公司目标而不懈努力 （3）热爱企业，愿意为企业长期服务；团结同事，不做有损本部门、本企业形象及利益的事 （4）不断加强自我学习，不断提高本职所需的专业技能
工作职责	1 ◆	妥善安排好运行技工班的各项工作	（1）安排好技工班的各项工作，确保运行监视正常进行 （2）团结协调技工之间的关系，在工作中积极发挥模范带头作用
	2 ◆	（1）设备保养 每日对设备进行合理科学的管理和保养，当设备发生的故障在自身维修责任范围内应尽快处理解决，超过自身维修责任范围则应尽快请修 （2）运行监视 及时处理各种监视信息（或运行参数），并做好运行记录	（1）杜绝现场出现操作性故障 （2）无重大设备运行责任事故，无安全事故 （3）设备运行故障请修及时 （4）设备运行记录完整、准确，符合ISO 9000要求 （5）中央空调系统保养规范，杜绝出现操作运行事故，不可无故向用户停止提供空调供应 （6）杜绝消防监控中心的设备出现目视性故障或损坏

续表

职位要求		具体项目	绩效评估标准
工作职责	2 ◆	（1）设备保养　每日对设备进行合理科学的管理和保养，当设备发生的故障在自身维修责任范围内应尽快处理解决，超过自身维修责任范围则应尽快请修 （2）运行监视　及时处理各种监视信息（或运行参数），并做好运行记录	（7）设备运行参数记录完整，符合 ISO 9000 要求 （8）监视信息处理及时，异常情况反应迅速 （9）绝对保证消防值班室24小时有人值班，杜绝夜班值班人员脱岗、睡觉、开小差，保证消防电话畅通
	3 ◆	沟通协调：处理好与管理处其他项目组、维修技工和小区业主的关系	

注：带◆为工作要项。

【他山之石13】运行技工岗位说明书

运行技工岗位说明书

职位描述	职位名称	运行技工	直接上级	运行班长	直接下级	无
入职资格	（1）学历　全日制初中及以上学历 （2）经验　有相关专业技术实操经验者优先 （3）证件　具有相关专业初级及以上技能等级证和操作证（或相关运行上岗证） （4）技巧　懂基本电脑操作者优先 （5）年龄　35岁以下；性别男；身体状况良好					

职位要求		具体项目	绩效评估标准
工作能力	专业知识	（1）相关技术专业理论知识 （2）物业管理常识 （3）相关操作规程 （4）安全知识 （5）设备工作原理	达到公司规定的培训学分
	工作技能	（1）判断能力 （2）理解力 （3）处世能力 （4）动手能力 （5）突发事件处理能力	（1）具准确判断事物性质及状况并做出及时、准确反应的能力 （2）具正确理解上级指示及公司各项规章制度的能力 （3）具良好待人接物的能力 （4）具较强的设备运行操作能力 （5）有本工作范围内的安全防范技能，有处理突发事件的能力

续表

职位要求	具体项目	绩效评估标准
工作心态	（1）服从性 （2）责任感 （3）集体荣誉感 （4）自我提升意识	（1）坚决服从上级安排，正确执行公司各项规章制度 （2）积极主动完成本职工作，为实现公司目标而不懈努力 （3）热爱企业，愿意为企业长期服务；团结同事，不做有损本部门、本企业形象及利益的事 （4）不断加强自我学习，不断提高本职所需的专业技能
工作职责	◆（1）设备保养 每日对设备进行合理科学的管理和保养，当设备发生的故障在自身维修责任范围内应尽快处理解决，超过自身维修责任范围则应尽快请修 （2）运行监视 及时处理各种监视信息（或运行参数），并做好运行记录	（1）杜绝现场出现操作性故障 （2）无重大设备运行责任事故，无安全事故 （3）设备运行故障请修及时 （4）设备运行记录完整、准确，符合ISO 9000要求 （5）中央空调系统保养规范，杜绝出现操作运行事故，不可无故向用户停止提供空调供应 （6）杜绝消防监控中心的设备出现目视性故障或损坏 （7）设备运行参数记录完整，符合ISO 9000要求 （8）监视信息处理及时，异常情况反应迅速 （9）绝对保证消防值班室24小时有人值班，杜绝夜班值班人员脱岗、睡觉、开小差，保证消防电话畅通

注：带◆为工作要项。

【他山之石14】护卫主管岗位说明书

护卫主管岗位说明书

职位描述	职位名称	护卫主管	直接上级	护卫服务部经理	直接下级	护卫班长
入职资格	（1）学历　高中及以上学历 （2）经验　本公司一年以上工作经验；有行政管理工作经验者优先					

续表

| 入职资格 | （3）证件　有军人退伍证
（4）技巧　熟练运用Office及办公自动化软件者优先，有个人专长（体育、武术）者优先
（5）年龄：30岁以下，性别男
（6）身体状况健康，身高1.70米以上，视力1.0以上 | |

职位要求		具体项目	绩效评估标准
工作能力	专业知识	（1）相关法律、法规知识 （2）物业管理基础知识 （3）企业管理常识 （4）护卫专业知识	达到公司规定的培训学分
	工作技能	（1）表达力 （2）协调力 （3）督导力 （4）应变力 （5）执行力 （6）领导力 （7）沟通能力	（1）能用语言准确表达自己的见解，完成各种文字写作方案的能力 （2）妥善处理上下级关系，及护卫员之间纠纷的能力 （3）对现有的或潜在的护卫服务问题，提出纠正和预防措施，并跟踪实施效果 （4）及时妥善处理有关消防、治安等方面的紧急及突发事件 （5）理解上级工作意图，制订相应的工作计划并有效实施 （6）能利用各种管理技巧，有效激励和调动下属的工作积极性和主动性 （7）熟练运用沟通技巧，正确宣传公司护卫服务政策，了解护卫员对护卫服务工作的建议和意见
工作心态		（1）敬业精神 （2）忠诚度 （3）表率性 （4）团队精神 （5）自我提升意识	（1）热爱本职工作并全身心投入，为实现公司目标而不懈努力 （2）高度认同公司文化，随时保持公司形象，处处维护公司利益 （3）以身作则，从严要求自己，为护卫员起到模范带头作用 （4）除完成自己的本职工作外，能不计较个人得失，积极协助其他部门和同事共同达成工作目标 （5）具良好的进取心，不断学习和接受新思维、新观念并加以运用

续表

职位要求			具体项目	绩效评估标准
工作职责	1	◆	管理：负责本辖区内的护卫服务管理工作 （1）小区防火及小区公共治安秩序的维护 （2）小区内车辆管理及代收临时停车费 （3）安全事故应急处理	（1）发生火警及突发事件后立即赶到现场；突发事件处理无投诉 （2）不出现私吞临时停车费的现象 （3）车场事故发生后及时向经理汇报，不延误事故处理；治安发案率小于0.5% （4）无机动车（不含摩托车）被盗事故（机动车被抢除外，但须当地公安机关出具证明） （5）无重大治安事件，业主满意率不降低
	2	◆	队伍建设 （1）根据队员表现对队员提出批评或奖励建议 （2）调解队员内部思想矛盾，增强凝聚力	（1）队员无违法现象；队员月违纪（一、二、三级处分）率（违纪次数/人数）小于1% （2）无因服务态度被投诉的现象；小区护卫服务每月被投诉次数小于3次；内部顾客满意率符合公司要求
	3	◆	巡检：负责检查本辖区各岗位工作情况 （1）每周夜间（2:00后）不定期查岗三次以上 （2）每周三、周日就寝时间检查宿舍纪律 （3）做好日检、周巡记录，按要求存档	（1）每日按规定进行巡查 （2）记录完整，符合ISO 9000要求
	4	◆	培训：负责组织本管理处护卫员日常培训（含军训）及评估，每月不少于2次	做好相关记录并达到预期效果
	5		考勤：每月30日向护卫服务部送交本队全体人员的考勤表	严格按公司规定考勤，无舞弊行为
	6		例会 （1）每月召开两次以上工作例会 （2）针对队伍内部出现的问题，一周内召开会议，通报违规情况与处置办法	（1）例会能解决问题，无遗留问题 （2）无队员违纪违规的现象
	7		调整：根据工作需要调整队员工作岗位	
	8		能建立有效的工作团队	团队有较强的凝聚力和战斗力
	9		通信：24小时内处于可随时通信联系状态	

注：带◆为工作要项。

【他山之石15】护卫班长岗位说明书

护卫班长岗位说明书

职位描述		职位名称	护卫班长	直接上级	护卫主管	直接下级	本班队员
入职资格			(1) 学历　高中及以上学历 (2) 经验　本公司一年以上工作经验；有物业管理经验者优先 (3) 证件　有军人退伍证 (4) 技巧　有个人专长（体育、武术）者优先 (5) 年龄　27岁以下；性别男 (6) 身体状况　健康，身高1.70米以上，视力1.0以上				
职位要求		具体项目			绩效评估标准		
工作能力	专业知识	(1) 相关法律法规常识 (2) 军体拳 (3) 车辆指挥手势 (4) 护卫知识 (5) 物业管理基础知识			达到公司规定的培训学分		
工作能力	工作技能	(1) 判断能力 (2) 理解力 (3) 督导能力 (4) 客户服务技能 (5) 突发事件处理能力			(1) 准确地判断事物的性质及状况并做出及时、准确的反应 (2) 正确理解上级指示及公司各项规章制度并执行 (3) 对现有的或潜在的护卫服务问题，提出纠正和预防措施，并跟踪实施效果 (4) 能运用客户服务技巧，为客户提供高质量的服务 (5) 具工作范围内安全防范技能，有处理突发事件的能力		
工作心态		(1) 服从性 (2) 责任心 (3) 集体荣誉感 (4) 自我提升意识 (5) 表率性			(1) 坚决服从上级安排，正确执行公司各项规章制度 (2) 积极主动完成本职工作，为实现公司目标而不懈努力 (3) 热爱企业，愿意为企业长期服务；团结同事，不做有损本部门、本企业形象及利益的事 (4) 不断加强自我学习，不断提高本职所需的专业技能 (5) 以身作则，从严要求自己，为护卫员起到模范带头作用		

续表

职位要求			具体项目	绩效评估标准
工作职责	1	◆	带班：执行主管的指令，负责本班护卫日常管理工作	（1）执行指令准确、有效 （2）每日准时带领本班队员做好交接班工作 （3）保证本班队员不早退、不迟到 （4）杜绝队员因服务态度引起的投诉 （5）当班期间，无机动车（不含摩托车）被盗事故（机动车被抢除外，但须当地公安机关出具证明） （6）本班队员无违法现象；队员月违纪（一、二、三级处分）率（违纪次数/人数）小于1%
	2	◆	会务：召开本班会议，总结工作要点并解决实际问题，对本班队员提出具体工作要求并做好记录	（1）每周组织一次班务会，无遗留问题 （2）会务记录完整，无遗漏
	3	◆	培训：带班前后提出要求和讲评，并协助主管完成培训计划	讲评有效落实到工作当中，保证各岗位完成工作任务
	4		协调：协调本班与其他班组的工作关系以及本班队员之间的关系	
	5		检查：本班队员上岗执勤情况，纠正违规现象	
	6		建议：依据队员实际表现对队员提出相应的奖惩建议	

注：带◆为工作要项。

【他山之石16】车场岗护卫员岗位说明书

<table>
<tr><td colspan="7" align="center">车场岗护卫员岗位说明书</td></tr>
<tr><td>职位描述</td><td>职位名称</td><td>车场岗护卫员</td><td>直接上级</td><td>护卫班长</td><td>直接下级</td><td>无</td></tr>
<tr><td>入职资格</td><td colspan="6">（1）学历　高中及以上学历
（2）经验　有物业管理护卫服务经验者优先
（3）证件　有军人退伍证者优先
（4）技巧　有个人专长（体育、武术）者优先
（5）年龄　27岁以下；性别男
（6）身体状况　健康，身高1.70米以上，视力1.0以上</td></tr>
</table>

续表

职位要求		具体项目	绩效评估标准
工作能力	专业知识	（1）法律、法规及条例基本知识 （2）军事体能、拳术 （3）车场岗工作职责及细则 （4）所在小区应知应会 （5）物业管理基础知识	达到公司规定的培训学分
	工作技能	（1）判断能力 （2）理解力 （3）客户服务技能 （4）处世能力 （5）突发事件处理能力	（1）准确地判断事物的性质及状况并做出及时、准确的反应 （2）正确理解上级指示及公司各项规章制度并执行 （3）能运用客户服务技巧，为客户提供高质量的服务 （4）具有良好的待人接物能力 （5）具工作范围内安全防范技能，有处理突发事件的能力
工作心态		（1）服从性 （2）责任心 （3）集体荣誉感 （4）自我提升意识	（1）坚决服从上级安排，正确执行公司各项规章制度 （2）积极主动完成本职工作，为实现公司目标而不懈努力 （3）热爱企业，愿意为企业长期服务；团结同事，不做有损本部门、本企业形象及利益的事 （4）不断加强自我学习，不断提高本职所需的专业技能
工作职责	1 ◆	值班：按规定的值班制度值班	（1）着车管员服装，使用标准姿势 （2）值班记录完整清楚，交接事项齐全，无缺漏 （3）无因服务态度引起的投诉
	2 ◆	车管：对车场入口或出口的车辆秩序有效控制	（1）无外来车辆进入固定车位停车现象，不出现交通事故 （2）无机动车（不含摩托车）被盗事故（机动车被抢除外，但须当地公安机关出具证明）
	3 ◆	收费：对临时停车进行收费	（1）无收费不给票或多收费行为 （2）不丢失任何票据

注：带◆为工作要项。

【他山之石17】大堂岗护卫员岗位说明书

<table>
<tr><td colspan="2">职位描述</td><td>职位名称</td><td>大堂岗护卫员</td><td>直接上级</td><td>本班班长</td><td>直接下级</td><td>无</td></tr>
<tr><td colspan="2">入职资格</td><td colspan="6">（1）学历　高中及以上学历
（2）经验　有物业管理护卫服务经验者优先
（3）证件　有军人退伍证者优先
（4）技巧　有个人专长（体育、武术）者优先
（5）年龄　27岁以下；性别男
（6）身体状况　健康，身高1.70米以上，视力1.0以上</td></tr>
<tr><td colspan="2">职位要求</td><td colspan="3">具体项目</td><td colspan="3">绩效评估标准</td></tr>
<tr><td rowspan="3">工作能力</td><td>专业知识</td><td colspan="3">（1）相关法律、法规常识
（2）军体拳
（3）大堂岗工作职责及细则
（4）所在小区应知应会
（5）物业管理基础知识</td><td colspan="3">达到公司规定的培训学分</td></tr>
<tr><td>工作技能</td><td colspan="3">（1）判断能力
（2）理解力
（3）处世能力
（4）客户服务技能
（5）突发事件处理能力</td><td colspan="3">（1）具准确地判断事物的性质及状况并做出及时、准确的反应
（2）具正确理解上级指示及公司各项规章制度并执行
（3）具有良好的待人接物能力
（4）能运用客户服务技巧，为客户提供高质量的服务
（5）具工作范围内安全防范技能，有处理突发事件的能力</td></tr>
<tr><td>工作心态</td><td colspan="3">（1）服从性
（2）责任心
（3）集体荣誉感
（4）自我提升意识</td><td colspan="3">（1）坚决服从上级安排，正确执行公司各项规章制度
（2）积极主动完成本职工作，为实现公司目标而不懈努力
（3）热爱企业，愿意为企业长期服务；团结同事，不做有损本部门、本企业形象及利益的事
（4）不断加强自我学习，不断提高本职所需的专业技能</td></tr>
<tr><td rowspan="2">工作职责</td><td>1</td><td>◆</td><td colspan="3">值班：按规定值勤，做好交接班记录。以下时间立正姿势站立：7:30～8:30，11:30～12:30，13:30～14:30，17:30～19:00</td><td colspan="3">（1）交接班记录本项目清晰、整洁、完整
（2）严格按标准姿势站立
（3）无因服务态度引起的投诉</td></tr>
</table>

续表

职位要求			具体项目	绩效评估标准
工作职责	2	◆	开门：帮助客户开启电子门 （1）及时为客户开启电子门 （2）对于年老体弱、幼童孕妇及双手着重物的客户主动给予帮助	未因此而受投诉
	3	◆	登记：对外来人员来访进行登记并接受来访人员的咨询	（1）对来访人员使用文明礼貌用语，未引起投诉 （2）"来访登记表"填写完整、清晰 （3）不扣押他人证件
	4	◆	监视：维持大堂内外及电梯正常运行，如有异常及时向上级报告	（1）对大堂内外发生的纠纷及时劝解，如有暴力事件发生，须于1分钟内通知班长及队长 （2）发生电梯困人事件，获悉情况后30秒内通知管理处施救

注：带◆为工作要项。

【他山之石18】巡逻岗护卫员岗位说明书

巡逻岗护卫员岗位说明书

职位描述	职位名称	巡逻岗护卫员	直接上级	本班班长	直接下级	无
入职资格	（1）学历　高中及以上学历 （2）经验　有物业管理护卫服务经验者优先 （3）证件　有军人退伍证者优先 （4）技巧　有个人专长（体育、武术）者优先 （5）年龄　27岁以下 （6）性别　男 （7）身体状况　健康，身高1.70米以上，视力1.0以上					

职位要求		具体项目	绩效评估标准
工作能力	专业知识	（1）法律、法规及条例基本知识 （2）军体拳 （3）车辆指挥手势 （4）所在小区应知应会 （5）物业管理基础知识	达到公司规定的培训学分

续表

职位要求			具体项目	绩效评估标准
工作能力	工作技能		（1）判断能力 （2）理解力 （3）处世能力 （4）客户服务技能 （5）突发事件处理能力	（1）具准确地判断事物的性质及状况并做出及时、准确的反应 （2）具正确理解上级指示及公司各项规章制度并执行 （3）具有良好的待人接物能力 （4）能运用客户服务技巧，为客户提供高质量的服务 （5）具工作范围内安全防范技能，有处理突发事件的能力
工作心态			（1）服从性 （2）责任心 （3）集体荣誉感 （4）自我提升意识	（1）坚决服从上级安排，正确执行公司各项规章制度 （2）积极主动完成本职工作，为实现公司目标而不懈努力 （3）热爱企业，愿意为企业长期服务；团结同事，不做有损本部门、本企业形象及利益的事 （4）不断加强自我学习，不断提高本职所需的专业技能
工作职责	1	◆	巡逻：按规定线路进行巡视，并填写签到表（或正确使用巡更器）	（1）确保按规定线路及规定时间巡查并有完备记录 （2）对突发事件立即报告主管并保护好现场
	2	◆	治安维护：维护小区治安秩序的稳定	（1）有效劝阻违反管理规定影响他人休息的行为 （2）对于车辆受损、住户失窃等突发事件应3分钟内向主管报告，并保护好现场 （3）对正在进行的违法犯罪行为勇于制止，不出现坐视不理现象 （4）无重大治安事件
	3	◆	车辆指挥：对车辆行驶与正确停放进行指挥	（1）对乱停乱放车辆给予正确劝导，无违章停放现象 （2）对小区发生车辆堵塞时2分钟内赶到现场进行疏导，在最快时间内恢复正常

注：带◆为工作要项。

第9章

图解精益管理之规范的行为礼仪

礼貌是人与人之间在接触交往中相互表示敬重和友好的行为，体现了人们的文化层次和文明程度。礼貌是通过仪表、仪容、仪态以及语言和动作来体现的。物业管理中的礼仪服务工作的宗旨是"业户（业主、用户）至上、服务第一"，就是要在管理和服务中讲究礼貌、礼节，使业主、用户满意，给业主、用户留下美好印象，做到礼貌服务、微笑服务、周到服务。

9.1 仪容仪表

仪容仪表通常是指人的外观、外貌，其中的重点，则是指人的容貌。在人际交往中，每个人的仪容都会引起交往对象的特别关注，并将影响到对方对自己的整体评价。

9.1.1 制服

（1）上班时间除特殊规定以外必须穿制服。
（2）制服必须整洁、平整，按制服设计要求系上纽扣，无松脱和掉扣现象。
（3）爱护制服，使之干净，无污迹、无破损及补丁。
（4）在工作场所、工作期间应将洁净的工牌端正地佩戴在左胸前。
（5）在公司或管理处的工作范围内应按规定穿鞋，特殊情况需穿非工作鞋时，应穿和制服颜色相称的皮鞋；不得穿凉鞋、拖鞋上班。

9.1.2 头发的妆饰

头发整洁、发型大方是个人礼仪对发式美的最基本要求。作为客服人员，乌黑亮丽的秀发、端庄文雅的发型，能给客人美的感觉，并反映出员工的精神面貌和健康状况。

（1）头发必须常洗并保持整洁，头发的颜色必须是自然色，不准染成其他颜色，不准戴假发。
（2）发式应朴素大方，不得梳理特短或其他怪异的发型。
（3）女员工留长发的，超过衣领的长发应整齐地梳成发髻，或以黑色发卡或样式简单的头饰束发；留短发的，肩膀以上的头发应梳理整齐，不得遮住脸；必要时，可用灰黑色的发箍及发带束发。

（4）女员工的刘海必须整洁，长不可盖过眉毛。

（5）男员工头发的发梢不得超过衣领，鬓角不允许盖过耳朵，不得留大鬓角，不得留胡须。

9.1.3 化妆

化妆不仅是自身仪表美的需要，也是满足顾客审美享受的需要。

（1）女员工上班必须化淡妆（包括腮红、眼影、眉毛、口红以及个人使用的粉底），不得浓妆艳抹。

（2）保持干净、清爽、不油腻的脸。

（3）常修指甲，保持干净和整齐，不得留长指甲。

（4）在指甲上只允许使用无色的指甲油。

（5）男员工除特殊要求外不得化妆。

（6）使用香水时，不准喷洒刺鼻或香味浓郁的香水。

9.1.4 首饰

（1）可戴一块手表，但颜色必须朴素大方，不可过于鲜艳。

（2）可戴一枚结婚戒指。

（3）可戴一对钉扣型耳环，式样颜色不可夸张；不准佩戴吊式耳环。

（4）可以戴项链，但不得显露出来；工作用笔应放在外衣的内口袋里。

9.1.5 个人卫生

清洁卫生是仪容美的关键，是礼仪的基本要求。不管长相多好、服饰多华贵，若满脸污垢、浑身异味，那必然会破坏一个人的美感。因此，每个人都应该养成良好的卫生习惯，做到入睡起床洗脸、脚，早晚、饭后勤刷牙，经常洗头又洗澡，讲究梳理勤更衣。不要在人前"打扫个人卫生"，比如剔牙齿、掏鼻孔、挖耳屎、修指甲、搓泥垢等。这些行为都应该避开他人进行，否则，不仅不雅观，也不尊重他人。与人谈话时应保持一定距离，声音不要太大，不要对人口沫四溅。

（1）每天洗脚，常剪脚指甲，而且袜子要经常换洗，以免产生异味。

（2）常洗头避免头发油腻和产生头皮。

（3）常剪手指甲，避免过长；不得留长指甲。

（4）每天洗澡，保持身体清洁卫生无异味。

（5）每天刷牙，饭后漱口，保持口气清新，牙齿洁白无杂物；上班前，不吃蒜头、韭菜等气味浓烈的食品。

（6）保持整洁、干净、典雅及职业化的外表。

9.2 举止仪态

举止仪态的要求如表9-1所示。

表9-1 举止仪态的要求

序号	类别	具体说明
1	站姿	（1）自然、优美、轻松、挺拔 （2）站立时身体要求端正、挺拔，重心放在两脚中间，挺胸、收腹，肩膀要平，两肩要平，放松，两眼自然平视，嘴微闭，面带笑容。平时双手交叉放在体后，与客人谈话时应上前一步，双手交叉放在体前 （3）女员工站立时，双脚应呈"V"字形，双膝与脚后跟均应靠紧。男员工站立时，双脚可以呈"V"字形，也可以双脚打开与肩同宽 （4）站立时不得东倒西歪、歪脖、斜肩、弓背、O腿等，双手不得交叉，也不得抱在胸口或插入口袋，不得靠墙或斜倚在其他支撑物上
2	坐姿	坐姿要端正稳重，切忌前俯后仰、半坐半躺，上下晃抖腿，或以手托头，俯伏在桌子上。不论哪种坐姿，女性切忌两腿分开或两脚呈八字形，男士双腿可略微分开，但不要超过肩宽
3	走姿	（1）自然大方、充满活力、神采奕奕 （2）行走时身体重心可稍向前倾，昂首、挺胸、收腹，上体要正直，双目平视，嘴微闭，面露笑容，肩部放松，两臂自然下垂摆动，前后幅度约45度，步度要始终一致，一般标准是一脚踩出落地后，脚跟离未踩出脚尖距离大约是自己的脚长。行走前进路线，女员工走一字线，双脚跟走成一条直线，步子较小，行如和风；男员工行走脚跟走成两条直线迈稳健大步 （3）行走时路线一般靠右行，不可走在路中间。行走过程遇客人，应自然注视对方，点头示意并主动让路，不可抢道而行；如有急事需超越时，应先向客人致歉再加快步伐超越，动作不可过猛；在路面较窄的地方遇到客人，应将身体正面转向客人；在来宾面前引导时，应尽量走在宾客的左前方 （4）行走时不能走"内八字"或"外八字"，不应摇头晃脑、左顾右盼、手插口袋、吹口哨、慌张奔跑或与他人勾肩搭背
4	蹲姿	要拾取低处物品时不能只弯上身、翘臀部，而应采取正确的蹲姿。下蹲时两腿紧靠，左脚掌基本着地，小腿大致垂直于地面，右脚脚跟提起，脚尖着地，微微屈膝，移低身体重心，直下腰拾取物品
5	手势	（1）优雅、含蓄、彬彬有礼 （2）在接待、引路、向客人介绍信息时要使用正确的手势，五指并拢伸直，掌心不可凹陷（女士可稍稍压低食指）。掌心向上，以肘关节为轴。眼望目标指引方向，同时应注意客人是否明确所指引的目标 （3）不得用手指或用手拿着笔等物品为客人指示方向；不得用手指或用笔等物品指向客人；也不可只用食指指点点，而应采用掌式
6	举止	（1）注意举止形象，上班时间不得哼歌曲、吹口哨、跺脚、不得大声说话、喊叫、乱丢乱碰物品、发出不必要的声响，不得随地吐痰、乱扔杂物

续表

序号	类别	具体说明
6	举止	（2）整理个人衣物应到洗手间或是专用的指定区域，不得当众整理个人衣物或化妆；咳嗽、打喷嚏时应转身向后，并说对不起；不得当众剔牙，确实需要时，应背转身用一只手遮住口腔再进行 （3）关注客人，及时和到来的客人打招呼，以表示对客人的尊重；在工作、打电话或与人交谈时，如有其他的客人走近，应立即打招呼或点头示意，不准毫无表示或装作没看见 （4）不要当着客人的面经常看手表

9.3 表情

（1）微笑　露齿的微笑是物业管理人员应有的表情。

（2）面对客人要表现出热情、亲切、真实、友好，需要时还要有同情的表情；做到精神振奋、情绪饱满，不卑不亢。

（3）和客人交谈时应全神贯注，双眼不时注视对方，适当地点头称"是"示意，不得东张西望、心不在焉，不得流露出厌烦、冷淡的表情，不得吐舌及故意地眨眼；有条件的时候应做随手记录，让客人感觉到你在认真地和他沟通。

○ **相关知识** ○

微笑的练习

微笑是需要练习的。有的人会说："我不习惯微笑。"习惯从何而来？习惯是慢慢养成的。要改变一种不好的习惯最好的方式就是去养成一种好的习惯去替换它，要去除不微笑的习惯就要去养成微笑的习惯，自然而然不微笑的这种习惯就会从你的身上消失。以下阐述一下练习微笑的方法，你可据此练习。

1．像空姐一样微笑

说"E——"让嘴的两端朝后缩，微张双唇；轻轻浅笑，减弱"E——"的程度，这时可感觉到颧骨被拉向斜后上方。相同的动作反复几次，直到感觉自然为止。

2．微笑的三结合

（1）与眼睛的结合。当你在微笑的时候，你的眼睛也要"微笑"，否则，给人的感觉是"皮笑肉不笑"。眼睛会说话，也会笑，如果内心充满温和、善良和厚爱时，那眼睛的笑容一定非常感人。眼睛的笑容有两种：一是"眼形笑"，一是"眼神笑"。

取一张厚纸遮住眼睛下边部位，对着镜子，心里想着最使你高兴的情景。这样，你的整个面部就会露出自然的微笑，这时，你眼睛周围的肌肉也在微笑的状态，这是"眼形笑"。然后放松面部肌肉，嘴唇也恢复原样，可目光中仍然含笑脉脉，这就是"眼神笑"的境界。学会用眼神与宾客交流，这样你的微笑才会更传神、更亲切。

（2）与语言的结合。微笑着说"早上好""您好"等礼貌用语，不要光笑不说，或光说不笑。

（3）与身体的结合。微笑要与正确的身体语言相结合，才会相得益彰，给客户以最佳的印象。

微笑的三结合如左图所示。

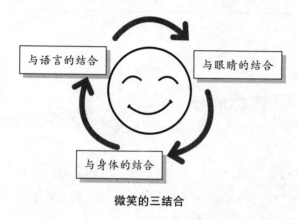

微笑的三结合

3.时时刻刻微笑

学会了如何微笑，作为服务人员的你，应该在生活工作中不断地运用微笑，品味微笑。时刻保持微笑的要点如下图所示。

 自觉运用微笑。如果你过去没有做到这一点，今天起就要建立这个自觉

 做任何事情之前，面带微笑。即做任何事情之前，无论是学习、工作、会朋友、交际，面带一个微笑

 感到紧张时，给自己一个微笑。当你身心紧张时，给自己一个微笑

 早晚面对镜子微笑。很简单，就是每天早晨起来之后，面对镜子浮出一个微笑；每天晚上回家之后，再对镜子浮出一个微笑

 寻找生活中的榜样。你一定会在生活中遇到这样或那样的长者、上司、同事和朋友，他们的微笑让你感到亲切、适度，让你感到喜悦、温暖，让你感到美丽、潇洒和自在，他们的微笑一定有你可以学习、参考的地方，那么，把他们当作微笑的榜样

时刻保持微笑的要点

9.4 言谈及常用语言

9.4.1 言谈的基本要求

（1）声音要自然、清晰、柔和、亲切，不要装腔作势。

（2）声调要有高有低，适合交谈内容的需要，不得让人感觉到冷漠和不在意。

（3）声量不要过高或过低，以参与交谈的人都能听得清楚为准。

（4）交谈时，如有三人或三人以上对话，要使用相互都能听得懂的语言。

（5）不准讲粗言，不得使用蔑视和侮辱性的言语，不得模仿他人的语言声调和谈话。

（6）不讲过分的玩笑，不得以任何借口顶撞、讽刺和挖苦客人。

9.4.2 常用对客服务语言

（1）遇到客户要面带微笑，站立服务。管理处人员应先开口，主动打招呼，称呼要得当，问候语要简单、亲切、热情。对于熟悉的客户要称呼客户姓氏。

（2）与客户对话时宜保持1米左右的距离，要注意使用礼貌用语。

（3）对客户的话要全神贯注、用心倾听，眼睛要平视客户的面部，要等客户把话说完，不要打断客户的谈话，不要有任何不耐烦的表示，要停下手中的工作，眼望着对方，面带微笑。对没听清楚的地方要礼貌地请客户重复一遍。

（4）说话时，特别是客户要求服务时，从言语中要体现出乐意为客户服务，不要表现出厌烦、冷漠的神态，应说"好的，我马上就来办"，或马上安排人员来办。

物业公司的员工应掌握以下文明用语，并切实在工作中运用。

1.你好！（您好！）
2.上午好/下午好/晚上好！××物业客服中心，我姓×，请问有什么可以帮助您的？
3.谢谢！对不起！不客气！再见！请稍等！
4.是的，先生/小姐。
5.请问您找谁？请问有什么可以帮助您的吗？
6.请您不要着急！
7.我马上与××部门××先生/小姐联系后答复您。
8.请留下您的电话号码和姓名，好吗？
9.我们会为您提供帮助！
10.请您填好"投诉单"！
11.谢谢您的批评指正！
12.这是我们应该做的！
13.感谢您的来电！

14. 对不起，打扰了！
15. 对于您反映的问题我们会马上处理，并尽快给您回复，好吗？

9.4.3 不同情况下的礼貌用语

表9-2所示的为不同情况下的常见礼貌用语。

表9-2 不同情况下的礼貌用语

序号	类别	具体说明
1	接听电话时	"您好！" "您好，××物业客户中心。" "请问您贵姓？" "请问有什么可以帮您的吗？" 当听不清楚对方说的话时——"对不起，先生，您刚才讲的问题我没听清楚，请您重述一遍好吗？" "先生，您还有别的事吗？" "对不起，先生，我把您刚才说的再复述一遍，看妥不妥当？" "您能听清楚吗？" 当对方要找的人不在时——"对不起，他不在，有什么事情需要我转告他吗？" "谢谢您，再见。"
2	打出电话时	"先生，您好，我是××物业客服中心，麻烦您找××先生。" 当要找的人不在时——"您能替我转告他吗？" "谢谢您，再见。"
3	客户电话投诉时	"先生，您好！××物业客服中心。" "先生，请问您贵姓？" "请告诉我详情，好吗？" "对不起，先生。我立即处理这个问题，大约在××时间给您答复。请问怎样与您联系？" "您放心，我们会立即采取措施，使您满意。" "很抱歉，给您添麻烦了。" "谢谢您的意见。"
4	业主、用户来访投诉时	"先生，您好！请问我能帮您什么忙吗？" "先生，请问您贵姓？" "您能把详细情况告诉我吗？" "对不起，给您添麻烦了。" 如职权或能力不能解决时——"对不起，先生，您反映的问题由于某种原因暂时无法解决，我会把您的情况向公司领导反映，尽快给您一个满意的答复。"

续表

序号	类别	具体说明
4	业主、用户来访投诉时	当投诉不能立即处理时——"对不起,让您久等了。我会马上把您的意见反馈到有关部门处理,大约在×××时间给您一个答复。请您放心。" "谢谢您的意见。"
5	用户室内工程报修时	"您好,服务中心。请问您室内哪里要维修?" "您可以留下您的姓名和联络电话以方便维修吗?" "谢谢您的合作,我们尽快派人替您维修。十分钟内给您一个答复。"
6	收管理费时	"先生,您好!请问您是来交管理费的吗?请问您的房号?" "您本月应交管理费×××元、上月电费×××元、维修费×××元。" "收您×××元,找回×××元。" "这是您的发票,请保管好。" "谢谢您,再见。"
7	用户电话咨询管理费时	"先生,您好!请问有什么可以帮忙的吗?" "请稍等,我帮您查一下。" "贵公司×月份的管理费×元、电费×元、维修费×元、仓库租金×元,共计×元。您打算来交款吗?"
8	催收管理费	"先生,您好!" "贵公司×月份的管理费还没有交。我们于×日已经发出缴款通知,想必您已经收到了。现在再提醒您一下,按管理公约,管理费应在当月15日之前交纳,逾期管理公司将按0.1%计收滞纳金。"

9.4.4 服务忌语

客服中心员工应杜绝以下服务忌语在工作中出现。

1. 喂!
2. 不知道。
3. 墙上贴着,没长眼睛呀!
4. 急什么,烦死人了!
5. 急什么,没看到我在忙着吗?
6. 哪个?他不在!
7. 要下班了,有事明天再来!
8. 不舒服,你别来了。
9. 快点,说完了没有?
10. 就这么说,怎么样?
11. 有本事你去告!
12. 喊什么,等一下!
13. 讲了半天,你还没听懂?
14. 出去,今天不办公。
15. 你问我,我问谁?
16. 我不管,该找谁找谁!

17. 我说不能办就不能办！
18. 你怎么这么麻烦？
19. 这个事儿我处理不了。
20. 我正在忙呢，你找他吧。
21. 你说话清楚点。
22. 你真烦，等一会吧！我在忙。
23. 你找谁呀？再说一遍，我没听清楚。
24. 都下班了，你不知道呀？
25. 急什么？
26. 你看清楚再问！
27. 墙上有，你自己看看就行了。
28. 你找谁，没这个人儿！
29. 渴了自己倒水，那儿有杯子。
30. 你自己都不知道，我怎么知道！

9.5 电话接听礼仪

接听电话的原则为：表明身份、表明目的、称呼姓名、仔细聆听、做好记录、重复、道谢、告别。

9.5.1 电话接听的程序

电话接听的程序与要求如表9-3所示。

表9-3 电话接听的程序与要求

顺序	程序	规范及要求
1	铃响，拿起话筒	（1）接听电话以前必须准备好记录用的纸和笔 （2）迅速调整情绪，保持一种愉悦的心情 （3）拿起话筒以前要把微笑表现在脸上并保持在整个谈话过程中 （4）电话铃响三声以前必须接听；因特别原因超过三次之后才接听电话，应马上致歉："对不起，让您久等了！"
2	首先说明自己的身份，并主动征询客人打电话的目的	（1）"您好，××客户服务中心，有什么可以帮到您吗？（请问您有什么事？）" （2）对于"您好"，可用"早上好、下午好、晚上好、新年好、节日快乐"等词语代替 （3）加强对这一句话的语感训练，使声音听起来自然、流畅、清晰、柔和、富于感情
3	交谈	（1）当听清客人打电话的目的后，要准确迅速地判断客人的电话内容是属于哪一方面的 （2）在回答客人的问题前，要及时询问客人姓名："请问您贵姓？"并马上称呼客人的姓氏："您好，陈先生……"并在以后凡需称呼对方时使用客人的姓氏"陈先生……"直到交谈的最后

续表

顺序	程序	规范及要求
3	交谈	（3）对不愿告知姓氏的客人，在谈话的适当时机要再次询问"请问您贵姓？"确实不愿告知的，称呼时要使用："您、先生、小姐"让客人感觉到我们是在专注地和他一个人交流，不得在交谈过程中不称呼客人 （4）熟练掌握与客户服务有关的内容，娴熟地同客人交流 （5）在交谈的同时做好交谈内容的记录 （6）在聆听的时候，要不时地说："好的、是的、我明白、我知道了……"不得长时间一言不发，导致客人认为你心不在焉 （7）在交谈过程中如需要暂时中断谈话，应说："对不起、请稍候、请稍等一下、请稍候半分钟、我接个电话"；当继续谈话时："对不起，让你久等了"，但要切记，不能让正在交谈的客人等候1分钟以上 （8）爽朗的笑声会感染客人，温和的笑声会拉近你和客人之间的距离
4	记录	（1）如果是属于投诉、建议、请修、不能马上回答的咨询、需请示才能处理的谈话以及重要的来电，要记录好对方的姓名或姓氏、联系方式、地址、内容及要求 （2）如果是找同事的："这里是客户服务中心，请您拨打××××这个号码可以找到××先生。"如果同事不在的："他现在不在，您是否需要留下口讯或电话号码？待他一回来，我就通知他。"然后记录下内容并转交给同事 （3）如果碰上了自己的朋友或亲属在上班时间打电话来找自己，要迅速处理："对不起，我现在上班不方便讲电话，等我下班后，我立刻和你联系。"不得在上班时间占用客服中心的号码长时间做私事
5	结束交谈	（1）重复你所记录的内容，并获得对方的确认："……是这样的吗？"及时修正所记录的内容，并再一次重复，直到它完整地表现客人的意愿 （2）让对方放心："我会尽快处理、我会尽快把这件事向上级汇报……" （3）感谢客人的来电："谢谢您的电话、谢谢您对我们的信任（希望再次接到您的电话）、谢谢您及时地通知我、谢谢您的建议……" （4）收线："愿您周末愉快（再次祝您节日快乐），再见。"

9.5.2 接听电话特别注意事项

（1）首先要说明自己的身份。

（2）在交谈过程中要使用清晰、自然的声音，注意音量、音调和语言节奏。

（3）交谈过程中要全神贯注，用心聆听。

（4）询问、记住和使用客人的姓氏。

（5）重复客人的需求内容。

（6）电话结束以前要感谢客人的来电。

（7）在电话交谈中，要使用常用服务用语，不得使用过于口语化的言语。

（8）在交谈中，要善于引导客人的谈话，把握谈话内容的主动权。

（9）每处理一次电话后，要马上总结自己在这次交谈中的不足和好的地方，促使自己接听电话的技术不断提高。

9.6　业主或客人来访接待礼仪

9.6.1　业主或客人上门

业主或客人进门时应主动向其打招呼，开门时先问候说："您好/早上好/新年好。"不得毫无反应或语气冷淡。

9.6.2　起身让座

应热情招呼业主或客人坐下。不得自己坐着而让业主或客人站着与其交谈。

9.6.3　业主或客人说明来意

如业主或客人没有先开口说话，应主动问："请问有什么可以帮你的吗？/请问您有什么事？/请问您找哪位？"

如手头有重要工作一时无法完成，应说："对不起，请稍等。"然后迅速处理手头上的事务后再接待业主（或客人）。

9.6.4　送客

业主或客人告辞时，应主动起身送至门口，并说："再见/您慢走/欢迎再来。"

9.7　引见时的礼仪

到来的客人要与领导见面，通常由工作人员引见、介绍。引见时要注意以下几点。

（1）在引导客人去领导办公室的路途中，工作人员要走在客人左前方1米左右的位置，忌把背影留给客人。

（2）在陪同客人去见领导的这段时间内，不要只顾闷头走路，可以随机讲一些得体的话或介绍一下本物业的大概情况。

（3）在进领导办公室之前，要先轻轻叩门，得到允许后方可进入，切不可贸然闯入，叩门时应用手指关节轻叩，不可用力拍打。

（4）进入房间后，应先向领导点头致意，再把客人介绍给领导，介绍时要注意措辞，应用手示意，但不可用手指指着对方。

○ **相关知识** ○

介绍的顺序

介绍的顺序一般是把身份低、年纪轻的介绍给身份高、年纪大的；把男同志介绍给女同志；如果有好几位客人同时来访，就要按照职务的高低，按顺序介绍。

（5）介绍完毕走出房间时应自然、大方，保持较好的行姿，出门后应回身轻轻把门带上。

在此，提供几份某物业公司的员工行为规范，仅供读者参考。

【他山之石01】某物业公司员工行为规范（适用于全体员工）

某物业公司员工行为规范（适用于全体员工）

礼仪包含仪容仪表和行为举止两个方面。仪容仪表展现了要求的静态美；行为举止表现了工作要求的动态美。两者相互促进，缺一不可。

通用礼仪规范适用于本公司全体员工。

一、仪表仪容规范

部位	男性	女性
整体	自然大方得体，符合工作需要及安全规则。精神奕奕，充满活力，整齐清洁	
头发	头发要经常梳洗，保持整齐清洁、自然色泽、切勿标新立异	
发型	前发不过眉，侧发不盖耳，后发不触后衣领，无烫发	女员工发长不过肩，如留长发须束起或使用发髻
面容	脸、颈及耳朵绝对干净，每日剃刮胡须	脸、颈及耳朵绝对干净，上班要化淡妆，但不得浓妆艳抹和在办公室内化妆
身体	注意个人卫生，身体、面部、手部保持清洁。勤洗澡，无体味。上班前不吃异味食物，保持口腔清洁，上班时不在工作场所内吸烟，不饮酒，以免散发烟味或酒气	
饰物	领带平整、端正，长度一定要盖过皮带扣。领带夹夹在衬衣自上而下第四个扣子处	注意各部细节，头巾是否围好、内衣不能外露等
	上班时间不佩戴夸张的首饰及饰物	

续表

部位	男性	女性
衣服	（1）工作时间内着本岗位规定制服，非因工作需要，外出时不得穿着制服。制服应干净、平整，无明显污迹、破损 （2）制服穿着按照公司内务管理规定执行，不可擅自改变制服的穿着形式，私自增减饰物，不敞开外衣、卷起裤脚、衣袖 （3）制服外不得显露个人物品，衣、裤口袋整理平整，勿显鼓起 （4）西装制服按规范扣好，衬衣领、袖整洁，纽扣扣好，衬衣袖口可长出西装外套袖口的0.5～1厘米	
裤子	裤子要烫直，折痕清晰，长及鞋面	
手	保持指甲干净，不留长指甲及涂有色指甲油	
鞋	鞋底、鞋面、鞋侧保持清洁，鞋面要擦亮，以黑色为宜，无破损，勿钉金属掌，禁止着露趾凉鞋上班	
袜	男员工应穿黑色或深蓝色、不透明的短中筒袜	女员工着裙装须着肉色袜，禁止穿着带花边、通花的袜子，无破洞，袜筒根不可露在外
工牌	工作时间须将工作牌统一按规范佩戴，一般佩戴在左胸显眼处，挂绳式应正面向上挂在胸前，保持清洁、端正	

二、行为举止规范

1. 整体要求

项目	规范礼仪礼节
整体	姿态端正及自然大方，工作中做到：走路轻、说话慢、操作稳，尽量不发出物品相互碰撞的声音
站姿	以立姿工作的员工，应时刻保持标准的站立姿势：两腿直立，两脚自然分开与肩同宽，两眼平视前方，两手自然下垂，挺胸、收腹。禁止双手交叉抱胸或双手插兜、歪头驼背、倚壁靠墙、东倒西歪等不良行为
坐姿	以坐姿工作的员工，应时刻保持端正的姿势：大腿与上身呈90度角，小腿与大腿呈70～90度角，两腿自然并拢。不盘腿、不脱鞋、头不上扬下垂、背不前俯后仰、腿不搭座椅扶手
走姿	员工在工作中行走的正确姿势：平衡、协调、精神，忌低头，手臂不摆或摆幅过大，手脚不协调，步子过大、过小或声响过大
行走	（1）员工在工作中行走一般须靠右行，勿走中间，与客人相遇时要稍稍停步侧身立于右侧，点头微笑，主动让路 （2）与客人同时进出门（厅、楼梯、电梯）时，应注意礼让客户先行，不与客人抢道并行，有急事要超越客人，应先在口头致歉"对不起""请借过"，然后加紧步伐超越

续表

项目	规范礼仪礼节
蹲姿	一脚在前，一脚在后，两腿向下蹲，前脚全着地，小腿基本垂直于地面，后脚脚跟提起，脚尖着地，臀部向下
手势	（1）手势属肢体语言，是谈话的必要辅助手段，手势的幅度和频率不要过大过多，要特别注意手势的规范和含义 （2）在示意方向或人物时，应用手掌，掌心斜向上，四指并拢，切不可用手指；在示意他人过来时，应用手掌，掌心向下，且不可掌心向上
微笑	（1）真诚亲切、自然大方 （2）要求"3米之内见微笑，1米之内听问候" （3）与客户见面时，眼睛要正视对方，并保持自然的微笑；同时也要接受对方的目光；微笑应贯穿礼仪行为的整个过程 （4）微笑要合乎标准：笑肌打开，牙齿微露，眼睛有笑意，保持一段时间 （5）注意微笑的尺度，还要注意掌握交流沟通时的距离和位置。尽量选择侧面位置，避开完全正面的位置，不能在后面微笑和说话 （6）目光：柔和亲切。与人说话时，大部分时间应看着对方；不能左顾右盼，也不能紧盯着对方；道别或握手时，应该注视着对方的眼睛 （7）语言：提倡普通话，声音清晰、悦耳、自然、友善 （8）礼貌用语：您好、请、对不起、谢谢、再见 （9）语言文明，讲究礼貌；语速适中，表达清晰；语调平和，不过激伤人 （10）当接受别人的帮助或称赞时，应及时致谢；因自身原因给对方造成不便时，应及时道歉 （11）禁止用"喂"招呼客人，应使用"您好！"
称呼	按职务称呼，或通称男性为"先生"、女性视年龄称呼"小姐"或"女士"。老年人称呼视地区习惯（尊重和礼貌的方言）。对儿童可称呼"小朋友"

2. 对客礼仪

项目	规范礼仪礼节
遇见客人	（1）遇见客人或领导时，应停下手中工作，站立，面带微笑。交谈时，应态度诚恳，耐心倾听，不轻易打断别人的谈话 （2）如与领导或客户在较窄过道中相遇：应侧身向对方通行方向做出"请"的手势，并说"您先请！" （3）如遇急事需超越前方领导或客户时，需放慢速度，在接近对方时，轻声示意："对不起！""劳驾！"等，然后从对方身旁侧身通过 （4）对客人提出的中肯建议，应向客户致谢
投诉接待	（1）面对客人投诉时，冷静、积极地倾听。态度要亲善，语调要温和，用词要恰当，要在和谐的气氛下将事情圆满解决

续表

项目		规范礼仪礼节
投诉接待		（2）执行"首接责任制"。当客人咨询和遇到困难时，要积极帮助客人解决，永远不要说"不知道"或"不归我们管""这是领导的事"之类的言语 （3）面对客人发脾气时，应耐心忍让，友善劝解和说明，注意语气语调 （4）与客人意见发生分歧时，不予当面争论，更不应说客人错、自己正确之类的言语 （5）当客人有过激行为时，应巧妙地化解，不得与客人发生正面冲突，尤其避免发生过激行为
迎送客人	迎宾	对重要客人应提前做好接待准备，根据来宾身份，指派合适身份的人提前五分钟在约定地点等候。客人到来时主动迎上，初次见面时应主动做自我介绍，并引领客人至接待处或参观地点
	引路	在为客人引导时，应走在客人左前方一两步处，让客人走在路中央，并适当地做些介绍
	乘电梯	等候电梯时，应替客人按下"▲"或"▼"键；进电梯时，在电梯外按住"▲"或"▼"键，并以手势请客人先进；进入电梯后，按下相应楼层号；出电梯人多时，在电梯内按住"〈‖〉"（开门）键，以手势请客人先出。电梯内不可大声喧哗。电梯内人多时，后进的人应面向电梯门站立。严禁用钥匙、雨伞等物件按电梯按钮
	乘扶梯	应请客人先上梯，靠右站立，以便行人在左侧行走，避免并排站立
	走楼梯	引导客人上楼梯时，让客人走在前，下楼梯时，让客人走在后，多人同行时，应让客人走在中间，以便随时提供服务；上下楼梯时，应端正头部，挺胸、弯膝、伸直脊背、轻移脚步；经过拐弯或有楼梯台阶的地方时应使用手势，提醒客人"这边请"或"注意楼梯"等
	开门	先敲门，开门后把住门把手，站在门旁，对客人说"请进"并施礼。进入房间后，轻轻把门关上，请客人入座
	送客	送客时级别低者应主动为客人开门，待客人和领导走出后，再紧随其后。可在适当的地点与客人握别，级别低的代级别高的送客到合适的地点
迎送客人	奉茶	客人就座后应快速上茶。上茶时应注意不使用有缺口或裂痕的茶杯；打开茶杯盖时，应用右手将茶杯盖内面向上放在台面上，不可直接将茶杯盖扣在台面上；有茶杯把的应手持茶杯把手，不可大把抓住杯体；没有茶杯把的拿杯子下段（玻璃杯、纸杯）；沏入水以七分满为宜。来客较多时，应从身份高的客人开始上茶；如不明身份的，则应从上席者开始，陪同者最后
乘车	接送客人	上车时按先主宾后随员、先女宾后男宾的顺序，并主动为客人拉车门；到达目的地后，随员先下车后，再请客人下车；客人上下车时要用手示意客人注意避免碰到车顶或车门

续表

项目		规范礼仪礼节
乘车	安排座位	司机后排右侧是主宾座,但若主人亲自驾车,则副驾驶位置为主宾席。另外,主宾首先上车,则任其所坐,不必请客人再移位。坐飞机或火车时,靠窗边和向着前进方向的座位让客人坐

三、鞠躬礼仪

项目	规范礼仪礼节
欠身礼	头颈背呈一条直线,目视对方,身体稍向前倾
15度鞠躬礼	头颈背呈一条直线,双手自然放在裤缝两边(女职员双手交叉放在体前),前倾15度,目光约落在体前1米处,再慢慢抬起,注视对方
鞠躬礼行礼的距离	行鞠躬礼一般在距对方2~3米的地方,在与对方目光交流的时候行礼,面带微笑。没有微笑的鞠躬礼是失礼的
各种场合的鞠躬礼仪	(1)在公司内遇见贵宾时,行15度鞠躬礼 (2)当客人和领导经过你的工作岗位时,问候"您好!"并行欠身礼 (3)在电梯门口和电梯内遇见客人时,问候"您好!"并行欠身礼

四、晨迎礼仪

(1)适用于各属下公司接管的高档住宅小区。

(2)服务中心根据客户群体的需求,适时建立晨迎制度,指定某部门/主管,负责安排工作日晨迎人员。

(3)各部门管理人员应参加晨迎工作。晨迎当天因故未能参加者,该部门须提前安排替岗人员,不可缺位,并列入绩效考核范围。

(4)晨迎时间由服务中心根据所管项目实际情况自定。

五、电话礼仪

(1)电话铃响在三声之内接起。

(2)必须使用规范应答语"您好,××物业""您好,××部门/中心/管理处";电话铃响三声以上时,回答"对不起,让您久等了,我是××"。接电话时,不使用"喂"回答。

(3)在电话结束时应简明重复一下要点以核实自己的理解是否正确,确认后再挂电话。

(4)在通话完毕后要礼貌地道别,确认对方挂机后才能挂机,以示礼貌。

(5)拨打办公电话最好在对方上班10分钟后或下班10分钟前,通话要简明扼要,表达清楚。

（6）使用普通话。语音清晰，电话中的语速应稍慢，音调要亲切柔和。接转电话时，应轻拿轻放。

（7）接听电话时，应让对方感受到精神状态良好而非懒散。

（8）电话机旁备纸、笔，随时准备记录客人提出的要求和帮助解决的事项。尤其对时间、地点、事由等重要事项认真记录并及时转达有关部门和责任人。

（9）在接听投诉电话时，更要注意使用礼貌用语，积极帮助客户解决遇到的困难和问题，态度和蔼。

（10）代转电话时，如果对方打错了电话，或不清楚应该找谁时，应礼貌解释，并热情地为对方转接给相关人员。

（11）邻座无人时，主动在铃响三声内接听邻座的电话。

（12）通话过程中若需对方等候时，等候时间不能超过30秒。

（13）热线电话接听人离开岗位前，必须设定电话转移。

（14）当正在接听电话，而又有客人来到面前时，应做到：点头示意，以示与客人打招呼，让客人稍等之意；同时要尽快结束通话，以免让客人久等；放下话筒后，首先要向客人道歉"对不起，让您久等了"；不能因为自己正在听电话，而客人来到面前时也视而不见，毫无表示，冷落客人。

（15）通话时应注意控制环境的背景声音，不要大声喧哗、吵闹；转接来电时，确认对方接听后方可挂机，如无人接听，应切换回来向来电者说明。

（16）如拨错号码要道歉。

六、社交礼仪

项目		规范礼仪礼节
介绍	介绍别人	受尊敬的一方有优先了解权，首先把年轻者、男性、资历较浅者、未婚女子和儿童介绍给年长者、女性、资历较深者、已婚女子和成人；把主方介绍给客方，之后，再向另一方介绍
	自我介绍	面带微笑问好，得到回应后再向对方介绍自己的姓名、身份和单位。当他人为您介绍时，要面带微笑、点头致意，介绍完毕后，握手并问候，可重复一下对方的姓名，称呼"您好，××先生/小姐！"
握手		（1）握手时强调"五到"即：身到、笑到、手到、眼到、问候到 （2）握手时双方的上身应微微向前倾斜，面带微笑，同时伸出右手和对方的右手握手，可上下抖动几下，眼睛平视对方的眼睛，同时寒暄问候 （3）握手时，伸手的先后顺序：贵宾先，长者先，主人先，女士先 （4）握手时间一般在3~5秒之间为宜；握手力度必须适中 （5）握手时注意：不要交叉握手，不要在握手时与其他人交谈，不要摆动幅度过大，不要戴手套，不要用不清洁的手与人握手

续表

项目		规范礼仪礼节
名片礼仪	递送名片时	用拇指压住名片边缘，正面朝上，文字正对对方，双手递上，高度以自己的胸部为宜，并做自我介绍，同时可讲"请多关照"
	接受名片时	须起身双手接受，认真阅看，并称呼对方的职务，以示对赠送者的尊重，并将客人的名片暂放在桌前，切忌马虎瞟一眼，或随意放进衣袋里，也不可来回摆弄和遗忘在桌上
	互换名片时	右手拿自己的名片在下，左手接对方的名片在上，互换后用双手托住对方名片

七、会议礼仪

（1）与会者必须提前5分钟到达会场，将手机关闭或设置为静音状态。

（2）会议中应集中注意力，不做与会议无关的事，不随意走动及发出不必要的声响。

（3）主持人或发言者上台讲话时，先向与会者行欠身礼。

（4）会议迟到者须向与会者行欠身礼表示歉意，会议中途离开者须向与会者行欠身礼示意离开。

（5）会议中不可随意打断对方的发言。

（6）主持人或发言者讲完话，应向与会者行欠身礼，与会者应鼓掌回礼。

（7）离开会场时，要将个人用过的纸杯、饮料瓶、纸屑等杂物带离会场。

八、办公礼仪

项目	规范礼仪礼节
遇见同事和领导	（1）每天与同事第一次见面、和久未见面的同事相遇时，问候"你好！"并点头示意 （2）与经常见面的同事相遇，微笑、点头示意 （3）到领导或同事办公室时，敲门，听到回应后进门 （4）在公司内遇到领导，微笑、问候"您好！"并点头示意
办公场所礼仪	（1）应保持安静有序的工作环境，不在办公室内大声喧哗 （2）上班时间不做与工作无关的事情，控制打私人电话 （3）办公用品摆放有序，办公文件、资料按照密级及时归档和保存 （4）使用公司的电脑、复印机、传真机等自动化设备时，要严格按照公司的有关规定执行 （5）正确使用和认真保管好公司配置的办公用品，爱护公共财产 （6）下班后应保持工作台面干净整齐，椅子要归位。随时保持工作场所的整洁

续表

项目	规范礼仪礼节
对待同事	在工作中应互相关心、帮助和尊重，态度和蔼坦诚，学会沟通，不因意见分歧而发生争吵
对待上级	尊重领导。工作中有不同意见时，应及时与领导沟通，阐述自己的意见和建议，一旦领导决定后就要坚决执行。工作完成情况要及时向领导汇报
对待下级	关心、尊重下级。对于下级的成绩或进步，应及时给予肯定或表扬；对于下级的过错，应及时指出，并予以纠正，不可不闻不问任其发展，更不可只追究过错不关心进步。要注意倾听下级的意见和建议，注重团队建设

【他山之石02】前台接待人员行为规范

前台接待人员行为规范

一、形象要求

前台接待人员是企业的"形象代言人"或称企业的"门面"。因此，要求前台接待员坐、立、行、走端正自然，保持良好的精神风貌。

二、迎送客人和同事上下班（适用于高档写字楼前台接待）

每日于上班前10分钟、下班时间开始后10分钟内，以站姿微笑面向上下班人员行注目礼，并主动问候。

三、接待来客

当有客人来访时，应起身站立、行欠身礼。面带微笑，热情、主动问候，使用礼貌用语："您好，请问有什么可以帮您吗？"耐心倾听客人的来意，并根据客人的需求积极予以帮助。

对客人的咨询，应细心倾听后再做解答。解答问题要耐心，不能准确解答的应表示歉意"对不起，请稍等，我帮您问一下"，问完要向客人反馈。

对来访者经核实后引导其进入相关区域。

做好来访者的登记工作（根据公司规定执行）。

谢绝外来推销员、衣着不整的闲杂人员进入办公区。

四、电话接听

电话在三声内接听，必须使用规范应答语："您好，××物业。""您好，××中心/管理处"。

待来电者报上转接号码后礼貌说:"请稍候。"并立即转接。

如转接电话占线或无人接听时,说:"您好,先生/小姐,您要的电话占线或无人接听,请稍后打来。"

如对方要求转接其他人,请立即转接。

如转接电话不顺畅,请回答:"对不起,让您久等了,我在帮您转接"。

电话机旁备纸、笔,主动提供留言服务,随时准备记录客人提出的要求和帮助解决的事项。尤其对客人的姓名、电话、时间、地点、事由等重要事项认真记录并及时转达有关部门和责任人。

在接听投诉电话时,更要注意使用礼貌用语,积极帮助客户解决遇到的困难和问题,态度要积极、和蔼。及时将客户的意见转接相关部门和责任人或主动留下客户的电话,帮助联系和积极寻找解决问题的途径。

如果对方打错了电话,或不清楚应该找谁时,应礼貌解释,并热情地为对方转接相关人员。

【他山之石03】客户服务人员行为规范

客户服务人员行为规范

一、接待来访客户

客户来访时,应面带微笑起身,热情、主动问候:"您好,我是××部门×××,我可以帮助您吗?"

与客户交谈时,站立、身体略微前倾、眼望对方,面带微笑,耐心地倾听,客户遇到困难需要帮忙时,需热情帮助。

二、接待客户投诉

微笑服务,执行首问/首接负责制,并尽快进入投诉处理工作流程。

客户来访投诉时,首先请客户入座、奉茶。

认真听取客户投诉内容,以诚恳的目光与投诉者接触,适当地做出简单的复述,以示了解和记录客户反映的问题。

对客户提出的问题,积极帮助联系,但不轻易对客户许诺,一旦许诺就必须守信;约定好的服务事项,应按时执行,言行一致。

不能解决时,应直接向上级报告或尽快转交相关部门,积极跟进投诉后整改的情况。

对客户的重大投诉,在处理过程中,应注意口径一致,避免工作人员之间对同一客户的问题给出不同的处理意见。

三、送别客户

当来访客户离去时,应主动起立微笑示意,并礼貌送客。

与客户道别时主动讲"先生/小姐,再见!""欢迎您再来"等。

四、代客收发文件、报刊

根据所管项目实际情况分别将文件、报刊放入客户信箱或送上门。

当接到客户发送传真资料时,应礼貌地向客户确认:发送地址、传真号码、收件人、联系电话,并与收件方电话予以确认,同时做好相关登记工作。

代客户收发的任何文件、资料、信件、传真件,在未经本人同意的情况下,不得给第三人传阅。

不可翻阅客户订的报纸,禁止在送报纸途中阅报。

五、办理收费业务礼仪要求

在接待客户办理业务服务中,应做到彬彬有礼,礼貌对客。

请客户出示所需的证件时,注意使用"请您×××""谢谢您的配合"等礼貌用语。

熟悉业务操作规程,办事迅速,工作认真细致,不忽视任何影响服务质量的细微环节。

为客户准备好笔和表格,耐心细致地引导客户填写表格。

主动向客户解释清楚相关的收费标准。

请客户交费时,将开具的发票收据和零钱以双手奉上,并说"这是您的发票和零钱,请收好",同时微笑注视客户,等客户确认无误后,向客户表示感谢。

六、上门收费业务礼仪要求

首先电话预约客户,约定来缴费的时间或上门服务时间,并在电话中清楚地告知其应交费用的款项和数目。

客户交费时,要及时出具相关的费用明细表和发票,如客户有疑问,要及时做好相关的解释工作。

上门时尊重客户的生活习惯和个人喜好,如进门后主动换鞋(换上自带的鞋套)等,对因工作造成的打扰应诚恳道歉,同时不能对客户家里有任何评价。

如收费中碰到投诉,对态度不好的投诉客户要理智冷静,自己不能处理时,予以记录,并及时转告相关部门或报告上一级领导。

【他山之石04】会所服务人员行为规范

会所服务人员行为规范

一、工作时间九不准

不准擅自离岗；不准打私人电话；不准看与业务无关的书籍；不准与无关人员闲聊；不准哼唱歌曲、大声喊叫；不准索取客人礼品、小费；不准吃零食、收听收音机；不准私自带人在会所活动；不准存放携带与场所消费品相同的食物。

二、迎接客人

客户进入会所，应面带微笑，主动问好："先生/小姐，您好，欢迎光临！"

主动引客人入内，并为客人拉开座椅："先生/小姐，请坐。"

三、礼貌要求

礼貌用语不离口，做到接待客人有"三声"，即：来有迎声、问有答声、走有送声；服务时要"四轻"，即：走路轻、说话轻、开门轻、拿放物品轻。

在对客服务过程中，要热情周到，微笑服务。不得对客人无礼，不得对客人不理不睬，不得与客人争辩。

四、客人点单

身体略向前倾，双手交叉于腹前（左手在下，右手在上）立于客户侧面（间隔1米），征询客户："先生/小姐，请问您需要些什么？"。

客人点完单后，确认订单，及时下单。

五、解答客人咨询

客人需要咨询问题时，应起身或走近离客人大约1米的距离，热情解答，不说不知道或模糊的语言。

六、收银

首先告知客人的消费金额。

收钱时，确认所收金额："您好，收您××元，请稍等。"

找回客人的零头，应双手递上，身子稍前倾，面带微笑，恭敬地对客人说："这是找您的零钱，××元，请收好，谢谢光临！"

七、接受电话订场

向客人确认姓名、电话、所订功能厅的时间段等信息，并做好记录。

如所订场已经订满，要委婉地向客人说明。

向客人致谢。

八、送客

客人离开会所时，应主动为客人开门，立于门的侧面，并说："欢迎您下次光临！"

【他山之石05】上门维修人员行为规范

上门维修人员行为规范

一、做到"五个一"服务

即见到客户时"一声问候";进门前套上"一双鞋套";工作时先铺好"一块工作布";配备"一块毛巾"以便完工后清理现场;配备"一个垃圾袋",以便出门时带走各种杂物。

二、乘坐电梯

有消防电梯(或货梯)的,员工要乘消防电梯(或货梯),非紧急等特殊情况不得乘坐客梯。

三、对讲机使用

若佩戴对讲机,应统一佩戴身体右侧腰带上,对讲时统一用左手持对讲机,在住户家时,建议关闭对讲机或将声音调小。

四、工具使用

将所需的工具整理放入工具包,工具包统一挎在右肩处,并保持整洁。

附:常用工具表

常用工具表

序号	名称	型号	数量	序号	名称	型号	数量
1	克丝钳		1	18	电胶布		1
2	十字螺丝刀	大、小	各1	19	小铁锤		1
3	活扳手		1	20	三相插头		1
4	尖嘴钳		1	21	两相插头		1
5	扁口钳		1	22	自攻螺丝		1
6	试电笔		1	23	胶塞	6分	1
7	万用表		1	24	水阀	4分	1
8	管钳		1	25	软管		1
9	大力钳		1	26	花线		1
10	刻刀		1	27	三通	4分	1
11	卷尺		1	28	直通	4分	1
12	板尺		1	29	弯头	4分	1
13	毛刷		2	30	内接	4分	1
14	电烙铁		1	31	灯泡		1
15	清洁毛巾		1	32	手套		1
16	一字螺丝刀	大、小	各1	33	地垫		1
17	水胶布		1	34	鞋套		2

五、约定时间

（1）接到客户维修电话或维修单后，应提前与客户预约上门维修时间，具体时间以方便客户工作、生活为原则。

（2）按约定时间准时到达。

（3）若临时有其他事，不能按约定时间到达，必须提前向客户表示歉意，得到客户认可，并重新确认上门时间。

六、敲门

（1）进入客户家中/办公室门前，按门铃或敲门三声（声音适中），若没有答应，应等候几秒进行第二次按门铃或敲门。

（2）如客户不在，事先留下钥匙要求服务时，维修人员进门前也必须先敲门，确认无人后方可用钥匙将门轻轻打开，并将"维修进行中"牌挂在门锁上。

（3）客人开门前，维修人员应与房门保持一定距离，静候客人开门。

七、问候

客户开门后，应面带微笑说："先生/小姐，您好！"同时点头施礼，"我是管理中心/管理处的维修人员，请问是您家里/办公室需要维修吗？"

八、进入客户家中/办公室

（1）当客户确认和许可后，说"谢谢"，按照客人的指引方向进入。

（2）尊重客户的生活习惯和个人喜好，同时不能对客户家里（或办公室）有任何评价。

（3）进房前，先穿好鞋套，再进到维修地点。

九、准备工作

工作开始前，先在地面铺一层工作布，将工具包放在工作布上，保持地面清洁。

十、工作中

（1）积极协助客户解决问题，对办不到的事情要做好沟通解释工作。

（2）操作过程中应保持走路轻、动作轻、说话轻。

（3）需要挪动或借用客户家里器具的，必须提前征得主人同意，并在工作中做好相应的保护措施，避免造成不必要的损失。

十一、结束工作

（1）工作完成后，对客户说："先生/小姐，您好！已给您修理好，麻烦您检查一下。"同时向客户介绍使用时的注意事项。

（2）得到客户验收确认后，请客户签相关的维修单据。

（3）若客户有异议，维修人员应尽量满足客户的要求，并主动道歉："对不起，我马上处理好。"

（4）等客户签完单后，主动说："谢谢，请问还有其他事情需要帮忙吗？"。

（5）收拾好工具，并清理现场，将维修产生的垃圾、杂物放入随身携带的垃圾袋中带走，保持维修前的环境状态。

十二、告别

（1）经客户确认没有其他需帮忙的事情后，主动讲："再见。"

（2）应面向客户主动讲："打扰您了，再见！"并点头致意，替客户关好门后（注意关门声响），脱下鞋套。

【他山之石06】安全管理岗位礼仪规范

安全管理岗位礼仪规范

一、安全类共用礼仪规范

项目	礼仪规范
整体工作要求	（1）工作时间内一律按照公司规定着装及佩戴相关安管器材 （2）停车场岗位遇雾及夜间要着反光衣 （3）上岗时不倚靠在其他东西上，呈立正姿势或双脚分开与肩同宽，双手不拿不相关的物品，自然下垂或交叉于腹前或背后 （4）工作期间精神饱满，接听电话时面带微笑，声音热情、亲切 （5）对讲机统一佩戴在身体右后侧腰带上，使用对讲机时统一用左手持对讲机 （6）工作时间外，不得着工装及携配件外出
骑车（驾驶摩托车）巡逻	（1）出车前要做好车辆的卫生，检查车辆性能，如刹车、倒后镜等 （2）摩托车驾驶人应有摩托车驾驶执照 （3）巡逻时应保持直线前进，身体平衡，并确保以安全速度行驶 （4）巡逻时遇到客户询问或与客户沟通时，应下车停稳车辆，开摩托车的必须熄火、拉手闸后，再与客户交谈
乘电梯	有消防电梯（或货梯）的，员工要乘消防电梯（或货梯），非紧急等特殊情况不得乘坐客梯
使用电瓶车	（1）专人驾驶，有公司内部培训合格证，并遵守相应的交通规则 （2）应在车上张贴"顾客请勿将头、手伸出车外"标识。顾客上车前，司机须向顾客提示，"手脚请勿伸出车外，以免被路桩撞伤" （3）每日上班前需对车辆进行清洁，保持车辆整洁干净，如有特殊接待任务需提前做好准备

续表

项目	礼仪规范
使用电瓶车	（4）身高不足1.4米的儿童须由大人陪同才可乘坐电瓶车 （5）对于非陪同顾客的内部员工，在电瓶车载有顾客的情况下，不宜坐车 （6）电瓶车在行驶过程中，驾驶员须提高注意力，禁止东张西望、与顾客谈与工作无关的事，保持良好的精神状态 （7）中途有事要停下时，应熄火，挂停车挡，拉手闸，停稳车辆，再下车 （8）严禁开快车，遵循小区限速规定；小区内转弯处及交通要道或人员较多的场所，必须减速慢行 （9）礼貌对待上下电瓶车的顾客，待客上车时立于车辆右侧，两手交叉重叠或两臂自然下垂成立正姿势，面带微笑 （10）指引上下车时，使用礼貌用语，并主动协助有需要的人士 （11）顾客落座后，询问其目的地，可适当介绍小区情况，到达目的地后，先下车再引导顾客下车
行礼	（1）着保安制服值班的员工行举手礼，着西服和门童服值班的员工行欠身礼或点头致意，说"您好！" （2）遇有前来参观的人员，如有公司领导陪同，须行举手礼，并等待客人通过完毕后方可礼毕，遇有客人人数较多或车队参观时，行礼后继续行注目礼直至客人安全通过 （3）在对方行至距自己3~5米时开始敬礼；对行驶的车辆，待对方可以关注到岗位时开始敬礼 （4）每天第一次见到公司领导或尊贵客户时要立正站好行举手礼，礼毕后微笑点头"您好！"。对其他客户应微笑点头："您好！" （5）遇到客户询问或客户交涉时，须先行举手礼，礼毕后微笑点头："您好！请问有什么需要帮忙的？" （6）当值换岗或交班时，须互相行举手礼，双方相距1.5米，立正行礼后进行交接 （7）车辆进出停车场，立正向驾驶人员行举手礼
对讲机使用	（1）根据急事先用的原则使用对讲机 （2）语言简练、清晰、易懂 （3）呼叫对方时应呼出对方的代号，再报自己的代号。如"×号收到请回答，××呼叫" （4）应答语言要明朗，"×号收到请讲"，回答完毕时应以"好的，明白"作为结束语 （5）在对讲机里与客户沟通时，应主动询问："您好！请问有什么可以帮您吗？" （6）严禁用对讲机聊天、说笑、讲粗话或唱歌以及谈与工作无关的话题 （7）进入夜间（22:00~7:00），不能在楼层的窗户边讲话，以免打扰住户休息

二、出/入口岗（迎宾岗）

项目	礼仪规范
来访人员接待	（1）主动向来访人员点头致意，并问好 （2）与客户沟通时保持1米以外适当的距离 （3）不直接拒绝客户，不说"不知道"等模糊的话 （4）陌生客人来访时，有礼貌地询问客人的来意后进行登记；登记时态度诚恳，使用礼貌语言，并用正确手势向客户指引方向 （5）客户有不礼貌的言行时，不与之正面理论，应婉转解释
物资放行接待	（1）主动请携大宗物品出行的客户出示"物品放行单" （2）认真核对"物品放行单"，与物品核对无误后放行，并对客户说"谢谢您的合作"
特殊情况下的接待	以下为特殊情况下的接待：业主没有预约且非常不理性的投诉到访；被辞退或被批评的员工没有预约且非常不理性的投诉到访；未经预约的媒体采访；公检法、工商、税务等政府部门人员的突然到访检查等 （1）立即报告上级领导和客户服务人员，并积极维持现场秩序 （2）现场应做到礼貌、得体，不得表现出反感和敌对情绪，不对顾客的言行进行评论和指点，以免引起顾客的误会，使矛盾激化 （3）在接待过程中，对外围的情况应保持警惕，特别关注是否存在媒体现场采访、摄影摄像等活动，一经发现，及时通知上级领导或授权人员，由其负责处理

三、巡逻岗

项目	礼仪规范
巡逻姿势	（1）行走时应昂首挺胸，正视前方，巡视四周 （2）保持中速，手臂自然摆动，肘关节略屈，前臂不要向上甩动。向后摆动时，手臂外开不超过30度，随步伐自由、协调地摆动，前后摆动的幅度为30～40厘米。手不能插入口袋
遇见陌生人	（1）密切关注对方行为 （2）发现其有可疑行为时，通知中控室进行监视 （3）有礼貌地询问对方"您好，请问有什么可以帮您"，如确定对方是外来无干人员，要委婉劝其离开，直到确认其离开后为止
发现可疑人员	（1）通知中控室进行监视 （2）进行跟进，严密注意对方行为 （3）发现有可疑举动，及时通知上级或其他岗位协助，注意不要贸然行动
保持小区卫生	主动拾捡小区内的垃圾，做到人过地净

四、停车场出入口（收费）岗

项目	礼仪规范
交通手势	车辆交通知会手势（停止、直行、右转弯、左转弯）均采用国家规定之标准手势。交通手势分为：直行手势、直行辅助手势、左转弯、右转弯、停车手势、慢行手势与前车避让后车手势 （1）直行手势动作要领：身体保持立正姿势，左手伸出与身体呈90度，掌心朝外，五指并拢，并且目跟臂走 （2）直行辅助手势动作要领：在直行手势前提下，由目随右臂伸出与身体呈90度角，然后手臂由右至左摆动，小臂与身体平行，小臂与大臂呈90度角，距胸前约20厘米 （3）左（右）转弯动作要领：以身体保持立正姿势下，左（右）手臂朝前方伸出，手臂与身体约120度角，手呈立掌，掌心向前，五指并拢，随即左（右）手向前伸出，手臂与身体呈45度角距右小腹部约30厘米，目光随左（右）手掌进行左右摆动 （4）停车手势动作要领：以身体保持立正姿势下，左手臂向前方伸出，手呈立掌，掌心朝前，手臂与身体约120度角 （5）慢行手势动作要领：以身体保持立正姿势下，右手臂向前方伸出，掌心朝下，右手臂与身体约60度角，目光随右手臂上下摆动 （6）前车避让后车动作要领：身体保持立正姿势，以左手臂向前伸出与身体呈90度，掌心朝左同时向左摆动，随即右手向前伸出与身体呈90度角，掌心向上，小手臂后折与大手臂呈90度角，掌心朝后同时向后摆动
车辆进出停车场	（1）车辆驶入入口前即填好出入凭证（或准备好智能卡） （2）发放（收取）车辆出入凭证/智能卡，并说"请您保留凭证"（进入时）、"请您出示凭证"（出去时） （3）立正，抬起路障，手臂平伸，手掌向前，示意车辆通过

【他山之石07】其他服务岗位礼仪规范

其他服务岗位礼仪规范

整体要求参照［他山之石01］，具体岗位要求见以下内容。

一、保洁员

项目	礼仪规范
形象要求	（1）保持个人卫生清洁，并统一穿着黑色平底布鞋 （2）工作时间不大声说话、聊天 （3）乘电梯有消防电梯（或货梯）的，员工要乘消防电梯（或货梯），非紧急等特殊情况不得乘坐客梯

续表

项目	礼仪规范
工具	保洁、绿化工具应放置在规定位置，并摆放整齐
遇到客人	（1）在保洁过程中，如遇客人迎面而来，应暂时停止清洁，主动让路，并向客人点头问好 （2）正在清洁洗手间时，如遇客人要使用，应尽量停下手头工作，创造条件给客人先使用洗手间；如不方便中断正在进行的工作，须向客人道歉，请他稍候片刻，并尽快放下手头工作，等客人用完洗手间后再继续工作 （3）保洁时遇到客人询问问题，要立刻停止工作，认真回答客人的提问 （4）在清洁电梯时，严禁为保持开门状态而用物品卡住电梯门，影响电梯正常运行 （5）严禁在上下班等电梯使用高峰期间清洁客梯

二、样板房管理员

项目	礼仪规范
值班	（1）值班期间，必须实行站立迎客服务 （2）值班期间，必须统一服装、统一发式 （3）遇有前来参观的客人，须行欠身礼并微笑点头说："您好！" （4）指引参观的客人穿好鞋套 （5）不能在样板房内吃东西，不能因为无人参观而坐在房内 （6）上班时间不准聊天 （7）在收拾房间时有客人进来，马上停止手头工作，起身向客人问好
接待参观客人	（1）热情接待客人，耐心地讲解，耐心地引导参观 （2）时刻注意使用礼貌语言，表现良好而专业的形象 （3）注意加强对物品的监控
客人拍照	（1）如发现客人想拍照时，有礼貌地告知对方不能拍照，如"您好！很抱歉，我们这里不允许拍照，请您体谅。" （2）如遇蛮横不讲理的客人不能与其争吵冲突，应委婉解释，不能现场解决时，应立即请求上司协助

三、泳池服务员

（1）当有客人来访时，应起身站立、行欠身礼。面带微笑，热情、主动问候，使用礼貌用语："您好，请问有什么可以帮你吗？"

（2）对客人的消费咨询，应细心倾听后再做解答。解答问题要耐心，不能准确解答的应表示歉意"对不起，请稍等，我帮你问一下"，问完要向客人反馈。按泳池管理规定接待客户，按章收费。

(3) 救生员

① 保持个人卫生清洁，佩戴泳池救生员证上岗，白天泳池开放期间值班，须佩戴墨镜。

② 上岗时间不能接听电话，不会亲友，不擅自离岗。

③ 遇到客人，主动问好。

④ 严格查验泳客的健康证件，礼貌劝阻无证或不适合游泳锻炼者进入泳池。

⑤ 泳客在游泳时，泳池管理员须穿着专用救生衣，坐于救生台上，密切注意观察水面，及时发现问题，避免险情发生。

⑥ 注意观察，随时制止客人的危险动作和不文明行为（如打闹、追逐、非法等）。

⑦ 对发生危险的客人及时进行抢救。

四、绿化工

项目	礼仪规范
仪容仪表	工作时间按岗位规定统一着工装，佩戴工牌
服务态度	态度和蔼可亲，举止端庄，谈吐文雅，主动热情，周到优质，礼貌待人
浇灌水	（1）浇灌水时，摆放相关标识，以提醒客人 （2）路上不能留有积水，以免影响客人行走
遇到客人	有客人路过，及时停止工作让路，并可点头致意或问好
施肥、除虫害	（1）喷洒药时要摆放消杀标识 （2）不使用国家禁用药剂或有强烈气味及臭味的用料 （3）有客人经过，要停止工作并向客人点头致意 （4）肥料、药水不能遗留在马路上，如有遗留，需及时清扫干净 （5）不能将肥料、药水单独滞留在工作现场而人离开，以防小孩、宠物误食 （6）喷洒药水时，须佩戴口罩、手套。如药水有气味，须向业主做好相关解释工作，说明是没有毒性的药物
修剪和除草	（1）准备和检查使用设备，确保能正常使用，避免有漏油等情况发生 （2）及时清除绿化垃圾，不能摆放在路边影响景观和给客人造成不方便 （3）节假日及中午休息时间不能进行操作，以免影响客人休息 （4）有客人经过，要停止工作 （5）机械剪草时，应先将周围的无关人员劝离，以防机械误伤人 （6）草坪未干不可使用机器剪草。剪草进行中遇下雨时要停止，待雨停草干后再进行 （7）无特殊情况，同一块草坪应在同一天内剪完，以防生长不均
乘电梯	有消防电梯（或货梯）的，员工要乘消防电梯（或货梯），非紧急等特殊情况不得乘坐客梯

五、司机

项目	礼仪规范
形象要求	（1）仪表端庄，车容整洁 （2）热情对待每一位客人，提供微笑服务
遵章守法	（1）熟悉车队的有关技术规章，正确地执行驾驶操作规程 （2）严格遵守政府法令及公司的各项规章制度，服从车队管理人员、道路交通管理人员的调度、指挥和管理，安全整点到达目的地
对客服务	（1）主动协助有需要的客人 （2）发车前清点人员，确保应上车的人员无遗漏 （3）准时发车，准点到达 （4）按规定停车，及时报站。注意客人上下车安全 （5）在车上拾到客人遗留的物品，要及时寻找失主，物归原主 （6）服从管理，听从指挥，照章收费，谢绝馈赠
检查车辆	（1）加强车辆的预防保养，做到勤检查、勤保养，使车辆始终处于完好的状态 （2）做好出车前、行驶途中、收车后的三检工作

第10章

图解精益管理之5S管理

5S是指整理（Seiri）、整顿（Seiton）、清扫（Seiso）、清洁（Seiketsu）、素养（Shitsuke）五个项目，因日语的罗马拼音均为"S"开头，所以简称为5S。

5S起源于日本，是指在生产现场中对人员、机器、材料、方法等生产要素进行有效的管理，这是日本企业独特的一种管理办法。

10.1 什么是5S

10.1.1 整理（Seiri）

整理就是将必需品与非必需品区分开，在岗位上只放置必需品，把非必需品清出工作场所。整理有以下作用。

（1）可以使现场无杂物，行道通畅，增大作业空间，提高工作效率。

（2）减少碰撞，保障生产安全，提高产品质量。

（3）消除混料差错。

（4）有利于减少库存，节约资金。

（5）使员工心情舒畅，工作热情高涨。

整理不是仅仅将物品打扫干净后整齐摆放，而是"处理"所有持怀疑态度的物品，根据现场物品处理原则，只留下：需要的物品、需要的数量、需要的时间。

10.1.2 整顿（Seiton）

整顿就是将必需品依规定定位、定量摆放整齐，明确标示，以便于任何人都能很方便地取放，整顿有以下作用。

（1）提高工作效率。

（2）将寻找物品的时间减少为零。

（3）异常情况（如丢失、损坏）能马上发现。

（4）非责任者的其他人员也能明白其要求和做法。

（5）不同的人去做，结果是一样的（已经标准化）。

10.1.3 清扫（Seiso）

清扫就是清除工作场所内的脏污，并防止污染的发生。其目的是消除"脏污"，保持工作场所干净、明亮，稳定品质，达到零故障、零损耗。

经过整理、整顿，必需品处于立即能用的状态，但取出的物品还必须完好可用，这是清扫最大的作用。

10.1.4 清洁（Seiketsu）

清洁就是将整理、整顿、清扫、安全、节约进行到底，并且标准化、制度化、规范化，并维持成果。其目的是通过制度化来维持成果，成为惯例和制度，促进企业文化的形成。清洁有以下作用。

（1）维持的作用　将整理、整顿、清扫、安全、节约活动取得的良好成绩维持下去，成为公司的制度。

（2）改善的作用　对已取得的良好成绩，不断进行持续改善，使之达到更高的境界。

10.1.5 素养（Shitsuke）

素养是指通过相关宣传、教育手段，提高全体员工文明礼貌水准，促使其养成良好的习惯，遵守规则，并按要求执行。其目的有如下内容。

（1）企业全员严格遵守规章制度。

（2）形成良好的工作风气。

（3）铸造团队精神。全体员工积极、主动地贯彻执行整理、整顿、清扫制度。

5个S之间并不是独立的，而是相互联系的，如图10-1所示。

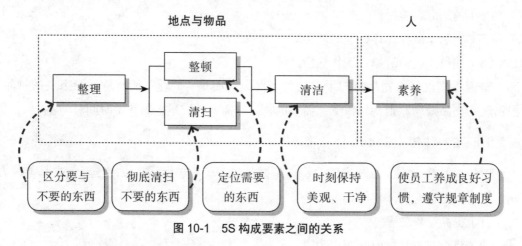

图10-1　5S构成要素之间的关系

10.2　5S的作用

物业服务企业推行5S可达到以下目的。

（1）获得业主（用户）的认同和良好的印象，减少投诉，提升企业形象。

（2）培养个人良好的行为习惯。

（3）提升员工的归属感、自律性。

（4）减少浪费，降低成本。

（5）改善品质，提高效率。

（6）提高安全保障，加强设备的稳定性。

（7）成为其他品质改善的基础，如ISO 9000。

总而言之，5S可以帮助企业提升管理水平，如图10-2所示。

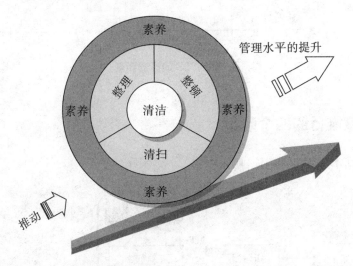

图10-2　推行5S的目的

10.3　5S在物业管理中的适用范围

（1）设备设施管理。

（2）仓库管理。

（3）办公管理。

（4）文件资料管理。

（5）车场管理。

（6）安全消防管理。

（7）宿舍管理、工作间和储物间管理。

（8）员工服务意识、行为习惯管理。

10.4　5S的推进要点

5S的推进要点如图10-3所示。

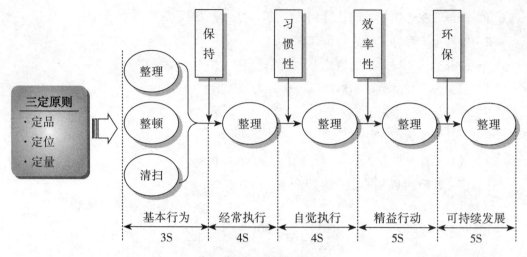

图 10-3　5S 的推进要点

10.5　5S 推行的四个阶段

5S 推行的基本过程如图 10-4 所示。

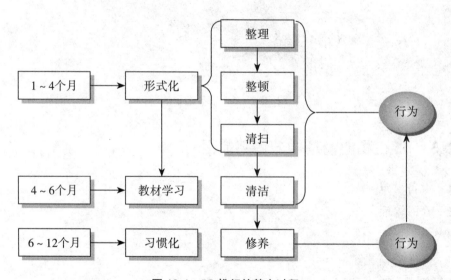

图 10-4　5S 推行的基本过程

5S 推行有以下四个阶段。

第一阶段：启动阶段（现场诊断、推行计划制订、5S 培训、建立体制等）。

第二阶段：执行实施阶段（样板工程的建立、推广、培训到基层等）。

第三阶段：自主改善阶段（量身定做审核表及现场审核机制等）。

第四阶段：标准化阶段（管理文件化、举行一些定期活动）。

5S 推行四个阶段的工作内容，具体如表 10-1 所示。

表10-1 5S推行四个阶段的工作内容

序号	推行阶段	具体项目	主要工作内容
1	启动阶段	现场诊断、推行计划制订、5S培训、建立体制等	（1）对公司现有体系及整体实际运作情况进行一个详细了解和诊断 （2）了解高、中、基层干部的期望 （3）同公司最高管理者讨论5S推进事宜 （4）制订推行的全面计划及时间表 （5）明确组织架构，成立推行小组（每个部门至少一名人员）和主导人员的委任 （6）明确推行小组成员和主导人员的职责 （7）全面策划安全管理组织及组织人员角色与职责 （8）动员大会（公司最高管理者主持） （9）活动开始前的宣传造势 （10）各部门责任人签订责任状 （11）5S内容管理层培训 （12）订立总体目标 （13）制定各部门的执行标准，并全员宣导 （14）建立区域划分画线和标识标准 （15）黄牌+红牌作战技巧运用 （16）油漆作战技巧运用 （17）明确责任区域，实行责任承包责任制 （18）策划画线标准、区域标准、标识标准、颜色标准、设备管理标准
2	执行实施阶段	样板工程的建立、推广、培训到基层等	（1）召开5S工作小组会议及安排各项5S活动 （2）制作宣传栏或期刊 （3）制定各部门5S看板管理 （4）专项辅导一个部门成为5S样板工程 （5）编定5S责任区及责任人 （6）沟通仓库物流及区域规划标准 （7）在各部门全面推行5S的整理、整顿内容 （8）制定废弃物品处理指引 （9）各部门比照展开"洗澡"活动 （10）实施目视管理 （11）实施晨会制度 （12）策划现场各区域的安全警示标准，并要求执行 （13）沟通地面及灰尘的改善方案 （14）在各部门全面推行5S的清扫、清洁、安全和素养内容

续表

序号	推行阶段	具体项目	主要工作内容
2	执行实施阶段	样板工程的建立、推广、培训到基层等	（15）制定日常清扫计划表并执行 （16）各部门识别各工序的危险源及评价风险 （17）制定各风险的控制措施 （18）策划各项重大危险源的应急管理方案 （19）各部门制作一个样板工程出来 （20）进行全面的培训，充分调动全员参与的积极性 （21）现场确定难点的改善方案，如：地面灰尘太大及易损坏、区域线易损坏等 （22）策划设备管理要求及标准 （23）所有推行成员集体对每个样板工程进行评比和总结 （24）各部门实行5S目标管理，并订立月目标 （25）利用拍摄的手段来比对执行5S前后的结果 （26）制定提案奖励制度 （27）制定培训机制及考核机制
3	自主改善阶段	量身定做审核表及现场审核机制等	（1）制定每人每天5分钟自我检查的检查表 （2）各部门制作本部门内部审核检查表 （3）公司统一一份适用的审核检查表 （4）制定周检查制度及月评比制度 （5）召开5S工作小组会议及安排各项5S活动 （6）5S不符合项目分类基本准则 （7）5S审核评分机制建立 （8）制定监察机制 （9）建立信息交流和信息反馈机制 （10）小组成员全部参与执行一次全面而正式的内部审核 （11）确定不符合问题点的改善要求和责任部门及具体改善措施
4	标准化阶段	管理文件化、举行一些定期活动	（1）召开集体会议检讨整个推行及运作的有效性 （2）调整目标及运作方案 （3）制作5S管理手册 （4）制定员工礼仪手册，内部全面培训 （5）制定执行标准及奖惩机制 （6）发行5S管理手册，全面执行管理手册内容 （7）举行成果发布会，奖励先进单位及个人，激励众人 （8）定期心得交流 （9）开展5S宣传画、标语、口号、征文等征集活动及表彰会 （10）利用节假日开展5S知识竞赛活动 （11）定期收集调查问卷进行方向调整 （12）定期召开总结会检讨目标及执行方案

下面提供几份某物业公司5S管理的范本,仅供读者参考。

【他山之石01】5S管理手册(办公区域)

5S管理手册(办公区域)

1. 目的

根据5S活动的质量管理要求,对××物业公司各办公区域实施系统的管理,以规范员工行为,提高员工素养,创造良好的工作环境,特制定本管理手册。

2. 适用范围

本标准规定了办公区域5S管理的基本要求,适用于办公区域的管理。

3. 组织与职责

3.1 公司5S管理推进小组负责指导、监督和检查公司范围内5S管理的执行情况。

3.2 各单位5S管理工作小组负责组织推进本单位的5S管理活动,负责指导、监督和检查监督本单位5S执行情况。

3.3 各办公人员负责贯彻和执行本标准。

4. 基本要求

4.1 办公区域工作人员应养成较高的5S素养。

4.2 办公区域的物品应保持清洁、整齐、有序。

4.3 工作人员发现所在办公区域的环境不符合5S现场管理标准时,应及时提醒相关人员予以整理、整顿。

5. 术语

5S指的是Seiri(整理)、Seiton(整顿)、Seiso(清扫)、Seiketsu(清洁)、Shitsuke(素养)。因为这5个单词均以"S"开头,故简称为5S。

6. 办公区域5S管理的推进步骤

6.1 整理——区分必需品与非必需品

6.1.1 为确保办公区域的优美,需每日循环整理办公现场,区分必需品与非必需品,及时清除非必需品。所谓必需品是指在工作中经常使用的物品,如果没有它,就必须购入替代品,否则影响正常工作的物品。而非必需品则可分为两种:一种是使用周期较长的物品,例如1个月、3个月甚至半年才使用一次的物品;另一种是对目前的工作无任何作用的,需要报废的物品。

6.1.1.1 办公物品——前台办公物品：电脑、电话、传真机、文件盒、笔筒、桌牌、台历、水杯、服务卡（小区可配）、POS机（小区可配）、对讲机（小区可配）、发票打印机（小区可配）、废纸篓。

其他办公室物品：电脑、电话、文件夹、笔筒、桌牌、台历、水杯、废纸篓。

6.1.1.2 办公室电器——复印机系统：复印机、纸柜及废纸篓、冰箱（视小区实际情况定）、空调、风扇（视季节情况摆放，不使用期间须妥善存放）、扫描仪、打印机、塑封机等。

6.1.1.3 上墙物品：背景墙、管理看板（员工去向牌）、钟表、锦旗奖状、上墙文件、服务电话。

6.1.1.4 其他物品：文件柜、报架、暂存物品、适量绿色植物。

除以上所列物品之外，办公室工作人员应明确责任人，每日循环检查，及时清除非必需品，尤其要严格限制私人物品在办公场所的存放。

6.1.2 办公区域标准示例

办公场所整洁亮丽

办公桌上整洁利落

办公室饮水桶放置有固定位置

6.2 整顿——将必需品置于任何人都能立即取到和立即放回的状态。

6.2.1 整顿定置方法

6.2.1.1 定点。确定摆放的方法,例如:架式、箱内、工具柜、悬吊式,在规定区域内放置。

6.2.1.2 定类。产品按机能或按种类区分放置,便于拿取和先进先出。

6.2.1.3 定量。确定使用数法,做好防潮、防尘、防锈、防撞等措施。

6.2.2 确定放置场所。确定放置场所的原则是方便、美观,特殊物品专门保管,物品放置100%定位。各办公室工作人员可根据此原则视具体情况确定物品放置布局方案,如无特殊情况,则根据以下方案进行定点放置。

6.2.2.1 办公区域办公桌面定置管理

(1) 主机右置

①茶杯应放置在办公桌左前方,距离办公桌左边缘400毫米,杯柄向右与办公桌前边缘方向平行。

②电话机应放置在办公桌前方,距离办公桌左边缘650毫米,电话机前侧靠住前隔板,垂直放置。

③电脑显示器屏幕朝向操作人员,显示器屏幕在桌面的投影线与办公桌后边缘呈45度夹角。

④鼠标应垂直放置在靠近主机桌处,鼠标右侧距离办公桌右侧边缘150毫米,鼠标后端距离办公桌后边缘180毫米。

(2) 主机左置

①茶杯应放置在办公桌右前方,距离办公桌右边缘400毫米,靠住前方隔板,杯柄向左与办公桌前边缘方向平行。

②电话机应放置在办公桌前方,距离办公桌右边缘650毫米,电话机前侧靠住前隔板,垂直放置。

③电脑显示器应放置在电脑主机桌与办公桌交界处,显示器左后端点在办公桌面的投影位于主机桌左侧板所在直线上,距离主机桌后边缘400毫米。

④电脑显示器屏幕朝向操作人员,显示器屏幕在桌面的投影线与办公桌后边缘呈45度夹角。

⑤鼠标应垂直放置在靠近办公桌上,鼠标左侧距离办公桌左侧边缘150毫米,鼠标后端距离办公桌后边缘180毫米。

6.2.2.2 办公区域物品管理

(1) 文件夹摆放

①归档(临时)文件应放置在统一的文件夹内。

②文件夹应统一规格，高度一致。
③文件夹背签应按给定的模板统一制作。
④文件柜中的文件夹应摆放整齐，各层数量相等，不得有缺失的现象发生。
⑤抽屉内的文件夹应摆放整齐，层次有序，不允许杂乱无章。
（2）座席标牌张贴
①座位靠近走廊的职员标识牌应粘贴在靠走廊隔栏外侧的左上方。
②座位位于内侧的职员标识牌应粘贴在两人之间的隔板上。隔板位于职员左侧的，应粘贴在隔板的左上方；隔板位于职员右侧的，应粘贴在隔板的右上方。
（3）办公椅摆放
①职员离开座位时应将自己的办公椅正面放置在电脑键盘托板对应的位置，扶手与办公桌后边缘线呈垂直状态，轻靠办公桌。
②职员应保持办公椅的完好、清洁，如有损坏应及时申请修复或更换。
（4）废纸篓摆放
①废纸篓应放置在办公桌左边抽屉的正下方。
②废纸篓不得超过办公桌后边缘。

6.2.2.3 复印物品定置管理
（1）复印机纸柜放置在复印机的正下方。
（2）纸柜左侧放置双面可用复印纸。
（3）纸柜右侧放置二手纸（亦可另放置在二手纸盒内）。
（4）废纸篓放置在复印机的右侧。
（5）复印机上方，左侧放置原稿，右侧放置复印件。

6.2.3 进行标识，实现目视化管理。进行标识，可使物品所处的状态一目了然，实现目视化管理，从而提高工作效率，减少物资、时间等成本浪费。

6.2.3.1 文件柜及工具柜标识

公司名称	文件柜
上层	
下层	
责任人：	

公司名称	工具柜
上层	
中层	
下层	
责任人：	

使用范围：文件柜、工具柜、其他物品柜（其他物品柜根据实际情况更改柜名）。
长×高规格：9厘米×6.5厘米。

6.2.3.2 桌面文件架标识

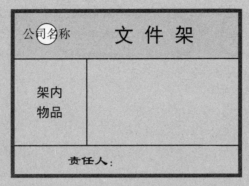

使用范围：文件架、文件柜、多层文件架（其他物品柜根据实际情况更改柜名）。

长×高规格：6.5厘米×4厘米，也可根据文件架原标识贴实际大小调整。

6.2.3.3 公共设备设施标识

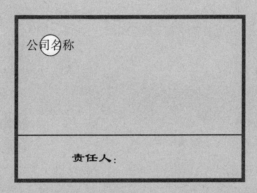

使用范围：办公设备、配电柜、消火栓等。

长×高规格：6.5厘米×4厘米。

6.2.3.4 管理看板标识

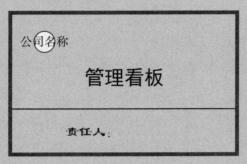

使用范围：办公区域管理看板。

长×高规格：6.5厘米×4厘米或4厘米×3.5厘米，也可根据物品实际比例进行调整。

6.2.3.5 抽屉标识

使用范围：每个独立抽屉。

长×高规格：6厘米×2厘米。

6.2.3.6 桌面物品隐形标识

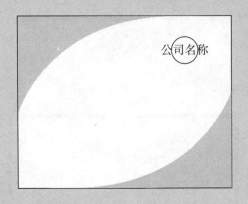

使用范围：桌面物品及室内垃圾箱。

长×高规格：3.5厘米×3厘米。

6.2.3.7 各类电源线标识

使用范围：各类电源线、连接线等。

长×高规格：10厘米×2厘米。

6.2.3.8 材质说明。办公区域等干燥区域原则上用背胶；地下室等较潮湿地方用油漆、铝板或亚克力板。

6.2.3.9 各类标签使用时应本着定位定置的原则，尽量多用隐形标签，在公共区域或是业主经常出入的地方，不主张用明显标识。所有用的标识皆以不破坏小区的整体和谐度为宗旨。

6.2.4 整顿效果标准示例

6.2.3.2 桌面文件架标识

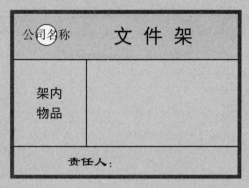

使用范围：文件架、文件柜、多层文件架（其他物品柜根据实际情况更改柜名）。
长×高规格：6.5厘米×4厘米，也可根据文件架原标识贴实际大小调整。

6.2.3.3 公共设备设施标识

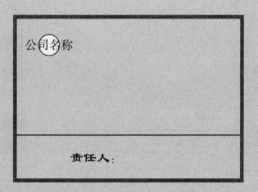

使用范围：办公设备、配电柜、消火栓等。
长×高规格：6.5厘米×4厘米。

6.2.3.4 管理看板标识

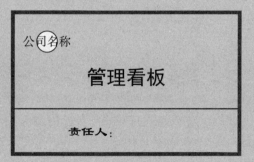

使用范围：办公区域管理看板。
长×高规格：6.5厘米×4厘米或4厘米×3.5厘米，也可根据物品实际比例进行调整。

6.2.3.5 抽屉标识

公司名称 **办公文具**　　公司名称 **私人物品**　　公司名称 **办公物品**

使用范围：每个独立抽屉。

长×高规格：6厘米×2厘米。

6.2.3.6 桌面物品隐形标识

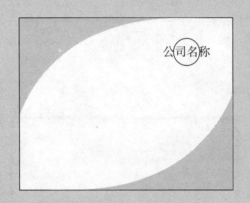

使用范围：桌面物品及室内垃圾箱。

长×高规格：3.5厘米×3厘米。

6.2.3.7 各类电源线标识

| 打印机 | 打印机 |

使用范围：各类电源线、连接线等。

长×高规格：10厘米×2厘米。

6.2.3.8 材质说明。办公区域等干燥区域原则上用背胶；地下室等较潮湿地方用油漆、铝板或亚克力板。

6.2.3.9 各类标签使用时应本着定位定置的原则，尽量多用隐形标签，在公共区域或是业主经常出入的地方，不主张用明显标识。所有用的标识皆以不破坏小区的整体和谐度为宗旨。

6.2.4 整顿效果标准示例

抽屉进行标签，规范物品的摆放位置

抽屉进行整理，办公物品、私人物品分类放置

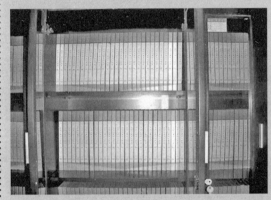

文件柜贴上标签，明确责任人；文件分门别类整齐放置，并用形迹线规范管理。各服务中心及分子公司均采用如图所示用黄色胶带做成的行迹线；公司职能部门均采用红色胶带做成的行迹线，行迹线样子不变。

更衣柜上不随意放置物品，并进行标识，实现目视化管理

报纸分门别类，并贴上标识

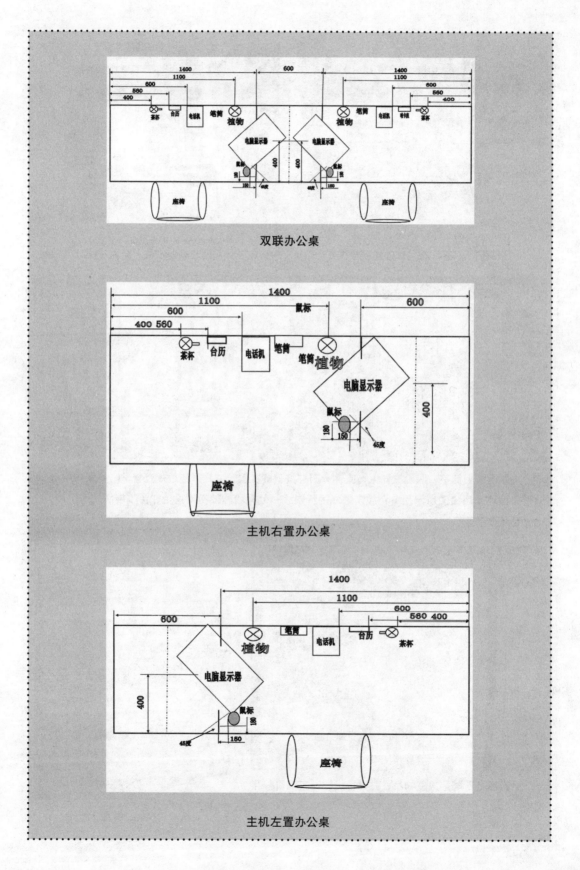

6.3 清扫——将岗位变得无垃圾、无灰尘,干净整洁,创造一个一尘不染的环境。

6.3.1 清扫就是对环境及设备进行维护和点检,确保处于立即可取的物品完好可用,让员工关心、注意环境细小的变化,细致维护好设备,时时刻刻维持整洁干净的环境。

6.3.2 清扫推行领导必须以身作则。成功与否的关键在于领导,领导以身作则,则员工认真效法。人人参与:所有人员包括领导均要参与这项工作。责任到人:明确每个人所负责的区域。自己动手:自己清扫,不依赖清洁工。防治污染源:寻找并杜绝相应的污染源,并建立相应的清扫标准,促进清扫工作的标准化。

6.4 清洁——将整理、整顿、清扫进行到底,并且标准化、制度化。

6.4.1 5S活动一旦开始,就不能半途而废,所以要充分利用各种办法,获得坚持和制度化的条件,提高工作效率。

6.4.2 清洁要领。利用各种办法,贯彻5S意识;坚持不懈;改正坏习惯,养成好习惯;持续不断地进行整理、整顿、清扫活动;将3S(整理、整顿、清扫)制度化,维持3S的成果。

6.5 素养——对于规定了的事情,大家都按要求去执行,并养成一种习惯。

6.5.1 5S的最终目的是为了提高员工的素质,员工素质的高低只能通过行为来判断。

素养具体可表现为:遵守规章制度,按标准作业;主动、积极、认真地对待工作;不断改善,用于创新;为他人着想,为他人服务。

6.5.2 办公室员工素养推进要点。

6.5.2.1 上班前提早进入办公室,进行简单的整理、整顿、清扫、清洁工作。

6.5.2.2 下班离开前要对工作台面及周边场地再次进行整理、整顿、清扫、清洁工作,以保障第二日工作的有序进行。

6.5.2.3 持续不断地推进整理、整顿、清扫、清洁工作,最终形成习惯。

6.5.2.4 遵守公司规章制度,规范行为。

6.5.2.5 维持就是落后,每天思考能否"更快、更好、更节约"。

6.5.2.6 不断总结,不断提高。

【他山之石02】5S管理手册(物业秩序维护部)

5S管理手册(物业秩序维护部)

1.目的

根据5S活动的推进管理要求,对秩序维护序列实施系统的管理,以提高员工素养,规范工作秩序,创造良好的工作环境。

2. 适用范围

各区域、分（子）公司物业服务区域内的门岗、报警中心、地下车库及秩序巡逻的5S管理。

3. 组织与职责

3.1 公司5S管理推进小组负责指导、监督和检查公司范围内5S管理的执行情况。

3.2 各单位5S管理工作小组负责组织推进本单位的5S管理活动，负责指导、监督和检查监督本单位5S执行情况。

3.3 各秩序维护系统工作人员负责贯彻和执行本标准。

4. 基本要求

4.1 秩序维护工作人员应养成较高的5S素养。

4.2 秩序维护区域的物品应保持清洁、整齐、有序。

4.3 工作人员发现所在区域的环境不符合5S现场管理标准时，应及时提醒相关人员予以整理、整顿。

5. 术语与定义

5S指的是Seiri（整理）、Seiton（整顿）、Seiso（清扫）、Seiketsu（清洁）、Shitsuke（素养）。因为这5个单词均以"S"开头，故简称为5S。

6. 管理要求

6.1 门岗管理要求。

6.1.1 门岗值勤人员实行24小时站立服务（包括立正和跨立两种姿势）。

6.1.2 门岗物品放置柜（矮柜）。

门岗物品放置柜

柜顶：对讲机充电器、电板、电源插座。

一层：探照灯、充电器、电源插座。

二层：放置文件夹，加贴标识并做好形迹管理；登记表按要求填写，不得乱涂乱画；定期进行整理、归档；明确责任人，负责对文件夹进行定期检查。

三层：巡逻棒。

6.1.3 上墙文件应挂在醒目位置，确保整齐；适时更新过期、发霉的文件。

6.1.4 电话线绕好；椅子放在办公桌下方处。

6.1.5 秩序维护设施设备及用具。

6.1.5.1 车辆管理系统所使用的电脑主机放于办公桌下方,显示器放于工作台的右侧,键盘平行放于显示器前方;门岗队员左手掌握(操作)车辆出入道闸的开关遥控器。

6.1.5.2 消防器材划定区域固定放置在办公桌左侧,灭火器按规定每月检查登记。

消防器材放置在办公桌左侧

6.1.5.3 电子巡更管理系统所使用的电脑主机放于办公桌下方,显示器放于工作台的右侧,键盘平行放于显示器前方。

6.1.5.4 饮水机放于物品柜右侧,茶杯放置在办公桌上区域线内,垃圾桶放置在办公桌下方;加贴标识,明确责任人,定期进行清理、清洁。

饮水机放于物品柜右侧

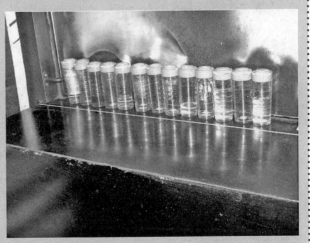
茶杯放在办公桌上区域线内

空调外观干净、整洁、做好目视标识

6.1.5.5 空调外观保持干净、整洁，明确责任人，做好目视标识，每月正常保养，每季度检修一次。

6.1.6 门岗区域、环境。

6.1.6.1 岗亭内外保持干净、整洁，物品放置有序；定期进行卫生清扫。

6.1.6.2 业主有物品需临时放置门岗时，应做好标识、划分区域，妥善做好保管登记工作。

6.2 报警中心管理要求。

6.2.1 报警中心值班人员实行24小时值班制度。

6.2.2 报警中心工作台及操作台。

报警员值班登记本放在工作台中间，对讲机放在登记本右侧，电话机放在对讲机右侧

6.2.2.1 报警员值班登记本放在工作台中间，对讲机放在值班登记本右侧，电话机放在对讲机右侧。

6.2.2.2 文件夹按照规定摆放在办公桌上，并进行形迹管理。

6.2.2.3 电话线绕好，人员离开时椅子放在办公桌下方。

6.2.3 上墙文件应挂在醒目位置，确保整齐；适时更新过期、发霉的文件。

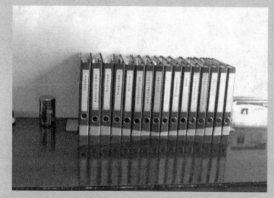

文件夹摆放在办公桌上，并进行形迹管理

上墙文件应挂在醒目位置

6.2.4 报警中心设施设备及用具。

6.2.4.1 电子巡更管理系统所使用的电脑主机放于工作台下方,显示器放于工作台的右侧,键盘平行放于显示器前方。

6.2.4.2 消防器材划定区域固定放置,灭火器按规定每月检查登记。

6.2.4.3 饮水机放于进门右侧,茶杯放置在办公桌上,垃圾桶放置在办公桌下方;加贴隐形标识,定期进行整理、清扫。

6.2.4.4 空调外观保持干净、整洁,明确责任人。

6.2.4.5 消防救生用具靠墙壁一角摆放。

物品架一层:安全帽。

物品架二层:消防靴、消防服、消防绳、防毒面具;消防斧头挂在墙上。

6.2.5 报警中心环境。报警中心内外保持干净、整洁,物品放置有序;定期进行清扫。

6.3 巡逻岗管理要求。

6.3.1 根据不同季节、不同气候、不同的治安环境,设定园区合理的巡逻路线及巡逻点。

6.3.2 巡逻签到点需标识,使其目视化。

消防救生用具靠墙壁一角摆放

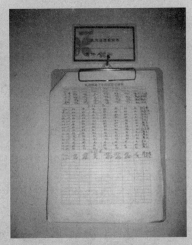

巡逻岗签到表

6.3.3 按规定对公共区域进行巡视并做好相关记录。

6.3.4 保持签到表的完整,并及时收回、保管、补充,做到责任到人。

6.3.5 确保信息钮(巡更点)正常。

6.4 地下车库管理要求。

6.4.1 消火栓前用红斑马线(消火栓门宽度)标识,消火栓前1.5米处不能堆放任何物品。

消火栓前用红斑马线标识，且前面 1.5 米不能堆放任何物品

6.4.2 禁鸣、限速、限高、禁火、禁自行车进入等标识应齐全、醒目。

6.4.3 道闸运行正常。

6.4.4 保持通道的畅通。

6.4.5 车位号标识达到目视化。

6.4.6 危险位置做好警示标识。

6.4.7 设备设施做好标识，明确责任人。

6.4.8 非机动车停放处应标识醒目。

6.4.9 消火栓管理卡片标识醒目，张贴在水带下方。

非机动车停放处标识醒目

消火栓管理卡片标识醒目，张贴在水带下方

6.4.10 抗洪沙包应准备充分，放置在地下车库易用方便的地方，堆放整齐，做好标识。

6.4.11 有关安全疏散、车辆管理的规定应上墙，并挂在醒目位置。

抗洪沙包堆放整齐，做好标识

抗洪沙包堆放整齐，做好标识

【他山之石03】办公区域5S管理检查细则

办公区域5S管理检查细则

类别	检查内容	扣分标准
整理 （20分）	办公桌面除必需的办公物品外无其他杂物（5分）	除必需的办公物品（电脑、键盘、电话机、文件筐、笔筒、茶杯、对讲机、体系文件、鼠标、鼠标垫）外，每发现1种物品扣1分，扣完为止
	文件柜按照公司统一的要求进行摆放，文件柜内无杂物，文件筐无灰尘，定期清理文件夹，无过期文件（3分）	文件柜、筐按照公司统一的要求进行摆放（有文件标识、过期文件按要求归档），每发现1处杂物（生活用品、衣物、文具等）、单页纸张扣1分，扣完为止
	抽屉内物品摆放整齐，小件物品有归类，无开袋食物，无碎屑等杂物（3分）	每发现1处不符合（小件物品无归类、有开袋食物、与工作无关的线类电子产品，如充电器、信号线、碎纸屑、衣物等）扣1分，扣完为止
	地面无明显灰尘、污渍等其他杂物，墙面无污渍，墙角无蜘蛛网（5分）	每发现1处地面或墙面污渍扣1分，每发现1处蜘蛛网（直径10厘米以上）扣2分，扣完为止
	座椅万向轮、座椅扶手、底座无积尘，插座表面无涂料，拖线板表面无灰尘，电脑柜无积尘（2分）	每发现1处不符合，扣0.5分，私接电源或电源线长度在30厘米以上而没有整理痕迹的，扣1分，存在安全隐患的，此项分值全部扣除

续表

类别	检查内容	扣分标准
整理（20分）	更衣柜内无杂物，物品摆放整齐，侧柜无杂物，物品摆放整齐（2分）	更衣柜内有杂物（除了衣服、鞋子之外）每发现1件扣0.5分，扣完为止
整顿（20分）	办公桌面电脑、笔筒、文件筐、茶杯、对讲机（充电器）、电话机、鼠标、鼠标垫、键盘按定置要求放置并加以标识（5分）	每发现1处没有标识，扣1分，桌面整体杂乱（摆放没有与标识对应，摆放物品叠加成堆）每处扣0.2分，扣完为止
	文件柜内按定置要求放置文件（第一层管理手册及程序文件，第二层部门文件，第三层记录，并加以标识），文件筐内文件夹侧面有统一的文件夹内容，文件夹与夹内文件对应（3分）	文件柜没有按要求放置文件，扣1分，文件筐内文件夹侧面没有标识，每个文件夹扣0.5分，扣完为止
	抽屉内物品分类摆放、整齐有序并加以标识（2分）	抽屉内物品没有分类，每处扣0.2分，没有标识扣0.2分，扣完为止
	更衣柜内衣物、鞋子按照规定定位摆放，放置整齐并加以标识（3分）	更衣柜内衣物、鞋子没有按规定定位摆放，每处扣0.5分，没有标识扣0.5分，扣完为止
	侧柜除必要物品（书籍、茶叶、香烟、化妆品、手包）外无其他杂物，电脑柜电脑放置正位，无歪斜，线缆统一捆扎无松散（5分）	有1件杂物扣0.5分，电脑线缆散置，没有捆扎扣1分，扣完为止
	复印机、打印机、热水器等办公设备按规定位置放置，所有线缆统一捆扎无松散，下班后切断电源（2分）	每发现办公设备1处不符合扣1分，下班后办公设备没有切断电源，每种设备扣1分，扣完为止
清扫（20分）	定期清洁桌面，保持整洁无污渍（以纸巾擦拭20厘米桌面，纸巾表面不留污渍）（5分）	桌面有污渍此项无分
	定期擦拭电脑、打印机、复印机等办公设备（以纸巾擦拭20厘米表面，纸巾表面不留污渍）（5分）	办公设备表面有污渍，1种设备不符合扣1分
	定期清洁文件柜、文件筐、侧柜、电脑柜等（3分）	文件柜用手指横抹10厘米、文件筐倒空目视底部、侧柜用纸巾擦拭、电脑表面以纸巾擦拭，每处不符合扣1分，扣完为止
	定期清洁地面、墙面，无污渍、无蜘蛛网、无灰尘等（5分）	任意检查地面每平方米有2个以上烟头、纸屑、细沙、污渍，每发现1处不符合扣1分，墙面有涂画、有手印、有脚印，吊顶墙角有蜘蛛网、有浮尘，每处扣1分，扣完为止

续表

类别	检查内容	扣分标准
清扫（20分）	定期清洁更衣柜（以纸巾擦拭20厘米，纸巾表面不留污渍）（2分）	更衣柜有污渍此项无分
清洁（20分）	是否每天对自己的办公区域进行整理（10分）	垃圾筐没有一天一清，临时文件摆放桌面达1天以上，每处扣2分，扣完为止
	办公区域整体是否干净、整洁、舒适（5分）	办公区域有烟味、异味扣1分，办公椅摆放凌乱每处扣1分，办公椅有个性化装饰（包括座、座披等）每处扣1分，扣完为止
	是否定期进行办公室区域内的整理、整顿、清扫活动（5分）	以部门为单位，每月（或周）有组织地开展整理、整顿、清扫，此项满分，没有开展，此项无分
素养（20分）	员工行为是否举止得体（5分）	员工在办公区域谈话音高不得超过40分贝，不得说脏话，不得逗笑，每处不符合扣1分，扣完为止
	员工精神面貌、工作状态是否保持良好（5分）	员工在工作时间应保持精神抖擞，容光焕发，充满激情，不得萎靡不振、昏昏欲睡，每发现1处不符合扣1分，扣完为止
	员工仪容仪表是否符合要求（5分）	员工着装整齐，佩戴工牌，头发梳理整齐，衣服熨烫平展，每发现1处不符合扣1分，扣完为止
	员工是否养成良好的工作习惯（5分）	员工在办公区域没有不雅言行，没有违反5S管理规定的行为，发现1处不符合扣1分，扣完为止

【他山之石04】机房区域5S管理检查细则

机房区域5S管理检查细则

类别	检查内容	扣分标准
整理（20分）	机柜表面、顶部、内部无浮尘；各类主机表面无明显污渍（以纸巾擦拭10厘米，纸巾表面不留污渍）（5分）	机柜表面、顶部有污渍扣1分，内部有浮尘（目视）扣1分，各类主机表面（以纸巾擦拭10厘米，纸巾表面不留污渍）有污渍每处扣1分
	螺栓、螺杆润滑油脂无渗漏（5分）	螺栓、螺杆润滑油渗漏至地面，痕迹直径10厘米以下扣2分，10厘米以上此项无分
	机房地面干净、无杂物堆放（5分）	机房地面有1处杂物（工具、私人物品、废弃物）扣1分，扣完为止
	墙面公示的制度、流程、通知等无过期、无浮尘（2分）	墙面公示的制度、流程、通知过期，每份扣1分；有浮尘，每处扣0.5分
	灭火器处于有效状态并保持清洁（3分）	灭火器表面有浮尘，扣0.5分，失效每个扣1分，2个以上失效，此项无分

续表

类别	检查内容	扣分标准
整顿（20分）	机房责任人、岗位职责、系统图、操作规程、应急流程、机房出入登记表、机房检查记录表等按公司统一要求上墙（5分）	各类检查记录没有上墙，每份扣0.5分，没有按要求填写，每次（处）扣0.5分
	灭火器放置在显著部位且在四周画有定置线，上方有相应标示标牌（2分）	灭火器四周没有画定置线，扣1分，没有标示标牌，扣1分
	巡视要点、操作要点、仪表高低限位有定置标识（3分）	1处没有定置标识扣1分，2处以上没有标识，此项无分
	所有工具按照定置要求放置（5分）	工具没有定置标识，扣1分，没有按定置标识摆放，扣1分，扣完为止
	各类设备有设备卡，阀门、开关等有明显的标识（3分）	各类设备没有设备卡，每处扣0.5分；阀门、开关没有标识，每处扣0.5分
	保洁工具按定置要求放置并有保洁工具标识（2分）	保洁工具没有固定放置位置，此项无分；保洁工具没有标识，每件扣0.5分
清扫（20分）	定期对机柜内、外、上方进行除尘（以纸巾擦拭10厘米，纸巾表面无浮尘）（3分）	机柜表面、顶部有浮尘，每处扣1分
	定期对主机进行除尘、除锈、油漆（2分）	主机有锈迹，每处扣1分；有脱漆，每处扣1分
	定期对各类管网进行除尘（5分）	管网有浮尘，每处扣1分，扣完为止
	定期对地面、墙面（包括上墙资料）进行清洁（5分）	地面有污渍、杂物，每处扣1分；墙面有手印、脚印、污渍、蜘蛛网等，每处扣1分，扣完为止
	定期对螺杆、螺栓进行润滑并加护套（5分）	没有定期润滑（依据保养计划）扣2分；没有加装螺杆套，每处扣1分
清洁（20分）	是否每天对机房进行巡视与打扫（10分）	机房内各类巡视检查表格每天更新，没有更新，每处扣1分；机房没有打扫，有垃圾、碎屑、杂物等，每处扣1分，扣完为止
	机房是否干净、整洁、无污（5分）	目视机房环境，地面、墙面、机器表面无浮尘，各类设备标识卡完备、标识清晰，无跑、冒、滴、漏现象，无油污，无油渍，无锈迹，无脱漆，工作状态标识清楚，1处不符合扣1分，扣完为止
	是否定期进行整理、整顿、清扫活动（5分）	对照5S管理要求，1处不符合扣1分，此项分值扣完时，从总分中直接扣除

续表

类别	检查内容	扣分标准
素养 (20分)	员工行为是否举止得体（5分）	员工在机房区域不得打、闹、嬉、戏，不得说脏话，每处不符合扣1分，扣完为止
	员工精神面貌、工作状态是否保持良好（5分）	员工在工作时间应保持精神抖擞，容光焕发，充满激情，不得萎靡不振，昏昏欲睡，每发现1处不符合扣1分，扣完为止
	员工仪容仪表是否符合要求（5分）	员工着装整齐，佩戴工牌，必要时按专业要求着工作防护服，每发现1处不符合扣1分，扣完为止
	员工是否养成良好的工作习惯（5分）	员工在办公区域没有不雅言行，没有违反5S管理规定的行为，发现1处不符合扣1分，扣完为止

【他山之石05】仓库区域5S管理检查细则

仓库区域5S管理检查细则

类别	检查内容	扣分标准
整理 (20分)	地面、货架无浮尘（5分）	任意检查地面每平方米有纸屑、细沙、污渍，每发现1处不符合扣1分；墙面有涂画、有手印、有脚印、有浮尘，每处扣1分；货架有浮尘（以纸巾擦拭20厘米，纸巾表面无浮尘）1处不符合扣1分，扣完为止
	墙角无蜘蛛网（5分）	吊顶墙角有蜘蛛网，1处扣2分，扣完为止
	无过期物品（5分）	有超过规定保存期限的物品应及时填写"不合格（品）处理单"进行处理，未及时处理，每件扣1分，扣完为止
	无其他没有价值或作用的杂物（5分）	无价值或无作用的杂物应及时报废处理，未及时处理，每件扣1分，扣完为止
整顿 (20分)	设有仓库总平面图和总目录，划分不同区域放置不同物品（6分）	不能提供总平面图扣2分；不同类型物品之间没有划分放置区域扣1分，没有标识，扣1分
	超长、超宽、非标物品有定置区域、标识（3分）	超长、超宽、非标物品无定置区域此项无分，无标识扣1分
	每项物品设有最小量和最大量（3分）	对库存的每类物品设置最大量、最小量，超过最大量时拒入库房，低于最小量时及时采购。没有设置的，每1类物品扣1分，此项分值不足时从总分中扣除

续表

类别	检查内容	扣分标准
整顿（20分）	始终保持先进先出的原则（3分）	库存物品，同一种物品型号，应保持"先进、先出"，一项不符合，扣0.5分，扣完为止
	不同物品之间采用分隔线隔离（2分）	不同物品之间设置分隔线，没有设置的，每发现1处扣0.5分，扣完为止
	每个货架、每层、每区设有物品标识（3分）	没有物品标识的，1种物品扣0.5分，扣完为止
清扫（20分）	定期对地面、墙面、货架进行除尘（以纸巾擦拭20厘米，纸巾表面无浮尘）（10分）	地面、墙面有浮尘，每处扣1分；地面有1处烟头，此项无分；墙面有污渍、手印、脚印，每处扣1分；货架表面有浮尘扣2分，扣完为止
	定期对货物进行除尘（10分）	仓库货物应保持其原有光洁，定期除尘，货物表面有浮尘，每件货物扣1分，扣完为止
清洁（20分）	是否定期对仓库进行巡视与打扫（5分）	仓库没有打扫，有垃圾、碎屑、杂物等，每处扣1分扣完为止
	仓库是否干净、整洁、无污（5分）	目视仓库环境，地面、墙面、货物表面无浮尘，各类货物标识清晰，分区严格，无油污、无油渍，1处不符合扣1分，扣完为止
	是否定期进行整理、整顿、清扫活动（10分）	对照5S管理要求，1处不符合扣1分，此项分值扣完时，从总分中直接扣除
素养（20分）	员工行为是否举止得体（5分）	员工在库房区域不得打、闹、嬉、戏，每次不符合扣1分，扣完为止
	员工精神面貌、工作状态是否保持良好（5分）	员工在工作时间应保持精神抖擞，容光焕发，充满激情，不得萎靡不振，昏昏欲睡，每发现1处不符合扣1分，扣完为止
	员工仪容仪表是否符合要求（5分）	员工着装整齐，佩戴工牌，每发现1处不符合扣1分，扣完为止
	员工是否养成良好的工作习惯（5分）	员工在办公区域没有不雅言行，没有违反5S管理规定的行为，发现1处不符合扣1分，扣完为止

【他山之石06】值班室区域5S管理检查表

值班室区域5S管理检查表

类别	检查内容	扣分标准
整理（20分）	桌面整洁无杂物，值班室内无不相关的物品（5分）	除必需的办公物品（电脑、键盘、电话机、文件筐、笔筒、茶杯、对讲机、体系文件、鼠标、鼠标垫）外，每发现1种物品扣1分；值班室内有与工作不相关的物品，每发现1处扣1分，扣完为止
	文件夹摆放整齐，值班记录、运行记录填写清楚（5分）	文件夹、筐按照公司统一的要求进行摆放（有文件标识、过期文件按要求归档），每发现1处杂物（生活用品、衣物、文具等）、单页纸张扣1分；值班记录、运行记录按规定填写，每发现1处不符合扣1分，扣完为止
	地面无明显灰尘、污渍等其他杂物，墙面无污渍，墙角无蜘蛛网（5分）	每发现1处地面或墙面污渍扣1分，每发现1处蜘蛛网（直径10厘米以上）扣2分，扣完为止
	椅子、插座、拖线板、电脑上无积尘（5分）	椅子、插座、拖线板、电脑上每发现1处污渍、积尘（纸巾擦拭），扣0.5分；私接电源或电源线长度在30厘米以上，线源没有捆扎扣1分；存在安全隐患的，此项分值全部扣除
整顿（20分）	桌面物品按定置要求放置（5分）	桌面上有1件杂物（除办公用品以外的物品）扣0.5分，电脑线缆散置扣1分，扣完为止
	桌子、椅子按定置要求放置（5分）	桌子、椅子没有按规定摆放（桌子摆放不正、人离开椅子后没有归位），每处扣1分，扣完为止
	消防器材按定置要求放置（5分）	消防器材没有按定置摆放，每件扣1分，扣完为止
	看板管理使用正常，无过期文件（5分）	看板有过期文件，完成工作未及时清除，有污渍，每处扣1分，扣完为止
清扫（20分）	定期清洁桌面，保持整洁无污渍（以纸巾擦拭20厘米桌面，纸巾表面不留污渍）（5分）	桌面有污渍此项无分
	定期擦拭电脑、电话机等办公设备（5分）	电脑表面、电话机表面有浮尘、油污，每发现1处不符合扣1分，扣完为止
	定期清洁地面、墙面，无污渍、无蜘蛛网、无灰尘等（10分）	每发现1处地面或墙面污渍扣1分，每发现1处蜘蛛网（直径10厘米以上）扣2分，扣完为止

续表

类别	检查内容	扣分标准
清洁 （20分）	是否每天对值班区域进行整理（5分）	值班区域垃圾筐没有一天一清，地面有污渍、烟头、纸屑等，每处扣1分，扣完为止
	值班区域整体是否干净、整洁（10分）	办公区域有烟味、异味扣1分，办公椅摆放凌乱每处扣1分，办公椅有个性化装饰（包括座、座垫等）每处扣1分，扣完为止
	是否定期进行值班区域内的整理、整顿、清扫活动（5分）	对照5S管理要求，1处不符合扣1分，此项分值扣完时，从总分中直接扣除
素养 （20分）	员工行为是否举止得体（5分）	员工在值班区域不得打、闹、嬉、戏，每次不符合扣1分，扣完为止
	员工精神面貌、工作状态是否保持良好（5分）	员工在工作时间应保持精神抖擞，容光焕发，充满激情，不得萎靡不振，昏昏欲睡，每发现1处不符合扣1分，扣完为止
	员工仪容仪表是否符合要求（5分）	员工着装整齐，佩戴工牌，必要时，穿戴防护工作服，每发现1处不符合扣1分，扣完为止
	员工是否养成良好的工作习惯（5分）	员工在办公区域没有不雅言行，没有违反5S管理规定的行为，发现1处不符合扣1分，扣完为止

第11章

图解精益管理之标志管理

标志管理是指在物业管理过程中,为了便于管理、提高效率及减少安全隐患而在相应的岗位或区域设立标志,便于规范管理。

11.1 标志要求风格统一

现在的各类小区、写字楼一般入住即要求区内的各种标志牌到位,因为标志牌已经成为管理的一种方法和手段。物业公司应该把握这个机会,导入有自己特色的标志牌,既可以协助管理,又可以乘势宣传公司,而要达到上述目的,标志牌就必须形成自己的风格。为了达成企业形象对外传播的一致性与一贯性,物业公司应该把握CI设计中的同一性和差异性原则,标志牌设计的同一性除了标志、标准字、标准色的统一外,还要求风格统一。统一的风格,归纳起来,大致有以下几个作用。

(1)便于识别,提高协助管理的功能性。

(2)统一即是美。凌乱各异的标志牌就像优美旋律中的杂音,统一有利于美化小区,提高了美观性。

(3)统一的风格能强化企业形象,使信息传播更为迅速有效,给观众留下强烈印象,易于记忆,增加了宣传性。

11.2 标志的分类

11.2.1 楼宇的物业本体标志

楼宇的物业本体标志即物业本体房屋结构设计固有的功能布局标志,其一般有五类,具体如表11-1所示。

表 11-1 楼宇的物业本体标志

序号	类别	具体说明
1	楼层标志	如B1F、1F、10F等常布设在楼层、楼梯间、走道内
2	区域标志	如某室、某座、某区、某号、某街、邮政邮编等标志常固定在写字楼立面、楼层公共区域、房间主门区域
3	功能标志	为区分各使用功能的标志，常有卫生间、吸烟区、强电井、弱电井、电梯机房、冷气操作间、会客区、残疾通道、商务中心、购物中心、康乐中心、阅览室、礼品部、餐厅等标志，设在功能区的主出入口处或门上
4	公司的名牌标志	如水牌一般设在大堂、公司铭牌一般设在各公司的楼层
5	平面引导标志和消防安全疏散标志	一般设在各区主出入口和消防安全通道消防楼梯口处，自然标志是为了明确写字楼各使用功能，方便来访客户，因该类标志常安装在各功能区的主出入口处。标志应制作精良、美观大方，昼夜能用，与写字楼硬件装修档次相配套

11.2.2 物业设备设施标志

由于一般物业区域的机电设备复杂、种类繁多，对其正常运转的可靠性要求又高，因此正确标志各类设备设施、管路性质、阀门状态，在突发机电设备事故的处理中，缩短处理时间，赢得宝贵时机，显得尤为重要。设备标志一般按系统分为：电梯系统、消防系统、给排水系统、锅炉供热系统、空调制冷系统、变配电系统、安全监控系统、停车场管理系统、卫视接收系统、电话电视系统等。该类标志主要为了表明设备状态、功能、设备编号、技术参数及使用要求。

11.2.2.1 电梯标志

电梯标志的类别及说明如表11-2所示。

表 11-2 电梯标志的类别及说明

序号	类别	具体说明
1	名称标志	含电梯自编号、品牌、停层区域、开放时间、安检日期、荷载量、梯速等参数
2	电梯控制状态标志	含操纵厢内检修/运行、群控/独立、运行开/关、轿内照明开/关、井道照明开/关、年安检合格证
3	机房内设施标志	含曳引机、控制屏、盘车工具、配电屏、消防厢、限速器等
4	指示标志	如轿内停层指示、楼层指示、层站召唤、运行方向发光指示

11.2.2.2 消防设施标志

消防设施标志的类别及说明如表11-3所示。

表 11-3 消防设施标志的类别及说明

序号	类别	具体说明
1	主机及设备标志	含消防控制主机、网络机、消防广播、手动控制屏、界面控制台、电梯迫降控制屏、双电源配电屏、传输泵、消火栓泵、喷淋泵、应急救生器具柜、消火栓厢、钢瓶组、防火卷帘门、破玻报警器、警笛、给排风机组等标志应要能说明设备产商、设备性能、主要技术参数、自编号、维护状态、可控制区域、维护电话
2	引导标志	含紧急疏散示意图、安全出口引导灯、消防电梯引导灯、避难层引导灯、消火栓引导灯。应安装布置在通道出入口、功能区前方醒目处,要求符合消防规范,有双电源供给。消防疏散图应张贴在各区域出口门背面
3	管路标志	含消防水池水箱、自动喷淋管路、消火栓控制管路、消防接合器,以红色色标为主,另需在管路中标注流向、管路性质
4	状态标志	含排风控制标志,正压送风控制开/关状态标志,消防泵、消火栓泵、传输泵启动/停止标志,各类消防阀门开/关状态标志,压力表、流量器具检测标志

11.2.2.3 给排水系统标志

给排水系统标志的类别及说明如表11-4所示。

表 11-4 给排水系统标志的类别及说明

序号	类别	具体说明
1	设备标志	包括生活水池、水箱、生活水泵、过滤器、容积热水器、快速热水器、自控系统控制屏、污水处理反应器、控制器、雨水排放自控泵。此类标志应考虑设备自编号、名称、型号、运行状况,多以设备标牌及划区形式出现
2	管路标志	以色标标志为主,区分管路介质给水管路、排水管路,分别以绿色和黑色色标加流向及字标形式来标志
3	状态标志	包括水泵的投用状态、补水流量、扬程、污水处理的处理流量、排放速度、阀门的开/关状态、管路额定工作压力、计量器具的校验标志

11.2.2.4 锅炉供热系统标志

锅炉供热系统标志的类别及说明如表11-5所示。

表 11-5 锅炉供热系统标志的类别及说明

序号	类别	具体说明
1	设备标志	包括锅炉、除氧器、软水箱、冷凝水箱、分气缸、储油罐、齿轮泵、补水泵、控制屏等，多以设备标牌、设备卡形式出现
2	管路标志	以色标标志为主，含原水管路绿色标志、软水管路绿色为底加以白环标志、回水管路以绿色为底加以红环标志、排污管路以黑色标志、蒸汽管路以红色标志、油管以橙色标志
3	状态标志	含压力大/小设定、控制阀门开/关状态、回水温度的高/低、用油流量大/小、计量器具校验后状态等

11.2.2.5 空调制冷系统

空调制冷系统标志的类别及说明如表 11-6 所示。

表 11-6 空调制冷系统标志的类别及说明

序号	类别	具体说明
1	设备标志	含铭牌、设备编号等参数，设备有制冷机组、冷冻循环泵、冷却循环泵、冷却塔、分集水器标志、热交换器热循环泵、冷凝水箱、电器控制屏
2	管路标志	以色标、字标、流向为主，包括冷冻水管为蓝色、冷却水管为绿色、补水管为绿色、排污管为黑色、蒸汽管为红色、热水管为绿底蓝环
3	状态标志	含设备及管路压力大/小设定、控制阀门开/关状态、回水温度的高/低、压差大/小、油温、计量器具校验后状态等

11.2.2.6 配电系统标志

配电系统标志的类别及说明如表 11-7 所示。

表 11-7 配电系统标志的类别及说明

序号	类别	具体说明
1	设备标志	应包括变压器、高压开关控制屏、低压开关控制屏、功率因素控制屏、直流控制屏、开关联络柜、副控控制屏、模拟屏、配电设备，标志中应重点反映设备编号和技术参数，以标牌形式张贴在设备醒目处
2	线路标志	含密集型母排、高压电缆、配电电缆等，应反映出线路编号、额定电流、绝缘等级，常以标签形式出现
3	状态标志	为表明各负荷开关运行状态，常有备用、检修、投用、断开
4	警示标志	是为确保维修、值班人员的人身安全或设备安全而设的，以挂牌标志为主。如常见的"禁止合闸，线路有人工作""止步，高压危险""小心，有电""特殊负荷，严禁拉闸"等。一般制作成磁性贴牌或挂牌，悬挂粘贴在相关的开关把手柄处

11.2.2.7 安全监控系统

安全监控系统标志常有监视器、矩阵控制器、云台控制器、对讲基地台、门禁控制器、红外报警器、不间断电源、录像机、电脑、打印机、功放器等，标签标志需标明编号、名称、性能、使用人等常见参数。

11.2.2.8 车场管理系统

车场管理系统标志常用于车位、引导、自控等相关方面，常需标志的设备有停车位号、停车区、车位停车感应器、电脑读卡机、电脑计费器、道闸、阻车器等设备。常采用标牌、标签形式。对于停车区、引导牌标牌标志有效面积应相对较大，可采用灯箱或荧光标牌形式。

11.2.3 交通道路引导标志

交通道路引导标志主要对道路交通起警示、疏导、告知作用，常用荧光标牌形式制作，单体有效面积较大，标志种类常有：弯道、上坡、下坡、限高、限速、禁鸣、避让、单行、禁停、绕行、环行、停车、方向引导标志，机动车、非机动车、车位已满、私家车位、免费停车区、收费停车区、荷载等，应根据物业小区的实际道路交通状况、道路特点具体设置此类标志，此类标志制作应符合国家的道路交通安全法规。

11.2.4 安全警告标志

安全警告标志应突出其警示作用，一般以黄色、红色为主色调，管区内常包括"有电危险！""危险！请勿攀越"，在天台处设有"请注意！慎防坠落"。雨雪天外场用"地面潮湿、当心跌倒！"施工区用"正在施工，请勿靠近！""正在维修，暂停使用"，危险区常用"下有线路，请勿挖掘！""煤气管路、禁止烟火""高压！止步！""线路有人工作，请勿合闸""注意，当心碰头！""注意！油漆未干""小心！玻璃易碎"等，以保证相关人员及设施的安全。

11.2.5 公益性标志

在物业小区的公共区域应布置一定数量的公益性标志，以宣传良好风尚，影响使用人行为，如在公共卫生间内可设"节约用水""靠前方便，便后冲洗""节约用电，随手关灯"。绿地及公共区域可设"爱护花草、请勿践踏""依序停放，排列整齐""请勿喧哗""请勿吸烟""吸烟有害健康""珍惜生命，远离毒品"等。此类标志用语应注意文明礼貌，富有文采和诗意，增强亲和力和感染力，以达到使用人配合遵守的目的。

11.2.6 流程性标志

为了标志服务过程中的某一时段内的状态，确保只有合格的房屋、设备、配件、材料及管理服务才能使用、转序和交付，标志的形式多采用印章、标签、标牌和记录等形式。如文件的起草、校对、有效、作废、签发、受控等；空关房的验收、合格、待维修、已修复；室内卫生的已清洁、待清洁；库房材料采购的待检验、合格、退货、分类台账记录等。流程性标志应着重反映可追溯性，即每道工作流程都要有操作人的签名、日期记录、工作结果描述，确保发生质量问题时可找到工作缺陷发生段及操作者给予纠正，确保能预防不合格服务的再次发生。

11.2.7 文档标志

文档标志是为了方便往来文函收集、整理、归档、查询而设置的，常见标志有会议纪要、保修登记、发文登记、委托服务、工程联系、房屋设备、管理制度、人事处理、业主委员会、委托管理、接管验收、规划资料、给排水资料、电梯资料、弱电资料、消防资料、供电资料、设备管理、报修回访、权属清册、经济效益、绿化管理、社区建设、车辆管理、批示批复、人力资源、标准样本、设备维保、业主（用户）申请等标签形式，另有各类评优、评比资料目录。

11.2.8 荣誉标志

荣誉标志主要包括写字楼及物业管理公司所获得的各类荣誉，包括奖牌、奖杯、奖品、证书、锦旗等，是社会对写字楼管理水平、服务品质的肯定，应陈列在写字楼视觉中心附近，以起到良好的社会宣传作用。

11.2.9 人员标志

人员标志是一项企业文化，是企业整体形象的体现，包括员工的统一服装、样式、颜色、胸牌、工号牌、肩章、臂章等。人员标志应款式新颖、质地精良，应能体现出员工积极向上的精神面貌。

11.3 标志的设置

11.3.1 设置地点

（1）导向标志应设在便于人们选择目标方向的地点，并按通向目标的最佳路线布置。如目标较远，可以适当间隔重复设置，在分岔处应重复设置标志。

（2）提示标志应设在紧靠所说明的设施、单位的上方或侧面，或足以引起注意的与该设施、单位邻近的部位。

（3）环境信息标志应设在入口处或场所中最醒目处。

（4）多个标志牌在一起设置时，应按照警告、禁止、指令、提示类型的顺序，先左后右、先上后下地排列。

（5）印制、粉刷的各种标志（箭头、名称）应朝向人员能够清楚看到的位置。

（6）各运行设备应制作标准的铭牌嵌入、固定或悬挂于明显位置，便于查看和识别。

（7）园区内道路交通标志须完整，在小区入口处须有禁鸣、限速标志，在主要路口等公共地方须有引路标志。

（8）交通要道部位要有对车辆限高、限速、禁止鸣笛的标志。

11.3.2 设置高度

（1）附着式标志　与人眼水平视线高度大体一致，略高于人体身高；其他更明显的较高位置，偏移角不宜大于15度，尽可能使观察角接近90度（观察者位于最大观察距离时，最小夹角不低于75度）。局部信息标志可根据具体场所的客观情况确定。

（2）悬挂式　下边缘距地面的高度不宜小于2米，对道路交通标志应按规定的净空高度设置。

（3）柱式设置　柱式设置的下边缘距地面高度宜在2米左右。

11.3.3 安全标志要求

（1）显眼部位挂贴"消防示意图""如遇火警，请勿使用升降机"的标志。消防通道设置"消防通道出入口""地下室出入口"消防标志。

（2）变压器和环网柜上挂"高压危险，请勿靠近"的告示牌。

（3）所有机房出入口应悬挂"机房重地，非请勿进"的字牌。

（4）水景附近须有"请勿戏水"标志，栏杆上须有"请勿翻越"或"禁止攀爬"标志。

（5）标志机电设备按各设备名称、设备责任人标志，标志牌挂贴在设备显眼部位。

（6）库存物资名称应挂贴于货架或物资上，库房门口应贴上"严禁烟火"的告示牌。

（7）高空作业时，在危险区周边用警戒带圈出警戒区域，对于区域内的财产要做好防护措施，并放置"危险勿近"的告示牌。

（8）配电设备维修时，在开关上挂"有人工作，禁止合闸"的告示牌。

（9）清洁大堂、潮湿下雨天气时，应在显眼部位放置"小心地滑"的告示牌。

（10）在公共场所刷油漆时，如果油漆未干而现场又无工作人员时，应在显眼部位放置"油漆未干，请勿触摸"的告示牌。

（11）施工或维修过程中要有"正在施工，请勿靠近""工作进行中""维修中"等标志。

11.3.4 设置的其他要求

（1）各管道按标准印制相应的介质名称、物料流向及物料对应色环。

（2）管道架应设置限高标志。

（3）对绿化名称、生长习性和科别以及产地进行标志。主要部位设置有与植物相符的绿化标志牌，并安装位置妥当、醒目、标志清晰、完整、干净。

（4）在服务过程中，应根据服务的内容、性质在显眼位置设立提示标志，服务完成后，撤除提示标志。

（5）对检验不合格的物资要与合格物资隔离并做"不合格物资"标志。

（6）所有工作人员在上班时间，必须着工装、戴工牌。

（7）办公区域的划分须有部门标志。

11.4 标志的管理要求及注意事项

（1）标志的管理要按区域、分系统落实到谁主管谁负责，明确使用人、责任人。

（2）对物业内外的标志按名称、功能、数量、位置统一登记建册，有案可查。

（3）标志管理要做到定期检查、定期清洁，对状态标志要经常验证，损坏丢失应及时更换增补。

（4）物业中重要标志要建立每班巡场检查交接制度，特别是雨雪天，一些警示标志物业公司要安排专人设置，并检查落实。

（5）标志的使用制作应符合国际、国家的相关标准。

（6）标志牌的制作材料要经久耐用，安装牢固、美观。

（7）标志的字体要统一，颜色要和谐。

（8）标志牌的安装位置要准确、合适、醒目。

综上所述，物业管理中的各类标志非常多，标志中有相对不变的，有动态变化的，因此，物业公司要有效管理，正确使用，才能充分发挥标志的作用。

【他山之石】物业项目标志应用管理规程

物业项目标志应用管理规程

1.目的

规范项目各服务区域内标志的应用，为客户的工作和生活提供方便和安全保障；规避经营风险，提升公司形象；当有追溯要求时，保持唯一性标志。

2.适用范围

适用于各项目在服务过程中应用的各类标志。

3.职责

3.1 各项目负责根据实际需要提出标志的制作需求；负责标志的规范使用及日常维护工作。

3.2 质管部负责公司各类标志的设计与制作；负责对公司整体标志规范应用情况进行指导、监督。

3.3 核算部负责标志牌制作的价格审核。

4. 应用方法和过程管理

4.1 标志的管理。

4.1.1 安装和制作好的标志由区域保洁员负责日常清洁保养工作，区域管理员、秩序管理员巡逻岗负责检查、监督。

4.1.2 如发现标志已经被污染、涂抹、撕毁、破损或已失去标志意义，应及时申请更换、替补或直接撤销。

4.1.3 当所设置的固定标志需要更改部位或予以撤销，改动影响较大时须经公司质管部审核后方可执行。

4.1.4 新旧标志更换时，优先更换业主视野范围内的，先外后内。

4.1.5 质管部不定期组织对各类标志的使用情况进行检查，对不符合公司规范要求的，进行相应处罚和责成限期整改。

4.1.6 当标志有追溯性要求时，如设备卡、灭火器，应记录其唯一性标志。

4.1.7 泳池、儿童游乐场所注意标志的使用材质与工艺，要求使用有机片、有机玻璃制作成圆角形状。

4.2 记录的标志。

4.2.1 各班组确保记录在案的标志都是有效的标志，在填写记录时，应如实、完整地填写每一份标志，责任人签字确认。

4.2.2 项目每半年对现场所应用的标志进行统计记录，分类整理，并妥善保存。对后期需更换、撤销的标志有计划性、可预见性。

4.3 标志的种类。

标志包括住宅小区（写字楼）楼牌、单元牌、楼层牌、门牌、作业提示牌、温馨提示牌、交通导向标志、方向指示标志、安全警示标志、公告栏及各种记录等。

4.4 标志的制作。

4.4.1 标志设计与制作必须符合公司VIS手册的规定。

4.4.2 各项目根据现场工作需要提出标志的制作需求，提供相应版式给供应商，要求供应商设计出效果图或制作样本，方可进行流程审核。

4.4.3 标志规格与报价按照OA物资采购程序由分管副总、质管部、核算部审批。

4.4.4 标志制作、安装完成后，申请项目与采购人员负责对所有标志的效果、质量进行验收。

4.5 标志的应用规范（固定标志）。

4.5.1 服务处。

（1）服务处须张贴的标志："收费一览表""员工管理架构图""服务处工作时间""服务处内部公告栏""前台接待""收费处""禁止吸烟"等。

（2）办公区域划分标志："财务室""档案室""经理室""会议室""更衣间"等，张贴在对应门框1.5~1.8米中间位置。

4.5.2 楼宇。

（1）要求在大堂显眼位置设置"大堂公告栏""楼层专管员""阳光大使"，有玻璃的须粘贴"防撞条"。

（2）电梯轿厢显眼位置设置"电梯温馨提示""24小时服务热线""电梯年检证""电梯使用须知"，高度为1.6~1.8米。

（3）各楼层设置"楼号"（单元号）"楼层号""房间号"标志予以识别，电梯间设置消防疏散图，消防通道设置"消防通道出入口""地下室出入口"标志，消火栓、灭火器等设置"消火栓使用指引""灭火器使用指引"标志。楼宇内垃圾桶上方设置"火种请熄灭、垃圾请打包放入桶内！"标志牌。

4.5.3 仓库。

（1）库存物资名称挂贴于货架或物资上，在库房门口或仓库内显眼位置张贴"严禁烟火"的告示牌；危险类物品须张贴"易燃易爆物品""农药有毒，请勿靠近""腐蚀物品"等标志牌。

（2）仓库划分出区域的设置"清洁机械存放处""清洁剂存放处""清洁工具存放处""园林绿化机械存放处""化肥存放处""园林工具存放处""农药废弃物回收存放处"等标志牌，张贴在墙上1.6~2.0米显眼位置。

4.5.4 设备设施。

（1）各类设备房，如配电室、水泵房、发电机房、高压专变房等均用标志牌清晰标志出名称，标志置于电房门1.5~1.7米处或房门顶部中间位置。

（2）各类设备房内标志牌张贴要求如下：

①机电设备按各设备名称、设备责任人标志，标志牌挂贴在设备显眼部位。

②"生活水池""消防水池"须张贴于水池入口附近显眼位置。

③"雨立管、粪立管"须张贴于相应管道70~80厘米处。

④"此阀常开、此阀常闭"须悬挂于相应阀门把手上。

⑤"高压危险，请勿靠近"挂于变压器和环网柜上。

⑥"严禁合地刀"标志设置于高压供电柜显眼处。

⑦"严禁跨越，警戒黄线"设置于设备房画出黄色警戒线区域的显眼位置。

⑧"机房重地、严禁烟火""禁止吸烟"设置于发电机房、配电房、水泵房、储油房门口等设备房显眼处。

⑨"机房重地、闲人勿进"张贴在重要机房出入口。

4.5.5 交通标志。

（1）小区内道路交通标志须完整，在小区入口处须有禁鸣、限速标志，在主要路口等公共地方须有引路标志。

（2）地下车场要有车辆限高、限重、限长、限宽、禁止鸣笛的标志，标志贴于出入口的显眼部位。

（3）车场在相应车位设置私家车位、临保车位、月保车位，在出入口明显位置设置车场平面图、车场停车须知，车场标志牌统一加贴反光材质。

4.5.6 户外。

（1）小区交通要道设置小区区域示意图，标示小区建筑构成和方位。

（2）小区显著位置须有报警电话标志。

（3）游泳池须有水深标志，及"小心地滑""请勿嬉水"等警示标志。

（4）有台阶的地方设置有"小心台阶"标志。

（5）长期湿滑的区域设置"小心地滑"标志。

（6）水景附近须有"请勿戏水"标志，栏杆显眼处有"请勿翻越"或"禁止攀爬"标志。

（7）大门门禁系统设置"请刷卡""自觉刷卡、来访登记""推、拉"等标志，离地1.3～1.5米。

（8）小区绿化的名称、生长习性和科别以及产地进行挂牌标志，离地1.8～2.2米，安装位置清晰、醒目。

4.6 标志的应用规范（服务过程中，须在显眼位置设立可移动提示标志）。

4.6.1 电梯例行检修保养时，在电梯井门口挂放"正在保养，请勿靠近"告示牌并安装围栏。

4.6.2 高空作业时，在危险区周边用警戒带圈出警戒区域，对于区域内的财产要做好防护措施，并放置"高空作业，请勿靠近"的A字牌。

4.6.3 配电设备维修时，在开关上挂"有人工作，禁止合闸"的挂牌。

4.6.4 清洁大堂、潮湿下雨天气时，应在显眼部位放置"小心地滑"的A字牌。

4.6.5 在公共场所刷油漆时，如果油漆未干而现场又无工作人员时，应在显眼部位放置"油漆未干，请勿触摸"的A字牌或挂牌。

4.6.6 儿童娱乐设施、游泳池、健身房、桑拿房等公共娱乐设施暂停开放期间，在显眼部位挂放"暂停使用"告示牌，清洁时，须放置"正在清洁中"的挂牌或A字牌。

4.6.7 维修、清洁公共卫生间设施时，放置"正在维修，请勿靠近""正在清洁中"的A字牌。

4.6.8 小区公共设施施工、维修时须有"前方施工，注意安全""正在维修，请勿靠近"A字牌或挂牌。

4.6.9 楼内保洁员在进行楼道、楼层保洁工作时，应在单元防盗门处或楼层显著位置放置"正在清洁中"的A字牌。

4.6.10 泳池清洗时，应在泳池入口显眼处放置"水质处理，暂停使用"的告示牌。

4.6.11 绿化消杀时，应在消杀现场显眼处放置"消杀进行中"或"此区域消杀中，请勿靠近"A字牌或挂牌。

4.6.12 路面抢修时，应在路面维修处用警戒带圈出警戒区域，放置"施工中，请绕行"A字牌。

4.6.13 停车场车位满后，须在车场入口处放置"车位已满"标志（有电子设备提示的除外）。

第3部分
图解物业公司之过程控制

阅读索引:
- ➪ 过程控制解析
- ➪ 市场营销管控流程
- ➪ 物业管理处运作流程
- ➪ 物业项目接管验收流程
- ➪ 物业项目入伙流程
- ➪ 客服中心业务流程
- ➪ 二次装修管理流程
- ➪ 工程维保服务管理流程
- ➪ 保洁绿化服务流程
- ➪ 安全护卫服务流程
- ➪ 突发(应急)事件处理流程
- ➪ 外包服务控制流程
- ➪ 物业服务质量控制流程
- ➪ 人力资源管理流程
- ➪ 行政事务管理流程
- ➪ 财务管理流程

第12章

过程控制解析

12.1 什么是过程

过程是指通过使用资源和管理,将输入转化为输出的活动,如图12-1所示。一个过程的输入通常是其他过程的输出,企业中的过程只有在受控条件下策划和执行,才具有价值。

图12-1 过程图示

(1)资源 资源主要是指活动运行中所需要的人员、设施、设备、材料、作业方法、环境等。

(2)管理 管理是指对活动中所使用的资源实施计划(Plan)、实施(Do)、检查(Check)、分析改进(Action)的循环控制。

(3)输入 输入是指活动运行前应该收到的活动指令、要求。

(4)输出 输出是指活动实施后的结果、收获等。

12.2 过程的分类

过程主要分为管理过程、顾客导向过程、支持过程,如图12-2所示。

12.2.1 顾客导向过程

顾客导向过程包括以下几个方面。

(1)任何与公司及顾客的接口直接相关的过程,如业务行销、客户反馈。

(2)实现顾客满意的过程,如交付、保证服务。

(3)以顾客要求作为输入至以满足顾客要求作为输出的过程。

顾客导向过程的基本模式,如图12-3和图12-4所示。

第12章 过程控制解析

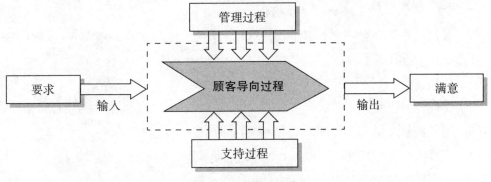

图 12-2 过程的分类

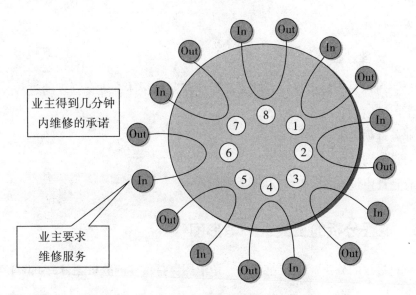

图 12-3 顾客导向过程的基本模式（一）

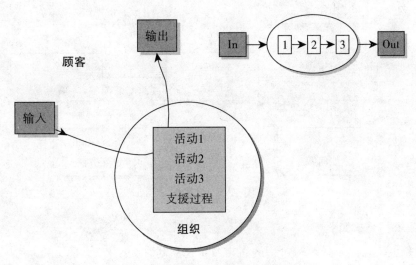

图 12-4 顾客导向过程的基本模式（二）

12.2.2 支持过程

每个关键过程都会有一个或多个支持过程来补充,支持过程一般都有内部顾客和供方。支持过程一般有以下内容。

(1)培训过程。

(2)文件控制过程。

(3)记录控制过程。

(4)顾客满意度控制过程。

(5)内部审核过程。

(6)设备管理过程。

(7)采购过程。

12.2.3 管理过程

管理过程可以是支持过程,一般是对组织或其质量体系进行管理的过程。管理过程一般有以下内容。

(1)业务计划过程。

(2)质量策划过程。

(3)管理评审过程。

12.3 过程分析的工具——龟形图

对各单一过程的分析,IATF推荐的"龟形图"是最佳的分析工具,见图12-5。

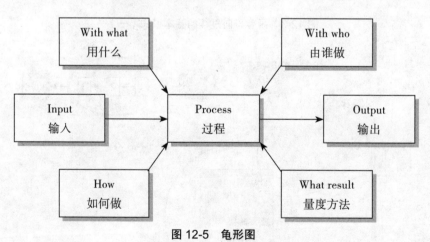

图 12-5 龟形图

龟形图填写要求如下。

(1)过程(Process) 填写过程的名字及主要活动。

(2)输入(Input) 填写过程前收到的信息、指令,如计划、文件、通知单、要求等。

（3）输出（Output） 填写过程实施后获得的结果，如产品、报告、记录、信息等。

（4）由谁做（With who） 填写活动的责任人，以及其能力、技能、培训要求等。

（5）用什么（With what） 填写活动所需要的设备、材料、工装、设施、资金等。

（6）如何做（How） 填写活动所需要的方法，如过程及有关过程的程序文件、指引等。

（7）量度方法（What result） 评价过程有效性的方法，如KPI指标、内审等。

在进行业务流程调查、确定及审核的工作中，可预先制定表格来进行，如表12-1所示。

表12-1　过程确定表

部门/区域：	日期：
制定人员：	审核：

简述过程，过程的活动或作业是什么？（过程的顺序） 过程： 主要活动：	流程图

| 过程的输入要求和内容：（什么时候开始？资源、信息、材料等） ||

过程的支持性活动是什么？	
使用什么方式？（材料、设备）	如何做？（方法/程序/技术）
由谁做？（能力/技能/培训）	使用关键的准则是什么？（测量/评估）

| 过程的输出要求是什么？（信息、产品、可交付的产品等）什么时候完成或结束？改进时机？ ||

12.4 过程识别的结果——流程图

对企业的各项业务过程识别的结果通常是以流程图的形式呈现。

流程图是用几何图形将一个过程的各步骤的逻辑关系展示出来的一种图示技术。只要有过程，就有流程。过程是将一组输入转化为输出的相互关联的活动，流程图就是描述这个活动的图解。

12.5 过程控制的方法——PDCA 循环

过程控制是指：使用一组实践方法、技术和工具来策划、控制和改进过程的效果、效率和适应性，包括过程策划、过程实施、过程监测（检查）和过程改进（处置）四个部分，即PDCA循环四阶段。PDCA（Plan—Do—Check—Action）循环又称为戴明循环，是质量管理大师戴明在休·哈特统计过程控制思想的基础上提出的。如图12-6所示。

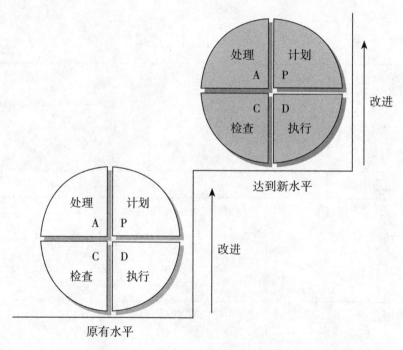

图 12-6　PDCA 循环

12.5.1 过程策划

（1）从过程类别出发，识别企业的价值创造过程和支持过程，从中确定主要价值创造过程和关键支持过程，并明确过程输出的对象，即过程的顾客和其他相关方。

（2）确定过程顾客和其他相关方的要求，建立可测量的过程绩效目标（即过程质量要求）。

（3）基于过程要求，融合新技术和所获得的信息，进行过程设计或重新设计。

12.5.2 过程实施

（1）使过程人员熟悉过程设计，并严格遵循设计要求实施之。

（2）根据内外部环境、因素的变化和来自顾客、供方等的信息，在过程设计的柔性范围内对过程进行及时调整。

（3）根据过程监测所得到的信息，对过程进行控制，例如：应用SPC（Statistical Process Control，统计过程控制）控制过程输出（服务）的关键特性，使过程稳定受控并具有足够的过程能力。

（4）根据过程改进的成果，实施改进后的过程。

12.5.3 过程监测

过程监测包括过程实施中和实施后的监测，目的在于检查过程实施是否遵循过程设计，达成过程的绩效目标。

12.5.4 过程改进

过程改进分为两大类："突破性改进"是对现有过程的重大变更或用全新的过程来取代现有过程（即创新）；而"渐进性改进"是对现有过程进行的持续性改进，是集腋成裘式的改进。

第13章 市场营销管控流程

13.1 市场拓展业务运作流程

市场拓展业务运作流程见图13-1。

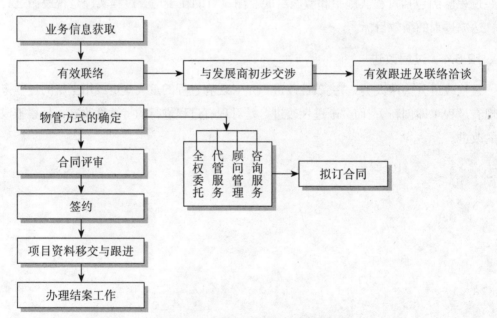

图13-1 市场拓展业务运作流程

13.2 市场调研流程

市场调研流程见图13-2。

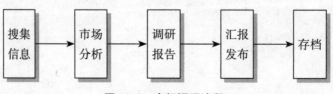

图13-2 市场调研流程

13.3 项目调研、考察流程

项目调研、考察流程见图13-3。

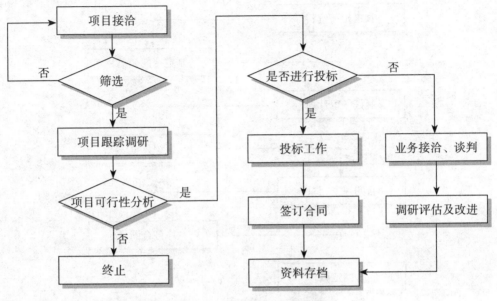

图 13-3　项目调研、考察流程

13.4 物业管理方案编制流程

物业管理方案编制流程见图13-4。

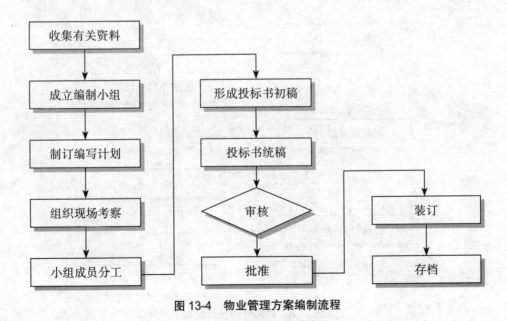

图 13-4　物业管理方案编制流程

13.5 合同会议评审流程

合同会议评审流程见图13-5。

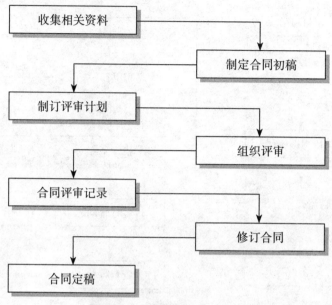

图13-5 合同会议评审流程

13.6 合同传阅评审流程

合同传阅评审流程见图13-6。

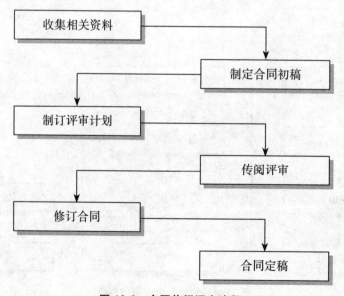

图13-6 合同传阅评审流程

13.7 品牌危机、纠纷处理与维权流程

品牌危机、纠纷处理与维权流程见图13-7。

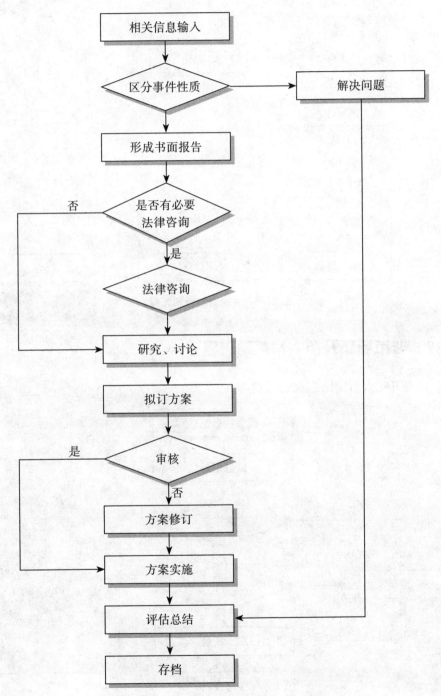

图 13-7 品牌危机、纠纷处理与维权流程

13.8 大型活动策划流程

大型活动策划流程见图13-8。

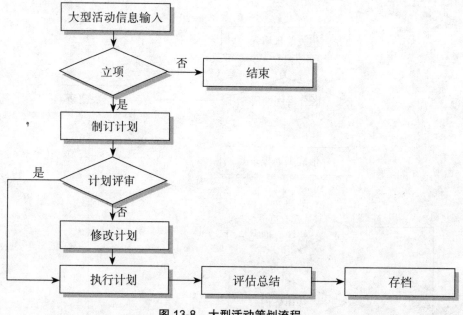

图 13-8 大型活动策划流程

13.9 非市场部开拓人员奖励流程

非市场部开拓人员奖励流程见图13-9。

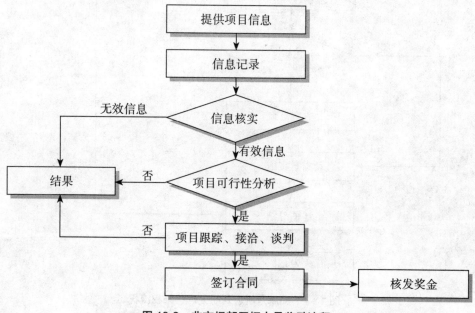

图 13-9 非市场部开拓人员奖励流程

第14章

物业管理处运作流程

14.1 管理处外部运作流程

管理处外部运作流程见图14-1。

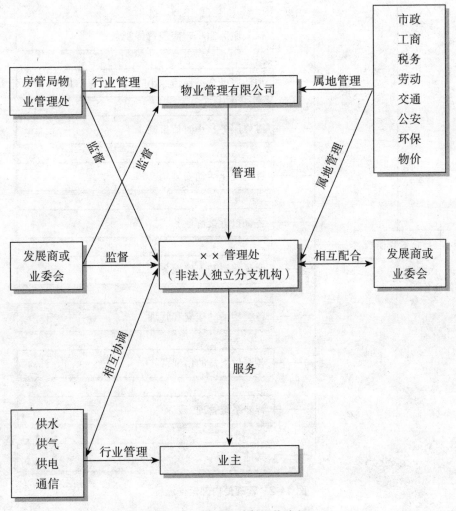

图 14-1　管理处外部运作流程

14.2 管理处内部运作流程

管理处内部运作流程见图14-2。

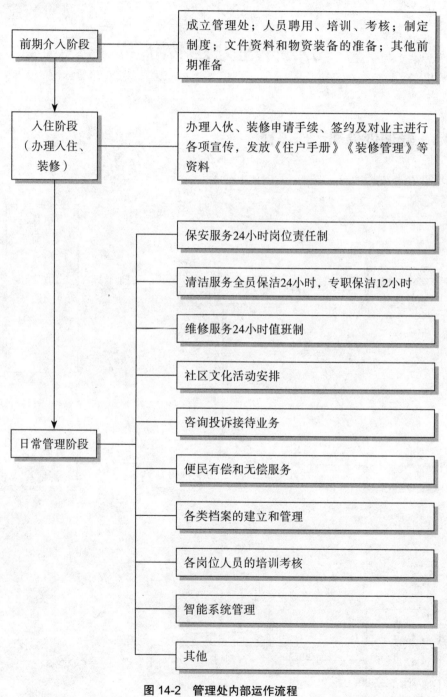

图 14-2　管理处内部运作流程

14.3 管理处日常工作监督检查流程

管理处日常工作监督检查流程见图14-3。

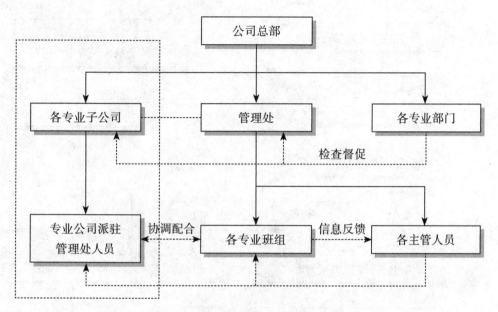

图 14-3 管理处日常工作监督检查流程

14.4 管理处客户信息反馈流程

管理处客户信息反馈流程见图14-4。

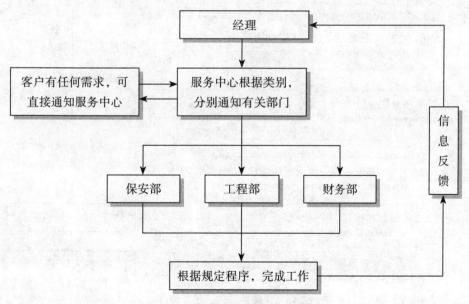

图 14-4 管理处客户信息反馈流程

14.5 硬件采购、配置流程

硬件采购、配置流程见图14-5。

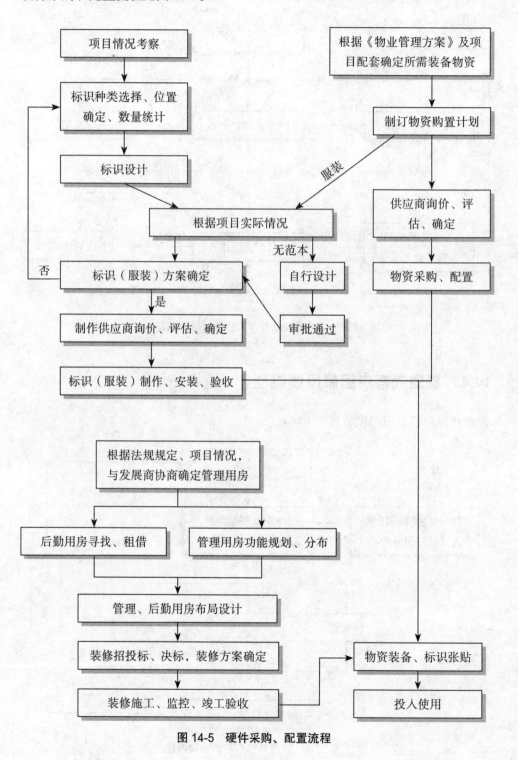

图14-5 硬件采购、配置流程

14.6 印鉴证照办理流程

印鉴证照办理流程见图14-6。

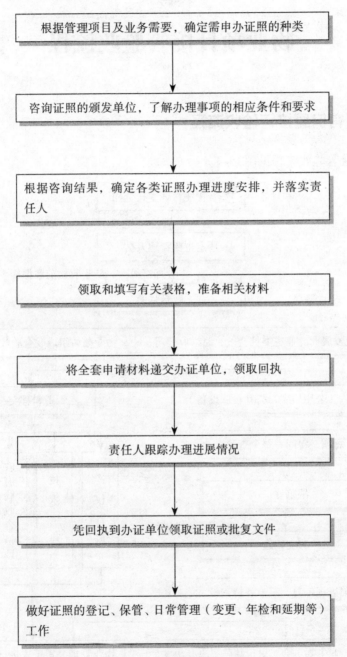

图 14-6 印鉴证照办理流程

第15章

物业项目接管验收流程

15.1 原有房屋接管验收流程

原有房屋接管验收流程见图15-1。

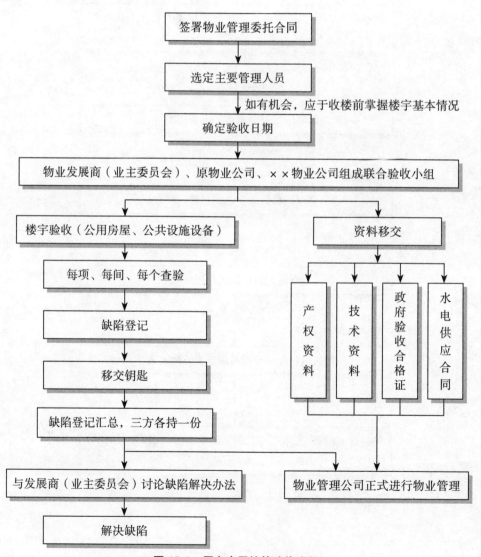

图 15-1 原有房屋接管验收流程

15.2 新建房屋接管验收流程

新建房屋接管验收流程见图 15-2。

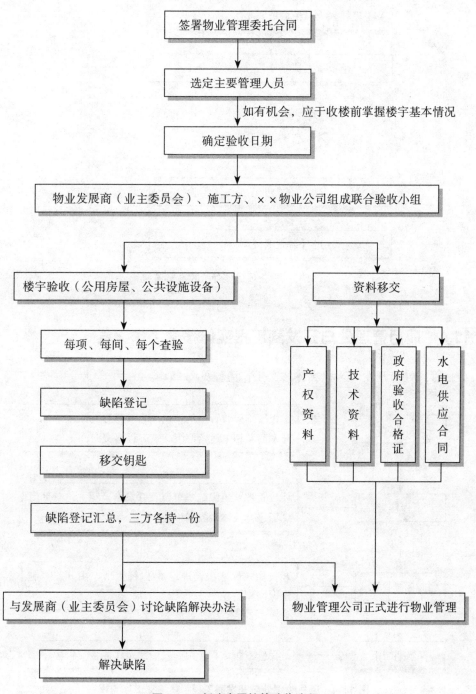

图 15-2　新建房屋接管验收流程

15.3 物业项目接管验收准备流程

物业项目接管验收准备流程见图15-3。

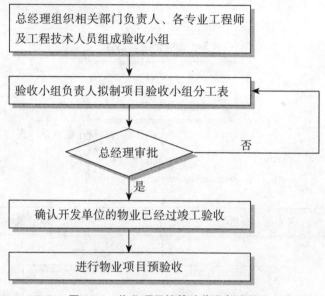

图15-3 物业项目接管验收准备流程

15.4 项目管理处与开发商工程实体移交工作流程

项目管理处与开发商工程实体移交工作流程见图15-4。

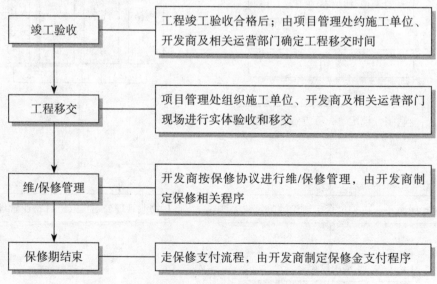

图15-4 项目管理处与开发商工程实体移交工作流程

15.5　物业细部质量检查工作流程

物业细部质量检查工作流程见图15-5。

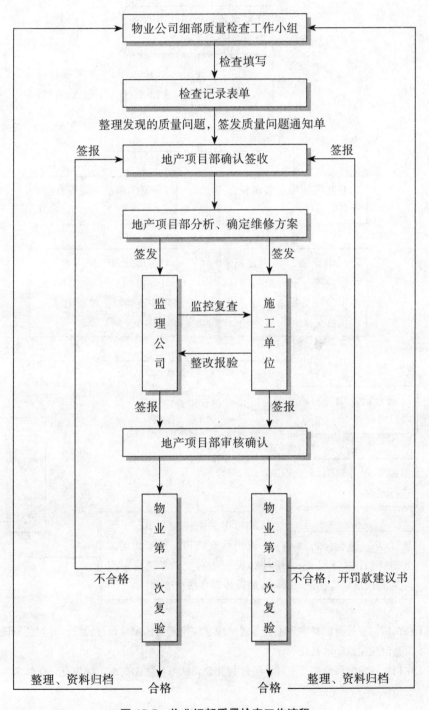

图 15-5　物业细部质量检查工作流程

15.6 实物部分验收流程

实物部分验收流程见图15-6。

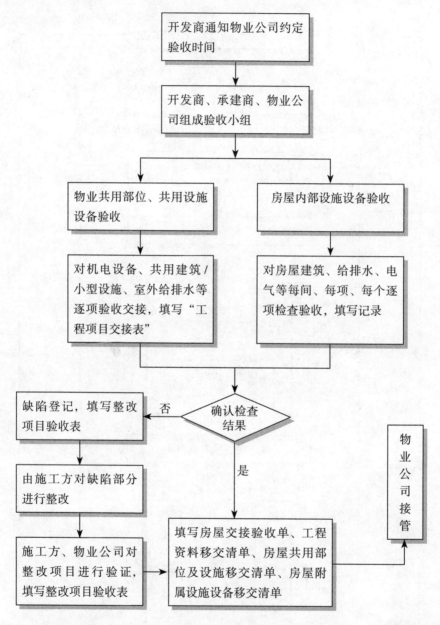

注：1. 经初验同意接管的楼宇，不等于楼宇质量完全符合国家及设计标准，开发商不能排除承担整改质量缺陷的责任。
2. 在相关规定的保修期结束时，经过物业公司认可后才能向施工单位支付保修金。

图 15-6 实物部分验收流程

15.7 资料部分移交工作流程

资料部分移交工作流程见图15-7。

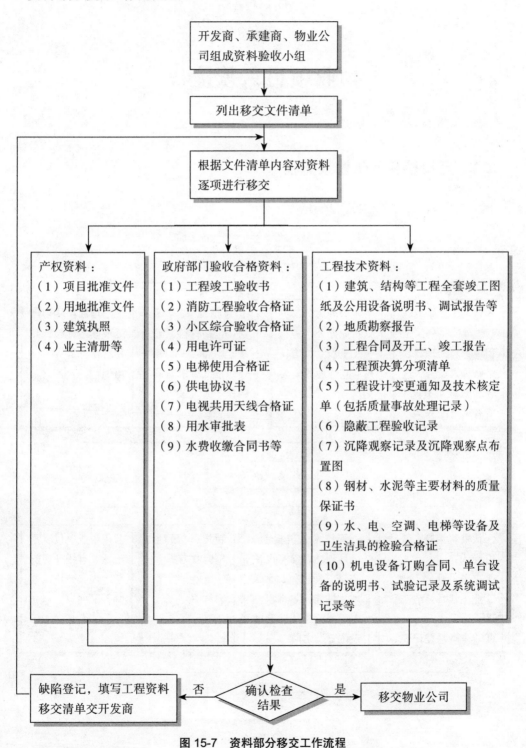

图 15-7 资料部分移交工作流程

第16章

物业项目入伙流程

16.1 新接楼宇入伙管理流程

新接楼宇入伙管理流程见图16-1。

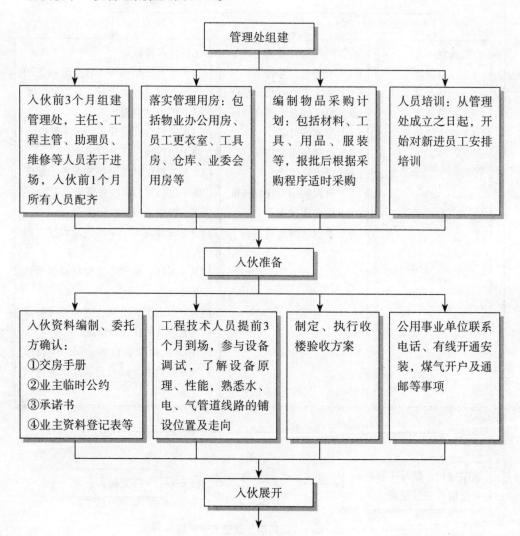

第16章 物业项目入伙流程

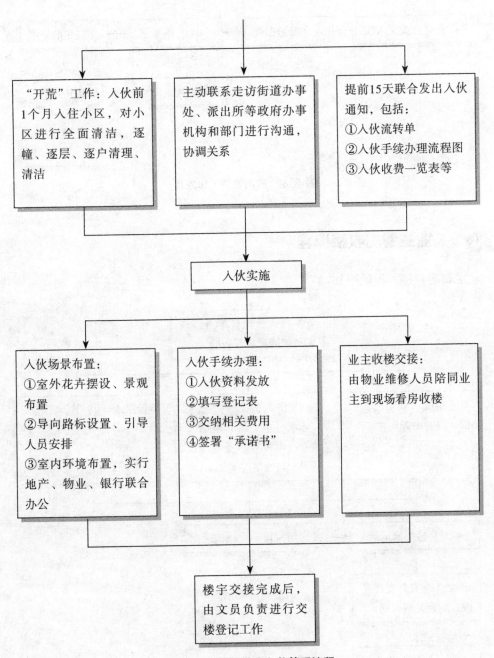

图 16-1 新接楼宇入伙管理流程

16.2 前期收楼工作流程

前期收楼工作流程见图16-2。

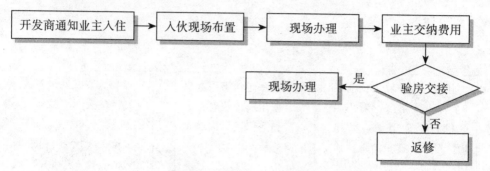

图 16-2 前期收楼工作流程

16.3 业主看房收楼流程

业主看房收楼流程见图16-3。

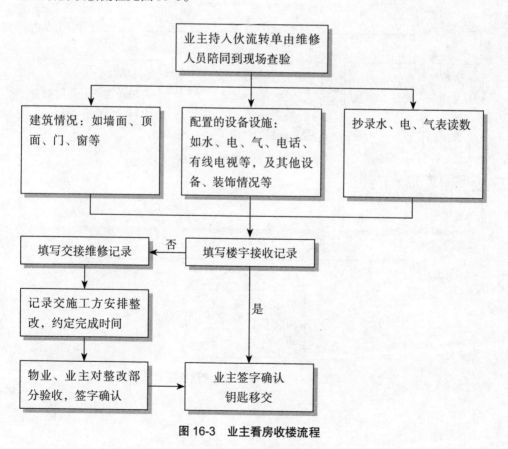

图 16-3 业主看房收楼流程

16.4 业主入伙手续办理流程

业主入伙手续办理流程见图16-4。

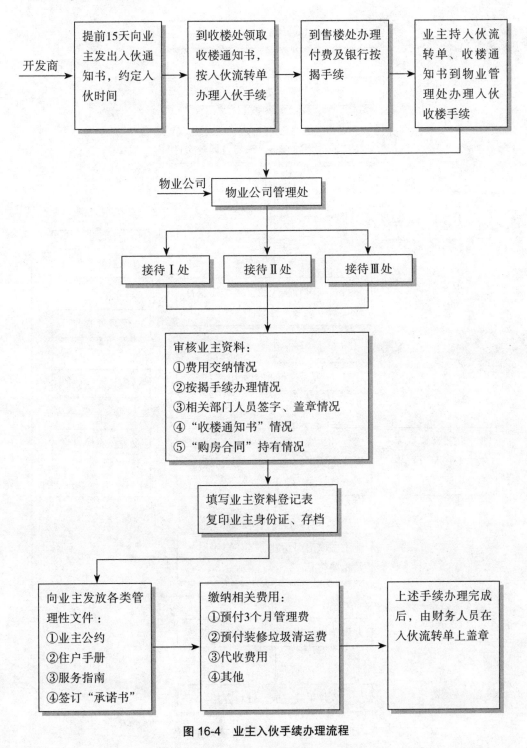

图16-4 业主入伙手续办理流程

16.5 入伙现场业主办理入住流程

入伙现场业主办理入住流程见图16-5。

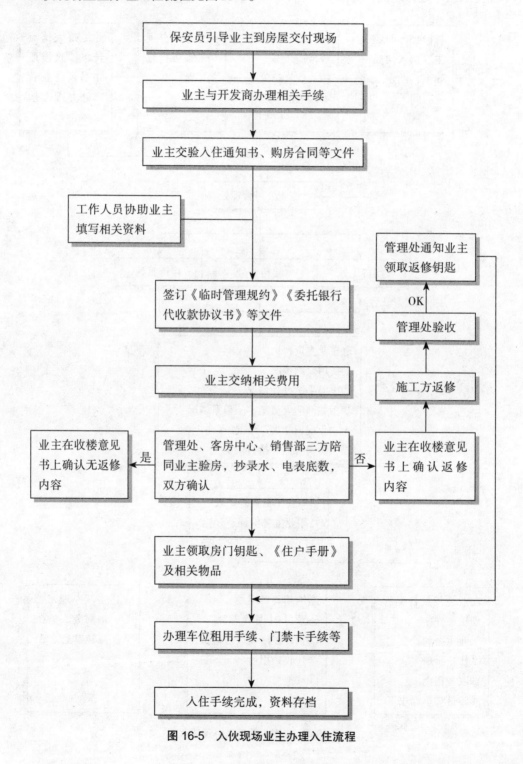

图 16-5 入伙现场业主办理入住流程

第17章 客服中心业务流程

17.1 客服中心的整体运作流程

客服中心的整体运作流程见图 17-1。

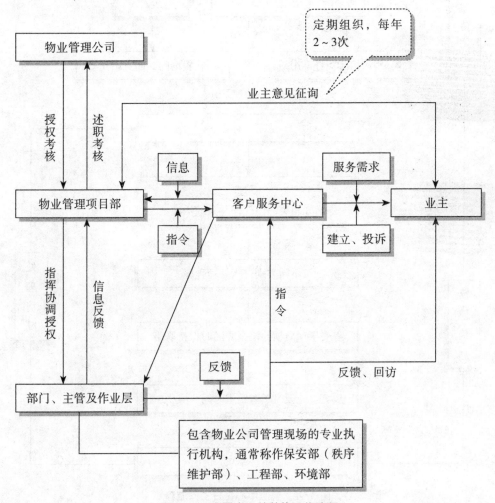

图 17-1 客服中心的整体运作流程

17.2 客服中心每日工作流程

客服中心每日工作流程见图17-2。

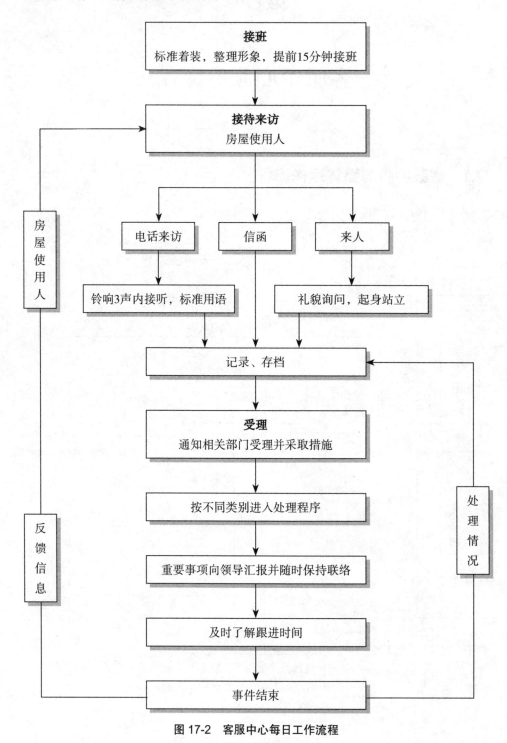

图 17-2 客服中心每日工作流程

17.3 办理入住手续流程

办理入住手续流程见图 17-3。

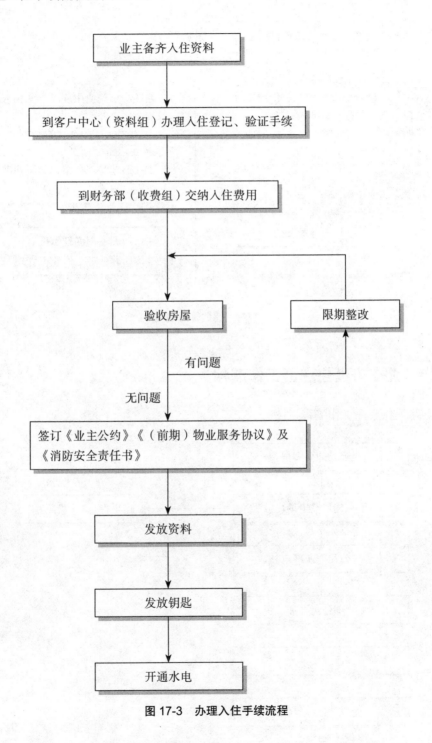

图 17-3 办理入住手续流程

17.4 钥匙管理流程

钥匙管理流程见图17-4。

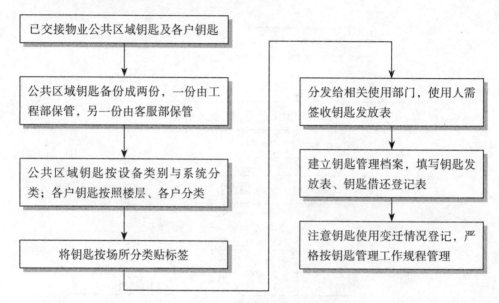

图 17-4 钥匙管理流程

17.5 业主办理住户证工作流程

业主办理住户证工作流程见图17-5。

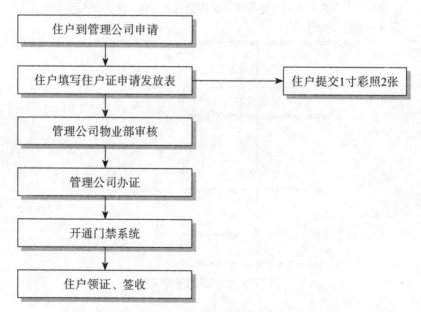

图 17-5 业主办理住户证工作流程

17.6 装修手续办理流程

装修手续办理流程见图17-6。

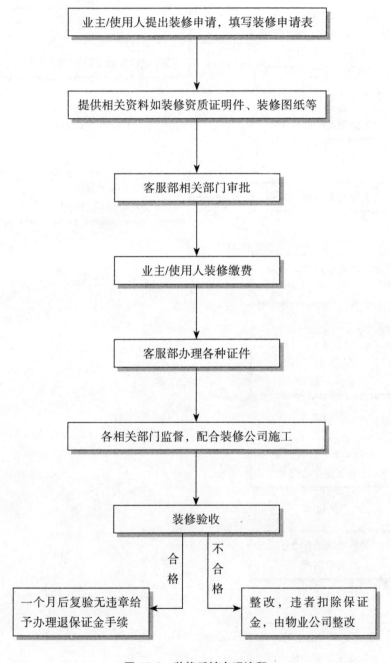

图 17-6 装修手续办理流程

17.7 办理通电工作流程

办理通电工作流程见图17-7。

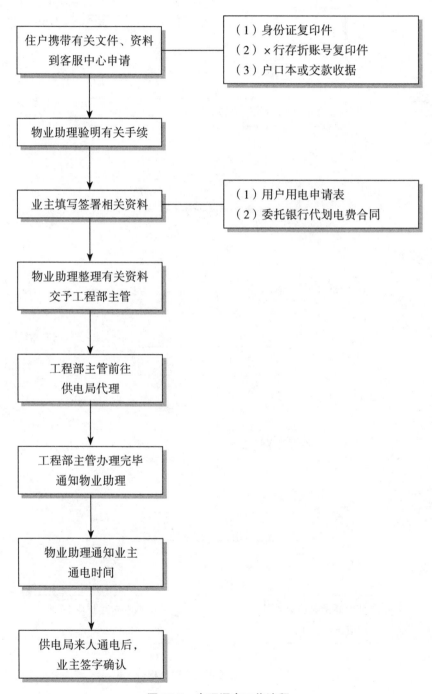

图 17-7 办理通电工作流程

17.8 燃气改管手续办理流程

燃气改管手续办理流程见图17-8。

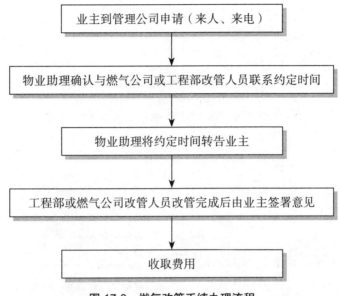

图 17-8 燃气改管手续办理流程

17.9 装修单位办理加班工作流程

装修单位办理加班工作流程见图17-9。

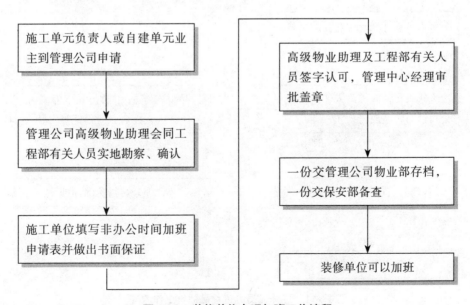

图 17-9 装修单位办理加班工作流程

17.10 装修单位办理临时动火工作流程

装修单位办理临时动火工作流程见图17-10。

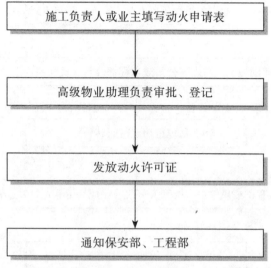

图 17-10 装修单位办理临时动火工作流程

17.11 装修人员办理物品放行工作流程

装修人员办理物品放行工作流程见图17-11。

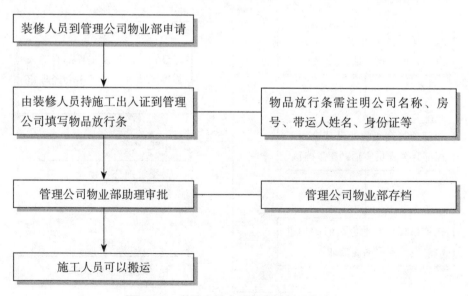

图 17-11 装修人员办理物品放行工作流程

17.12 施工人员出入证办理工作流程

施工人员出入证办理工作流程见图17-12。

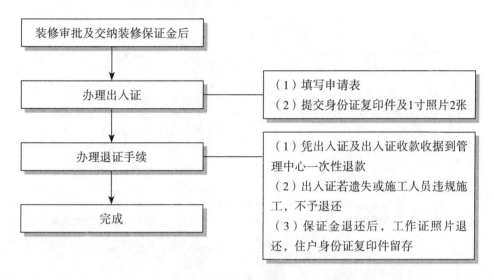

注：工具类由物业助理核准后即可放行，材料类必须得到业主认可或签字后放行。

图 17-12　施工人员出入证办理工作流程

17.13 租户办理迁入工作流程

租户办理迁入工作流程见图17-13。

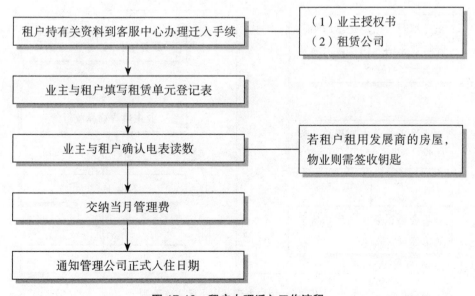

图 17-13　租户办理迁入工作流程

17.14　住户办理物品放行工作流程

住户办理物品放行工作流程见图17-14。

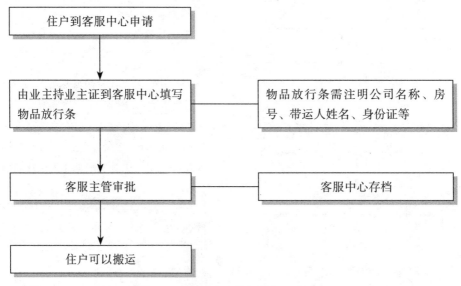

图17-14　住户办理物品放行工作流程

17.15　租户办理迁出小区工作流程

租户办理迁出小区工作流程见图17-15。

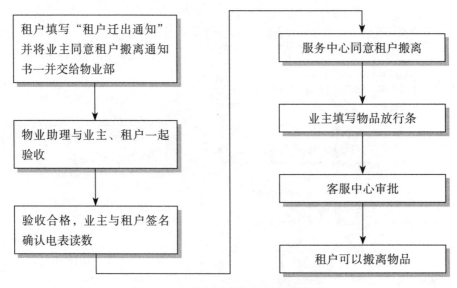

图17-15　租户办理迁出小区工作流程

17.16 客户咨询工作流程

客户咨询工作流程见图17-16。

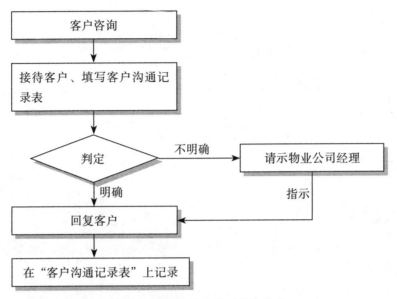

图 17-16　客户咨询工作流程

17.17 征询、求助服务流程

征询、求助服务流程见图17-17。

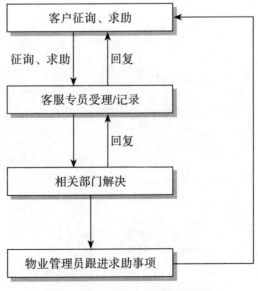

图 17-17　征询、求助服务流程

17.18 客户请修接待工作流程

客户请修接待工作流程见图17-18。

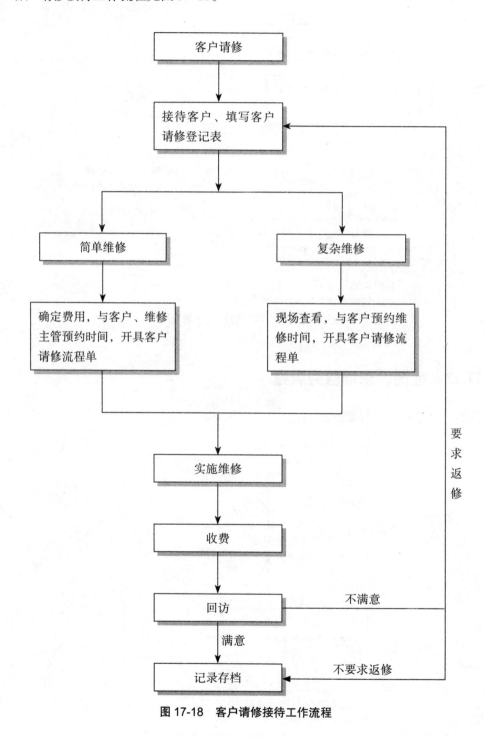

图 17-18 客户请修接待工作流程

17.19 预算外项目服务处理流程

预算外项目服务处理流程见图17-19。

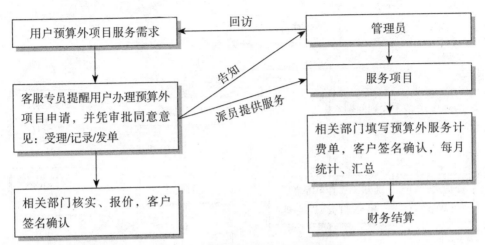

图 17-19 预算外项目服务处理流程

17.20 物业巡查工作流程

物业巡查工作流程见图17-20。

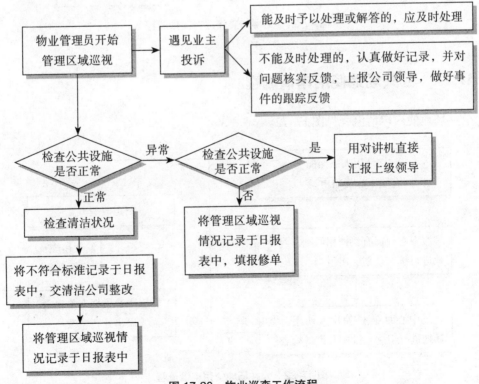

图 17-20 物业巡查工作流程

17.21 巡楼与装修巡查操作流程

巡楼与装修巡查操作流程见图17-21。

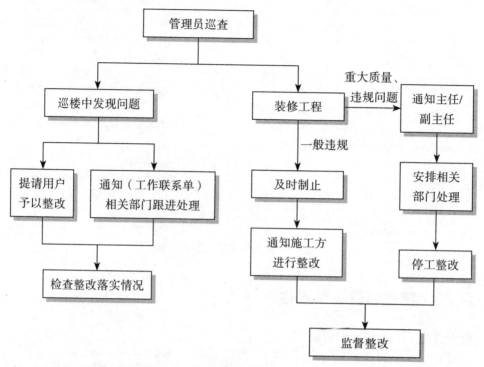

图 17-21　巡楼与装修巡查操作流程

17.22 公共场地使用申请流程

公共场地使用申请流程见图17-22。

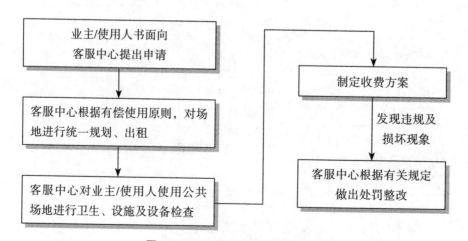

图 17-22　公共场地使用申请流程

17.23 急、特、难任务处理流程

急、特、难任务处理流程见图17-23。

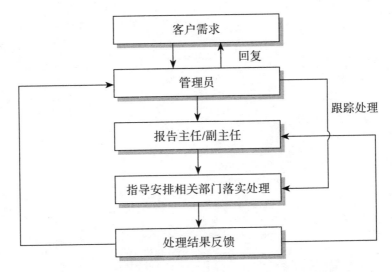

注：急、特、难任务包括临时任务、急修、重要客户、特殊服务。

图 17-23 急、特、难任务处理流程

17.24 紧急事件处理流程

紧急事件处理流程见图17-24。

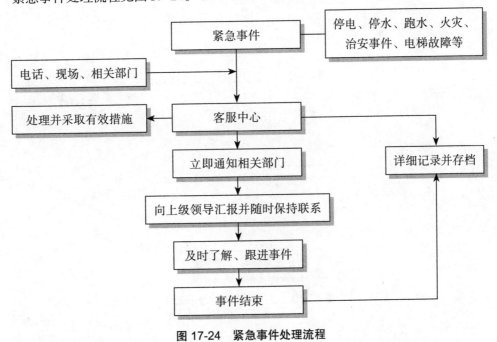

图 17-24 紧急事件处理流程

17.25 客户关系维护管理流程

客户关系维护管理流程见图17-25。

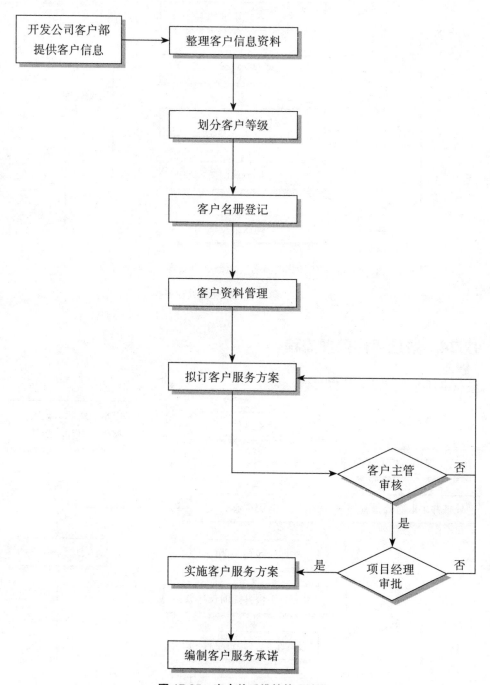

图 17-25 客户关系维护管理流程

17.26 客户调研流程

客户调研流程见图17-26。

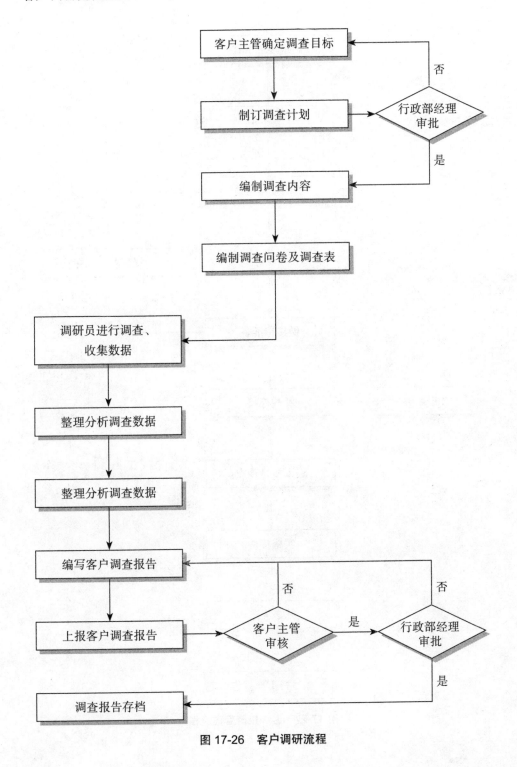

图 17-26 客户调研流程

17.27 客户接待管理流程

客户接待管理流程见图17-27。

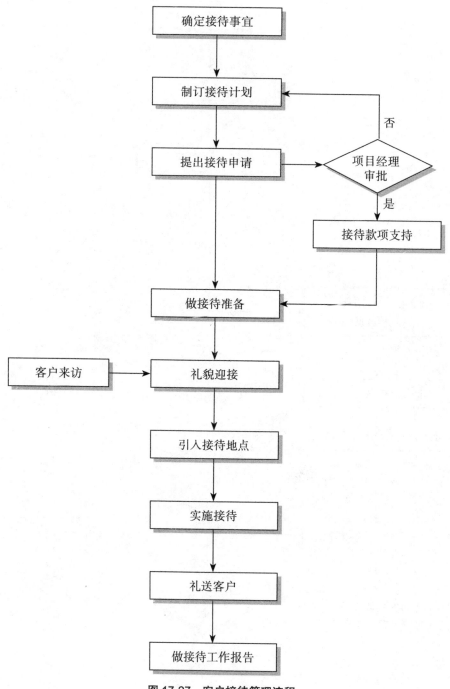

图 17-27 客户接待管理流程

17.28 客户拜访流程

客户拜访流程见图17-28。

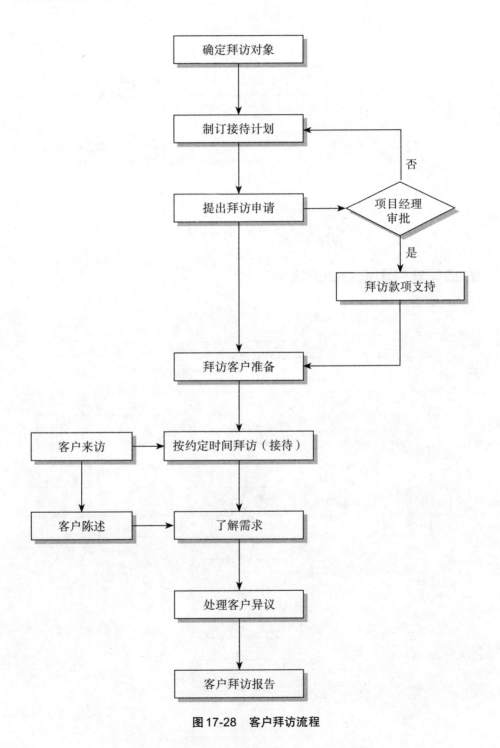

图17-28 客户拜访流程

17.29　VIP客户回访管理流程

VIP客户回访管理流程见图17-29。

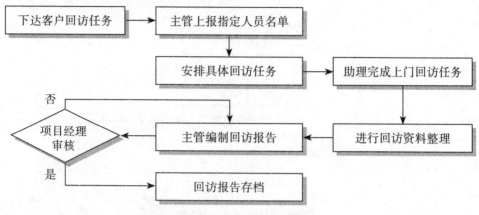

图17-29　VIP客户回访管理流程

17.30　客户满意管理流程

客户满意管理流程见图17-30。

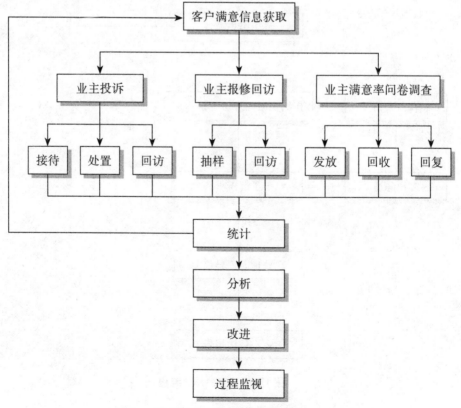

图17-30　客户满意管理流程

17.31 客户满意度测评流程

客户满意度测评流程见图17-31。

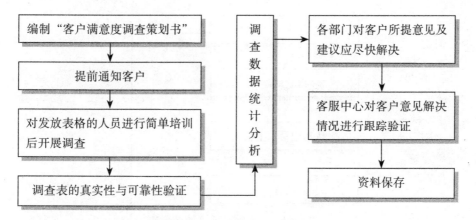

图 17-31　客户满意度测评流程

17.32 客户投诉处理流程

客户投诉处理流程见图17-32。

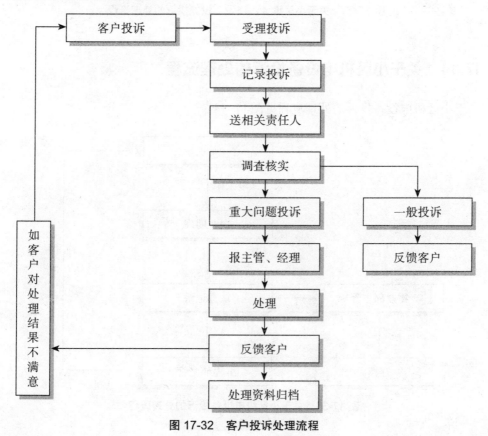

图 17-32　客户投诉处理流程

17.33 关于小区设计、建设、设施投诉的处理流程

关于小区设计、建设、设施投诉的处理流程见图17-33。

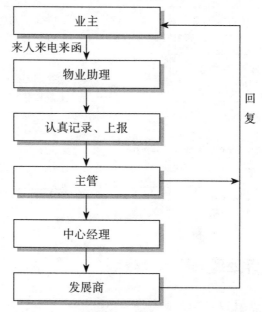

图 17-33 关于小区设计、建设、设施投诉的处理流程

17.34 关于小区机电设备投诉的处理流程

关于小区机电设备投诉的处理流程见图17-34。

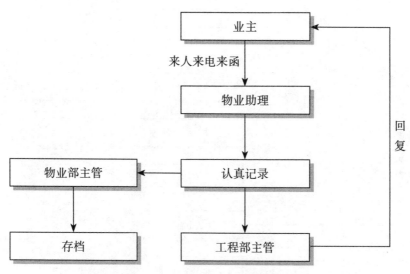

图 17-34 关于小区机电设备投诉的处理流程

17.35 关于业主（用户）室内水、电、气、电器等设施维修服务引起的投诉处理流程

关于业主（用户）室内水、电、气、电器等设施维修服务引起的投诉处理流程见图17-35。

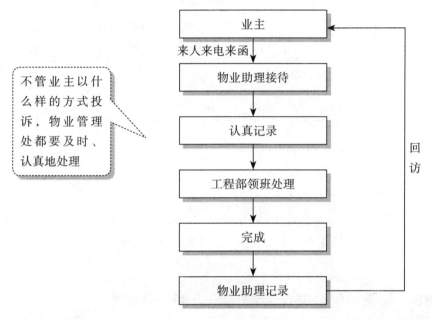

图 17-35 关于业主（用户）室内水、电、气、电器等设施维修服务引起的投诉处理流程

17.36 关于小区公共卫生清洁投诉的处理流程

关于小区公共卫生清洁投诉的处理流程见图17-36。

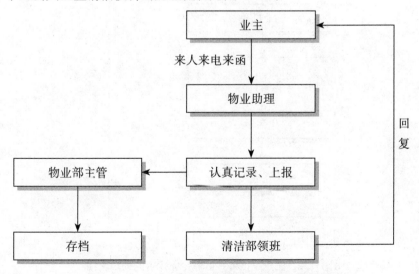

图 17-36 关于小区公共卫生清洁投诉的处理流程

17.37 关于业主（用户）室内清洁服务引起投诉的处理流程

关于业主（用户）室内清洁服务引起投诉的处理流程见图17-37。

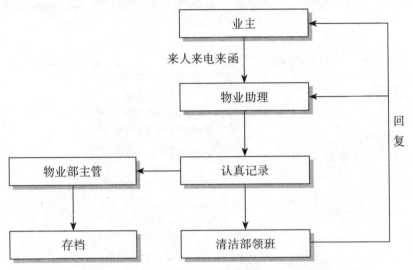

图 17-37　关于业主（用户）室内清洁服务引起投诉的处理流程

17.38 关于小区公共区域绿化投诉的处理流程

关于小区公共区域绿化投诉的处理流程见图17-38。

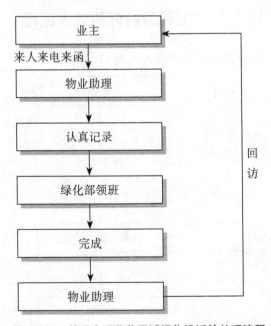

图 17-38　关于小区公共区域绿化投诉的处理流程

17.39 关于业主（用户）室内绿化服务投诉的处理流程

关于业主（用户）室内绿化服务投诉的处理流程见图17-39。

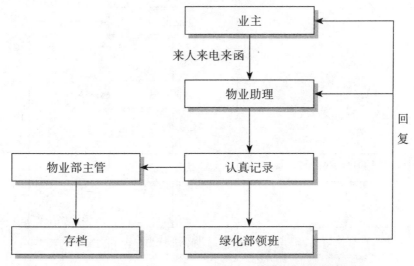

图 17-39　关于业主（用户）室内绿化服务投诉的处理流程

17.40 关于员工服务质量投诉的处理流程

关于员工服务质量投诉的处理流程见图17-40。

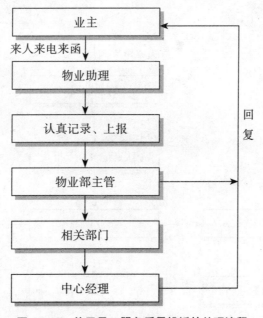

图 17-40　关于员工服务质量投诉的处理流程

17.41 关于小区安全、消防设备投诉的处理流程

关于小区安全、消防设备投诉的处理流程见图17-41。

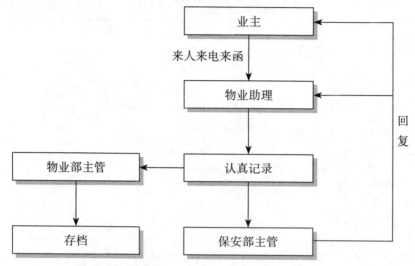

图 17-41　关于小区安全、消防设备投诉的处理流程

17.42 关于装修单元投诉的处理流程

关于装修单元投诉的处理流程见图17-42。

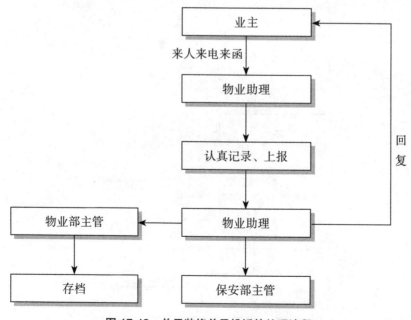

图 17-42　关于装修单元投诉的处理流程

第18章

二次装修管理流程

18.1 二次装修施工管理流程

二次装修施工管理流程见图18-1。

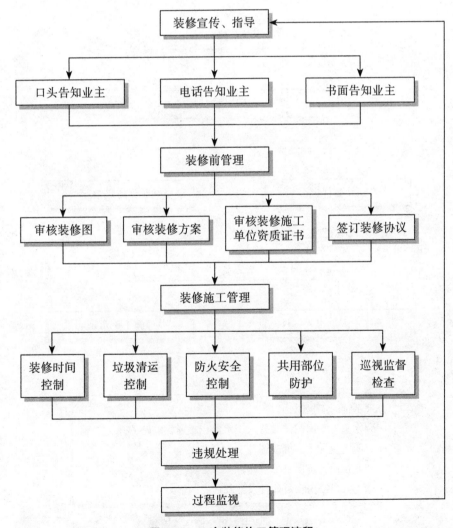

图18-1 二次装修施工管理流程

18.2 业主办理装修手续流程

业主办理装修手续流程见图18-2。

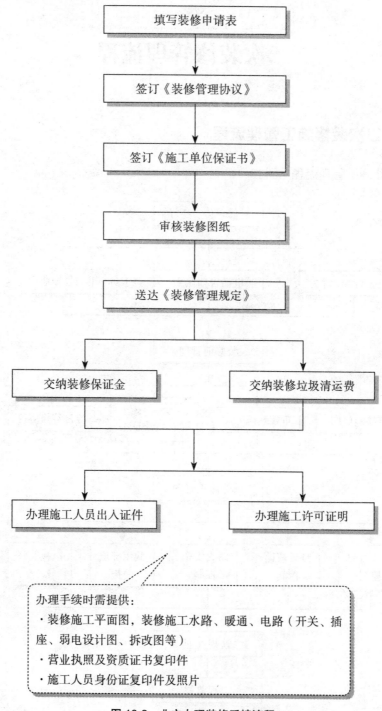

图18-2 业主办理装修手续流程

18.3 租户装修审批流程

租户装修审批流程见图18-3。

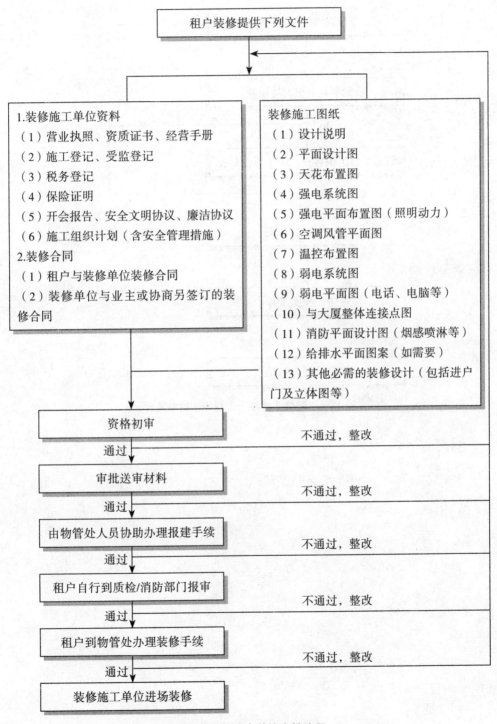

图18-3 租户装修审批流程

18.4 装修（修缮）工程竣工验收流程

装修（修缮）工程竣工验收流程见图18-4。

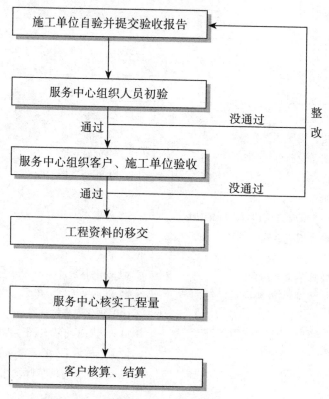

图 18-4　装修（修缮）工程竣工验收流程

第19章

工程维保服务管理流程

19.1 维修保养指令执行流程

维修保养指令执行流程见图 19-1。

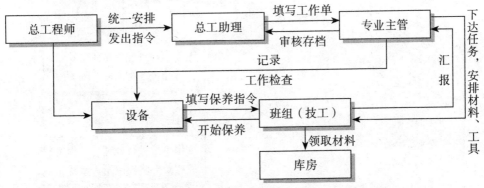

图 19-1 维修保养指令执行流程

19.2 工作单流转流程

工作单流转流程见图 19-2。

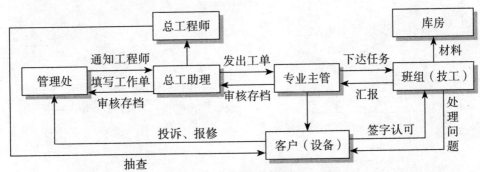

注：（1）工程部一般情况下不接受客户和任何电话报修，一切报修均要填写工作单。
　　（2）特殊情况、紧急情况可先进行维修，但必须后补报工作单。

图 19-2 工作单流转流程

19.3 业主专有物业维保流程

业主专有物业维保流程见图19-3。

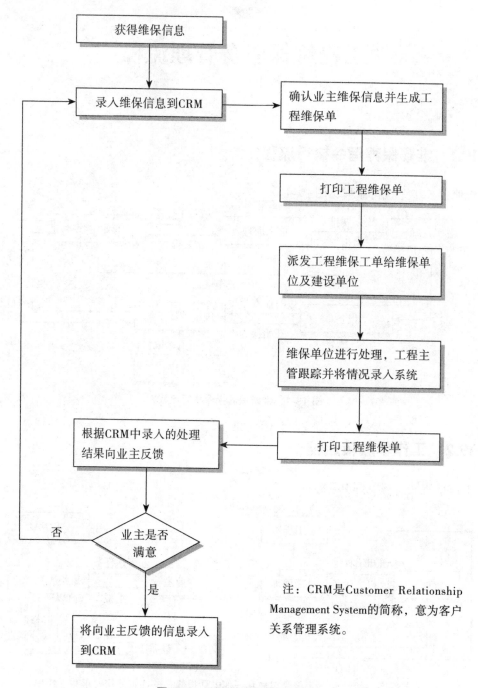

图 19-3 业主专有物业维保流程

19.4 共用设备设施维保流程

共用设备设施维保流程见图19-4。

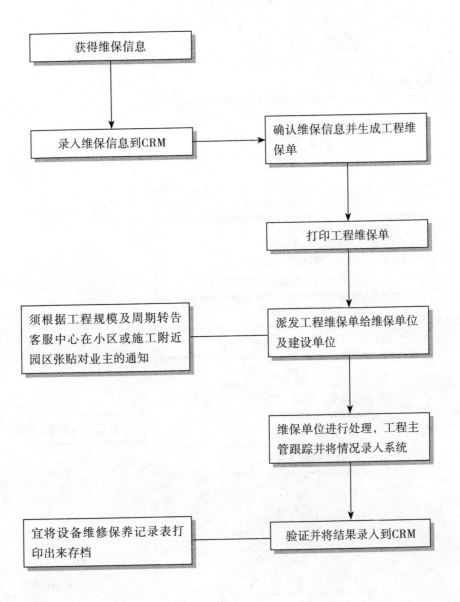

注：CRM是Customer Relationship Management System的简称，意为客户关系管理系统。

图 19-4 共用设备设施维保流程

19.5 业主装修报批流程

业主装修报批流程见图19-5。

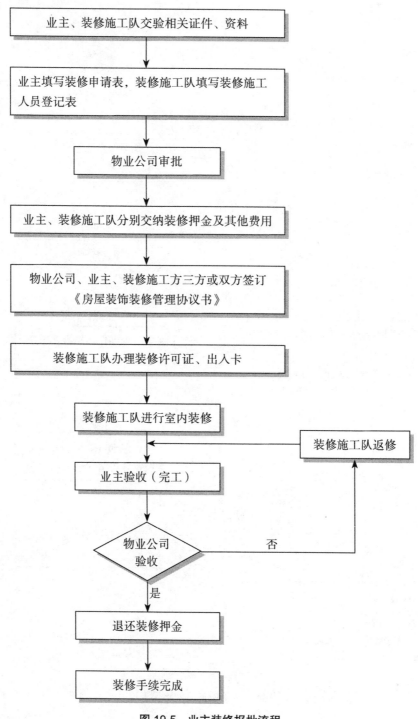

图 19-5 业主装修报批流程

19.6 基础设施和工作环境管理流程

基础设施和工作环境管理流程见图19-6。

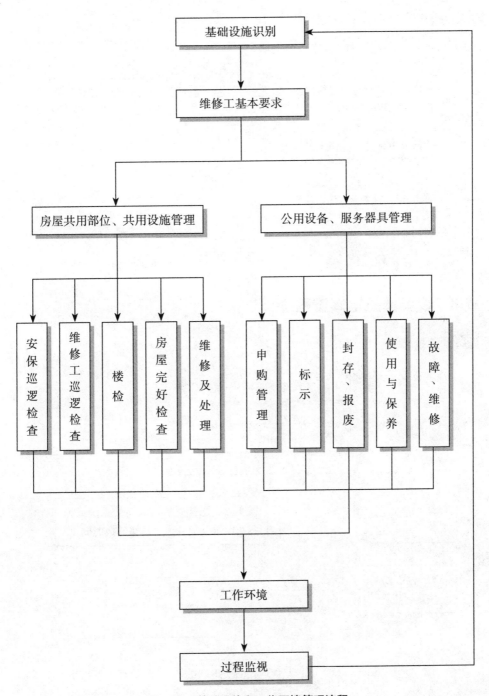

图 19-6 基础设施和工作环境管理流程

19.7 设备正常检修流程

设备正常检修流程见图19-7。

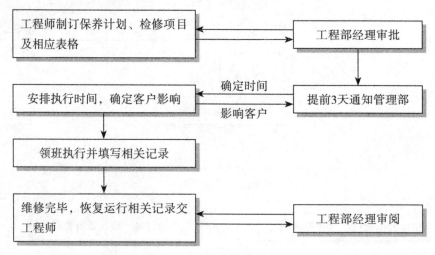

图 19-7　设备正常检修流程

19.8 设备紧急抢修流程

设备紧急抢修流程见图19-8。

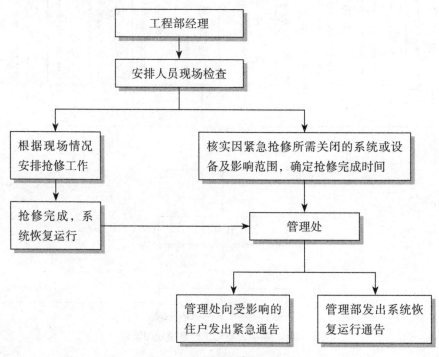

图 19-8　设备紧急抢修流程

19.9 机电设备管理流程

机电设备管理流程见图19-9。

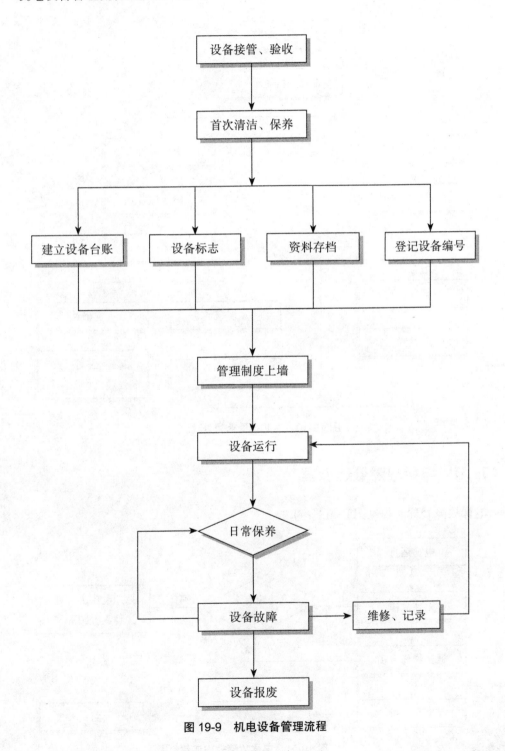

图 19-9 机电设备管理流程

19.10 消防报警信号处理流程

消防报警信号处理流程见图19-10。

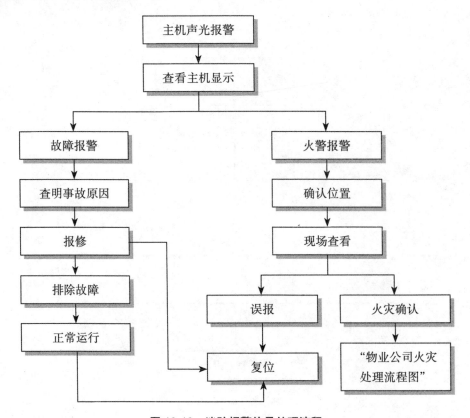

图 19-10 消防报警信号处理流程

19.11 电梯故障处理流程

电梯故障处理流程见图19-11。

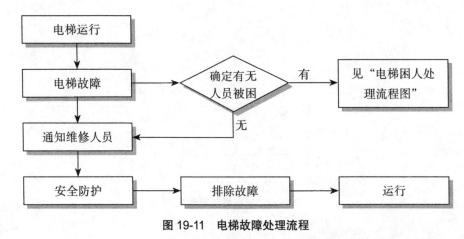

图 19-11 电梯故障处理流程

19.12 恒压变频生活供水系统操作流程

恒压变频生活供水系统操作流程见图19-12。

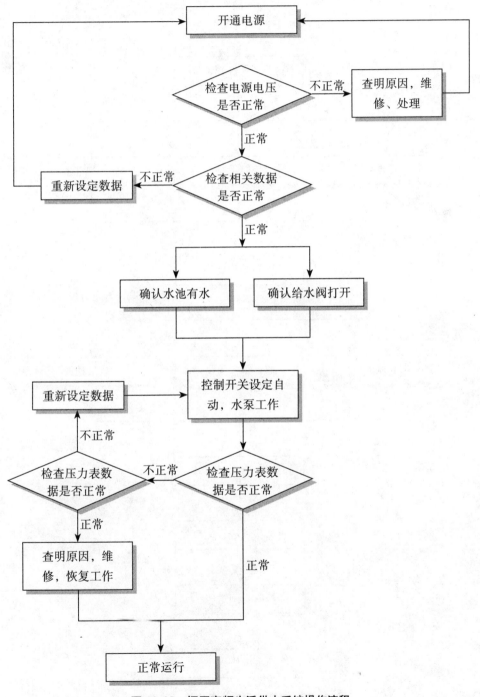

图 19-12 恒压变频生活供水系统操作流程

19.13 低压变配电设备维修保养流程

低压变配电设备维修保养流程见图19-13。

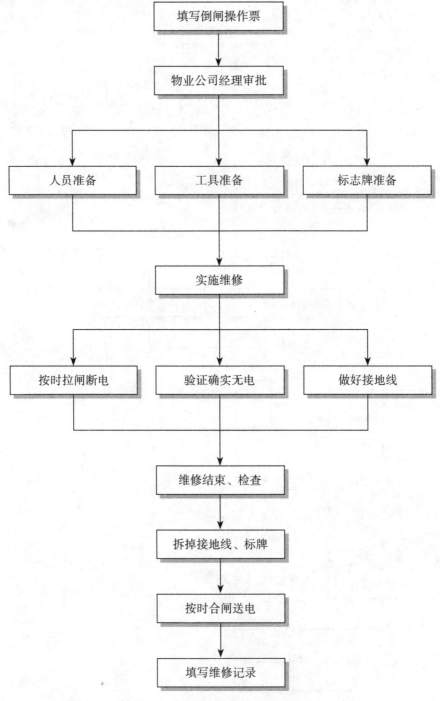

图 19-13 低压变配电设备维修保养流程

19.14 业主房屋自用部位及设施设备报修（保修期内）流程

业主房屋自用部位及设施设备报修（保修期内）流程见图19-14。

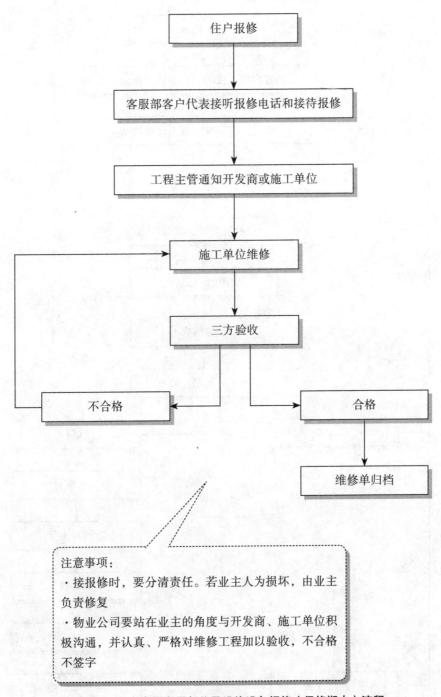

图 19-14 业主房屋自用部位及设施设备报修（保修期内）流程

19.15 业主房屋自用部位及设施设备报修（保修期外）流程

业主房屋自用部位及设施设备报修（保修期外）流程见图19-15。

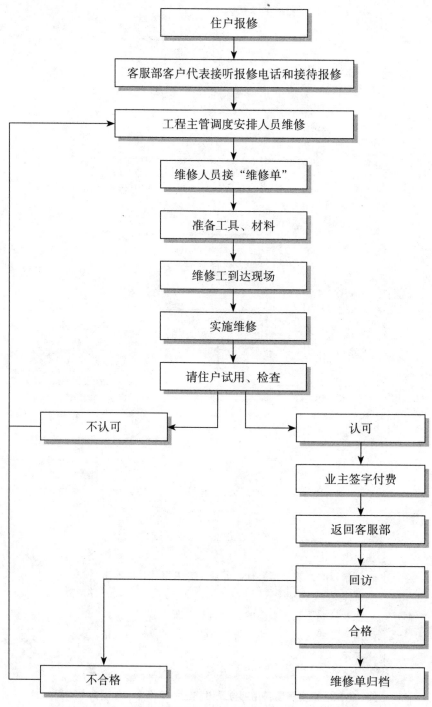

图 19-15 业主房屋自用部位及设施设备报修（保修期外）流程

19.16 房屋共用部位及公共区域设施设备报修（保修期外）流程

房屋共用部位及公共区域设施设备报修（保修期外）流程见图19-16。

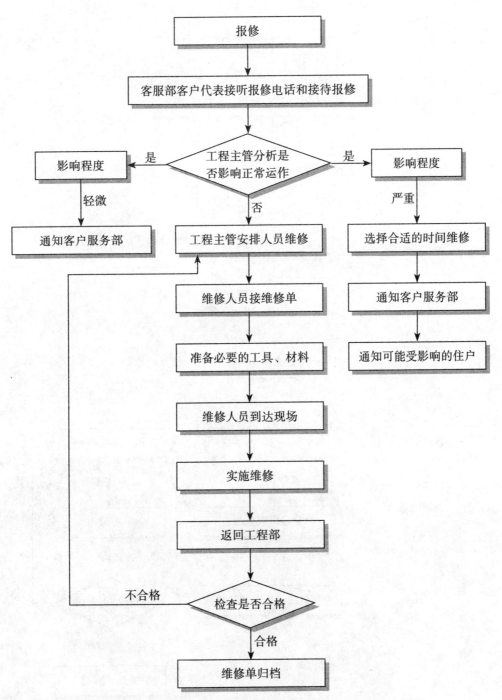

图 19-16 房屋共用部位及公共区域设施设备报修（保修期外）流程

19.17　房屋共用部位及公共区域设施设备报修（保修期内）流程

房屋共用部位及公共区域设施设备报修（保修期内）流程见图19-17。

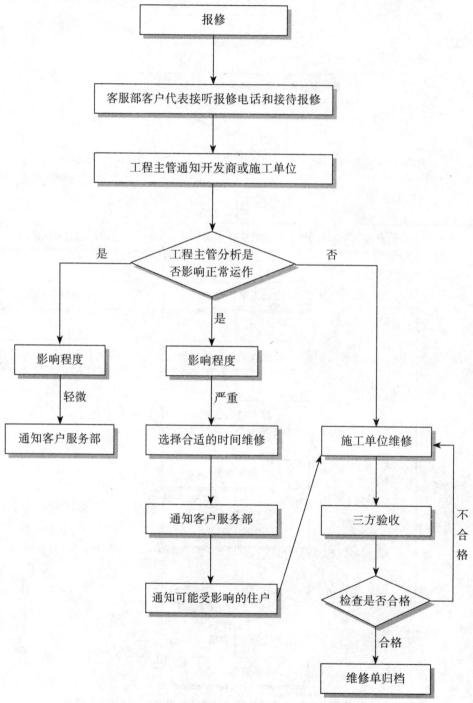

图 19-17　房屋共用部位及公共区域设施设备报修（保修期内）流程

19.18 房屋主体设施修缮流程

房屋主体设施修缮流程见图19-18。

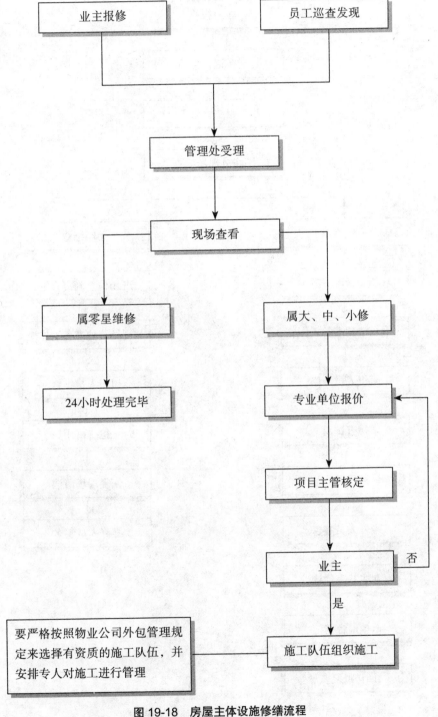

图 19-18 房屋主体设施修缮流程

19.19 工程报修处理流程

工程报修处理流程见图19-19。

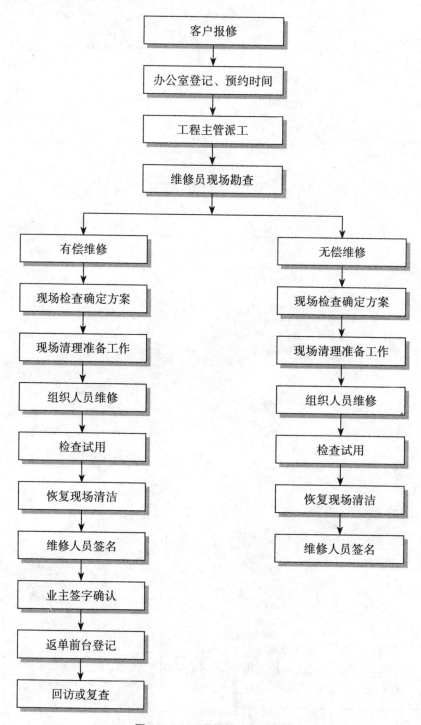

图 19-19 工程报修处理流程

19.20 日常维修工作流程

日常维修工作流程见图19-20。

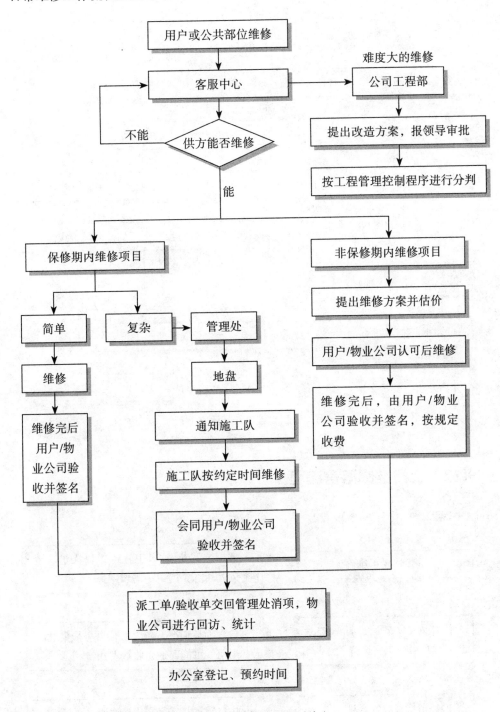

注：难度大的维修：金额在_____元以上的维修项目（含）。

图 19-20　日常维修工作流程

19.21 维修接待语言流程

维修接待语言流程见图19-21。

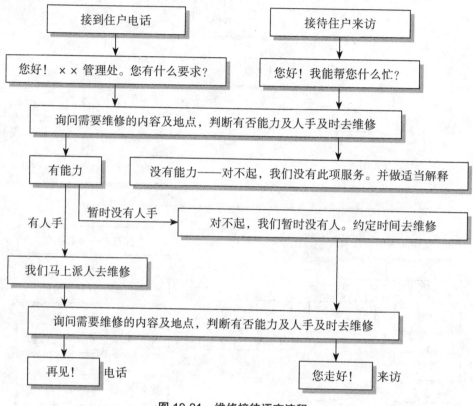

图 19-21　维修接待语言流程

19.22 上门维修语言流程

上门维修语言流程见图19-22。

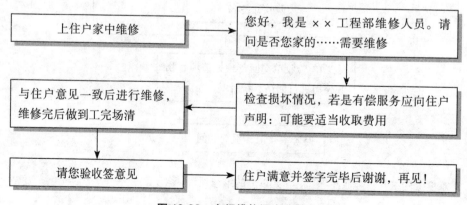

图 19-22　上门维修语言流程

19.23 水管爆裂或突发跑水事件工程应急处理流程

水管爆裂或突发跑水事件工程应急处理流程见图19-23。

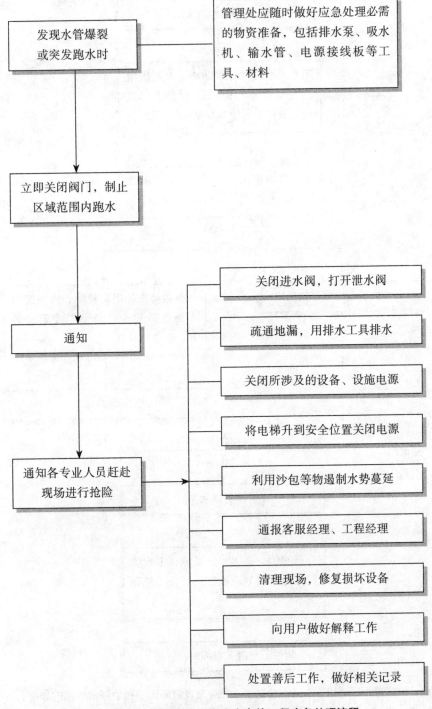

图 19-23 水管爆裂或突发跑水事件工程应急处理流程

19.24 小区停水工程应急处理流程

小区停水工程应急处理流程见图19-24。

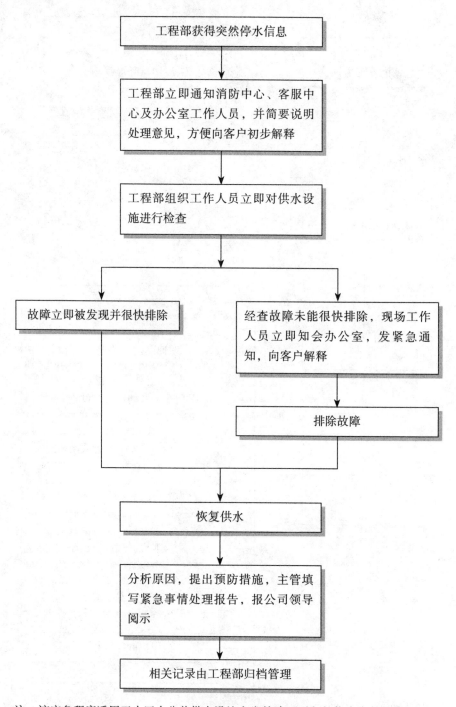

注：该应急程序适用于小区内公共供水设施突发故障而引起的停水事件的处理。

图 19-24 小区停水工程应急处理流程

19.25 小区停电工程应急处理流程

小区停电工程应急处理流程见图19-25。

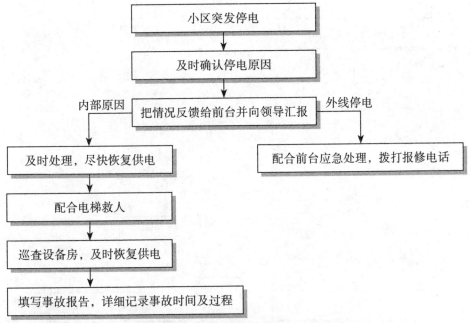

图 19-25 小区停电工程应急处理流程

19.26 给排水系统应急处理流程（排水系统故障）

给排水系统应急处理流程（排水系统故障）见图19-26。

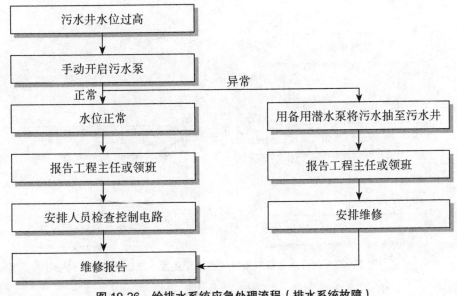

图 19-26 给排水系统应急处理流程（排水系统故障）

19.27 给排水设备应急处理流程（生活水泵故障处理）

给排水设备应急处理流程（生活水泵故障处理）见图19-27。

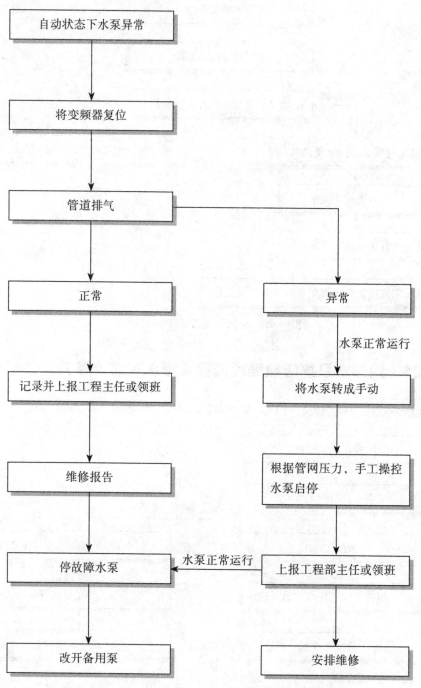

图 19-27 给排水设备应急处理流程（生活水泵故障处理）

19.28 中央空调系统应急处理流程（冷水机组）

中央空调系统应急处理流程（冷水机组）见图19-28。

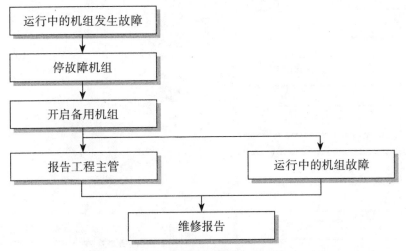

图 19-28 中央空调系统应急处理流程（冷水机组）

19.29 中央空调系统应急处理流程（水泵）

中央空调系统应急处理流程（水泵）见图19-29。

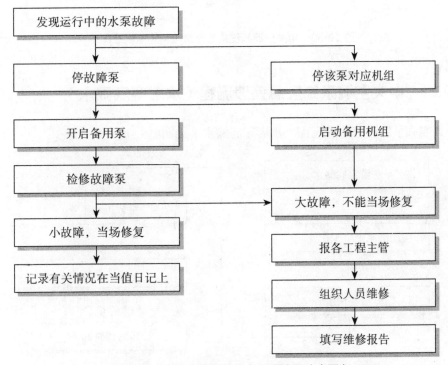

图 19-29 中央空调系统应急处理流程（水泵）

19.30 中央空调系统应急处理流程（电机故障）

中央空调系统应急处理流程（电机故障）见图19-30。

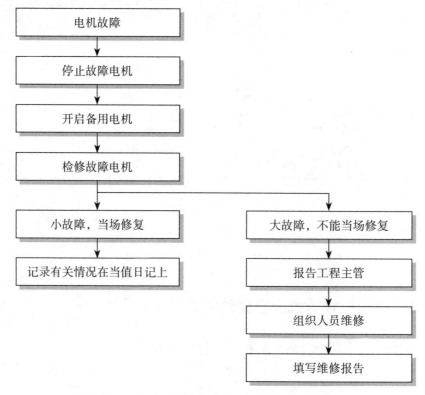

图 19-30 中央空调系统应急处理流程（电机故障）

19.31 中央空调系统应急处理流程（水塔穿底漏水）

中央空调系统应急处理流程（水塔穿底漏水）见图19-31。

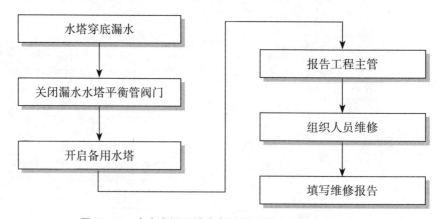

图 19-31 中央空调系统应急处理流程（水塔穿底漏水）

19.32 中央空调系统应急处理流程（水塔溢漏）

中央空调系统应急处理流程（水塔溢漏）见图19-32。

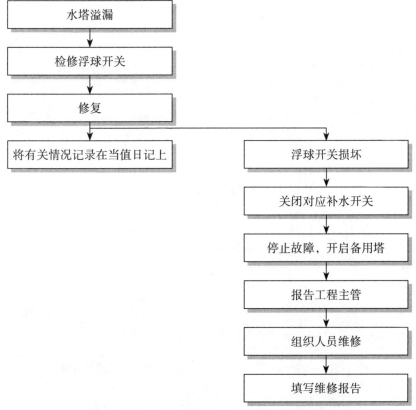

图 19-32 中央空调系统应急处理流程（水塔溢漏）

19.33 中央空调系统应急处理流程（空调机房内管网漏水）

中央空调系统应急处理流程（空调机房内管网漏水）见图19-33。

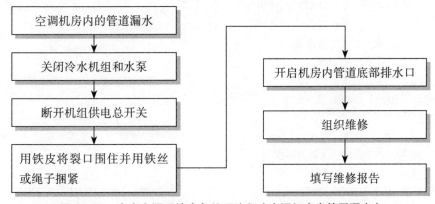

图 19-33 中央空调系统应急处理流程（空调机房内管网漏水）

19.34　中央空调系统应急处理流程（空调机房内伸缩节破裂）

中央空调系统应急处理流程（空调机房内伸缩节破裂）见图19-34。

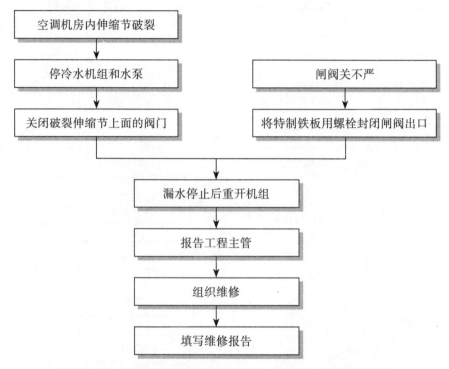

图19-34　中央空调系统应急处理流程（空调机房内伸缩节破裂）

19.35　中央空调系统应急处理流程（400毫米管道漏水）

中央空调系统应急处理流程（400毫米管道漏水）见图19-35。

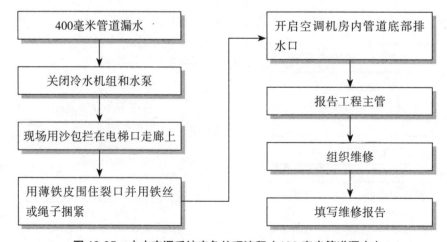

图19-35　中央空调系统应急处理流程（400毫米管道漏水）

19.36 中央空调系统应急处理流程（水平管道漏水）

中央空调系统应急处理流程（水平管道漏水）见图19-36。

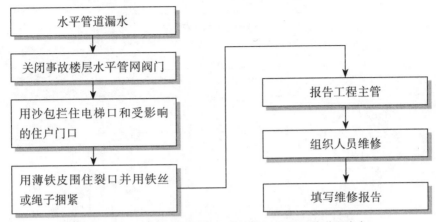

图 19-36 中央空调系统应急处理流程（水平管道漏水）

19.37 公共区域分体空调运行管理流程

公共区域分体空调运行管理流程见图19-37。

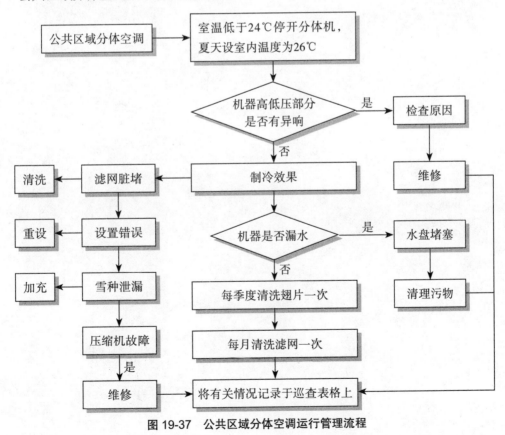

图 19-37 公共区域分体空调运行管理流程

19.38 燃气泄漏排险预案流程

燃气泄漏排险预案流程见图19-38。

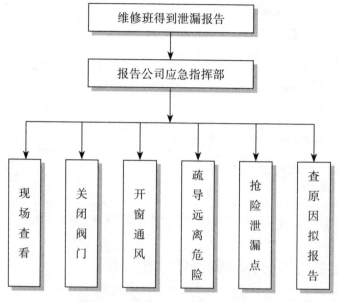

图 19-38 燃气泄漏排险预案流程

第20章

保洁绿化服务流程

20.1 清洁管理流程

清洁管理流程见图20-1。

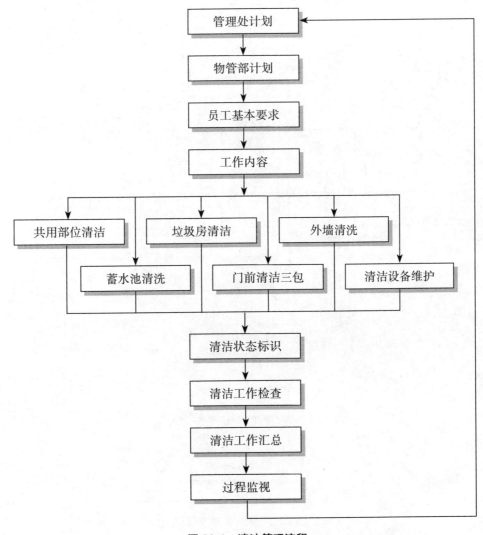

图 20-1 清洁管理流程

20.2 绿化管理流程

绿化管理流程见图20-2。

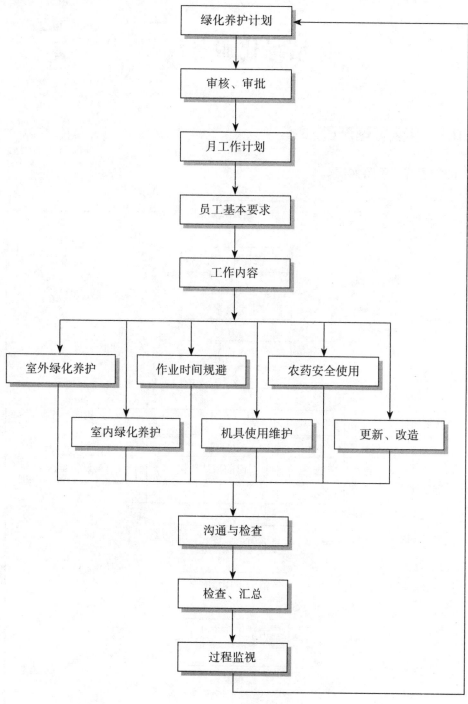

图20-2 绿化管理流程

20.3 保洁、绿化、消杀外包控制流程

保洁、绿化、消杀外包控制流程见图20-3。

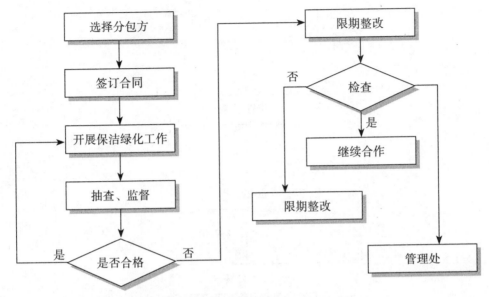

图 20-3　保洁、绿化、消杀外包控制流程

20.4 消杀工作管理流程

消杀工作管理流程见图20-4。

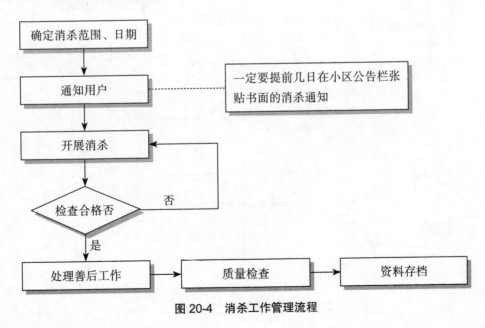

图 20-4　消杀工作管理流程

20.5 绿化管理流程

绿化管理流程见图20-5。

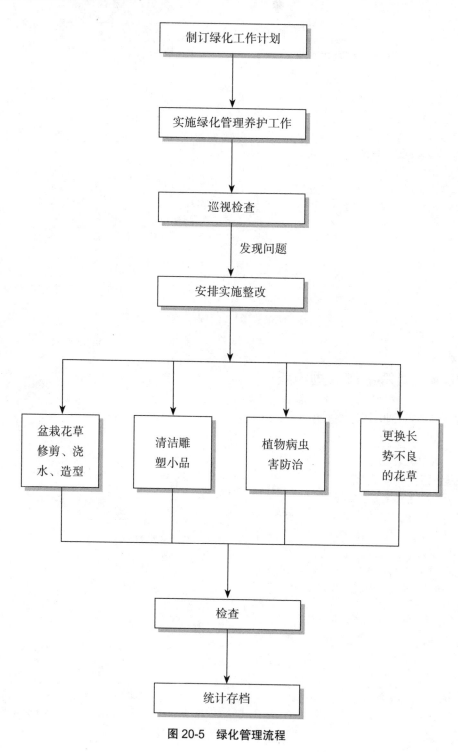

图 20-5 绿化管理流程

20.6 清洁不合格服务处理流程

清洁不合格服务处理流程见图20-6。

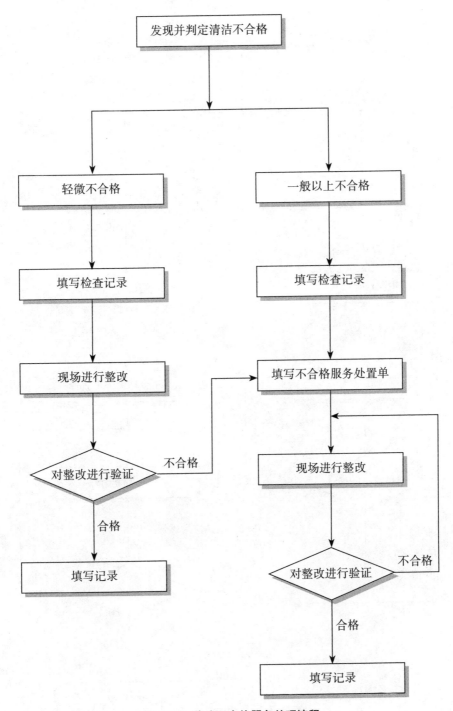

图 20-6 清洁不合格服务处理流程

20.7 绿化不合格服务处理流程

绿化不合格服务处理流程见图20-7。

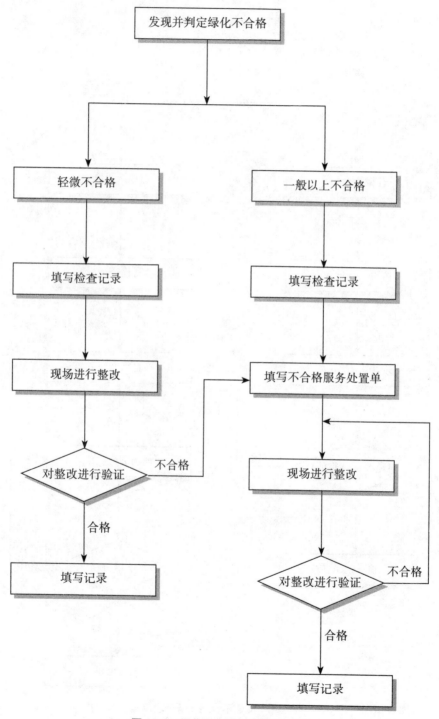

图 20-7 绿化不合格服务处理流程

20.8 清洁绿化主管检查流程

清洁绿化主管检查流程见图20-8。

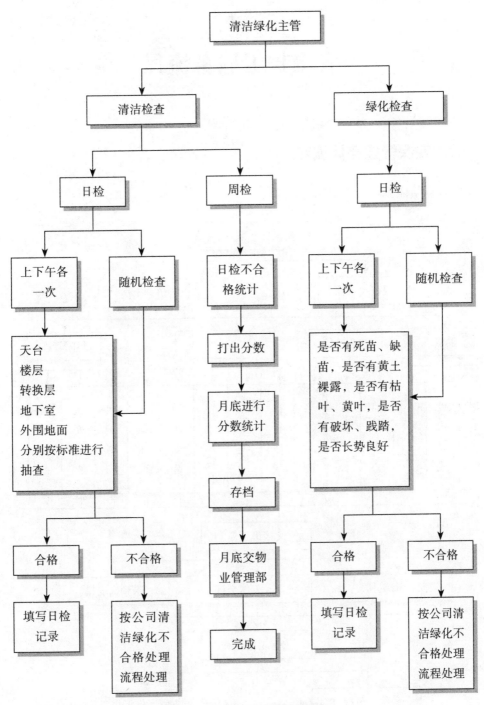

图 20-8　清洁绿化主管检查流程

第21章 安全护卫服务流程

21.1 安保管理整体流程

安保管理整体流程见图21-1。

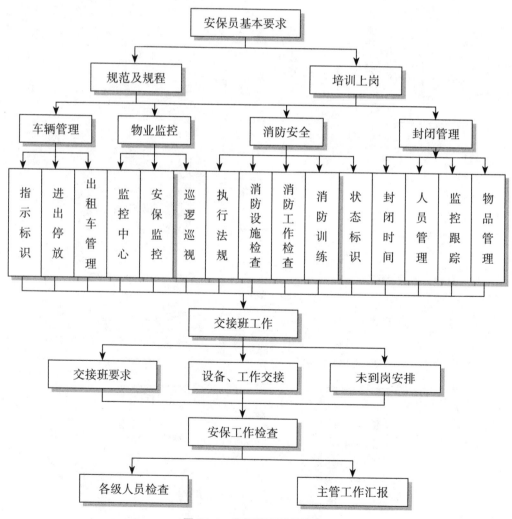

图 21-1 安保管理整体流程

21.2 保安主管工作流程

保安主管工作流程见图21-2。

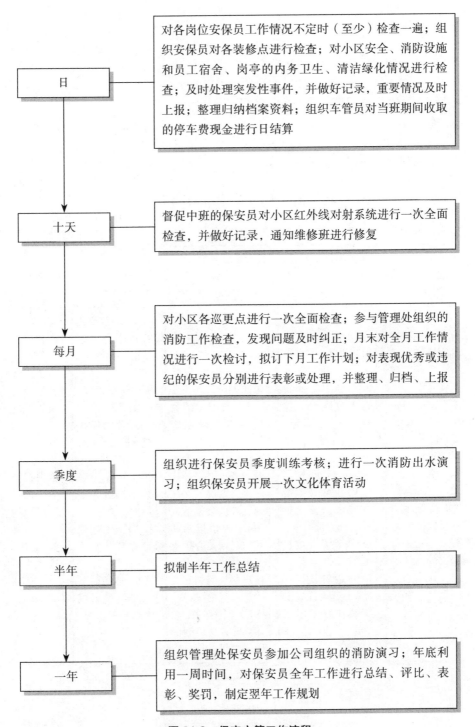

图 21-2 保安主管工作流程

21.3 班长日检查工作流程

班长日检查工作流程见图21-3。

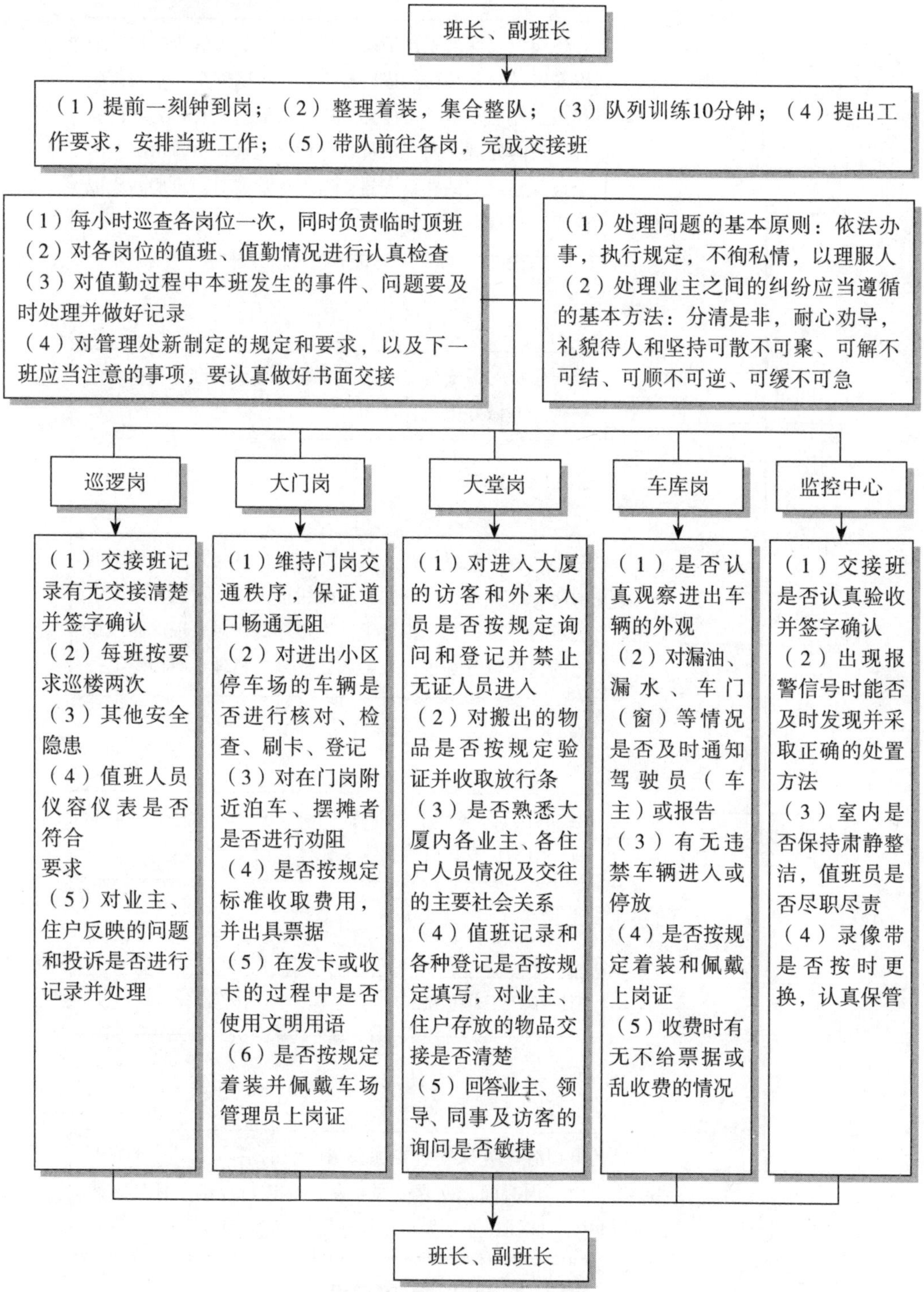

图21-3 班长日检查工作流程

21.4 保安工作督导流程

保安工作督导流程见图21-4。

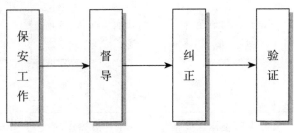

图 21-4 保安工作督导流程

21.5 门岗保安员工作流程

门岗保安员工作流程见图21-5。

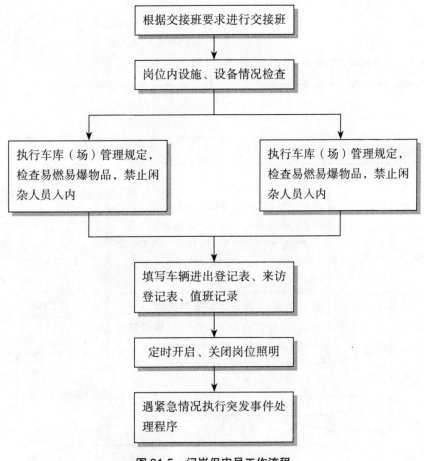

图 21-5 门岗保安员工作流程

21.6 巡逻岗保安员操作流程

巡逻岗保安员操作流程见图21-6。

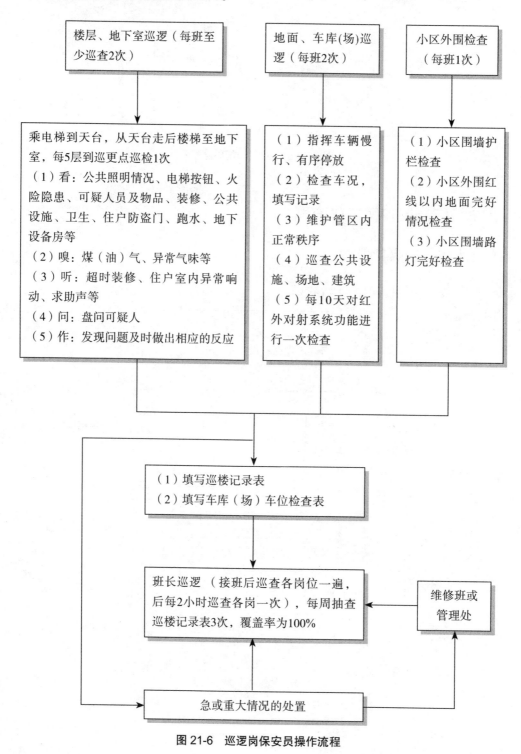

图21-6 巡逻岗保安员操作流程

21.7 车库（场）岗位工作流程

车库（场）岗位工作流程见图21-7。

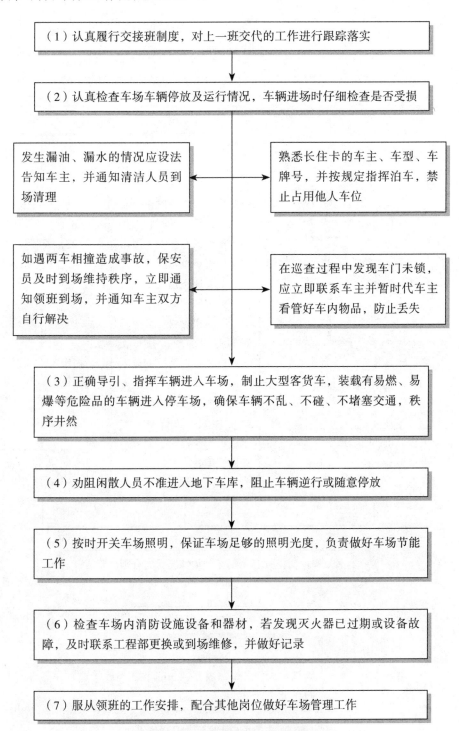

图 21-7 车库（场）岗位工作流程

21.8 业主（用户）搬迁物品操作流程

业主（用户）搬迁物品操作流程见图21-8。

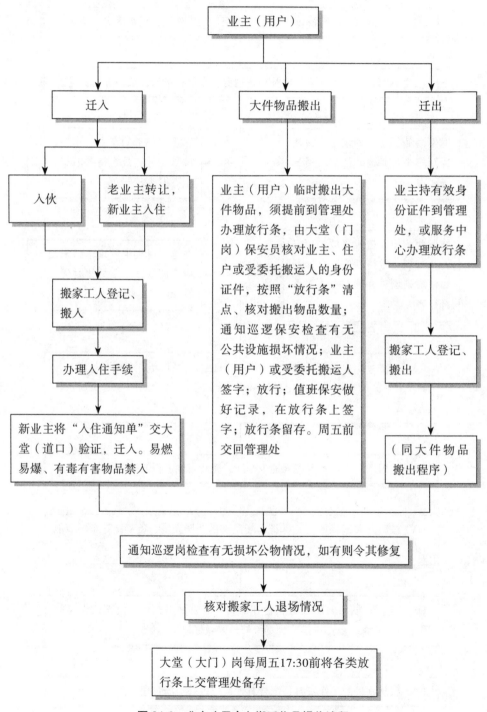

图21-8 业主（用户）搬迁物品操作流程

21.9 外来人员出入管理流程

外来人员出入管理流程见图21-9。

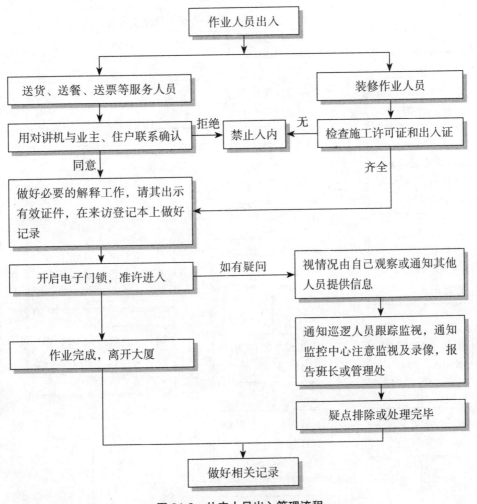

图21-9 外来人员出入管理流程

21.10 业主（用户）临时存放物品管理流程

业主（用户）临时存放物品管理流程见图21-10。

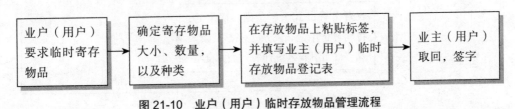

图21-10 业户（用户）临时存放物品管理流程

21.11 停车库（场）收缴费管理流程

停车库（场）收缴费管理流程见图21-11。

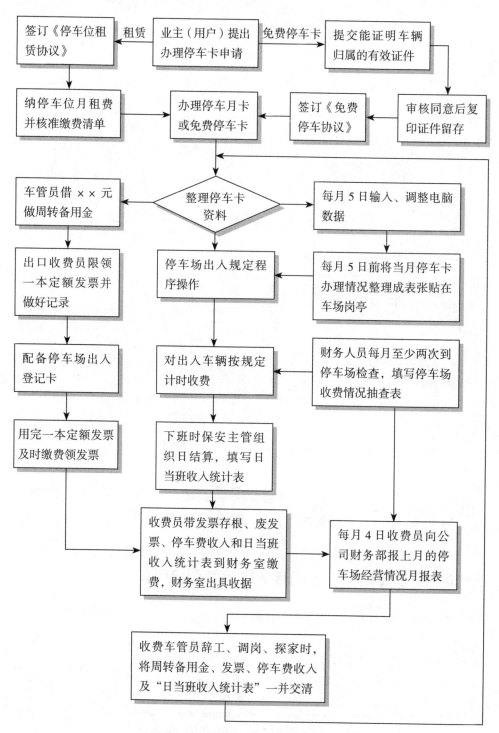

图21-11 停车库（场）收缴费管理流程

21.12 车库（场）车辆异常情况处置流程

车库（场）车辆异常情况处置流程见图21-12。

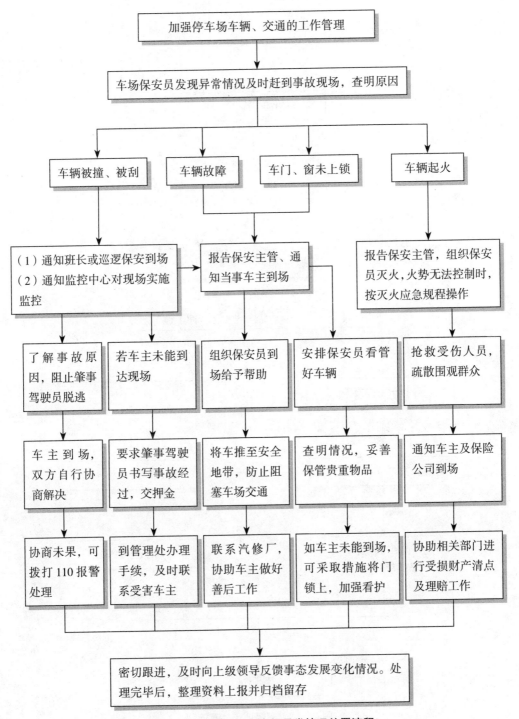

图 21-12 车库（场）车辆异常情况处置流程

21.13 车辆冲卡处置流程

车辆冲卡处置流程见图21-13。

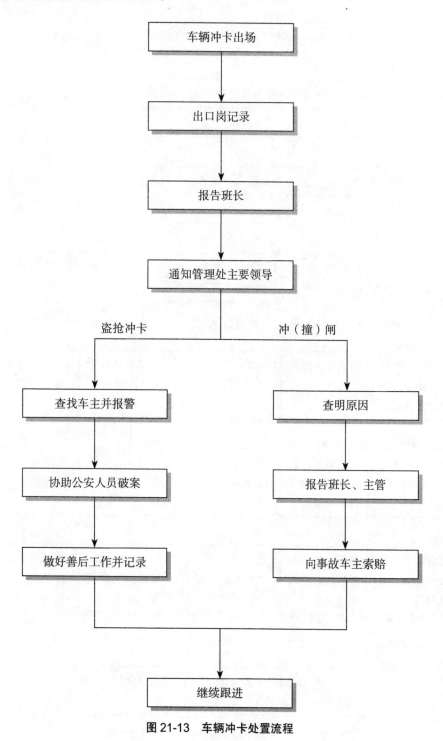

图 21-13 车辆冲卡处置流程

21.14 发现可疑人员开车出停车场处置流程

发现可疑人员开车出停车场处置流程见图21-14。

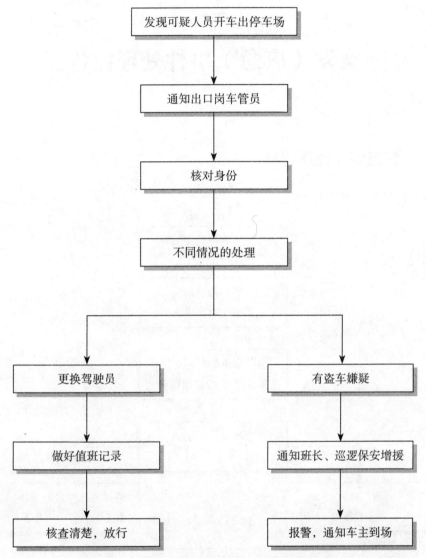

图 21-14 发现可疑人员开车出停车场处置流程

第22章

突发（应急）事件处理流程

22.1 突发事件处理流程

突发事件处理流程见图22-1。

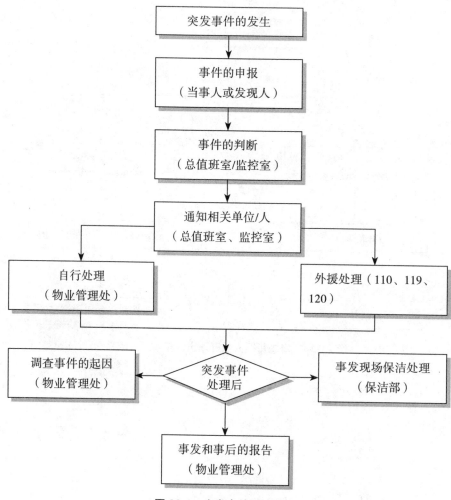

图 22-1　突发事件处理流程

22.2 应急响应流程

应急响应流程见图22-2。

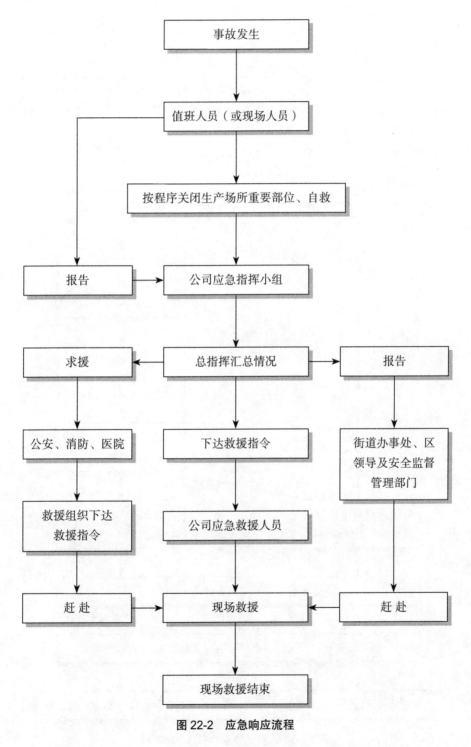

图 22-2 应急响应流程

22.3 人员坠楼事件应急预案流程

人员坠楼事件应急预案流程见图22-3。

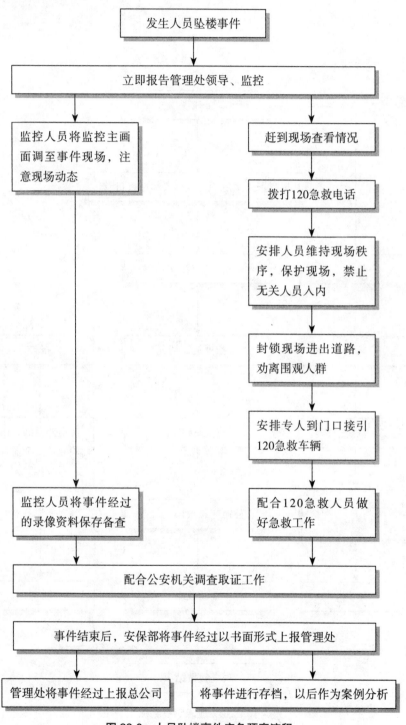

图 22-3 人员坠楼事件应急预案流程

22.4 高空抛物应急处理流程

高空抛物应急处理流程见图22-4。

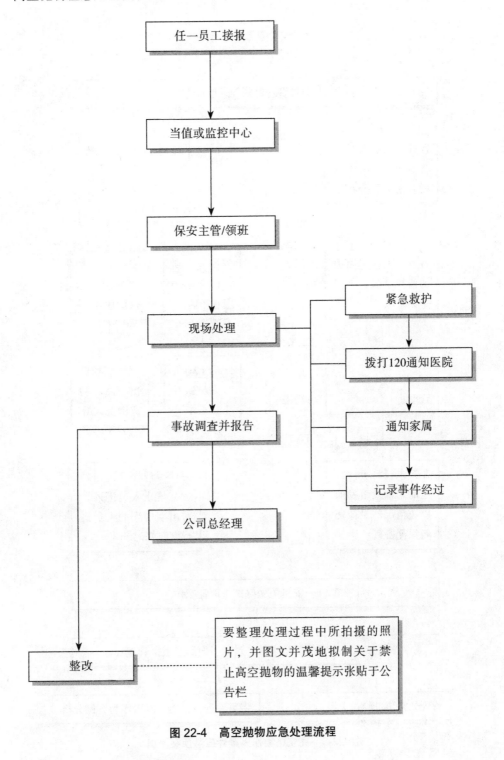

图 22-4 高空抛物应急处理流程

22.5 高空坠物伤人事件应急预案流程

高空坠物伤人事件应急预案流程见图22-5。

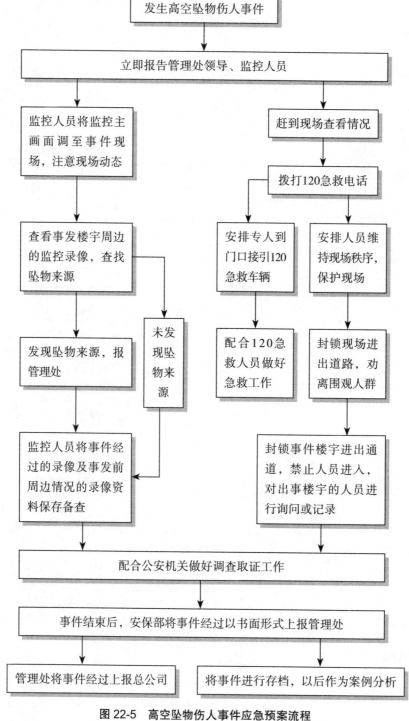

图 22-5 高空坠物伤人事件应急预案流程

22.6 触电事故应急预案流程

触电事故应急预案流程见图22-6。

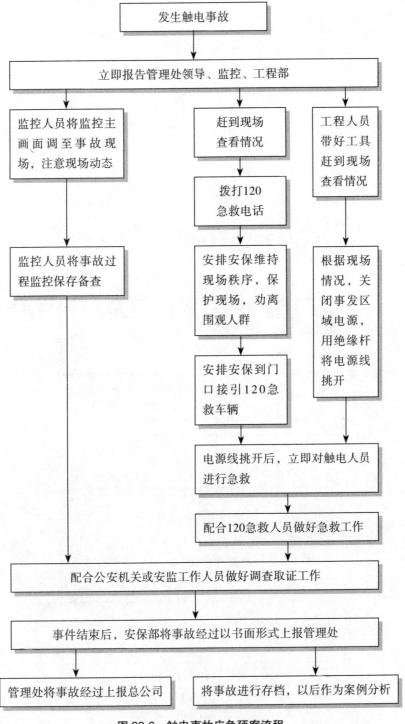

图 22-6 触电事故应急预案流程

22.7 有通知的停电应急预案流程

有通知的停电应急预案流程见图22-7。

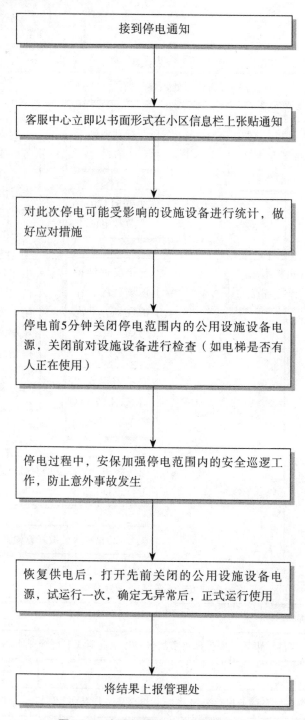

图 22-7 有通知的停电应急预案流程

22.8 突发停电事故应急预案

突发停电事故应急预案见图22-8。

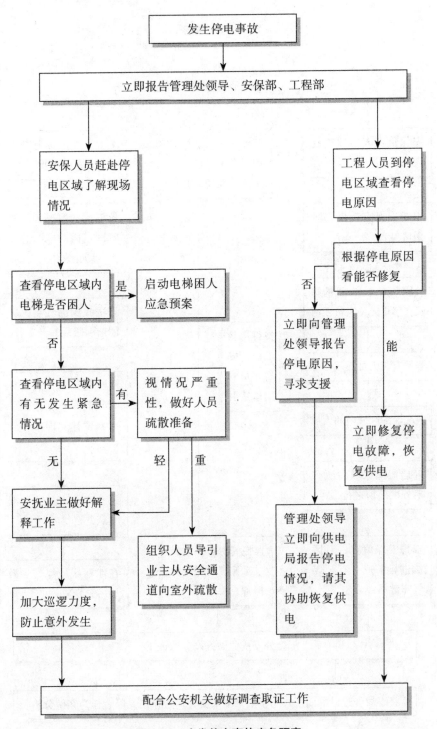

图 22-8 突发停电事故应急预案

22.9 煤气泄漏事故应急预案

煤气泄漏事故应急预案见图22-9。

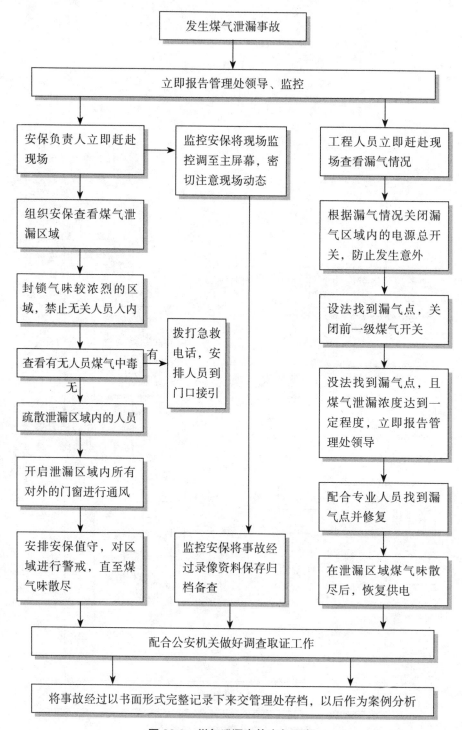

图 22-9 煤气泄漏事故应急预案

22.10 水浸事故应急预案流程

水浸事故应急预案流程见图22-10。

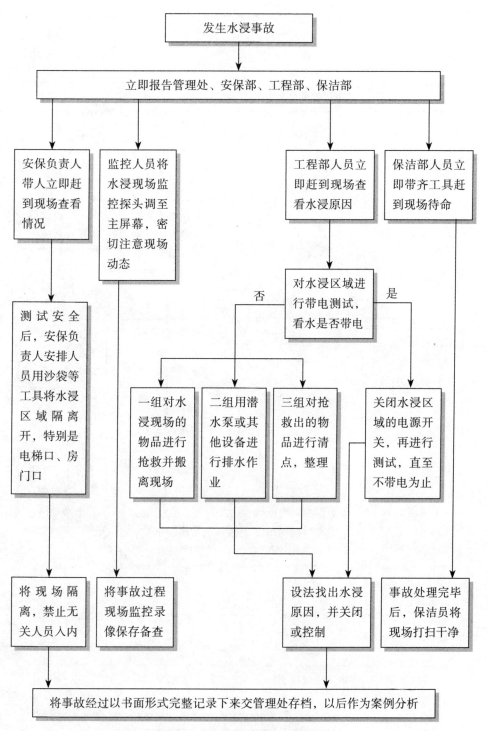

图 22-10 水浸事故应急预案流程

22.11 水管爆裂事故应急预案流程

水管爆裂事故应急预案流程见图22-11。

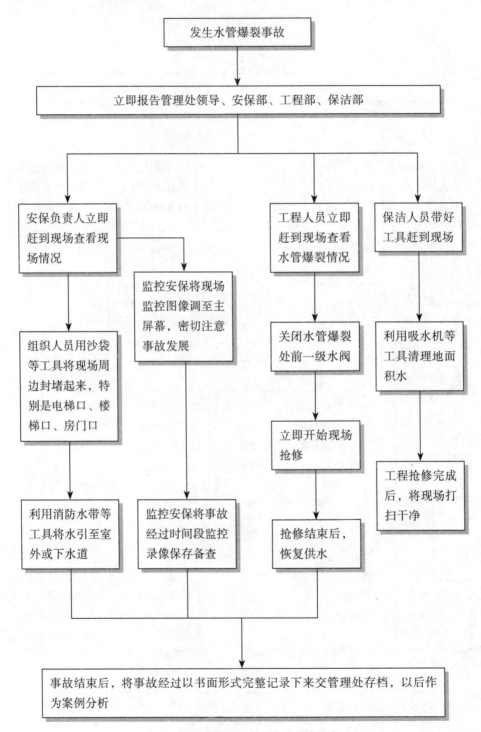

图 22-11 水管爆裂事故应急预案流程

22.12 电梯困人事故应急预案流程

电梯困人事故应急预案流程见图22-12。

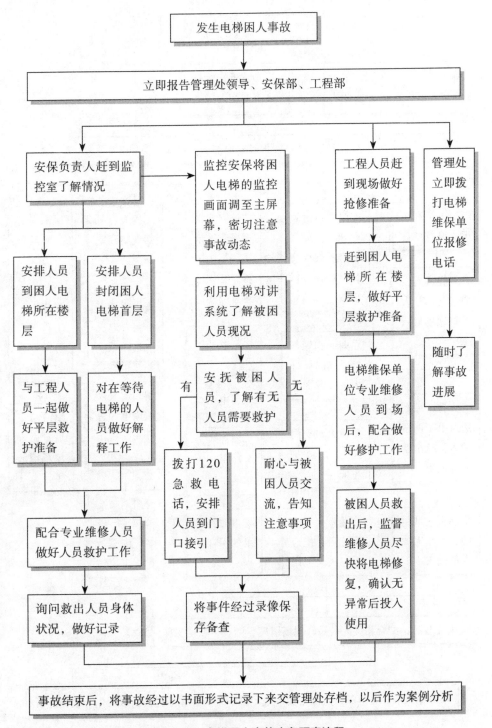

图 22-12 电梯困人事故应急预案流程

22.13 火警处置应急预案流程

火警处置应急预案流程见图22-13。

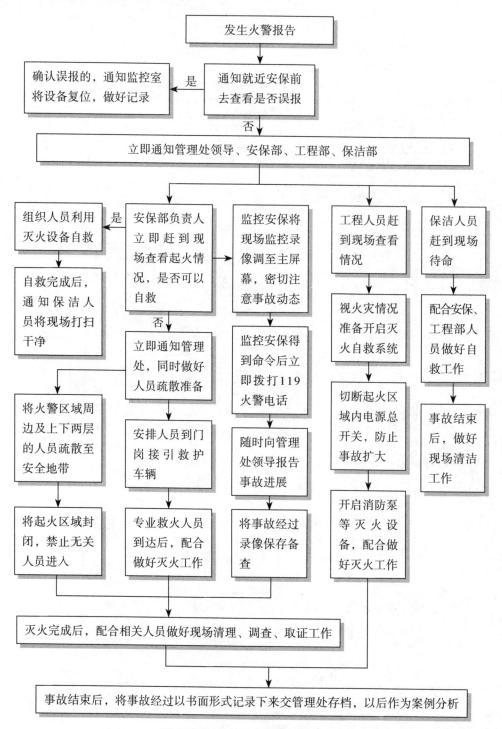

图 22-13 火警处置应急预案流程

22.14 二级火警处理流程（商业物业）

二级火警处理流程（商业物业）见图22-14。

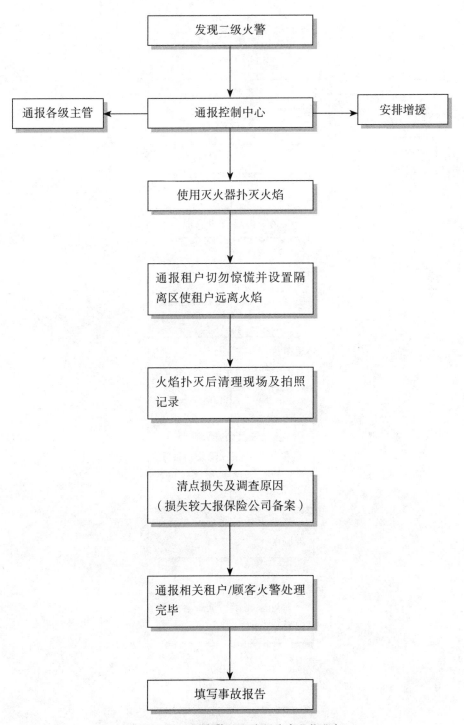

图 22-14 二级火警处理流程（商业物业）

22.15 一级火警处理流程（商业物业）

一级火警处理流程（商业物业）见图22-15。

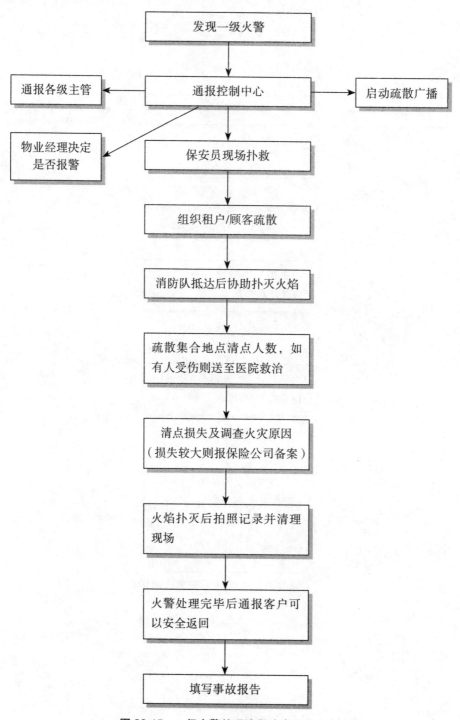

图 22-15 一级火警处理流程（商业物业）

22.16 盗窃事件处置应急预案流程

盗窃事件处置应急预案流程见图22-16。

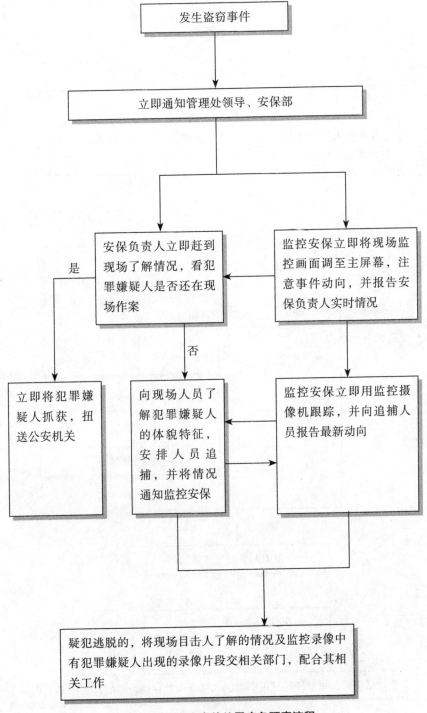

图 22-16 盗窃事件处置应急预案流程

22.17 打架斗殴事件处理应急预案流程

打架斗殴事件处理应急预案流程见图22-17。

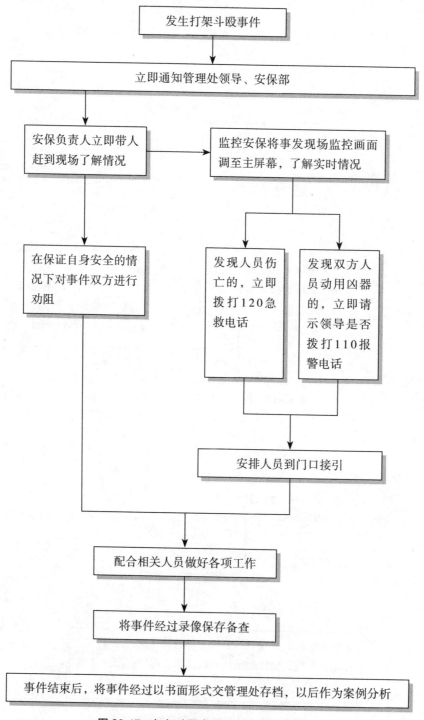

图 22-17 打架斗殴事件处理应急预案流程

22.18 跑水处理流程（商业物业）

跑水处理流程（商业物业）见图22-18。

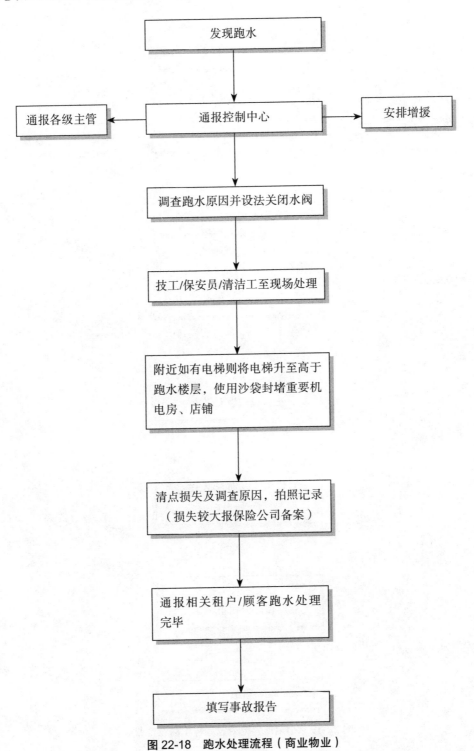

图22-18　跑水处理流程（商业物业）

22.19 小范围停电处置流程（商业物业）

小范围停电处置流程（商业物业）见图22-19。

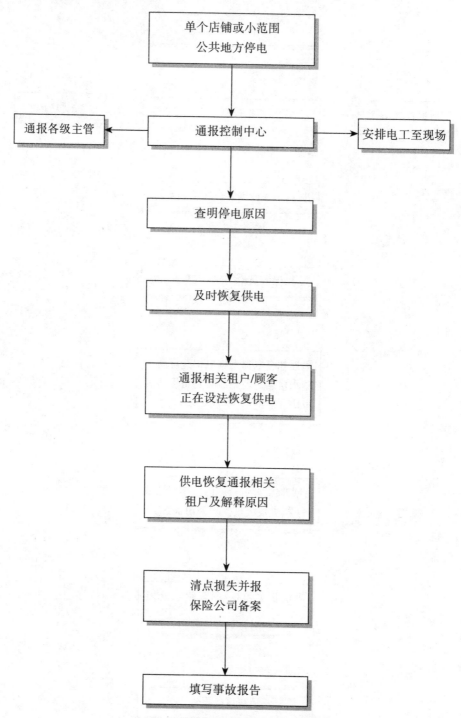

图 22-19　小范围停电处置流程（商业物业）

22.20 大范围停电处理流程（商业物业）

大范围停电处理流程（商业物业）见图22-20。

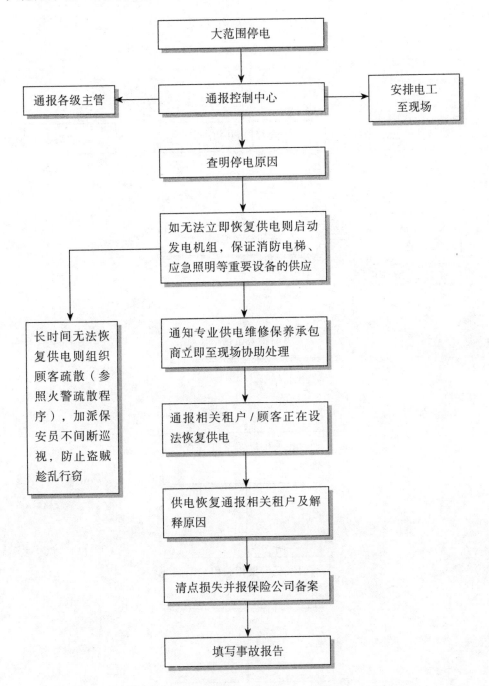

注：发生大面积停电事故时必须留意是否有人被困电梯，并按照"电梯困人处理程序"处理。

图 22-20 大范围停电处理流程（商业物业）

22.21 通信中断处理流程（商业物业）

通信中断处理流程（商业物业）见图22-21。

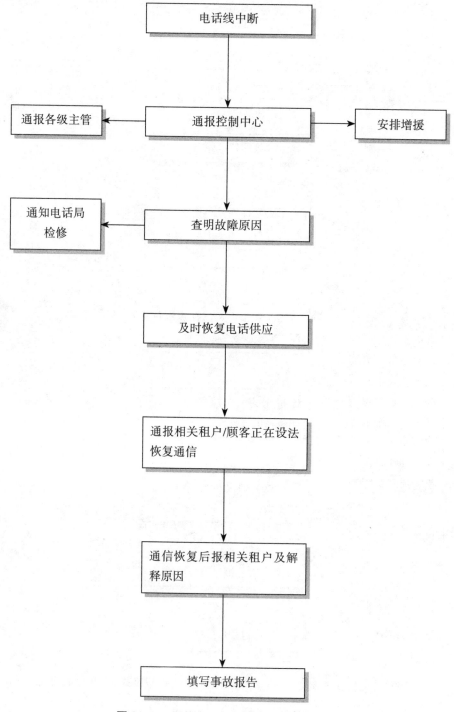

图 22-21　通信中断处理流程（商业物业）

22.22 电梯困人处理流程（商业物业）

电梯困人处理流程（商业物业）见图22-22。

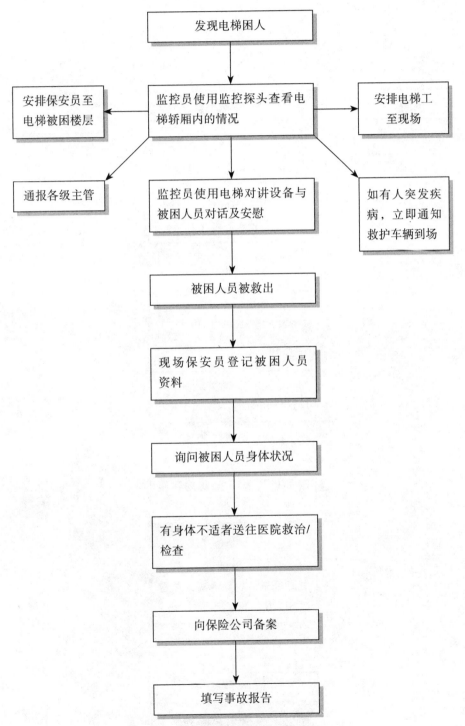

图 22-22　电梯困人处理流程（商业物业）

22.23 燃气泄漏处理流程

燃气泄漏处理流程见图22-23。

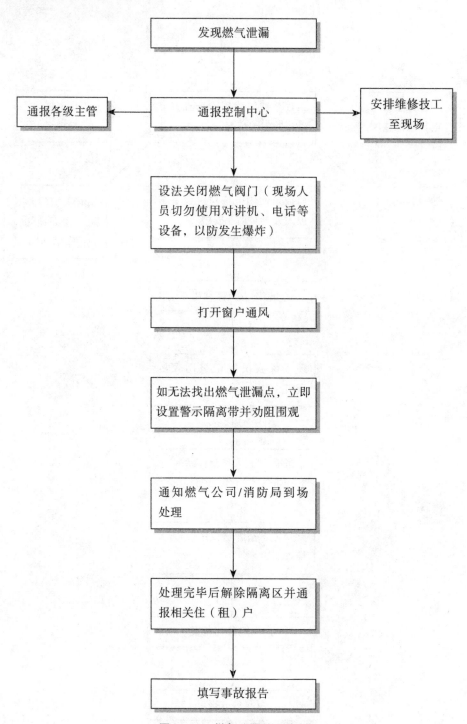

图 22-23 燃气泄漏处理流程

22.24 幕墙玻璃坠落处理流程（已发生）

幕墙玻璃坠落处理流程（已发生）见图22-24。

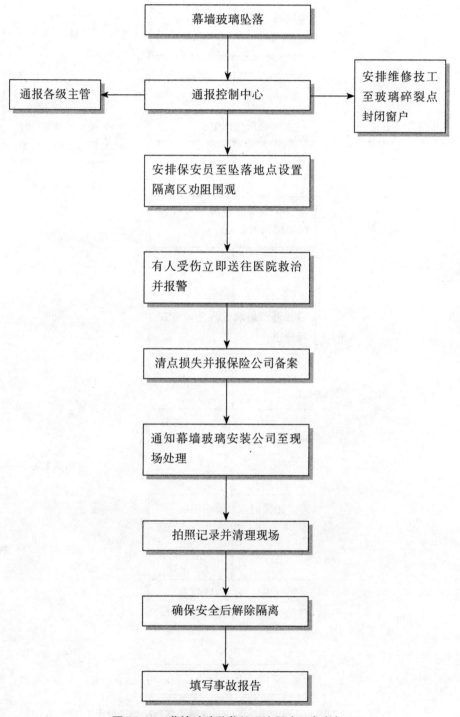

图 22-24 幕墙玻璃坠落处理流程（已发生）

22.25　幕墙玻璃坠落处理流程（有危险尚未发生）

幕墙玻璃坠落处理流程（有危险尚未发生）见图22-25。

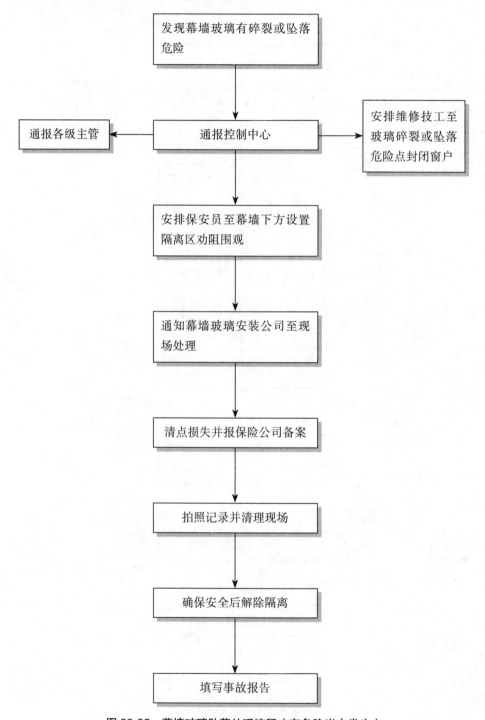

图 22-25　幕墙玻璃坠落处理流程（有危险尚未发生）

22.26 炸弹恐吓处理流程

炸弹恐吓处理流程见图22-26。

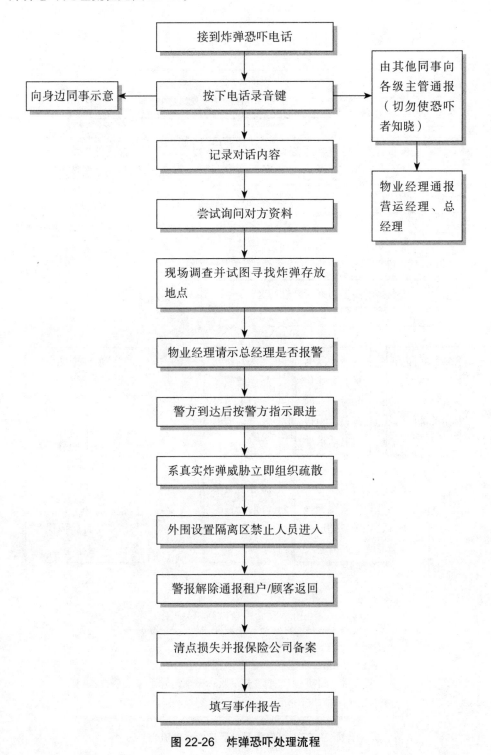

图22-26 炸弹恐吓处理流程

22.27 可疑物品处置应急预案流程

可疑物品处置应急预案流程见图22-27。

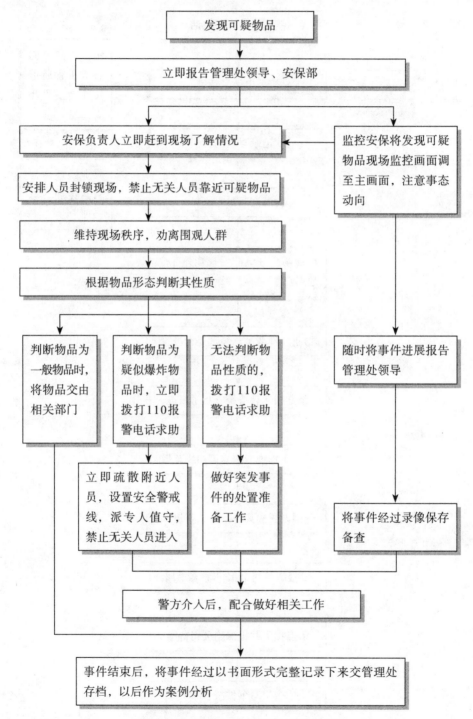

图22-27 可疑物品处置应急预案流程

22.28 发现可疑物品/邮包处理流程

发现可疑物品/邮包处理流程见图22-28。

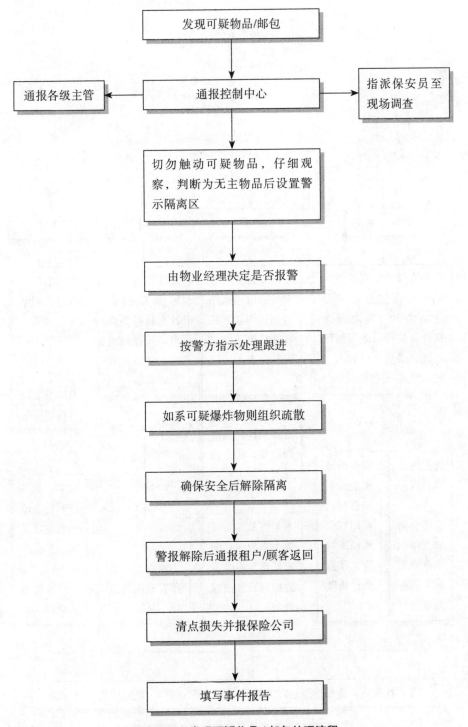

图22-28 发现可疑物品/邮包处理流程

22.29 灾害性天气处置应急预案流程

灾害性天气处置应急预案流程见图22-29。

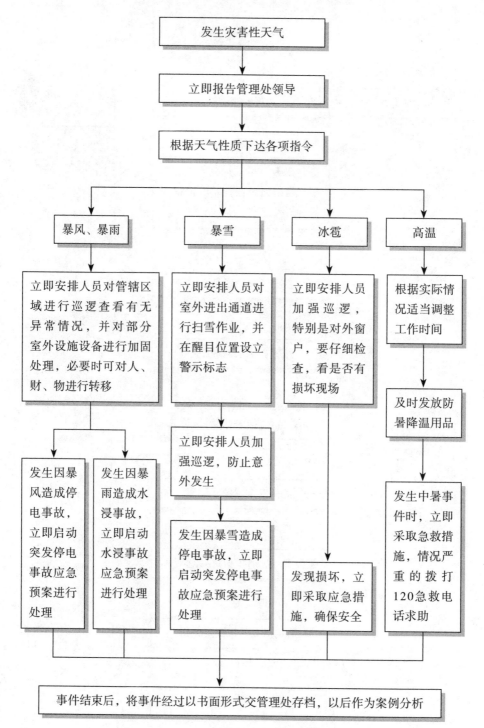

图22-29 灾害性天气处置应急预案流程

22.30 台风、暴雨、大风、沙尘暴天气处理流程

台风、暴雨、大风、沙尘暴天气处理流程见图22-30。

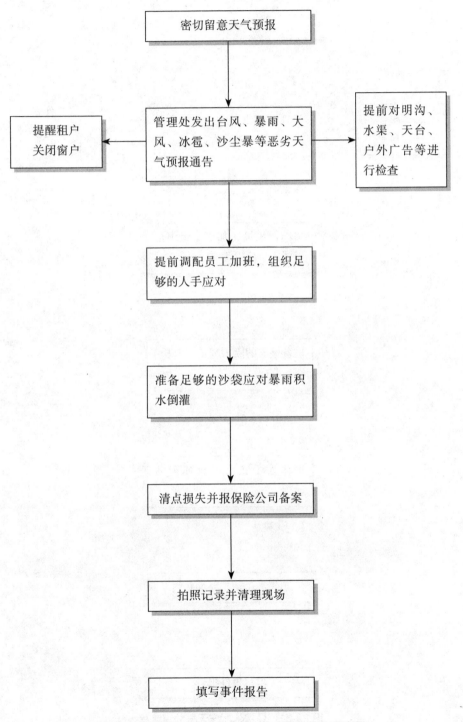

图22-30 台风、暴雨、大风、沙尘暴天气处理流程

22.31 暴雪、冰冻天气处理流程

暴雪、冰冻天气处理流程见图22-31。

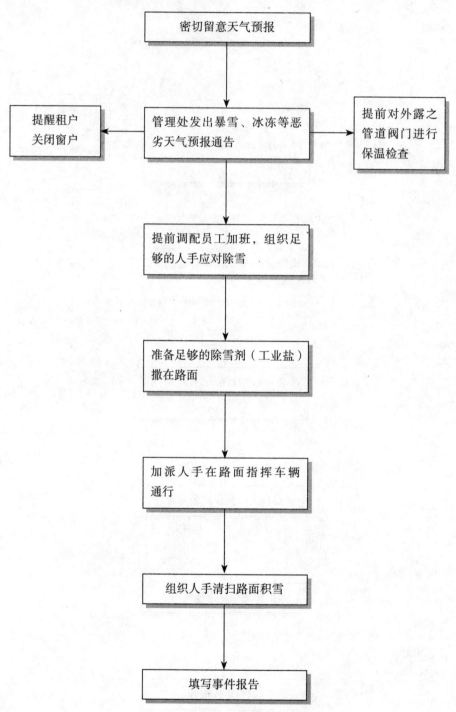

图 22-31 暴雪、冰冻天气处理流程

22.32 地震灾害处理流程

地震灾害处理流程见图22-32。

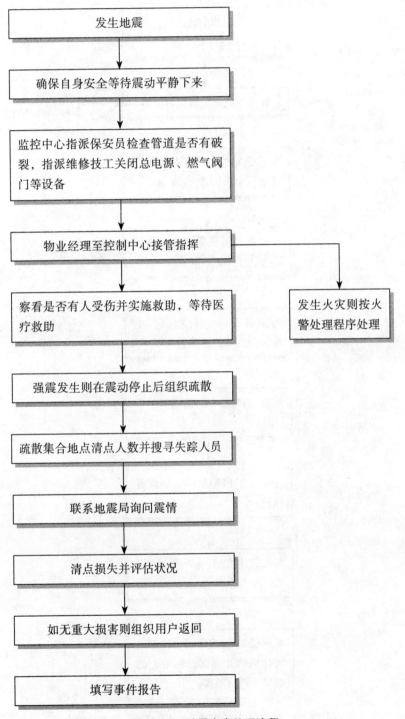

图 22-32 地震灾害处理流程

22.33 传染性疾病处理流程（SARS、禽流感等）

传染性疾病处理流程（SARS、禽流感等）见图22-33。

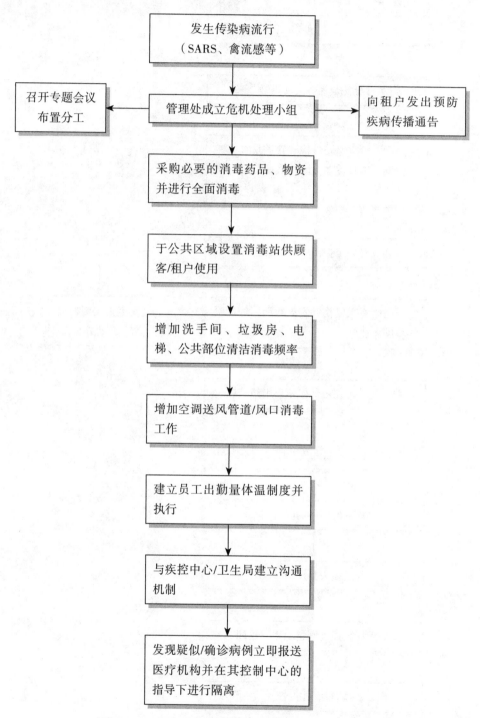

图 22-33　传染性疾病处理流程（SARS、禽流感等）

22.34 失窃案件处理流程

失窃案件处理流程见图22-34。

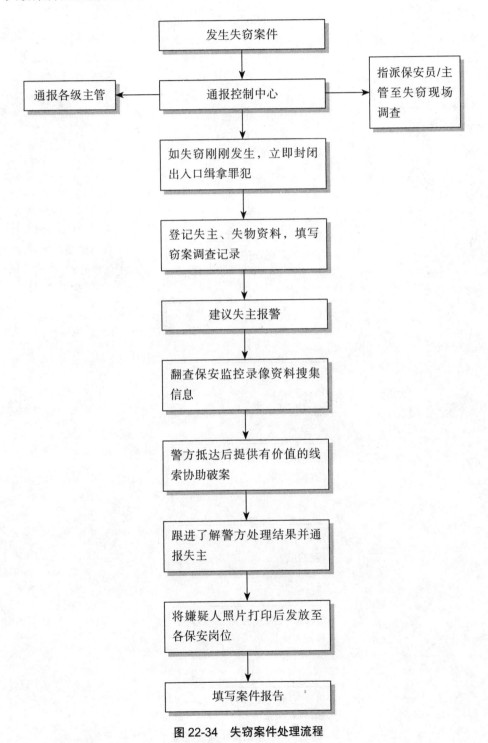

图22-34 失窃案件处理流程

22.35 抢劫案件处理流程

抢劫案件处理流程见图22-35。

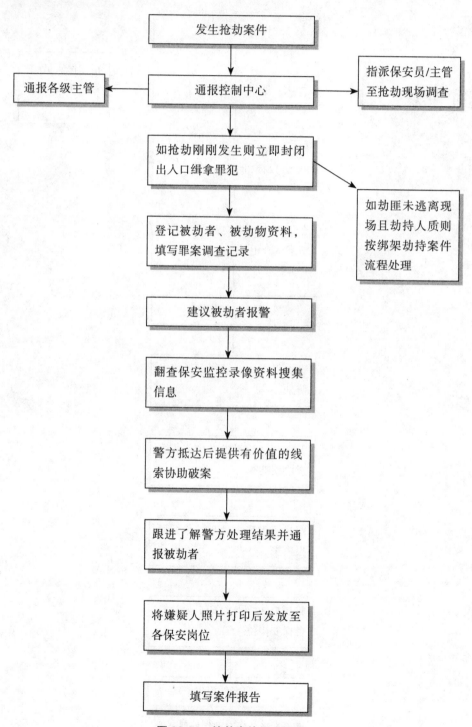

图22-35 抢劫案件处理流程

22.36 绑架劫持案件处理流程

绑架劫持案件处理流程见图22-36。

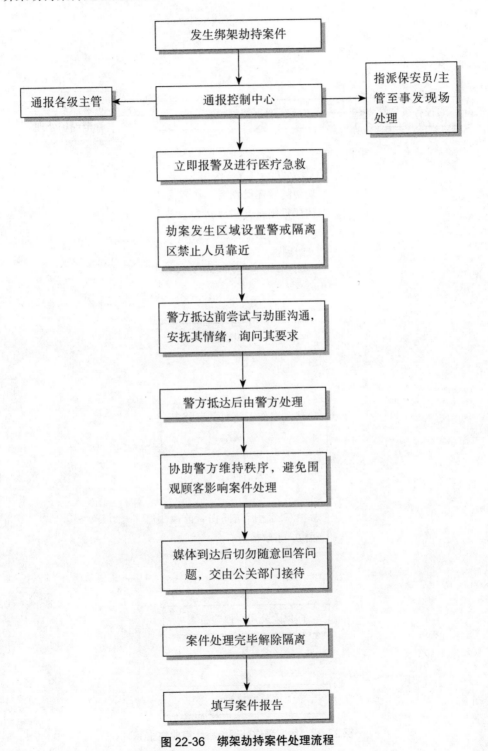

图 22-36　绑架劫持案件处理流程

22.37 顾客受伤处理流程（商业物业）

顾客受伤处理流程（商业物业）见图22-37。

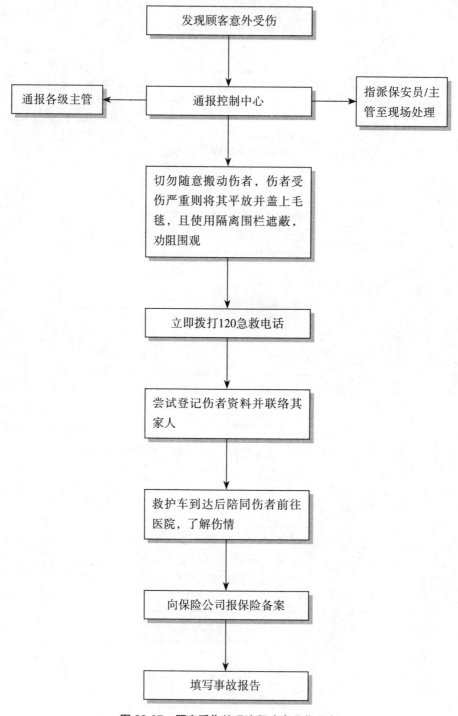

图 22-37 顾客受伤处理流程（商业物业）

22.38 顾客突发疾病处理流程（商业物业）

顾客突发疾病处理流程（商业物业）见图22-38。

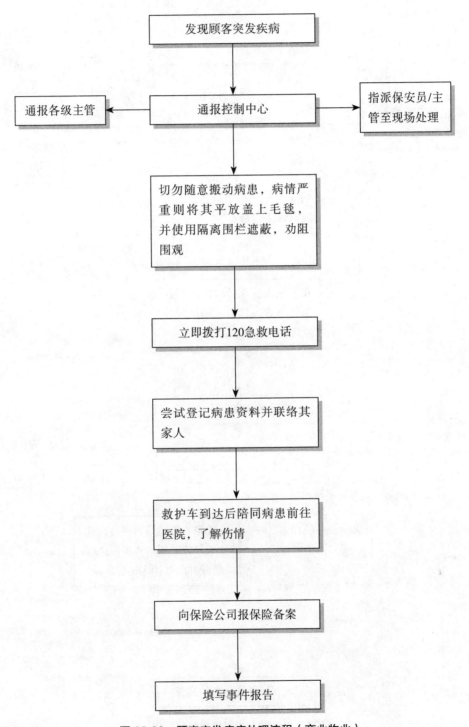

图 22-38 顾客突发疾病处理流程（商业物业）

22.39 防范跳楼事件处理流程

防范跳楼事件处理流程见图22-39。

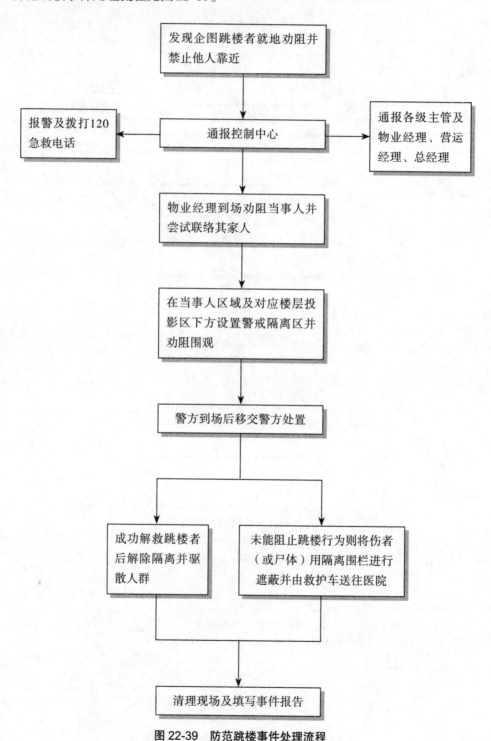

图 22-39 防范跳楼事件处理流程

22.40 打架斗殴事件处理流程

打架斗殴事件处理流程见图22-40。

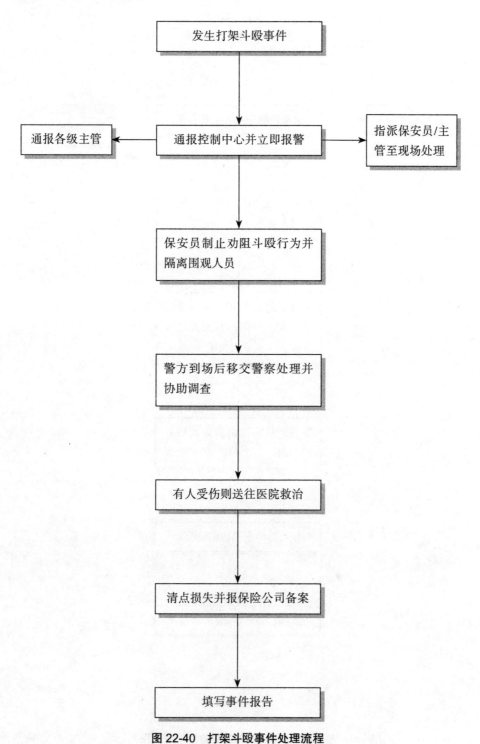

图22-40 打架斗殴事件处理流程

22.41 醉酒/精神失常者处理流程

醉酒/精神失常者处理流程见图22-41。

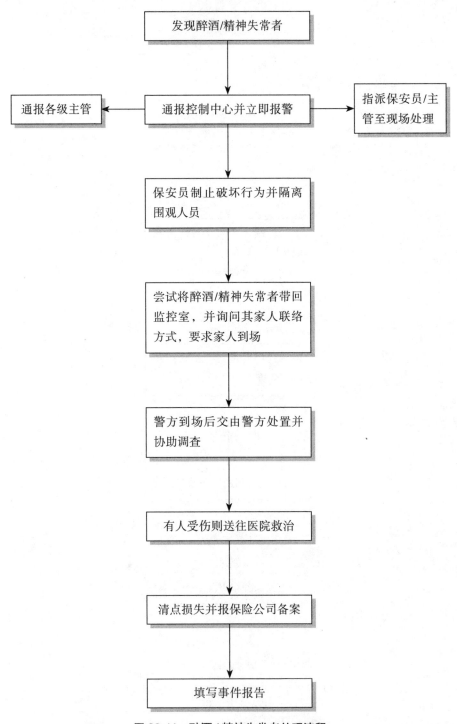

图22-41 醉酒/精神失常者处理流程

22.42 流浪者非法滞留处理流程

流浪者非法滞留处理流程见图22-42。

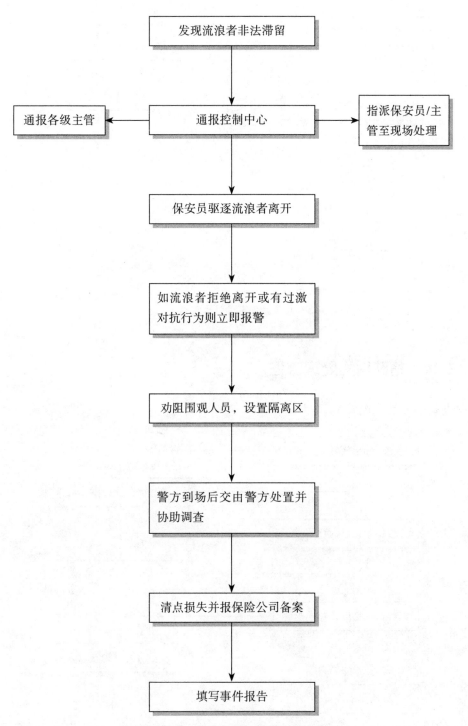

图 22-42 流浪者非法滞留处理流程

22.43 儿童迷失事件处理流程（商业物业）

儿童迷失事件处理流程（商业物业）见图22-43。

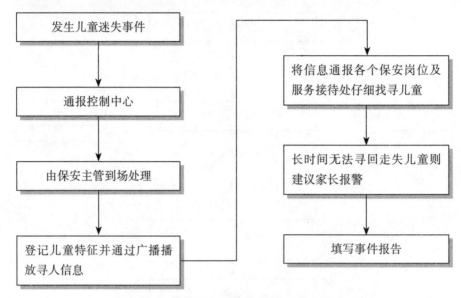

图22-43 儿童迷失事件处理流程（商业物业）

22.44 拾获财物处理流程

拾获财物处理流程见图22-44。

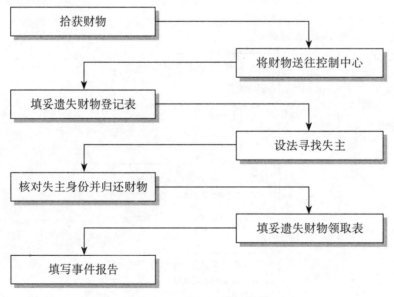

图22-44 拾获财物处理流程

22.45 非法集会事件处理流程

非法集会事件处理流程见图22-45。

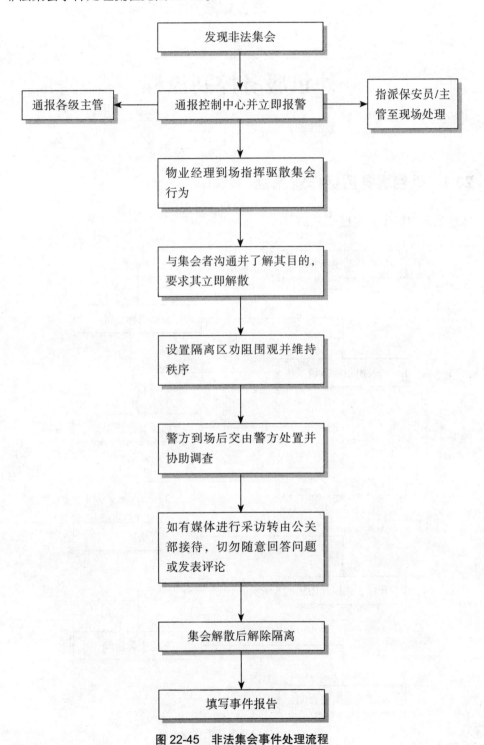

图 22-45 非法集会事件处理流程

第23章

外包服务控制流程

23.1 外包服务招标作业流程

外包服务招标作业流程见图23-1。

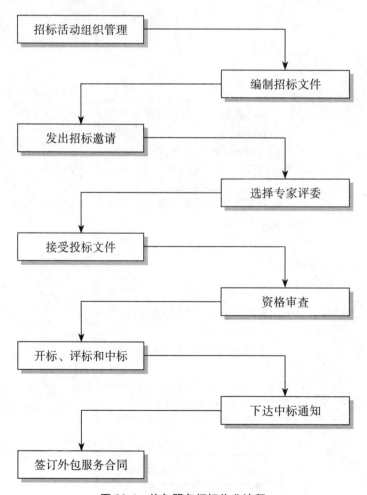

图 23-1 外包服务招标作业流程

23.2 物业服务外包控制流程

物业服务外包控制流程见图23-2。

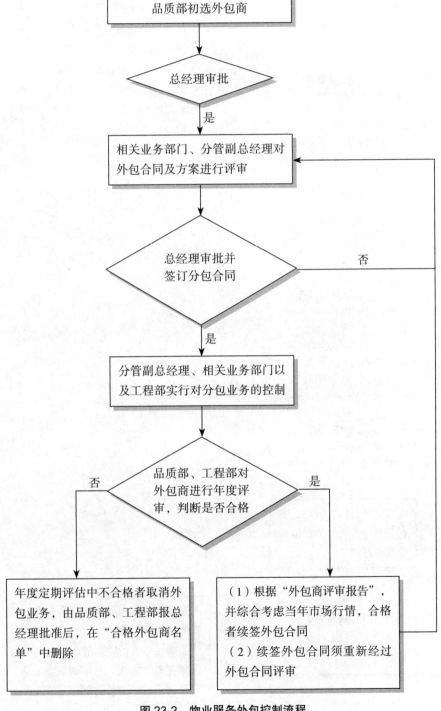

图 23-2 物业服务外包控制流程

23.3 服务外包合同签订流程

服务外包合同签订流程见图23-3。

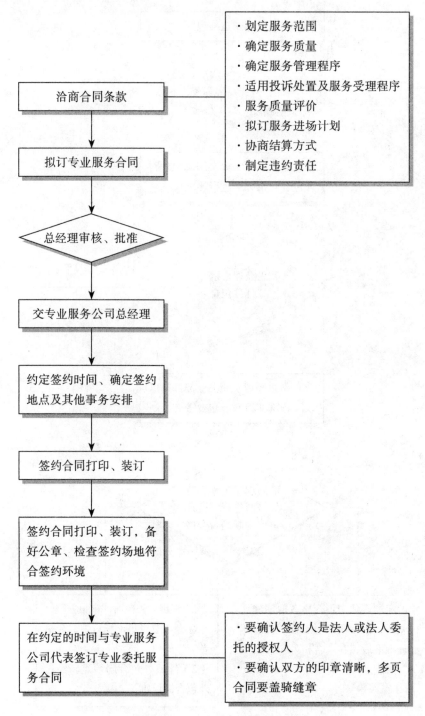

图23-3 服务外包合同签订流程

第24章 物业服务质量控制流程

24.1 质量目标控制流程

质量目标控制流程见图24-1。

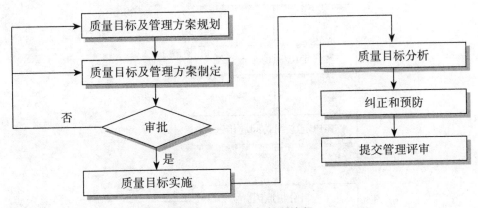

图24-1 质量目标控制流程

24.2 物业服务质量检查流程

物业服务质量检查流程见图24-2。

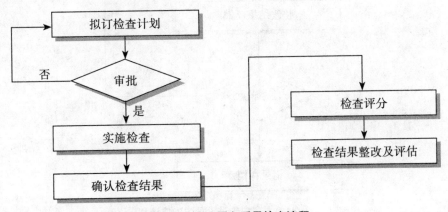

图24-2 物业服务质量检查流程

24.3 客户走访/回访工作流程

客户走访/回访工作流程见图24-3。

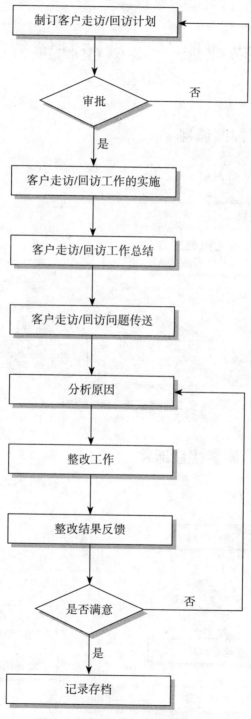

图 24-3　客户走访/回访工作流程

24.4 业主满意度调查流程

业主满意度调查流程见图24-4。

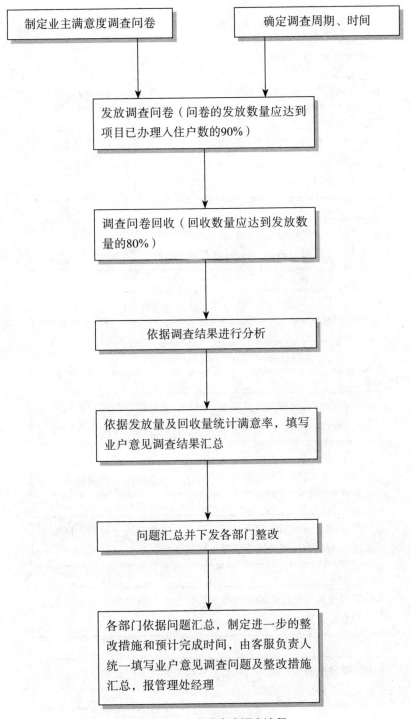

图 24-4　业主满意度调查流程

24.5 物管部工作检查流程

物管部工作检查流程见图24-5。

```
根据年初工作计划,物管部每月对公司各管理处工程、安保、清洁绿化工作进行全面检查
           ↓
在管理处有关人员陪同下,依据检查项目和标准进行检查
           ↓
检查时,检查人须认真记录发现的问题,交当值人员确认签字。检查完毕,检查人将检查结果向管理处领导通报,并由领导签字确认。如问题较多,管理处需复印一份存留整改
           ↓
月度检查工作完成后,检查人将结果进行汇总,提交部门办公会讨论评分后拟发通报,提交部门经理审核
           ↓
部门经理核签后,报主管领导审核
           ↓
主管领导审签后,返回部门
           ↓
部门再将材料送行政公关部报总经理,总经理审签后,由行政公关部负责编号、排版、打印、发放,社区环境管理部备存一份
           ↓
组织部门人员,根据检查结果并结合检查标准进行量化评分
           ↓
管理处按照通报的内容及时组织整改,于收文后一周内,将整改情况以书面的形式反馈物管部
           ↓
物管部将管理处反馈的整改情况进行整理归纳,为下季度检查时进行复查提供依据
           ↓
对能够解决而未解决的问题须做好记录,在下一次评分时增加扣分值,并提出处理意见
```

图 24-5 物管部工作检查流程

24.6 不合格品（服务）管理流程

不合格品（服务）管理流程见图24-6。

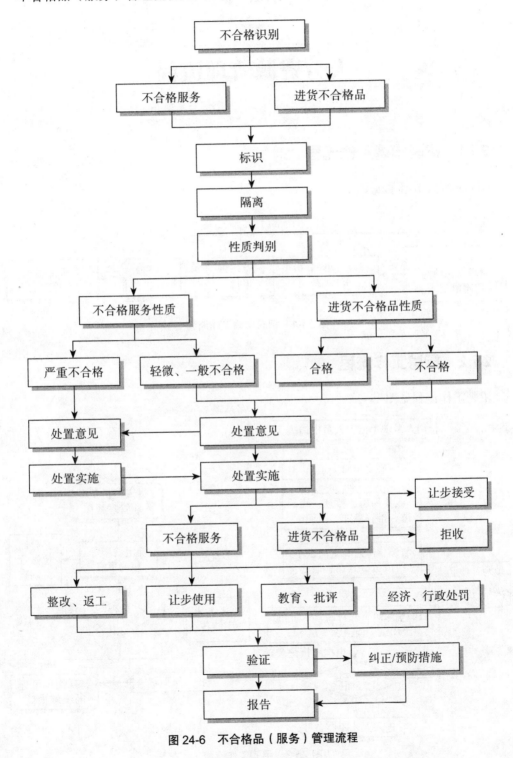

图 24-6 不合格品（服务）管理流程

第25章

人力资源管理流程

25.1 招聘申请工作流程

招聘申请工作流程见图25-1。

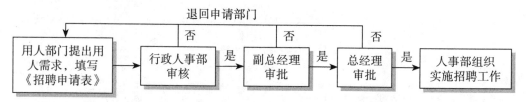

图 25-1 招聘申请工作流程

25.2 招聘工作流程

招聘工作流程见图25-2。

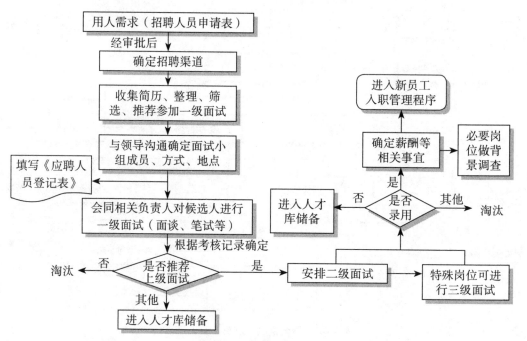

图 25-2 招聘工作流程

25.3 新员工入职管理流程

新员工入职管理流程见图25-3。

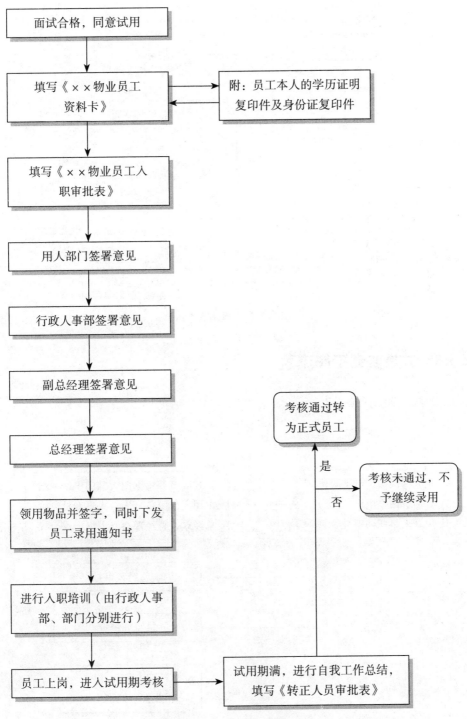

图 25-3　新员工入职管理流程

25.4 员工转正管理流程

员工转正管理流程见图25-4。

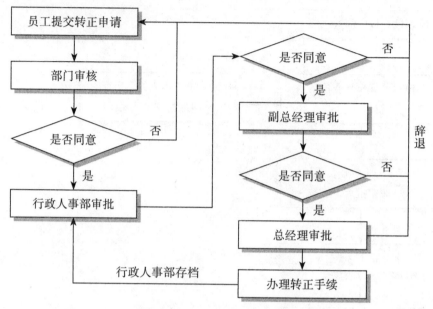

图 25-4　员工转正管理流程

25.5 人事变动工作流程

人事变动工作流程见图25-5。

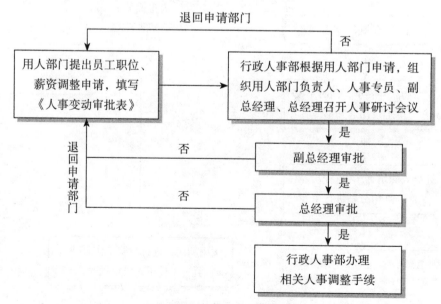

图 25-5　人事变动工作流程

25.6 员工离职办理流程

员工离职办理流程见图25-6。

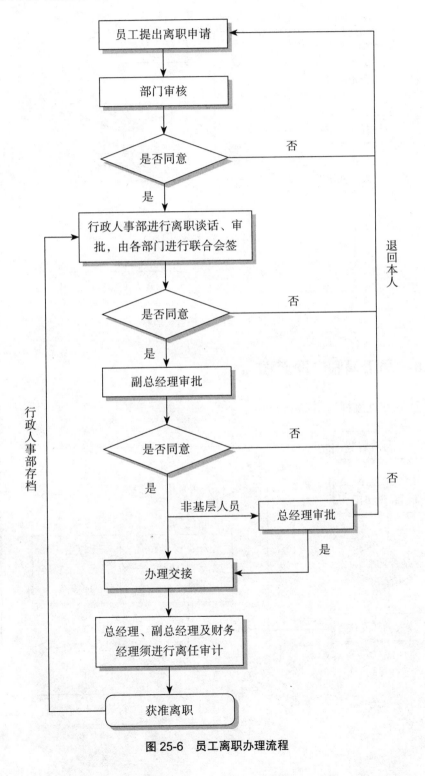

图 25-6 员工离职办理流程

25.7 员工奖惩管理流程

员工奖惩管理流程见图25-7。

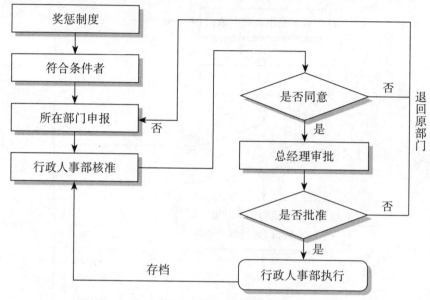

图 25-7　员工奖惩管理流程

25.8 员工请假办理流程

员工请假办理流程见图25-8。

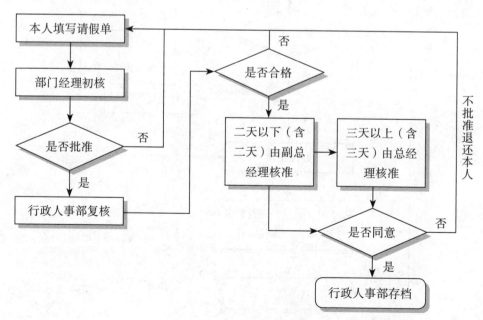

图 25-8　员工请假办理流程

25.9 培训管理流程

培训管理流程见图25-9。

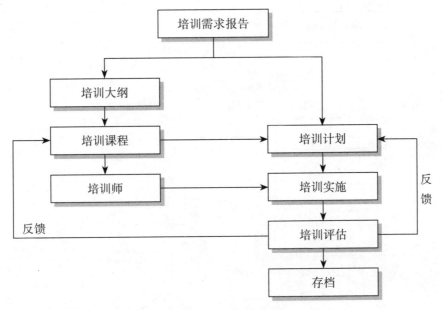

图 25-9 培训管理流程

25.10 绩效评估管理流程

绩效评估管理流程见图25-10。

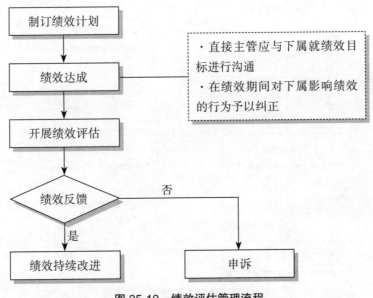

图 25-10 绩效评估管理流程

25.11 员工月度绩效评估流程

员工月度绩效评估流程见图25-11。

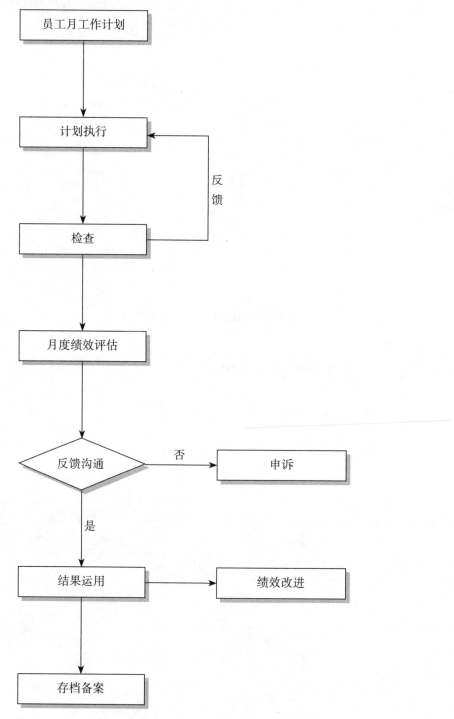

图 25-11 员工月度绩效评估流程

25.12 员工（半）年度绩效评估流程

员工（半）年度绩效评估流程见图25-12。

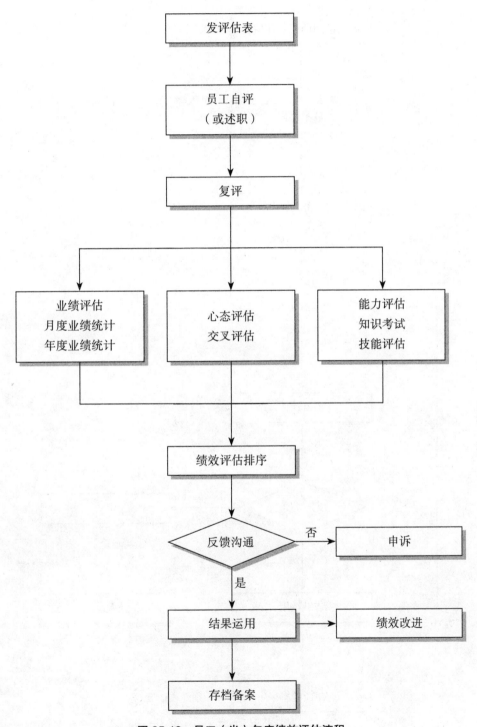

图 25-12 员工（半）年度绩效评估流程

25.13 试用期员工评估流程

试用期员工评估流程见图25-13。

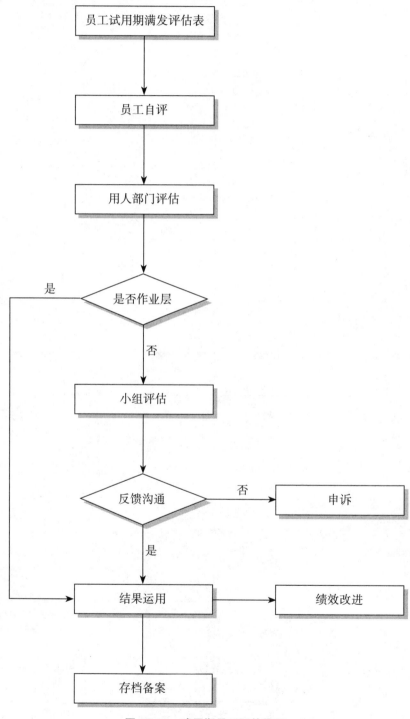

图 25-13 试用期员工评估流程

25.14 考勤并工资结算工作流程

考勤并工资结算工作流程见图25-14。

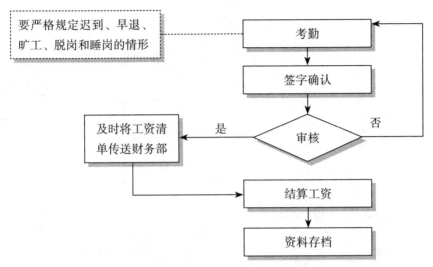

图 25-14　考勤并工资结算工作流程

25.15 员工请（休）假流程

员工请（休）假流程见图25-15。

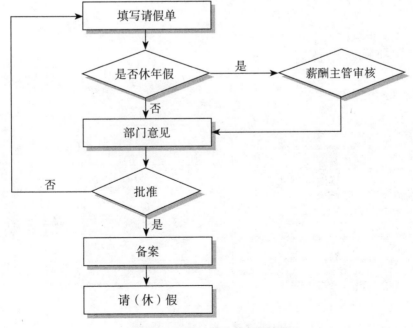

图 25-15　员工请（休）假流程

第26章

行政事务管理流程

26.1 会议管理流程

会议管理流程见图26-1。

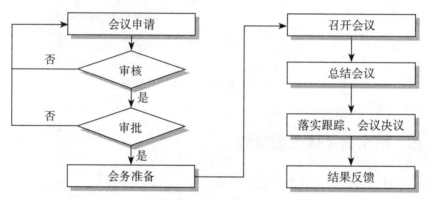

图 26-1 会议管理流程

26.2 档案管理流程

档案管理流程见图26-2。

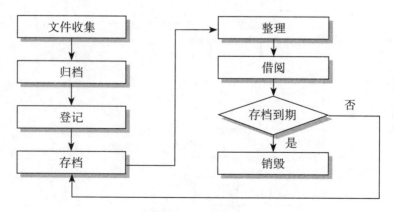

图 26-2 档案管理流程

26.3 档案借阅管理流程

档案借阅管理流程见图26-3。

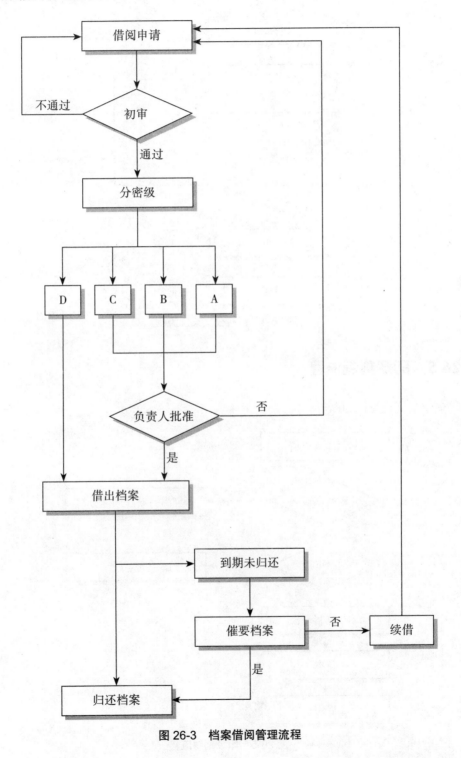

图 26-3 档案借阅管理流程

26.4 行政公文编制流程

行政公文编制流程见图26-4。

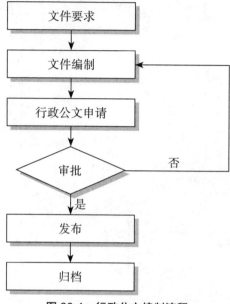

图 26-4　行政公文编制流程

26.5 印章刻制流程

印章刻制流程见图26-5。

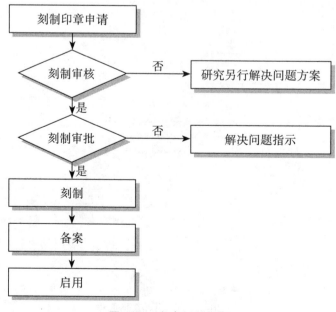

图 26-5　印章刻制流程

26.6　印章使用流程

印章使用流程见图26-6。

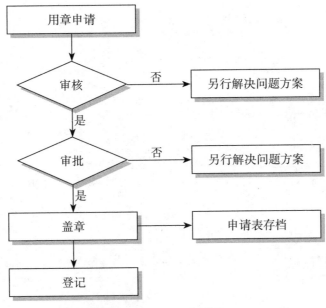

图 26-6　印章使用流程

26.7　印章回收流程

印章回收流程见图26-7。

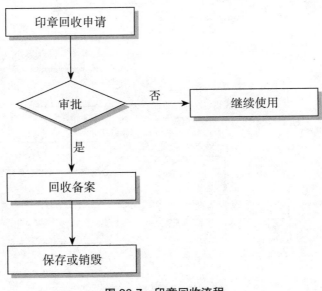

图 26-7　印章回收流程

26.8 车辆管理流程

车辆管理流程见图26-8。

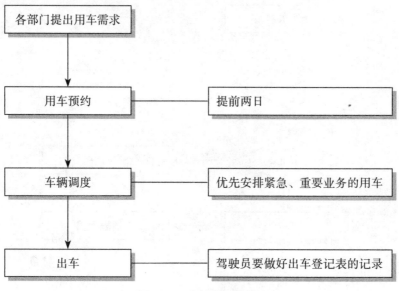

图 26-8 车辆管理流程

26.9 就餐管理流程

就餐管理流程见图26-9。

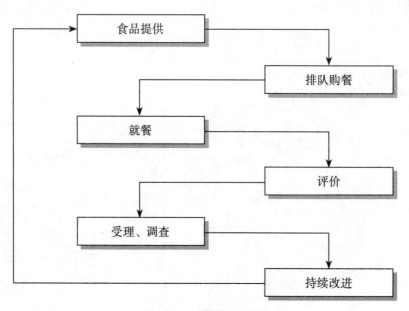

图 26-9 就餐管理流程

26.10 接待管理流程

接待管理流程见图26-10。

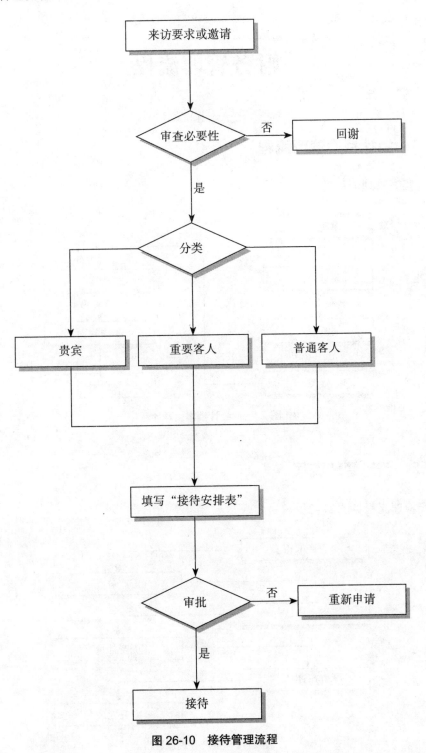

图 26-10　接待管理流程

第27章

财务管理流程

27.1 会计档案管理流程

会计档案管理流程见图27-1。

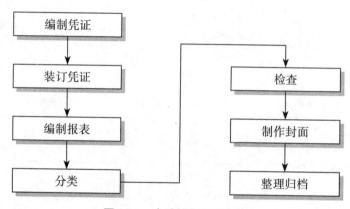

图 27-1 会计档案管理流程

27.2 资产管理流程

资产管理流程见图27-2。

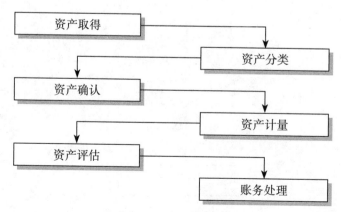

图 27-2 资产管理流程

27.3 负债核算流程

负债核算流程见图27-3。

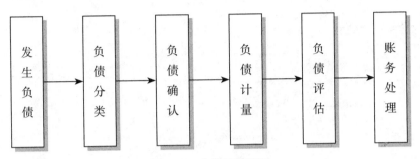

图 27-3　负债核算流程

27.4 资产所有权核算流程

资产所有权核算流程见图27-4。

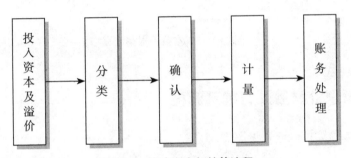

图 27-4　资产所有权核算流程

27.5 收入核算流程

收入核算流程见图27-5。

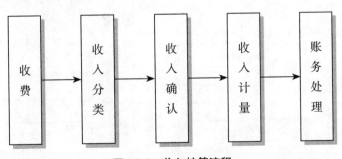

图 27-5　收入核算流程

27.6 成本费用报销流程

成本费用报销流程见图27-6。

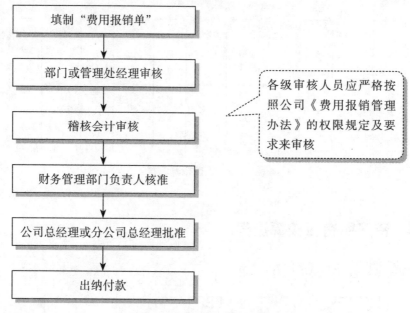

图 27-6 成本费用报销流程

27.7 管理处财务预算控制流程

管理处财务预算控制流程见图27-7。

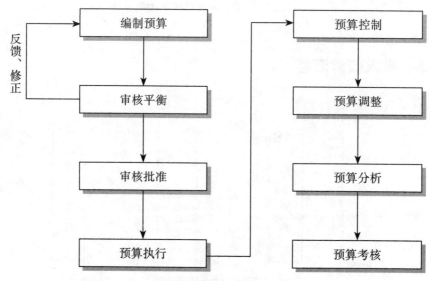

图 27-7 管理处财务预算控制流程

27.8 物业管理服务费日常收取工作流程

物业管理服务费日常收取工作流程见图27-8。

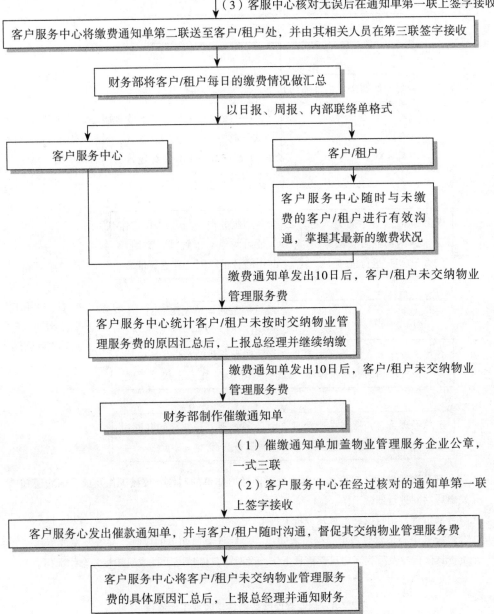

图 27-8

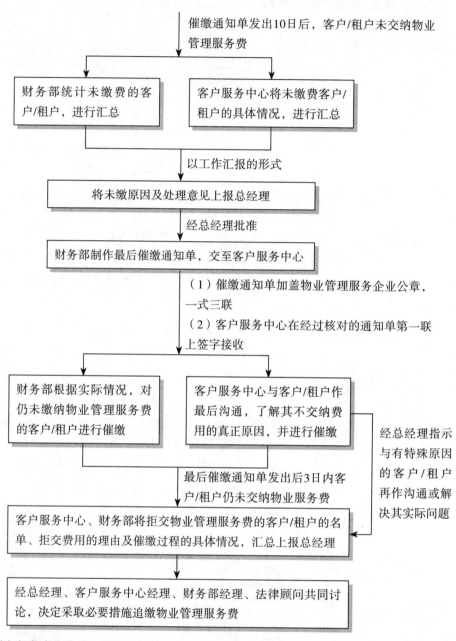

注：1. 财务部负责收费单、催缴通知单、最后催缴通知单的制作、校核工作及最后催缴通知单发出后共同进行催缴工作。
2. 财务部负责费用收取、汇总及分析上报工作。
3. 客户服务中心负责收费单、催缴通知单、最后催缴通知单的接收、检查及发放工作，并负责具体催缴及搜集客户反馈信息工作，及时将具体情况上报或通知相关合作部门。

图 27-8　物业管理服务费日常收取工作流程

27.9 物业管理费清欠流程

物业管理费清欠流程见图27-9。

```
┌─────────────────────────────────────────────────────────────┐
│ 派发"清欠任务单",管理处结合实际制定催缴方案,报清欠工作小组审核后实施 │
└─────────────────────────────────────────────────────────────┘
                              ↓
┌─────────────────────────────────────────────────────────────┐
│ 管理处负责人给派发任务单的催缴人员(简称催缴员)进行培训,按有关作业 │
│ 指引进行模拟电话或上门催缴                                    │
└─────────────────────────────────────────────────────────────┘
                              ↓
┌─────────────────────────────────────────────────────────────┐
│ 催缴员根据各自负责的"清欠任务单"进行首次电话或上门催缴(三天内完成) │
└─────────────────────────────────────────────────────────────┘
                              ↓
┌─────────────────────────────────────────────────────────────┐
│ 首次电话催缴结束后,进行情况分类(一天内完成)                  │
│ 近期交纳类:业主明确具体交费日期                               │
│ 暂未明确类:暂时无法明确时间和暂时联系不上的(如:无接听电话、关机、│
│ 无信号等)                                                    │
│ 无法联系类:停机、空号、错号或长期关机                          │
│ 异地出差类:长期在异地出差,短时间内无法回来                    │
│ 特殊拒交类:因配套设施不完善、服务不足及其他原因拒绝交费        │
└─────────────────────────────────────────────────────────────┘
                              ↓
┌─────────────────────────────────────────────────────────────┐
│ 根据欠费类别,针对性采取二次、三次电话/上门催缴措施(一周至一月内进行)│
│ 近期交纳类:在其承诺的交费日期前一天进行两次电话提醒            │
│ 暂未明确类:每日进行电话催缴,直至对方归属近期交纳类             │
│ 无法联系类:利用多种途径取得业主最新电话,同时采取上门催缴方式   │
│ 异地出差类:每日进行电话催缴,引导对方采取异地汇款方式交纳费用   │
│ 特殊拒绝类:进行重点跟进,了解业主所反映的具体事因,及时向项目负责人│
│ 进行反馈,由项目负责人指导其催缴措施                           │
└─────────────────────────────────────────────────────────────┘
                              ↓
┌─────────────────────────────────────────────────────────────┐
│ 项目负责人每日监督检查各前台催缴员的清欠任务单,及时统计催缴月报,及│
│ 时纠正任务单接单人员在催缴期间的不足之处                      │
└─────────────────────────────────────────────────────────────┘
                              ↓
┌─────────────────────────────────────────────────────────────┐
│ 项目负责人每月召开物业管理综合服务费清欠总结例行会议,上报清欠信息和│
│ 催缴月报,落实催缴工作奖罚制度                                │
└─────────────────────────────────────────────────────────────┘
                              ↓
┌─────────────────────────────────────────────────────────────┐
│ 清欠工作小组针对清欠情况每月汇总,经公司同意后布置进行司法诉讼工作,│
│ 对重点、难点分析后上报公司领导                                │
└─────────────────────────────────────────────────────────────┘
```

图 27-9 物业管理费清欠流程

27.10 维修基金提取流程

维修基金提取流程见图27-10。

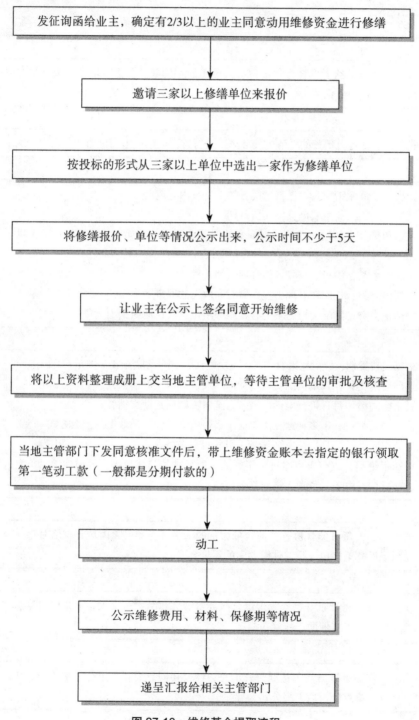

图 27-10 维修基金提取流程